여론과 정치

지병근·윤광일 편

박영사

PUBLIC OPINION and Politics

　이 책을 처음 기획하게 된 것은 한국정치에서 여론 및 여론조사의 중요성
이 커지고 있음에도 불구하고 이에 관해 종합적인 정보를 담고 있는 서적을 찾
기가 쉽지 않다는 판단 때문이었다. 기존의 서적들은 대부분 지나치게 '피상적'
인 개론서이거나 특정분야에 '한정된' 전문서들이다. 대학생 혹은 대학원생들이
이해하기 쉽고, 흥미를 느낄만한 정치적 이슈들을 다룬 연구들은 학술지에 게재
된 논문들이었다. 따라서 이들을 체계적으로 모아내 서적으로 발간하는 것만으
로도 학술적 의미가 있다고 보았다.

　이 책은 여론의 형성과 정치적 영향에 관한 논문들을 선별하여 엮은 것이
다. 민주화 이후 여론은 정부의 주요한 정책결정에 상당한 영향을 미쳐왔다. 이
는 무엇보다 정기적 선거를 통해 정부를 구성하는 민주주의 체제에서 여론을 무
시한 정책이 다음 선거에서 재앙으로 다가올 수 있기 때문이다. 여론을 무시한
정책을 제시하는 정당이나 정부는 통치의 정당성을 확보할 수 없으며 정책의 효
율성에 부정적인 영향을 미칠 수밖에 없다. 민주주의의 질을 평가하는 데 정부
가 얼마나 시민들의 요구를 반영하는지를 기준으로 삼는 이유도 여기에 있다.
따라서, 여론이 어떻게 형성되며 어떻게 정책에 반영되는가는 현대 민주주의가
어떻게 작동하는가를 이해하는데 기초가 된다고 할 수 있다.

　여론은 결코 '중립지대'가 아니며 경쟁과 갈등의 공간이다. 민주주의 국가에
서 여론은 다양한 집단들의 경쟁을 통해서 형성되며, 이 경쟁 과정에서 누가 더
많은 권력자원을 소유하느냐에 따라 승자와 패자가 구분되곤 한다. 그리고 이
과정에서 매스미디어의 역할은 절대적이다. 권위주의 체제하에서 정부는 매스미
디어를 장악하여 여론을 조작하는 첨병의 역할을 해왔다. 민주화 이후에도 매스
미디어는 정치와 자본의 역동적인 세력 관계 속에서 이전과는 달리 세련된 방식
으로 여론형성에 적지 않은 영향을 미쳐왔다. 예컨대, 미디어는 점화(priming)
와 프레이밍(framing) 등의 과정을 통해 이슈에 대한 시민의 태도에 영향을 끼
치고 있다.

　물론 미디어의 효과가 과연 시민들의 선택, 특히 선거 과정에서 지지 후보
를 결정하는 것과 같은 중요한 정치적 선택에 얼마나 영향을 미치는가는 논쟁의
대상이 되어왔다. 20세기 초부터 정치커뮤니케이션 연구자들 가운데 일부는 미

디어는 기껏해야 시민들의 사전 성향(predisposition)을 강화할 뿐이라는 소위 '강화이론(reinforcement theory)'을 제시해왔다. 그러나 최근의 연구자들은 미디어가 시민들, 특히 사전성향이 강하지 않은 이들에게 상당한 영향을 미친다는 주장과 함께 경험적 근거 또한 제시해왔다.

　　여론이 미디어에 의해 일방적으로 형성되는 것은 아니다. 이념적 성향이나 정당일체감과 같은 시민들의 사전 성향은 경제·사회문화·군사 등 다양한 분야에 관한 국내 정책 이슈는 물론 대북정책을 포함한 대외정책에 대한 선택적 노출(exposure), 지각(perception), 보유(retention)를 유도하며, 이들의 정치적 선택에도 영향을 미친다. 다시 말해서, 시민들은 이념적 성향이나 정당일체감에 영향을 받아 미디어가 보도하는 사건들을 편향적으로 지각하고 이에 기초하여 정치적 선호를 형성하고 나아가 정치참여행태를 결정할 가능성이 크다는 것이다.

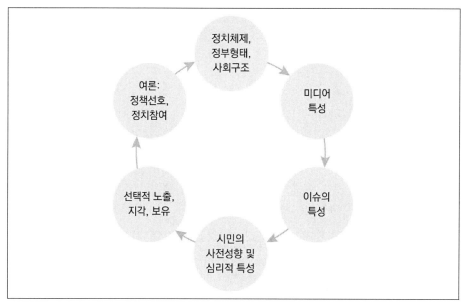

▲〈그림 1〉 여론 형성 과정

여론을 이해하기 위해서는 여론이 형성되고 정책결정에 영향을 미치는 일련의 순환과정에 대한 이해가 필요하다. 보다 구체적으로, 한국의 경우, 역사특수적 정치체제와 정부 구조, 재벌 중심의 경제체제가 언론을 어떻게 통제하고 있는지, 언론기관이 조직적으로 어떻게 운영되며, 의제형성과 프레이밍을 통해 다양한 정치적 이슈를 어떻게 보도하며, 사전 성향을 지닌 시민들이 어떻게 이에 접근하고 해석하고 있는지, 그리고 사회적으로 형성된 여론이 정부정책이나 정부형성에 어떠한 영향을 미치는지를 이해할 필요가 있다.

이를 위해 이 책은 다음의 주제들을 다루고 있는 논문 12개를 선별하였다.

- 여론과 정치
- 여론 형성과 미디어: 프레이밍, 프라이밍, 선택적 노출 및 해석
- 정치적 이슈에 대한 여론
- 여론조사방법과 여론조사보도의 정치적 영향

이들을 간략히 소개하면 다음과 같다. (1) 보도내용을 근거로 언론사의 정치적 특성을 파악하려는 목적으로 이루어진 연구 가운데 하나인 **박종희(2016)**는 세월호 참사가 발생한 이후 1년간 네이버뉴스를 통해 제공되는 신문과 방송보도(28개 언론매체의 12만여건)에 대한 내용분석(당파적 문구 활용)을 바탕으로 언론매체의 정치적 경도(傾度)를 평가하였다. 이 연구는 세월호사건과 같이 장기간 보도가 이루어진 사건에 대한 여론의 변화를 분석하였다는 점에서 주목할 만하다. 기존의 연구들이 주로 기사 혹은 댓글에 대한 내용분석을 통해 언론사의 정치적 성향을 분석한 반면, **배정근(2017)**은 흥미롭게도 언론의 권력감시 기능에 대한 분석을 시도하였으며, 이를 위해 최순실의 국정농단사태를 취재한 기자들을 상대로 인터뷰를 진행하여 언론의 권력감시기능에 영향을 미치는 요인들을 위계모형(hierarchical model)에 따라 개인, 관행, 조직, 사회기구, 사회체계 등 5개의 차원에서 분석하였다.

(2) 여론에 관한 상당수 연구들은 언론기관을 통해 보도되는 기사나 댓글이 주요 정책이슈나 정당을 포함한 정치세력에 대한 선호와 지지에 어떠한 영향을 미치는지 그리고 시민의 사전 성향이 정치정보에 대한 접근, 해석에 어떠한 영향을 미치는지에 관심을 두었다. 이하경·민영(2018)은 실험을 통해 단일 혹은 경쟁적 기사와 댓글이 제공되는 상황에서 프레임의 빈도(접근성)와 강도(적용가능성)가 야간시위허용에 대한 태도에 미치는 영향을 분석하였으며, 정치지식 수준에 따라 고강도 프레임(설득력, 사회적 승인 단서)의 효과에 차이가 있다는 점을 보여주었다. 백영민·김희정·한규섭·장슬기·김영석(2016)은 일반인만이 아니라 여론지도층이라고 할 수 있는 신문의 외부 필진을 대상으로 이들의 미디어 이용행태를 분석하였으며, 이를 통해 이념성향이 미디어 노출에 미치는 영향, 즉 선택적 노출 및 그 효과를 검증하였다.

이들과 달리 정효명(2011)은 제17대 대선 시기 패널조사자료를 이용하여 미디어와 대인토론을 통한 이견노출(dissonant view exposure)이 정치적 태도에 미치는 영향을 분석하였으며, 이를 통해 미디어보다 대인네트워크에서의 정치적 이견노출이 정치적 태도변화에 영향을 주었다는 점을 보여주었다. '여론조사보도'의 영향뿐만 아니라 '여론조사 보도의 영향' 자체에 대한 인식이 유권자들에게 미치는 영향에 주목한 이종혁(2015)은 사회판단이론, 사회정체성이론, 균형이론, 최적차별성이론 등에 바탕을 두고 2012년 제18대 대선 선거보도에 대한 정치적 이념에 따라 편향적 지각(동화편향과 대조편향)과 공정성평가가 이루어졌음을 보여주었다. 권혁남(2019)은 "지각된 의견분위기 상황"에 따라 사회자본이 의견표명과 정치참여에 미치는 영향을 분석하여 사회자본은 자신의 의견이 소수로 지각되는 상황에서는 의견표명을, 다수로 지각되는 상황에서는 정치참여를 촉진한다는 점을 보여주었다.

(3) 구체적 국내외 이슈에 대한 여론의 동향과 추이를 분석한 논문들은 오랫동안 주목을 받아온 북한 및 통일, 미국, 일본, 중국, 유럽 등 한국과 밀접한 관계가 있는 다른 나라 및 이들과 관련한 대외정책에 대한 시민들의 태도(소프트 파워, 공공외교), 국내에서 쟁점이 되고 있는 여성혐오, 이주자들에 대한 인식과 태도, 국정운영평가, 정당선호도, 정치신뢰 등 다양한 주제들을 다루고 있

다. 이들을 모두 다룰 수 없기에 이 책에서는 대외정책에 초점을 두고 여론을 분석한 연구들을 중심으로 일부만을 다루었다. 정세원·박성훈(2016)은 역할이론과 사회정체성이론, 이미지이론 등에 기초하여 EU에 대한 태도를 분석하였으며, 송태은(2017)은 세계여론을 고려한 미국의 공공외교를 다루었다.

그 외에도 이 책에서는 국내의 이슈들 가운데 여성혐오를 연구주제로 삼은 이은주·박준모(2016)도 포함하였다. 이들은 여성혐오 발언이 포함된 글의 규범적 속성과 부정적 영향에 대한 평가가 성별과 접촉빈도에 따라 어떠한 차이가 나타나는지를 분석하였고, 이를 통해 여성응답자들이 남성보다 더 많은 우려를 나타냈으며, 특히 남성들이 더 많은 영향을 받을 것으로 여기며 이러한 발언에 대한 규제를 지지하는 성향도 강화되는 것을 보여주었다. 아울러, 여성혐오 발언에 대한 접촉빈도가 높을수록 부정적 영향이 더 클 것으로 인식하는 경향성을 보여주었다.

(4) 정일권(2017)은 기존의 선거여론조사보도에 대하여 정확성, 공정성, 사회적 영향력(전략적 투표 강화, 투표율 하락, 담론행위 감소, 선거보도의 다양성 상실, 정책선거 제약), 그리고 보도방식(경마식 경쟁지향적 보도방식) 등이 논란이 되어왔다는 점을 제기하고, 선거여론조사보도가 지지율 이외에 기획뉴스 중심의 편성이 필요하다는 점과 언론의 중립성과 객관성을 강화하기 위한 여론형성, 정보의 완결성, 해석의 강화 등을 보완책으로 제시하였다. 여론조사보도가 투표선택에 미치는 영향을 분석한 정한울(2016)은 2007년과 2012년 대선패널조사자료를 이용하여 당파성, 이념성, 후보 지지성향에 따라 여론조사보도의 영향에 어떠한 차이가 발생하는가에 대한 검증을 시도하였다.

이 책이 출간되기까지 많은 분들의 도움이 있었다. 다른 누구보다 일면식도 없는 이들의 요청에 흔쾌히 옥고를 이 편저서에 담을 수 있도록 허락해주신 저자들과 학회 관계자분들에게 깊은 감사의 인사를 드린다. 이 책에 수독된 논문들은 한국정치학회의 『한국정치학회보』, 국제정치학회의 『국제정치논총』, 한국정당학회의 『한국정당학회보』, 한국유럽학회의 『유럽연구』, 한국언론학회의 『한국언론학보』와 『커뮤니케이션이론』, 한국방송학회의 『한국방송학보』, 한국정치커뮤니케이션학회의 『정치커뮤니케이션연구』, 서울대 언론정보연구소의

『언론정보연구』등 우리나라의 대표적인 학회들이 발간하는 학술지에 게재되었던 것으로 각 학술지의 편집위원장님들과 학회의 허락이 없었다면 출간이 가능하지 않았을 것이다. 마지막으로 이 책의 출간을 위해 인내심으로 원고를 기다려준 박영사의 이영조 선생님, 출간에 필요한 원고의 교정과 행정절차를 진행하는데 도움을 준 류경훈 대학원생에게도 감사드린다.

지병근 조선대학교 정치외교학과 교수
윤광일 숙명여자대학교 정치외교학과 교수

목차

제 1 편

세월호 참사 1년 동안의 언론보도를 통해 드러난 언론매체의 정치적 경도

박종희 서울대학교 정치외교학부 부교수

세월호 참사 1년 동안의 언론보도를 통해 드러난 언론매체의 정치적 경도[*]

1. 들어가며

　　최근 사회과학계에서는 언론매체의 정치적 경도에 대한 연구가 활발하게 진행되고 있다(Chiang and Knight 2011; D'Alessio 2012; Druckman and Parkin 2005; Groseclose and Milyo 2005; Groseclose 2012; Gentzkow and Shapiro 2010; Larcinese et al. 2011; Gans and Leigh 2012; Kahn and Kenny 2002; Taddy 2013). 언론매체의 정치적 경도란 간단히 말해서 언론보도를 통해 지속적으로 드러나는 매체의 정치적 치우침을 의미한다. 객관적 보도를 중시하는 언론매체가 정치적 경도를 갖게 되는 근본적인 이유는 전문성을 추구하는 언론종사자들이 사실관계를 전달하는 역할에 만족하지 않기 때문이다. 언론은 사실을 해석하고 사회에 필요한 의제를 설정하며 사실 이면에 숨어 있는 현상을 설명하려는 노력을 끊임없이 경주하며 그 과정에서 의도하였든 그렇지않던 특정한 정치적 치우침이 등장할 수 있다(Zaller 1999, 1-5; Strömberg 2015). 이런 측면에서 언론학자 파울러(Fowler

*　이 논문은 2016년 『한국정치학회보』(50권 1호)에 기 출간되었으며, 저작권은 한국정치학회에게 있음. 이 논문은 2013년 정부(교육부)의 재원으로 한국연구재단의 지원(NRF-2013 S1A3A2053683)을 받아 수행된 연구임을 밝힙니다. 논문 준비과정에서 조언을 해 주신 김옥태, 박은정, 박홍민, 안도경, 하상응, John Londregan님께 감사드립니다. 본 논문의 자료와 R 코드는 데이터버스(Dataverse)에서 다운로드 받을 수 있습니다: Park, Jong Hee, 2016, "Replication Data for Estimation of Media Slants in South Korean News Agencies Using News Reports on the Sewol Ferry Disaster", http://dx.doi.org/10.7910/ DVN/6RMWBD, Harvard Dataverse, V1.

2007)는 "뉴스는 사회적 현실을 재구성하는 작업의 산물로 그 자체가 이미 편향성을 전제로 한다"고 지적한 바 있다(이완수·배재영 2015, 278에서 재인용).

한국신문협회, 한국신문방송편집인협회, 한국기자협회가 채택한 신문윤리실천강령은 제9조에서 "실정법을 위반하지 않는 한 특정 정당 또는 특정 후보자에 대한 지지 또는 반대를 표명하는 등 언론사의 정치적 입장을 자유로이 표현할 수 있다"고 명시하고 있다. 즉, "정론적 입장"에서 언론이 자유롭게 정치적 입장을 택하고 대변할 수 있음을 스스로 명시하고 있는 것이다.[1] 그러나 한국의 공직선거법은 언론매체의 특정 후보 지지를 금지하여 모든 언론매체가 정치적 중립성을 유지할 것을 법으로 강제하고 있다.[2] "정론적 입장"에서 정치적 성향을 띨 수 있으나 특정 정치세력을 지지할 수 없는 한국 언론매체의 모순적 위치는 결국 소비자인 유권자들에게 상당한 인지적 혼란을 초래할 수 있다. 실제로는 상당한 정치적 경도를 보이는 매체가 중립적인 것으로 오인될 수 있으며, 정치적 경도 자체가 언론 본연의 임무와 배치되는 부정적인 현상으로 간주될 수 있다. 바로 이러한 점이 한국 언론매체의 정치적 경도에 대한 객관적이고 과학적인 연구가 필요한 이유이다.

본 논문은 이러한 문제의식을 바탕으로 세월호 참사 관련 보도를 이용하여 언론보도를 통해 관측되는 여론의 흐름을 추적하고 이를 토대로 언론매체의 정치적 경도를 측정하고자 한다. 주지하다시피 2014년 4월 16일의 세월호 참사는 한국 사회에 지울 수 없는 깊은 흔적을 남겨 놓았다. 세월호 참사는 탑승인원 476명 중 295명이 사망하고 9명이 실종되는 대형재난이었을 뿐만 아니라, 참사 이후 진상규명과 피해자에 대한 대책을 논의하는 정치적 처리과정이 극단적인 갈등을 겪었던 정치적 재난이기도 하다. 이 과정에서 한국의 언론은 참사 직후에는 참사의 사회적 의미를 되돌아보는 역할을 수행하다가 시간이 지나면서 점

---

1) 한국신문윤리위원회 웹사이트. http://www.ikpec.or.kr/images/book/50_t11.pdf(최종접속 2015년 9월 15일).

2) 2012년에 신설된 공직선거법 제96조는 "방송·신문·통신·잡지, 그 밖의 간행물을 경영·관리하는 자 또는 편집·취재·집필·보도하는 자는…특정 후보자를 당선되게 하거나 되지 못하게 할 목적으로 선거에 관하여 허위의 사실을 보도하거나 사실을 왜곡하여 보도 또는 논평을 하는 행위…를 할 수 없다"고 규정하고 있다. http://www.law.go.kr/법령/공직선거법(2015년 9월 15일 최종접속).

차 참사의 정치적 처리를 둘러싼 갈등을 오히려 증폭시키는 역할을 했다는 비판
이 제기되었다(이완수 · 배재영 2015; 임연희 2014; 서울대학교 사회과학연구원 2015).

　　본 논문의 분석대상은 세월호 참사 이후 1년(2014년 4월 16일부터 2015년 4월
11일) 동안 발표된 신문과 방송보도 전체이다.[3] 네이버 뉴스(http://news.naver.
com/)를 통해 제공되는 모든 언론매체의 기사 중에서 "세월호"가 언급된 모든
기사를 파이썬(python)을 이용하여 수집한 결과, 총 139개의 보도자료 제공소스
로부터 총 235,234건의 기사가 추출되었다. 이들 보도자료 제공소스 중에서 총
28개의 언론매체를 분석대상으로 선택했는데, 그 구성을 보면 신문매체가 19개
사, 방송매체가 9개사(공중파 TV 3사, 종합편성채널 다섯 곳, 그리고 한 개의 라디오
방송매체(CBS))이다. 분석대상으로 삼은 28개의 언론매체에 의해 발표된 세월호
관련 보도는 조사기간 동안 총 121,221건이었다.

　　정치적 경도의 측정에서 가장 중요한 결정은 경도의 판단근거를 무엇으로
삼을 것인가이다. 세월호 참사를 둘러싼 여론의 일차원적 구조가 정부와 야당 ·
유가족의 대립으로 구성되어 있다고 볼 때, 세월호를 둘러싼 정치담론의 어휘적
구성을 가장 극명하게 보여줄 수 있는 준거문서(reference texts)로 본 논문은 새
누리당과 새정치연합에 의해 발표된 세월호 관련 보도자료를 선택하였다. 새누
리당과 새정치연합은 여/야 혹은 보수/진보의 전통적 이념 대립구도의 대변자일
뿐만 아니라 세월호 참사 이후 공론장에서 정부(새누리당)와 유가족(새정치연합)
의 대리인 역할을 일정부분 수행했다고 볼 수 있기 때문이다. 정당별 보도자료
에서 "세월호"를 언급한 자료를 추출한 뒤, 오직 한 정당에 의해서만 사용된 2
어절과 3어절 단위의 문구를 골라 이를 당파적 문구(partisan phrases)로 정의하
였다. 분석대상 기간 동안 새누리당은 "세월호"를 언급한 보도자료를 총 337개
발표하였고 새정치연합은 총 577개의 보도자료를 발표하였다. 새정치연합의 당
파적 문구는 주로 국정조사 촉구, 진상 규명, 정부와 대통령 비판 등의 내용을
담고 있었으며 새누리당의 경우 국정운영 파행, 국회 마비, 민생경제 파탄 등의
내용을 담고 있었다.

---

3) 2015년 4월 11일을 자료의 종점으로 택한 이유는 세월호 1주기 관련 보도를 배제하기 위
　해서이다.

본 논문은 세월호 참사라는 특정 주제에 초점을 맞추고 여론의 시간적 변화를 통제하는 시계열 모형을 이용하여 급변하는 여론의 변화 속에서 언론매체의 정치적 경도를 정확하게 추정하는 방법론을 제시한다. 다층 베이지안 상태공간 모형(multilevel Bayesian state space model)을 사용하여 빈도 관측값을 '여론의 흐름'과 '매체의 정치적 경도'로 분해한 뒤, 각 언론매체의 당파적 관측값이 여론의 중심값과 가지는 평균적 격차를 매체의 정치적 경도로 정의하였다.

본 논문의 분석결과, 세월호 참사 1년 동안 언론보도를 통해 파악된 여론의 흐름은 참사 직후부터 7월 말까지 급격한 변화를 보였음을 확인할 수 있었다. 특히 참사 초기의 정부비판적 여론이 대통령의 대국민 담화(5월 19일)와 6.4 지방선거, 유병언회장 사망발표(7월 22일), 그리고 7.30 재보궐선거를 거치면서 급격하게 약화되었음을 확인할 수 있었다. 여론의 흐름을 통제한 뒤 각 언론매체의 정치적 경도를 확인한 결과, CBS(라디오방송)와 진보적인 언론으로 평가되는 한겨레신문과 경향신문이 정부비판적 내용을 지속적으로 보도했음을 확인할 수 있었다. 그 반대편에는 정부보다는 상대적으로 야당에 비판적인 내용을 지속적으로 보도한 문화일보, TV조선, MBC, 채널A, 디지털타임스, 전자신문, 파이낸셜뉴스, 그리고 매일경제가 위치해 있었다. YTN, 한국일보, 아시아경제, 서울신문, 머니투데이, 국민일보, 세계일보, KBS, JTBC, 헤럴드경제는 평균보다 왼쪽, 즉 약한 정부비판의 성향을 보여주었고 동아일보, 조선일보, 한국경제, SBS, 서울경제, 중앙일보는 평균보다 오른쪽, 즉 약한 야당비판-정부옹호의 성향을 보이고 있었다.

2. 언론매체의 정치적 경도와 여론

2.1. 언론매체의 정치적 경도에 대한 연구

언론매체의 정치적 경도란 언론보도를 통해 드러나는 매체의 정치적 치우침(political leaning or bias)의 정도를 의미한다. 여기서 본 논문이 "편향"이란 표현 대신 정치적 "경도"라는 표현을 사용하는 이유를 간략히 설명하고 넘어가고자 한다. 편향(偏向)이란 국어로는 한쪽으로 치우친다는 의미로 경도(傾度)와 사전적인 의미는 같다고 볼 수 있다. 그러나 통계학에서 편향(bias)은 참값으로부터의 평균적인 편차를 의미하는 것으로 (1) 참값이 존재한다는 가정에 기반해 있고 (2) 작을수록 좋은 것이라는 부정적인 의미가 있다. 반면 경도는 참값의 존재에 대한 가정이 없는, 치우침의 상대적 크기에 대한 척도라는 특징을 가지며 부정적인 의미가 강하지 않다. 편향없는 보도, 즉 객관적 보도를 정확하게 측정할 수 있는 방법이 없는 이상, 편향이란 표현을 사용하는 것은 상당한 오해를 불러일으킬 수 있다.

한국의 언론매체에 의해 채택된 신문윤리실천강령을 보면 언론의 정치적 치우침에 대한 중요한 언급이 등장한다. 제9조를 보면 "평론은 진실을 근거로 의견을 공정하고 바르게 표명하되 균형과 절제를 잃지 말아야 하며 특히 고의적 편파와 왜곡을 경계해야" 하며 "특히 언론사의 상업적 이익이나 특정 단체와 종파의 이권을 대변해서는 안 된다"고 명시하여 언론 본연의 목적을 벗어난(편향으로 불러 마땅한) 고의적이고 악의적인 치우침을 경계할 것을 규정하고 있다. 그러나 "사설은 소속 언론사의 정론적 입장을 대변해야 하며…실정법을 위반하지 않는 한 특정 정당 또는 특정 후보자에 대한 지지 또는 반대를 표명하는 등 언론사의 정치적 입장을 자유로이 표현할 수 있다"고 명시하여 정론적 입장에서 언론이 자유롭게 정치적 입장을 택하고 대변할 수 있음을 명시하고 있다. 즉, 신문윤리실천강령은 정치적 경도의 존재 자체가 언론 본연의 임무와 배치되는 것이 아님을 명시하고 있는 것이다.

언론보도가 정치적·이념적 성향을 보인다는 논의는 오랫동안 저널리즘과 비판이론에 의해 꾸준히 제기되어 왔으나[4] 최근 미국 사회과학계를 중심으로 정치적 경도에 대한 연구가 새롭게 부상하는 이유는 크게 두 가지로 볼 수 있다. 먼저 20세기 후반부터 미국을 중심으로 한 선진민주주의국가들이 정치적 양극화를 경험하게 되면서 언론매체의 정치적 경도가 유권자의 정치적 선호에 중대한 영향을 미친다는 사실이 새삼 주목받게 되었다. 예를 들어 정치적 양극화가 중요

---

4) 몇 가지만 예를 들면, Chomsky 1997; Dickson 1994; Entman 2007; Entman 2010; Herman and Chomsky 1988; Klein and Maccoby 1954; McQuail 1992; Greene and Stevenson 1980.

한 사회적 이슈로 등장한 미국에서는 언론의 자유주의적 편향(liberal bias)이 실제로 존재하는지에 대한 논쟁이 제기되어 큰 주목을 받은 바 있다(Groseclose and Milyo 2005; Groseclose 2012). 최근 정치적 경도에 대한 연구가 부상하게 된 두 번째 이유는 자료처리기술의 발전으로 인해 정치적 경도의 측정에 대량의 자료, 소위 빅데이터(big data)가 활용가능해졌기 때문이다. 기계학습(machine learning)과 자료과학(data science), 그리고 통계학에서 진행된 텍스트자료 처리에 관한 일련의 기술적 혁신은 대량의 텍스트 자료를 웹을 통해 접근하여 연구자의 컴퓨터에 손쉽게 수집하는 것을 가능케 했다. 정치적 경도에 대한 최근 연구들은 이렇게 대량으로 수집된 텍스트자료 속에서 정치적 경도라는 연구자의 관심정보를 어떻게 효과적으로 추출할 것인가에 대한 방법론적 논쟁으로 이어지고 있다(Gentzkow and Shapiro 2010; Gans and Leigh 2012; Taddy 2013).[5]

한국 언론매체의 정치적 경도에 대한 기존 연구는 질적 연구방법과 내용분석(content analysis) 방법을 주로 사용해 왔다. 예를 들어 김경희·노기영(2011)은 한국 신문매체에 의해 보도되는 북한관련 기사를 보수, 중도, 진보의 세 척도로 코딩하고 이를 분석한 바 있으며 이건호·고흥석(2009)은 취재원 활용방식에 대한 자료를 토대로 미국산 쇠고기 수입관련보도를 분석한 뒤 조선일보, 중앙일보, 동아일보는 중립적 보도를 보인 반면 한겨레신문과 경향신문은 수입반대의 입장을 띠었음을 확인하였다. 심석태 외(2014)는 2013년 방송뉴스를 대상으로 정치적 경도의 6가지 세부 유형(아젠다 변경, 진실 규명 소홀, 특정 정파 낙인찍기, 선과 악의 대비, 편파적인 뉴스 문구와 구성, 보도 축소 또는 누락)을 사례연구 방식으로 조사하였다.

2.2. 정치적 경도 연구의 의의

언론매체의 정치적 경도에 대한 연구의 중요성은 언론학 분과를 뛰어넘는 범학제(汎學際)적 중요성을 가지고 있다. 특히 정치학의 관점에서 언론의 정치적

---

5) 이외에도 최근 경제학과 정치학에서는 언론매체의 경도가 등장하게 되는 구조적 원인을 언론시장에서의 경쟁과 관련하여 설명하고자 하는 이론적 연구가 주목받고 있다(Baron 2006, Bernhardt et al. 2008, Gentzkow and Shapiro 2010, Stone 2011).

경도 연구가 중요한 이유는 크게 세 가지로 정리해 볼 수 있다. 첫째, 언론매체의 정치적 경도는 매체의 뉴스보도를 소비하는 유권자의 정치적 판단과 선호에 중요한 영향을 준다(Kahn and Kenney 2002; Druckman and Parkin 2005). 예를 들어 칸과 케니(Kahn and Kenney 2002)는 매일 신문을 읽는 독자들에게는 신문보도에 의한 후보평가가 지대한 영향을 미친다는 점을 밝힌 바 있다. 또한 드러만과 파킨(Druckman and Parkin 2005)은 2000년 미네소타 상원선거에서 두 개의 신문(Star Tribune과 St. Paul Pioneer Press)의 사설이 선거에 미친 영향을 출구조사 결과를 통해 추정한 결과, 특정 후보에게 유리한 편향을 보이는 사설을 읽은 유권자들이 그 후보를 보다 우호적으로 평가했다는 점을 확인했다. 이와 같은 영향에도 불구하고 대부분의 언론매체는 표면적으로 중립적인 보도를 표방하기 때문에 유권자들은 자칫 특정한 정치적 성향을 띤 매체의 보도를 중립적인 것으로 오해할 가능성이 높다. 특히 한국의 언론매체는 미국과는 달리 선거에서 특정 후보를 공개적으로 지지하는 것이 공직선거법에 의해 금지되어 있다. 따라서 매체의 정치적 경도에 대한 연구는 소비자인 유권자의 매체 선택에 대한 유의미한 정보제공이라는 측면 뿐만 아니라 유권자들의 정치적 판단에 중요한 영향을 줄 수 있는 요인에 대한 정보제공이라는 중요한 의의를 갖는다.

둘째, 언론매체는 공론영역에서 사회적 의제를 설정하는 매우 중요한 정치적 역할을 수행한다. 세월호 참사나 9.11 테러, 혹은 외환위기와 같이 사회구성원의 삶에 중대한 영향을 주는 사건이 발생했을 때, 그 사건의 의미를 일차적으로 해석하고 책임과 대응방안을 논의하는 역할은 언론매체에 의해 주로 수행된다. 이 과정에서 언론매체는 사회적 의제 설정에 중대한 영향을 미치게 된다. 만약 언론매체가 이러한 공적 기능을 제대로 수행하지 못하고 사적 이익이나 당파적 이익을 옹호하는 역할을 담당할 때, 언론은 사회적·정치적 갈등을 심화시킬 것이며 대중이 언론에게 위탁한 의제설정기능은 오용될 것이다. 이런 측면에서 언론의 정치적 경도에 대한 연구는 민주주의 사회에서 언론의 역할을 감시하고 평가하는 중요한 척도가 될 수 있다. 다만 앞서 언급한 바와 같이 당파적 경도가 존재한다는 사실만으로 언론매체의 공적 기능이 오용된다고 섣부르게 판단해서는 안 될 것이다.

셋째, 정치적 경도에 대한 연구는 정치적 경도가 발생하는 원인에 대한 논의를 불러일으켜서 언론시장의 구조적 문제와 언론시장을 둘러싼 정치적 규제와 정치환경에 대한 비판과 개선에 기여할 수 있다. 과거 권위주의정권 시대 한국의 언론은 통제와 검열의 대상이었으며 민주화 이후에는 권위주의시대의 잔재와 시장경쟁이라는 새로운 요소가 결합된 환경에 노출되어 있다. 노골적인 검열과 통제는 사라졌지만 한국의 국가는 방송통신위원회와 같은 준국가기구가 광고배분, 혹은 공영언론사 임원인사 등을 통해 다양한 방식으로 언론매체에 영향력을 행사할 수 있다. 뿐만 아니라 다채널·다매체 시대가 도래하면서 언론매체들의 수가 급격하게 증가하여 매체 간의 경쟁도 치열해졌다. 이러한 정치환경과 언론환경의 변화가 언론보도의 내용과 매체의 정치적 경도에 미치는 영향은 장차 중요한 연구주제로 부상할 것이다.[6]

2.3. 여론과 언론매체의 정치적 경도

위에서 언급한 바와 같이, 편향 없는 보도를 정확하게 측정할 수 있는 방법은 존재하지 않는다. 이로 인해 정치적 경도에 대한 연구는 자칫 이현령비현령(耳懸鈴鼻懸鈴)식의 자의적이고 주관적인 분석이 될 수 있다. 그 대표적인 예가 새누리당 산하의 여의도연구소가 의뢰하여 최영우 외(2015)에 의해 진행된 연구이다. 해당 보고서는 정치적 편향에 대한 객관적 정의나 측정방법에 대한 논의를 분명하게 제시하지 못했으며 자료의 선정방법과 분석방법에 대한 정확한 설명이 결여되어 있고, 분석방법에서는 연구인력에 의한 주관적 분류(human coding)와 컴퓨터에 의한 체계적 분류를 뒤섞어서 사용하여 분석결과에 대한 신

---

6) 한국 언론매체에서 정치적 경도가 등장하는 원인에 대한 보다 자세한 논의는 심석태 외 (2014)의 연구를 참고하라. 이들은 방송에서 정치적 편향이 나타나는 원인을 크게 내적 통제와 외적 통제로 나누고 외적 통제의 경우 정치권력에 의한 통제와 자본에 의한 통제로 구분하고 있다. 먼저 정치권력에 의한 외적 통제의 경우(1) 지배구조와 규제시스템을 이용한 통제, (2) 권위주의적 개입에 의한 통제, (3) 연고주의를 이용한 통제, (4) 정치인의 후견에 의한 기자 예속화, (5) 기자의 출세주의를 통해 작동할 수 있다고 정리하고 있다. 다음으로 자본에 의한 외적 통제는(1) 언론의 생존논리, (2) 기업의 후견을 통한 통제, (3) 연고주의를 통한 로비를 통해 작동할 수 있다고 정리한다. 마지막으로 방송사 조직의 내적 통제는 조직문화, 인사권, 내재화를 통한 자기검열, 그리고 전문직주의의 약화를 통해서 나타날 수 있다고 정리하고 있다.

뢰에 큰 의문을 주었다. 민경배(2015)는 최형우 외(2015)의 분석이 "제목과 내용의 불일치", "허술한 분석틀", "비과학적 연구방법", "데이터 해석에서의 왜곡과 은폐", 그리고 "언론에 대한 몰이해"라는 문제점을 보여주고 있다고 비판하고 있다. 바로 이러한 이유로 정치적 경도에 대한 연구는 학문공동체의 동료심사(peer-review)시스템을 통해, 재현가능한(reproducible) 측정방법으로 진행되는 것이 바람직하다. 내용분석이나 사례중심의 질적 연구들 역시 연구자의 주관적 판단이 개입될 가능성이 크고 재현가능성과 분석자료의 범위에서 제한성을 극복하기 어렵다는 중요한 약점을 가지고 있다. 또한 최근 각광을 받고 있는 단순기술통계 중심의 "빅데이터" 분석 또한 편향의 정의와 측정방법에 대한 엄밀한 검토가 없는 경우 오히려 연구자의 자의적 판단이 개입될 여지가 더 커질 수 있다.

본 논문은 자동화된 텍스트분석기법을 이용하여 대량의 언론보도자료를 집계 및 분석하고 이를 토대로 여론의 흐름과 매체의 정치적 경도를 동시에 추정하는 방법을 제시한다. 본 논문의 경도측정 방법이 기존 경도측정 방법들과 구별되는 중요한 차이점은 여론을 정치적 경도 측정의 준거점으로 제시한다는 점이다. 언론매체의 정치적 경도에 대한 기존 연구들은 매체의 보도내용이 시간적 흐름을 반영하는 시계열 자료라는 점을 고려하지 않았다. 이들은 매체의 보도내용과 어휘선택이 매체의 정치적 성향에 따라 무작위로 추출(random sampling)되는 것이라고 가정하여(매체의 정치적 성향이 변하지 않는다 하더라도) 여론의 변화에 따라 매체의 보도내용이나 어휘선택이 달라질 수 있다는 점을 분석에서 배제하였다. 물론 정치적 경도 측정에서 언론보도의 시간성(temporality)을 무시하는 것은 분석기간이 비교적 짧고 여론의 급격한 변화가 존재하지 않는 경우에는 큰 문제가 되지 않을 수 있다. 그러나 세월호 참사 정국과 같이 분석대상이 되는 기간 동안 여론이 급격한 변화를 보였거나 분석기간이 장기간에 걸쳐 있는 경우, 언론매체의 보도내용은 매체 고유의 정치적 성향만이 아니라 변화무쌍한 여론의 변화를 반영하게 된다. 따라서 정확한 경도측정을 위해서는 매체 보도의 시간성을 적극적으로 고려해야 한다. 여론을 정확하게 측정하지 못한다면 매체의 정치적 성향이 특정 국면의 여론을 반영한 결과인지 아니면 매체 자체의 고유한 특성인지를 구분하는 것이 어려워진다. 여론의 흐름에 민감하게 반응하는

11

언론매체의 본질적 특성상 정치적 경도는 여론에 대한 고려 없이 독립적으로 측정될 수 없다.

3. 정치적 경도 측정을 위한 자료와 방법

3.1. 자료: 세월호 참사 관련 보도

본 논문의 분석대상은 2014년 4월 16일부터 2015년 4월 11일까지 총 361일 동안 "세월호"를 기사의 제목이나 본문에 포함한 모든 언론보도이다.[7] 보도 내용을 각 매체별로 일관되게 수집할 수 있는 방법이 존재하지 않은 관계로 본 논문은 각 언론매체가 네이버 뉴스에 제공한 기사를 파이썬을 이용한 웹 스크래핑(web scraping)으로 수집하였다. 자료수집시점을 기준으로 네이버 뉴스는 총 139개의 뉴스소스를 제공하고 있는데 "세월호"를 포함한 기사는 총 235,234건이 검색되었다. 논문의 분석대상으로 삼은 것은 139개의 보도자료 제공소스 중에서 총 28개의 언론매체에 의해 보도된 세월호 관련 언론보도와 새누리당과 새정치연합의 보도자료 중에서 세월호를 언급한 자료 일체이다. 선택된 28개의 언론매체 중에서 신문매체는 19개이고 방송매체는 9개이다. 신문매체 중에서는 경제신문이 7개이며 방송매체는 공중파 TV 3곳, 종합편성채널 5곳, 그리고 라디오 방송매체(CBS) 한 곳으로 구성되었다.[8] 28개의 언론매체에 의해 보도된 세월호 관련 언론보도는 총 121,221건이었다. 수집된 자료에서 새누리당은 세월호를 언급한 보도자료를 총 337건 발표하였고 새정치연합은 총 577건를 발표하였다. 양당의 보도자료와 언론보도자료를 합한 총 122,135건의 세월호 관련 보도가 본

---

7) 2015년 4월 11일로 자료의 종점을 선택한 것은 세월호 1주기와 관련된 보도내용이 분석에 포함되는 것을 막기 위해서이다.

8) CBS를 방송매체에 포함시킨 것은 세월호 관련 보도와 관련되어 정부와 대립각을 형성했던 방송매체로서 CBS의 역할 때문이다. 국민일보, 동아일보, 한겨레와 함께 CBS는 청와대로부터 세월호 보도와 관련되어 정정보도 및 손해배상 청구 소송을 당한 바 있다."청와대, 도 넘은 '언론 입막음'"(한겨레신문 14/12/09 http://www.hani.co.kr/arti/politics/bluehouse/668277.html, 2015년 5월 17일 최종접속)

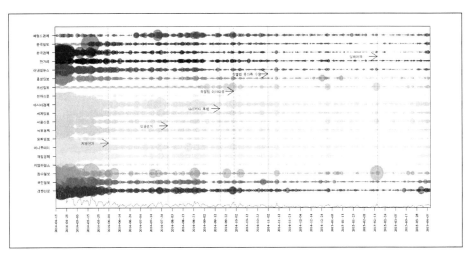

▲〈그림 1〉세월호 참사 이후의 신문을 통한 언론보도 횟수의 변화: 원의 크기는 보도횟수에 비례하며 아래 꺾은 선 그래프는 신문매체를 통한 세월호 관련 보도 전체 횟수의 시간적 변화를 보여준다.

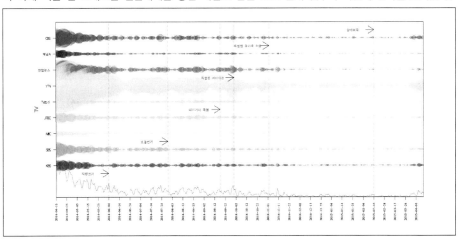

▲〈그림 2〉세월호 참사 이후의 방송을 통한 언론보도 횟수의 변화: 원의 크기는 보도횟수에 비례하며 아래 꺾은선 그래프는 신문매체를 통한 세월호 관련 보도 전체 횟수의 시간적 변화를 보여준다.

논문이 주 분석대상이다.[9]

---

9) 조선일보의 경우 네이버 뉴스에 보도제공을 2014년 8월 30일부터 시작했기 때문에 그 이전자료는 누락되어 있다. 누락자료가 발생하는 경우 원칙적으로 해당 자료를 제공한 매체의 경도값을 누락시기에 대해 추정하는 것은 불가능하다. 그러나 베이지안 위계모형의 강점은 이러한 누락자료에 대해 다른 매체의 분석값 평균을 참조하는 방식으로 가상의 추정치를 보완할 수 있다는 점이다. 베이지안 통계에서 이는 "힘빌려오기"(borrowing strength)

    <그림 1>과 <그림 2>는 분석대상이 되는 세월호 참사 관련 언론보도의 양적 변화를 시간에 따라 보여주고 있다. <그림 1>은 신문매체에 대해, <그림 2>는 방송매체에 대해 보도 횟수를 보여주고 그래프 아래에는 전체 보도횟수의 일일변화를 꺾은 선 그래프로 시각화하였다. 매체별 특징을 분명하게 구분하기는 어렵지만 세월호 참사에 대한 보도가 사건 직후에 비약적으로 증가했으며 그 감소폭이 매체별로 상이하다는 점을 파악할 수 있다. 또한 특정 사건에 따라 세월호 관련 보도가 크게 증감했음을 확인할 수 있다. <그림 1>과 <그림 2>에 표시된 주요 사건들은 세월호 참사 이후 1년 동안 진행된 사건 중에서 (지면관계상) 언론의 집중적 관심을 받은 몇 개의 사건들만을 선택해서 보여주고 있다. 6.4 전국지방동시선거, 7.30 재보궐선거, 대리기사 폭행사건(9월 17일), 특별법 여야합의(9월 30일), 여야 특별법 합의안 유가족 수용(11월 2일), 그리고 인터넷 사이트 일베의 어묵비하 사건(2015년 2월 16일)이다.

3.2. 세월호 정치담론의 지형

    정치적 경도의 측정에서 가장 중요한 결정은 경도의 판단근거를 무엇으로 삼을 것인가이다. 그 판단근거에 따라 경도의 의미가 다르게 해석된다. 예를 들어 정치적 경도를 "보수"와 "진보"로 해석하기 위해서는 경도판단의 근거가 보수-진보의 구분과 직접적으로 연결되는 것이어야 한다. 앞서 언급한 바와 같이 언론보도를 통해 여론의 흐름을 추정하고 다시 이로부터 매체의 정치적 경도를 측정하기 위해서는 여론을 구성하는 정치담론의 지형을 진보-보수 혹은 좌-우와 같은 일차원 벡터로 단순화할 필요가 있다.

    본 논문은 세월호 참사를 둘러싼 정치담론의 경우, 보수-진보나 좌-우의 대립구도로 단순화하기 힘들다고 판단한다. 대신 사건 발생 후 1년 동안 사고의 원인과 구조과정, 책임 소재, 그리고 사후처리에 걸쳐 다양한 논의가 진행되었는데 그 논의의 핵심에는 정부책임에 대한 공방이 자리잡고 있었다고 가정하였다. 이러한 해석은 다른 연구자들의 연구결과와도 상통하는데, 예를 들어 이완

    라고 불린다. 자세한 논의는 Gelman and Hill(2007), pp. 251-278를 참조하라.

수·배재영(2015)은 조선일보와 한겨레신문의 세월호 관련 보도를 내용분석한 결과 "<조선일보>는 선원, 선장, 그리고 선주인 유병언 일가 등 개인에 책임을 강조한 반면에 <한겨레>는 정부와 국가의 책임을 보다 강조"했으며 "<조선일보>는 개인의 책임성을, <한겨레>는 조직, 정부 또는 국가에 책임을 강조하는" 보도를 했다고 결론짓고 있다. 즉 주로 진보적이라고 평가되는 매체는 세월호 참사와 관련되어 정부와 여당의 책임을 강조하고 정부와 여당의 입장을 비판하는 위치에 있었던 반면, 주로 보수적이라고 평가받는 매체는 참사를 개인의 불행으로 간주하고 책임소재를 선원들과 선박회사의 부도덕성에 귀책시키는 입장을 택했다는 것이다. 국정조사와 세월호 특별법에 대한 논의가 시작된 8월 이후에는 정부·여당 대 야당·유가족의 대립구도가 더욱 두드러지게 나타났으며 이러한 대립구도는 자료의 종점인 2015년 3월과 4월 정부시행령을 둘러싼 갈등으로까지 그대로 이어졌다. 따라서 본 논문은 세월호 참사를 둘러싼 1년 동안의 정치담론의 중심에 정부책임에 대한 공방이 자리잡고 있다고 가정하고 그 대립의 양축을 정부·여당 대 야당·유가족의 대립구도로 나누어 분석하고자 한다.

본 논문은 정부·여당 대 야당·유가족 대립구도의 어휘적 구성을 가장 극명하게 보여줄 수 있는 자료로 새누리당과 새정치연합에 의해 발표된 세월호 관련 보도자료를 선택하였다. 새누리당과 새정치연합은 여/야 혹은 보수/진보의 전통적 이념 대립구도를 대변할 뿐만 아니라 세월호 참사 이후 공론장에서 정부(새누리당)와 유가족(새정치연합)의 대리인 역할을 일정부분 수행했다고 볼 수 있다.

당파적 문구의 선택을 위해 당별 보도자료에서 "세월호"를 언급한 자료를 추출한 뒤, 파이썬 한국어 분석 패키지(KoNLPy, Park and Cho 2014)를 이용하여 형태소 분석한 뒤, 조사, 접속사, 동사의 어미, 문자가 아닌 특수문자 등의 무의미한 행태소를 제거하였다. 형태소 분석이 끝난 문서에서 오직 한 정당에 의해서만 사용된 2어절과 3어절 단위의 문구를 골라 이를 당파적 문구(partisan phrases)로 정의하였다. 2어절과 3어절 단위의 문구를 선택한 이유는, 1어절(unigram) 단어로는 당파적 문구를 추출하는 것이 사실상 매우 어렵기 때문이다. 예를 들어 "국정조사"라는 1어절 단어는 양당에 의해 모두 사용되었지만 "국정조사 반드시"라는 2어절 문구는 오직 새정치연합에 의해서만 사용되었다. 이와 같이 단순히 텍스트의 의미구조를 기술적으로 분석하는 것이 목적이 아닌 경우, 1어절 단위의 분석은 심각한 정보손실을 초래할 수 있다.

양당의 보도자료에 등장한 2어절과 3어절 단위의 세월호 관련 문구 중에서 약 80%(16,478/20,663)가 오직 한 정당에 의해서만 사용되었다. 대부분의 보도자료가 각 정당 고유의 어휘에 의해 구성되었으며 양당에 의해 모두 사용된 단어의 경우 그 빈도수의 격차가 크지 않았다. 따라서 오직 한 정당에 의해 사용된 문구를 중심으로 유의미한 당파적 문구를 선택하는 것이 타당하다고 보았다.[10] 16,478개의 문구 중에는 세월호 참사와 직접적 관련이 없는 문구가 많았다. 따라서 16,478개의 문구를 모두 사용하여 정치적 경도를 측정할 경우 분석결과에 심각한 왜곡이 초래될 수 있다.[11] 이러한 오류를 피하기 위해 연구자는 16,478개의 문구 중에서 세월호 참사와 직접적 관련을 찾을 수 있는 문구만을 선택하여 분석에 사용하였다. 이렇게 선택된 당파적 문구의 종류와 비중은 <표 3>에 자세히 나열되어 있다. 새정치연합의 당파적 문구는 국정조사 촉구, 진상 규명, 특별법 통과, 정부와 대통령 비판 등의 내용을 담고 있었으며 새누리당의 경우 국정운영 파행, 국회 마비, 국정운영 파탄 등의 내용을 담고 있었다.

이렇게 추출된 당파적 문구를 이용하여 특정 매체가 특정 시기에 갖는 경도관측값을 다음과 같이 계산하였다:

〈수식 1〉 경도 관측값 계산식

$$\text{경도 관측값}_{i,t} = \sum_{j=1}^{J} f_{i,j,t}^{\text{새누리}} \times W_j^{\text{새누리}} - \sum_{k=1}^{K} f_{i,k,t}^{\text{새정치}} \times W_k^{\text{새정치}}.$$

$W_j^{\text{새누리}}$는 새누리당 당파적 문구의 비중이며 $f_{i,j,t}^{\text{새누리}}$는 매체 i에 의해 t시점에 사용된 새누리당 당파적 문구 j의 빈도를 나타낸다. 새정치연합에 대해서

---

10) 미국자료와는 달리 한국의 경우, 국회의원 개개인의 세월호 관련 발언 자료가 충분히 존재하지 않고 국회의원 개개인에 대한 신뢰할만한 이념측정 자료(ideal point estimates)가 존재하지 않는다. 따라서 겐츠코프와 사피로(Gentzkow and Shapiro 2010)가 사용한 방법과 같이 국회의원 개인들의 발언과 이념측정치를 보도자료와 결합하는 것이 불가능하다.

11) 예를 들어 새정치연합의 경우 "민주 연합 공보실"이 523회, 새누리당의 경우 "[새]누리 대변인"이 222회로 가장 많이 등장했다.

도 같은 방식으로 계산한 뒤 그 차를 계산한 것이 매체 i의 t시점에서의 경도관측값이다. 비중(W_j)은 최다빈도 문구에 대한 비율(ratio)을 사용하였다.

당파적 문구의 비중을 경도관측값 계산에 포함시킨 이유는 자명하다. 오직 한 정당에 의해서만 사용된 문구 중에는 매우 극단적이거나 혹은 세월호 참사와 거의 관련성이 없는 문구가 다수 포함될 수 있다. 당파적 비중을 사용하여 이러한 극단적 문구의 영향을 통제할 수 있다. 또한 특정 정당에 의해서만 사용된 단어 중에서 빈번히 사용된 문구는 그렇지 않은 문구에 비해 그 중요성이 훨씬 크다고 볼 수 있다. 따라서 당파적 비중은 이러한 당파적 중요성을 분석에 적절히 반영하는 역할을 한다.

<수식 1>을 쉽게 이해하기 위해서 당파적 비중을 잠시 제거하고 특정 시점에 특정 매체의 경도관측값이 0이 되는 경우를 상정해 보자. 해당 매체가 새누리당 당파적 문구와 새정치연합의 당파적 문구를 보도한 빈도가 동일할 경우가 이에 해당된다. 여기에 비중을 고려하면, 경도관측값 0은 양당의 당파적 문구중에서 비중이 같은 단어가 동일한 빈도로 보도되었음을 의미한다. 만약 새누리당의 당파적 문구가 더 많이 보도되고 그 비중 역시 새정치연합의 그것에 비해 더 크다면, 경고관측값은 양의 값을 갖는다. 반대의 경우 음의 값을 갖는다. 예를 들어 2014년 12월 22일, KBS 뉴스가 15개의 새누리당 당파적 문구를 보도하고 새정치연합 당파적 문구를 15개 보도했으며 모든 당파적 문구의 비중이 같다면 KBS뉴스의 2014년 12월 22일 경도관측값은 0이 된다. 그런데 만약 사용된 당파적 문구의 비중이 새정치연합 당파적 문구에서 더 높았다면, 즉 새정치연합 보도자료에서 매우 자주 언급된 단어가 KBS뉴스의 보도에 나온 반면 KBS뉴스에 보도된 새누리당의 당파적 문구는 새누리당 보도자료에서 그렇게 자주 언급된 문구가 아니었다면 경도관측값은 음의 값을 갖게 된다.[12]

---

12) 뒤에 상술하겠지만 당파적 문구의 비중을 배제하고 분석한 결과는 비중을 고려한 분석과 큰 차이를 보이지는 않는다. 그러나 당파적 문구에 모두 동일한 비중을 부여하는 것은 정당들이 문구선택을 매우 전략적으로 사용한다는 사실을 고려할 때, 중대한 정보손실을 초래할 수 있다.

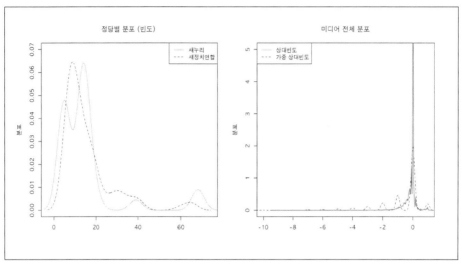

▲ 〈그림 3〉 세월호 참사 이후 1년 동안 각 정당의 보도자료에서 나타난 당파적 문구의 빈도 분포 (왼쪽)와 경도관측값의 분포(오른쪽)

　　〈그림 3〉의 왼쪽 그림은 당파적 문구의 빈도분포를 정당별로 보여주고 있으며 오른쪽 그림은 〈수식 1〉에 의해 계산된 경도관측값("가중 상대빈도")의 분포를 비중을 고려하지 않은 단순 상대빈도분포(실선)와 비교하고 있다. 〈그림 3〉에서 보이는 것처럼 당파적 문구의 빈도분포는 정당별로 유사한 형태를 띠었으며 경도관측값은 음수값 방향으로 쏠려있는 모습을 보인다. 이는 참사 이후 1년 동안 주로 정부비판적 문구들이 집중적으로 보도되었음을 보여준다. 대부분의 경도관측값은 0을 주변으로 집중되어 있음을 볼 수 있다.

3.3. 분석모형

　　기존 연구들은 매체경도 측정에서 여론 흐름의 동적인 변화를 고려하지 않았다. 정치적 이념을 특징짓는 텍스트의 분포가 분석기간 동안 변화없이 지속된다고 가정하는 것이다. 그러나 이러한 가정은 여론이 급격하게 변화하는 환경에서는 심각한 문제점을 갖는다. 세월호 참사의 경우, 여론의 흐름이 전국민적 충격 국면에서 정치적 갈등과 대립 국면으로 롤러코스터와 같은 변화를 겪었다. 특정 시기 언론 보도에 나타난 당파적 문구는 해당 시기 여론의 흐름과 매체경도를 모두 반영한 것이다.[13] 따라서 매체경도에 대한 정확한 측정을 위해서는 당파적 문구 사용에 영향을 주는 여론의 흐름을 통제할 필요가 있다.

여론의 시간성을 당파적 경도측정 안에서 고려하기 위해 본 논문은 잭만 (Jackman 2005)에 의해 제시된 다층 베이지안 상태공간 모형을 사용하였다. 다층 베이지안 상태공간 모형은 위계적 베이지안 모형과 상태공간모형을 결합한 것으로 모형의 평균이 임의보행(random walk)의 형태를 갖는 일차 마르코프 프로세스(the first order Markov process)로 가정된다. 경도관측값($y_{i,t}$)을 자료로 사용하여 여론의 흐름(β_t)과 매체의 정치적 경도(α_i)를 분해하는 다층 베이지안 상태공간 모형은 다음과 같이 쓸 수 있다:[14]

〈수식 2〉 경도 측정을 위한 위계적 베이지안 모형

$$y_{i,t} = \alpha_i + \beta_t + \epsilon_{i,t}$$
$$\alpha_i \sim Normal\,(0,\ 20)$$
$$\beta_t = \beta_{t-1} + v_t$$
$$\beta_1 \sim Uniform\,(-0.001,\ 0.001)$$
$$\epsilon_{i,t} \sim Normal\,(0, \sigma_y^2)$$
$$v_{i,t} \sim Normal\,(0, \sigma_\beta^2)$$
$$\sigma_y \sim Uniform\,(0, 1)$$
$$\sigma_\beta \sim Uniform\,(0, 0.1)$$

모형에 대한 몇 가지 부연설명을 덧붙이면 다음과 같다. 첫째, 이 모형에서 여론의 흐름은 일차 마르코프 프로세스이며 임의보행 방식으로 움직인다. 즉 오늘의 여론은 어제의 여론과 매우 유사하지만 그 이전의 여론과는 직접적 연관성

---

13) 눈누난 다(多)어설로 十성된 단어꾸러미이다. 뒤에 상술하겠지만 단어에 대한 분석만으로는 언론보도의 당파적 경도를 측정하는 것이 매우 어렵다. 본 논문에서 문구(phrases)라는 표현을 지속적으로 사용하는 이유는 여기에 있다. 구체적으로 본 논문은 2어절 또는 3어절로 이루어진 단어들의 꾸러미를 분석하여 당파적 경도를 추적한다.

14) 다층 베이지안 모형은 위계적 베이지안 모형의 한 형태로, 독립된 단위들로부터 관측된 정보를 상위의 모수에 의해 종합하고자 하는 패널모형 등에서 주로 사용된다. 다층 베이지안 모형에 대한 소개로는 Gelman and Hill(2007)을 참고하라.

이 없다. 그 변화의 폭은 자료에 의해 추정될 것이나 사전정보(prior information) 형태로 주어진 값은 표준편차가 0과 0.1사이에 온다고 본다. 여론의 흐름을 측정하는 방법은 베이지안 동적선형모형(Bayesian dynamic linear model) 추정방법을 이용하였다(Früwirth-Schnatter 1994; West and Harrison 1997).

둘째, 각 매체의 정치적 경도는 고정값의 형태로 존재하며 경도관측값에서 여론의 흐름과 관측상의 노이즈를 제거한 나머지에 대해 각 매체별로 평균값을 구한 것이다. 즉,

$$\alpha_i = \frac{1}{T} \sum_{t=1}^{T} (y_{i,t} - \beta_t - \epsilon_{i,t}).$$

쉽게 풀어서 설명하면, 매체의 정치적 경도란 경도관측값과 여론흐름의 평균적 차이라고 할 수 있다. 경도관측값의 정의가 새누리당 당파적 문구사용으로부터 새정치연합 당파적 문구사용을 뺀 값이므로 양의 값은 새누리당 우호적인 정치적 경도를, 음의 값은 새정치연합 우호적인 정치적 경도를 의미한다. 따라서 만약 특정한 매체가 여론의 흐름보다 지속적으로 비중있는 새누리당 당파적 문구를 더 자주 보도한다면 그 매체의 정치적 경도는 양의 값을 갖게 된다. 같은 방식으로 만약 특정한 매체가 여론의 흐름보다 지속적으로 비중 있는 새정치연합의 당파적 문구를 더 자주 보다한다면 그 매체의 정치적 경도는 음의 값을 갖게 된다. 만약 특정 매체가 부분적으로 특정 정당의 당파적 문구를 비대칭적으로 보도하였지만 그러한 경향이 지속적이지 않고, 그렇게 보도된 당파적 문구가 각 정당에 의해 별로 비중 있게 언급된 문구가 아니라면 해당 매체의 정치적 경도는 0에 근접하게 된다.

마지막으로 여론 흐름의 초기값(β_1)은 0에 매우 가까운 값으로 설정하였다. 베이지안 상태공간모형에서 여론흐름의 사전표준편차(σ_β)는 주로 계측(calibration)의 문제가 되는데, 여기서는 여론의 흐름이 매우 완만함을 가정하는 0과 0.1사이의 균등분포로 설정되었다. 즉, 자료를 보기 전 여론의 흐름에 대한 선험적 믿음은 여론의 변화가 거의 없다는 것이며 추정결과는 이러한 선험적 믿음을 전제로 할 때, 자료와 관측모형을 통해 드러난 실제 여론의 변화가 어떠했는가를 보여준다.

본 논문에서 사용한 분석방법을 순서대로 정리하면 <표 1>과 같다.

▼〈표 1〉본 논문에서 제시하는 정치적 경도 추정 방법의 다섯 단계

순서	기법	자료 출처 및	목적
1. 원자료 추출	웹크롤링	네이버 뉴스	분석에 필요한 원자료확보
2. 형태소 분석	형태소 분석	원자료 전체	형태소 분석기를 통해 분석에 필요한 형태소만 남기는 방식으로 한국어 문서를 텍스트 분석에 적합한 형태로 변환
3. 당파적 문구 추출	연구자에 의한 독해와 다어절(multi-gram) 당파적 문구추출	새누리당과 새정치연합에 의해 발표된 세월호 관련 보도자료	세월호 참사 이후의 각종 사건과 이슈에 대한 각 정당의 입장을 가장 분명하게 보여줄 수 있는 다어절(multi-gram) 당파적 문구를 추출
4. 정치적 경도 측정	베이지안 상태공간모형을 이용한 추정	당파적 문구와 형태소 분석된 언론보도 전체	언론보도 텍스트와 당파적 문구의 상관성을 계산한 뒤, 베이지안 상태공간 모형을 통해 여론의 동적인 흐름을 통제한 뒤에 정치적 경도를 추정
5. 시각화	시각화 소프트웨어를 이용	추정된 당파적 경도 결과	여론의 동적 흐름과 당파적 경도를 해석이 용이한 방식으로 시각화

4. 분석결과

<그림 4>는 위계적 베이지안 상태공간 모형을 통해 추정된 세월호 참사 이후 1년 동안의 여론흐름의 변화를 시각화한 것이다. 굵은 선이 여론흐름 추정치이고 작은 원은 주요 사건 발생일과 사건의 짤막한 개요를 설명하고 있다. 언론보도를 통해 확인된 여론흐름의 특징을 간단히 정리해 보면 다음과 같다.

첫째, 여론의 흐름이 세월호 참사 이후 1년 동안 매우 큰 변화를 겪었음을 알 수 있으며 몇몇 주요 사건들이 그 변화의 변곡점에 위치해 있음을 확인할 수 있다. 참사 직후 한 달 동안(4월 16일부터 5월 19일)은 거의 모든 매체의 보도가 강한 정부비판적 내용을 포함하고 있어 매우 낮은 음의 값을 보이고 있다. 특히

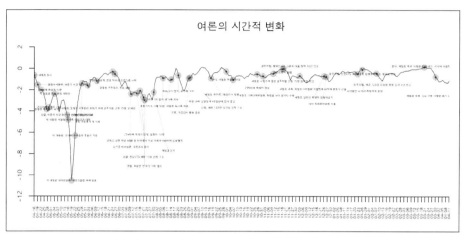

▲ 〈그림 4〉 여론의 시간적 변화: 진한 실선은 베이지안 상태공간 모형을 통해 추정된 여론의 중앙값이며 붉은 색 원들은 주요 사건들의 발생시점을 나타낸다. 사건들에 대한 간략한 설명이 선으로 연결되어 있다.

5월 19일 대통령이 최종책임을 인정하고 해경을 해체한다는 대국민담화를 발표한 시점에서 여론은 가장 낮은 값을 기록하고 있다. 5월 19일 이후부터 여론은 정부비판적 내용이 점차 줄어드는 방향으로 선회하였으며 6월 4일 전국지방동시선거를 거치면서 더욱 위쪽으로 이동하였다. 그러다가 6월 24일 문창극 국무총리 후보자 사퇴, 7월 10일 김기춘 비서실장의 "7시간" 발언, 그리고 7월 15일 유가족과 단원고 학생들의 도보행진이 연달아 이어지면서 여론은 다시 정부비판적인 방향으로 이동하였다. 7월 22일 유병언 회장의 사망이 공식발표되고 7월 30일 재보궐 선거에서 여당이 압승하면서 여론은 위쪽으로 이동하였고 8월 이후에는 그 이전과 같은 강한 정부비판적 여론이 나타나지 않았다. 관측시기의 마지막에 오면 세월호 정부 시행령을 둘러싼 갈등이 전개되면서 매체보도에서 정부비판적 문구가 다시 증가하는 것을 확인할 수 있다.

둘째, 세월호 참사 이후 1년 동안 야당인 새정치연합의 정부비판적인 당파적 문구가 새누리당의 당파적 문구보다 언론보도에 평균적으로 더 자주 등장했음을 확인할 수 있다. 그 이유는 크게 두 가지로 볼 수 있는데, 먼저 새정치연합이 정부비판적 여론을 기반으로 공세적인 자세로 정부와 여당을 비판하였고 그것이 언론보도에 영향을 주었을 수 있다. 다른 한편으로는 세월호 사건 자체가

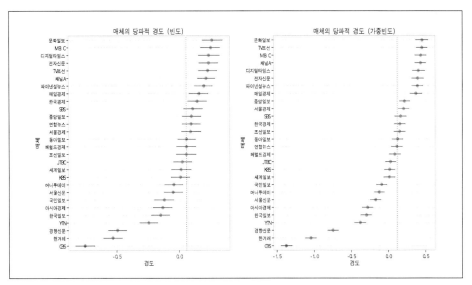

▲ 〈그림 5〉 베이지안 위계모형을 통해 추정된 언론매체의 당파적 경도: 점은 추정치의 평균이며 가로 막대는 95 퍼센트 베이지안 신뢰구간(Bayesian credible interval)이다. 점선은 경도의 중앙값이다. 왼쪽 그래프는 단순빈도를 이용한 추정치이며 오른쪽 그래프는 당파적 비중을 고려한 빈도를 사용한 추정치이다.

여당과 정부에게 매우 불리한 사안이었음을 반영하는 것으로 볼 수 있다. 즉 정부의 무책임과 무능에 대한 비판 여론이 새정치연합의 당파적 문구와 유사한 문구로 언론보도에 반영되었다고 볼 수 있다.

　〈그림 5〉는 각 언론매체에 대한 경도 추정치를 보여준다. 당파적 비중을 고려한 추정치(오른쪽)과 단순빈도만을 사용한 추정치(왼쪽)을 나란히 비교하였다. 경도의 중앙값은 점선으로 표시되어 있다. 경도값의 크기와 신뢰구간, 순위에서 약간의 차이를 보이고 있지만 전체적으로 두 그래프에서 큰 차이가 발견되지 않음을 확인할 수 있다. 본 논문은 비중을 고려한 경도값(오른쪽 그래프)을 주 분석결과로 삼는다. 〈그림 5〉의 수치값은 〈표 2〉에 다시 정리되어 있다.

　먼저 〈그림 5〉 오른쪽 그래프의 왼쪽(강한 정부비판)에서부터 살펴보면 CBS, 한겨레신문, 그리고 경향신문이 가장 왼쪽에 위치해 있음을 확인할 수 있다. 이들 세 매체는 세월호 참사 1년 동안 지속적으로 매우 강한 정부비판적 보도내용을 유지한 것으로 볼 수 있으며 이와 같은 특징이 이 세 매체를 다른 매

▼〈표 2〉당파적 경도: 평균, 95퍼센트 베이지안 신뢰구간.

매체	빈도			가중빈도		
	평균	하위 95%	상위 95%	평균	하위 95%	상위 95%
CBS	−0.76	−0.68	−0.83	−1.38	−1.30	−1.45
한겨레	−0.53	−0.46	−0.61	−1.05	−0.97	−1.12
경향신문	−0.50	−0.42	−0.57	−0.75	−0.68	−0.82
YTN	−0.24	−0.17	−0.32	−0.38	−0.31	−0.46
한국일보	−0.15	−0.08	−0.22	−0.30	−0.23	−0.37
아시아경제	−0.13	−0.06	−0.21	−0.29	−0.21	−0.36
국민일보	−0.12	−0.04	−0.20	−0.10	−0.03	−0.17
서울신문	−0.05	0.03	−0.12	−0.18	−0.11	−0.25
머니투데이	−0.04	0.03	−0.12	−0.13	−0.06	−0.20
KBS	0.01	0.08	−0.07	0.02	0.09	−0.06
세계일보	0.01	0.09	−0.06	0.01	0.09	−0.07
JTBC	0.03	0.10	−0.05	0.03	0.10	−0.05
조선일보	0.06	0.13	−0.02	0.15	0.23	0.07
헤럴드경제	0.06	0.13	−0.02	0.09	0.16	0.01
동아일보	0.06	0.13	−0.01	0.12	0.19	0.05
서울경제	0.09	0.17	0.02	0.20	0.28	0.13
연합뉴스	0.10	0.17	0.03	0.11	0.19	0.04
중앙일보	0.10	0.17	0.03	0.21	0.28	0.15
SBS	0.11	0.19	0.04	0.16	0.24	0.08
한국경제	0.14	0.22	0.07	0.15	0.23	0.08
매일경제	0.16	0.23	0.08	0.37	0.45	0.29
파이낸셜뉴스	0.20	0.26	0.12	0.39	0.46	0.31
채널A	0.21	0.29	0.15	0.43	0.50	0.35
TV조선	0.23	0.30	0.15	0.45	0.52	0.37
전자신문	0.24	0.31	0.16	0.39	0.47	0.31
디지털타임스	0.24	0.32	0.16	0.40	0.49	0.32
M B C	0.25	0.32	0.17	0.43	0.51	0.35
문화일보	0.26	0.35	0.18	0.45	0.53	0.36

체들로부터 확연히 구분짓고 있음을 알 수 있다.

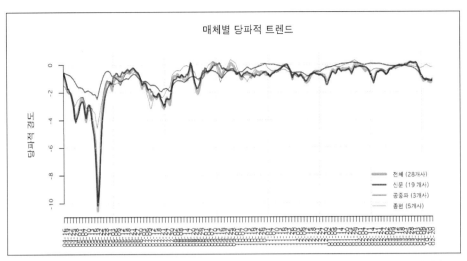

▲ 〈그림 6〉 매체별 여론의 당파적 흐름: "일베어묵" 사건을 기준으로 가장 상위에 위치한 매체가 공중파(KBS, SBS, MBC), 그 다음이 종합편성채널 5개사(채널A, TV조선, JTBC, YTN, 연합뉴스), 그리고 신문 19개사가 위치해 있다.

그 반대편에는 문화일보, TV조선, MBC, 채널A, 디지털타임스, 전자신문, 파이낸셜뉴스, 그리고 매일경제가 위치해 있다. 이들은 세월호 관련 보도에서 정부비판적 내용을 가장 적게 포함한 그룹이자 야당비판적 내용을 상당히 자주 보도한 그룹으로 판단할 수 있다.

이 양 그룹의 가운데에는 대다수의 언론매체가 위치해 있다. 먼저 왼쪽에서 볼 때 YTN, 한국일보, 아시아경제, 서울신문, 머니투데이, 그리고 국민일보가 속한 그룹은 CBS-한겨레신문-경향신문 그룹보다는 약하지만 세월호 관련 보도에 꽤 자주 정부비판적 내용을 포함시켜왔다고 판단할 수 있다. 그 나머지 매체들은 세월호 관련 보도에서 정부비판적 보도태도나 야당비판적 보도태도에서 이렇다 할 큰 특징을 보이지 않은 매체들로 분류할 수 있다. 흔히 보수적인 주요일간지로 일컬어지는 조선일보, 동아일보, 중앙일보와 경제신문, 그리고 두 개의 공중파 방송(KBS, SBS)이 여기에 포함되어 있다.

〈그림 6〉은 매체별 특징을 더욱 정확하게 확인하기 위해 본 논문의 분석 방법을 매체별 자료에 각각 적용하여 여론의 당파적 흐름을 매체별로 비교한 것이다. 매체는 신문(19개 사), 공중파(3개 사), 그리고 종합편성채널(5개 사)로 구분

하였으며 직접적인 비교대상이 없는 CBS 라디오방송은 배제하였다. 비교의 용이성을 위해 초기값과 선험분포는 모두 동일하게 설정하였다. 전체 매체를 통해 파악된 여론의 흐름은 회색의 굵은 색으로 표시하였으며 신문, 공중파, 종합편성채널을 통해 파악된 여론은 실선으로 표시하였다.

신문매체를 통해 파악된 여론의 흐름이 전체적인 여론의 흐름을 주도하는 것처럼 보이는 것은 신문매체를 통해 제공되는 자료의 크기가 가장 크기 때문이다. 따라서 신문매체를 통해 파악된 여론을 준거점으로 삼아 다른 매체로부터 파악된 여론을 비교하는 것이 유용하다. 종합편성채널 5개 사의 보도를 통해 파악된 여론의 흐름이 신문매체의 그것과 매우 유사한 패턴을 보여주고 있음을 확인할 수 있다. 반면 공중파 3사에 의해 파악된 여론은 신문이나 종합편성채널을 통해 파악된 여론과 매우 큰 격차를 보이고 있다. 여론의 변화폭이 매우 작을 뿐만 아니라 9월 이후의 정국에서는 다른 매체보다 정부비판적인 내용이 훨씬 적게 보도되는 패턴을 보여주고 있다. 다만 자료의 종점에 와서 정부시행령을 둘러싼 갈등이 전개되는 2015년 3월 말과 4월 초에는 신문과 공중파 방송이 유사한 하강곡선을 그리는 반면 종합편성채널의 보도는 이전과 큰 변화를 보이지 않고 있음을 확인할 수 있다.

이상의 내용을 종합해 볼 때, 28개 언론매체의 보도내용을 통해 확인한 세월호 참사 1년 동안의 여론은 참사 직후 4개월 동안 매우 급격한 변화를 보이다가 그 이후에는 완만한 변화를 보였다고 정리할 수 있다. 특히 참사 초기의 정부비판적 여론이 대통령의 대국민 담화(5월 19일)와 6.4 지방선거, 유병언회장 사망발표(7월 22일), 그리고 7.30 재보궐선거를 거치면서 급격하게 약화되었음을 확인할 수 있었다. 여론의 흐름을 통제한 뒤 각 언론매체의 정치적 경도를 확인한 결과, CBS(라디오방송)와 진보적인 언론으로 평가되는 한겨레신문과 경향신문이 매우 강한 정부비판적 내용을 지속적으로 보도했으며 야당비판적 내용에 대해서는 상대적으로 소극적인 태도를 취했음을 확인할 수 있었다. 반면, 문화일보, TV조선, MBC, 채널A, 디지털타임스, 전자신문, 파이낸셜뉴스, 그리고 매일경제는 여론을 기준으로 볼 때, 세월호 관련 보도에서 정부비판적 내용을 상대적으로 소극적으로 보도하고 야당비판적 내용을 가장 적극적으로 보도한 매체로 확인되었다.

5. 분석결과의 견고성(Robustness) 검토

위 분석결과는 오직 한 정당에 의해 사용된 16,478개의 문구 중에서 연구자에 의해 세월호 참사와 직접적 관련이 있는 것으로 판단된 120개(새정치연합 90개, 새누리당 30개)만을 사용한 것이다. 따라서 연구자의 주관적 판단에 의해 분석결과가 일정부분 영향받았을 가능성을 배제할 수 있다. 그 영향의 크기와 방향이 위 분석결과의 타당성을 위협할 만큼 심각한 것인지를 확인하는 것은 분석의 신뢰성을 확보하기 위한 필수적인 작업이라고 볼 수 있다. 이 장에서는 분석결과의 견고성을 검토하기 위해 두 가지 다른 분석결과를 제시할 것이다. 먼저 정당별로 당파적 문구의 수를 일치시키기 위해 새정치연합의 당파적 문구 90개 중에서 상위 30개의 문구만을 사용하여 동일한 분석을 수행하였다. 두 번째로는 16,478개의 문구 전체를 사용하여 매체의 정치적 경도를 측정하고 이를 본 논문의 분석결과와 비교하였다.

<그림 7>은 새정치연합의 당파적 문구 중 상위 30개만을 사용하여 추정된 매체의 정치적 경도를 보여주고 있다. 가중빈도를 사용하여 추정하였으므로 비교대상이 되는 본 논문의 분석결과는 <그림 5>의 오른쪽 그래프이다. 경도값의 크기는 상대적이기 때문에 매체별 경도값의 순서(세로축의 위치)에 초점을 맞추어 <그림 5>의 오른쪽 결과와 비교해 보면, 몇몇 매체가 자리이동을 하였지만 전체적인 분포는 큰 차이를 보이지 않음을 알 수 있다. 여전히 CBS와 한겨레신문이 강한 정부비판적 입장을 취하고 있는 반면 TV조선, 파이낸셜뉴스, 문화일보와 매일경제가 그 반대편에 위치해 있다. 새정치연합의 당파적 문구 중 일부를 누락시킨 결과, 한국일보나 서울신문이 세월호 참사보도에서 경향신문에 비해 더 강한 정부비판적 태도를 유지한 것으로 나타났는데, 이는 <그림 5>의 오른쪽 결과와 비교할 때 중요한 차이점이라고 볼 수 있다. 그러나 세월호 참사가 정부에 불리한 사건이었으며 야당인 새정치연합이 더 많은 보도자료와 공격적이고 비판적인 문구를 사용했음을 고려할 때, 60개의 유의미한 당파적 문구를 누락시킨 것은 정당화하기 어렵다고 볼 수 있다. 따라서 <그림 7>의 결과는 해석상 상당한 주의가 요구된다.

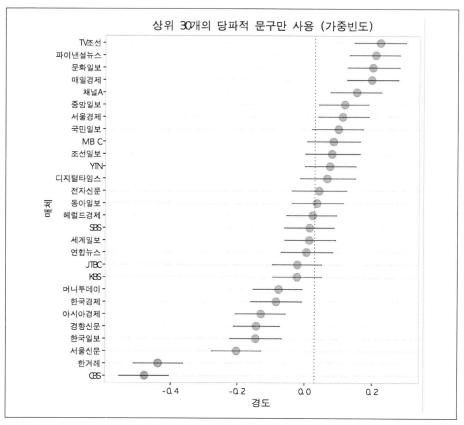

▲ 〈그림 7〉 새정치연합의 당파적 문구 중 상위 30개만을 이용하여 측정한 매체의 정치적 경도

　　〈그림 8〉은 오직 한 정당에 의해서 사용된 16,478개 문구 전체를 사용하여 분석한 당파적 경도 추정치를 보여주고 있다. 앞의 두 결과와는 매우 상이한 결과를 보여주고 있음을 알 수 있다. 정부비판적 매체인 CBS와 한겨레신문, 그리고 경향신문이 매체 전체의 정치적 경도를 특징짓던 이전 결과와는 달리 보도 횟수가 많은 YTN이 가장 정부우호적이고 새누리당 친화적인 보도를 한 것으로 나타나고 있으며 세월호 참사관련 보도에서 정부비판적인 태도를 유지한 것으로 유명한 CBS가 TV조선이나 채널A보다 더 정부우호적인 보도를 한 것처럼 나타나 있다. 분석값의 분포 또한 YTN의 정치적 경도값이 다른 매체들의 경도값에 비해 지나치게 크게 나타나 있다. 이는 한 정당에 의해 사용된 16,478개 문구가 대부분 상투적인 표현이나 비당파적인 문구, 혹은 세월호 참사와 무관한

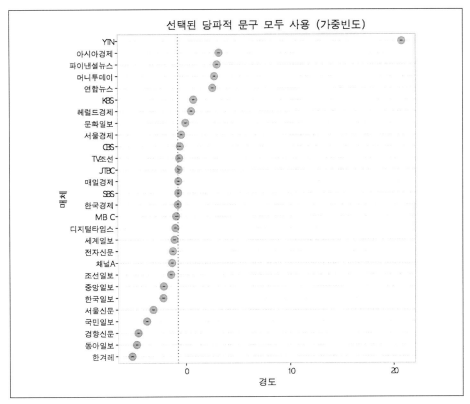

▲ 〈그림 8〉 보도자료에서 추출된 정당별 문구 16,478개 전체를 사용한 분석결과

문구들로 구성되어 있어서 세월호를 둘러싼 정치담론의 지형을 정확하게 포착하지 못했을 뿐만 아니라 세월호 관련된 일반적 보도와 당파적 보도의 차이를 구별하지 못한 결과라고 볼 수 있다. 따라서 본 논문에서 주장한 바와 같이, 기계에 의해 추출된 16,478개 문구 중에서 세월호 참사와 직접적으로 관련된 유의미한 당파적 문구를 연구자가 신중하게 골라내는 절차가 필요하다는 점이 확인되었다고 볼 수 있다.

　본 논문의 분석결과를 해석함에 있어서 한 가지 유의할 점이 있다. 본 논문의 분석에 사용된 자료는 실제 언론보도의 소비자에게 지면이나 방송을 통해 전달된 내용이 아니라 네이버 뉴스에 제공된 언론매체의 기사라는 점이다. 언론매체별로 네이버 뉴스에 제공하는 기사의 종류와 성격, 그리고 제공횟수가 다를 수 있으며 이에 따라 실제 해당 언론에 의해 보도되는 기사(예 신문사의 경우 지면기사, 방송사의 경우 방송뉴스)와 네이버 뉴스에 제공된 기사가 정치적 경도에서 상이할 가능성이 존재한다. 특히 인터넷 매체인 네이버 뉴스의 속성상, 네이버 뉴스에 제공되는 기사는 젊은 소비자층을 겨냥하여 매체에 의해 직접 제공되는 기사의 정치적 경도보다 더 "진보"적인 보도내용을 담고 있을 수 있다. 그러나 본문에서 언급한 바와 같이 이러한 실제 보도기사와 네이버 제공기사의 차이가 언론사별로 큰 차이를 보이지 않고 유사하다면, 본 논문을 통해 분석된 정치적 경도는 실제 보도기사에서의 정치적 경도와 큰 차이를 보이지 않을 것이다.[15]

6. 결론

본 논문은 언론보도를 통해 여론의 흐름을 추정하고 언론매체의 정치적 경도를 측정하는 방법론을 제시하고 이를 세월호 참사 보도에 적용하였다. 먼저 세월호 참사를 둘러싼 정치담론의 어휘적 구성을 찾기 위하여 정당의 보도자료에서 당파적 문구를 추출하고 이를 정치적 경도 측정의 준거점으로 삼았다. 그리고 계층적 베이지안 상태공간모형을 통해 해당시기 여론의 흐름을 통제한 뒤에 언론보도를 통해 지속적으로 관측되는 매체의 정치적 성향을 추정하였다. 이를 통해 세월호 참사 이후 1년에 걸쳐 언론보도를 통해 드러나는 여론의 흐름을 확인하고 매체의 정치적 경도를 확인할 수 있었다.

본 논문의 분석결과가 갖는 의의를 정리해 보면 다음과 같다. 먼저 본 논문의 분석을 통해 세월호 참사라는 비극적 사건에 대한 언론보도가 극심한 정치화(politicization)의 양상을 보였음을 확인할 수 있었다. 언론보도를 통해 확인된 여론의 흐름은 선거와 같은 정치일정이나 참사 자체와 직접적 관련이 없는 사건들에 의해 크게 요동치는 모습을 보였으며 세월호 참사와 관련된 매체의 보도 논조는 진보와 보수의 이념적 구도를 그대로 답습하는 모습을 보였음을 확인할 수 있었다. 세월호 참사 1년 동안 한국 언론의 보도는 세월호 참사가 우리 사회에

---

15) 다시 말해 매체 전체의 성향이 이동하는 것은 경도 추정 결과에 영향을 주지 않는다. 통계학에서 이를 부가(附加)적 불변성(additive invariance)이라고 부른다.

던지는 엄중한 질문에 답하고 이에 대한 사회적 합의를 도모하기 보다는 세월호 참사를 둘러싼 정치적 대립을 조장하고 중계하는 역할에 더 가까웠던 것이 아닌가 하는 의구심을 들게 한다.

둘째, 본 논문은 한국 언론매체의 정치적 경도 측정을 위한 객관적이고 과학적인 방법을 제시하였다. 본 논문은 언론매체의 정치적 경도측정과정을 (1) 웹스크래핑을 이용한 자료수집, (2) 자연어처리 분석기를 이용한 형태소분석, (3) 준거자료를 이용한 당파적 문구추출, (4) 통계모형을 이용한 정치적 경도측정, 그리고 (5) 시각화 소프트웨어를 이용한 분석결과의 시각화라는 다섯 단계로 나누고, 각각의 과정에서 준수해야 할 방법론적 원칙을 구체적으로 논의하였다. 이러한 논의는 분석의 재현가능성을 높이고 향후 개선된 연구방법의 등장에 도움을 줄 수 있을 것이다.

셋째, 본 논문에서 최초로 제시한 여론의 흐름을 통제한 정치적 경도측정모형은 여론의 흐름이 급변하는 시기의 언론보도를 통해 매체의 정치적 경도를 측정할 때 매우 유용한 분석방법이다. 이를 토대로 여론의 흐름만이 아니라 매체의 정치적 경도 역시 특정 순간에 변화할 수 있음을 전제한 모형을 제시하는 것이 가능할 것이다.[16]

본 논문은 언론매체의 정치적 경도의 "측정"에 주목적을 두었다. 따라서 이렇게 측정된 언론매체의 정치적 경도가 왜 나타나는지, 어떻게 변화하는지에 대한 질문은 추후 연구과제로 미룰수 밖에 없다. 다만 원론적인 수준에서 언급해보면, 언론매체의 정치적 경도가 드러나는 원인은 정부적 요인과 매체 자체의 요인, 시장적 요인, 그리고 수요측면의 요인으로 나누어 볼 수 있다. 먼저 정부나 방송관련 공공기관이 검열이나 방송관련 인허가권한을 이용하여 보도내용에 영향을 줄 가능성이 있다. 특히 권위주의 정권과 같이 언론보도의 자유가 보장되지 않은 곳에서 이러한 정부기관에 의한 직접적인 언론통제는 정부의 입장을 옹호하는 보도를 양산하게 된다(심석태 외 2014; Latham 2000). 다른 한편, 소유주나 보도담당자들이 특정한 정치적 선호를 공유하고 있어서 이것이 보도를 통해

---

16) Jong Hee Park, "Dynamic Estimation of Media Slant" Presented at the 2016 Asian Political Method Meeting, Tsinghua University.

의도적 혹은 비의도적으로 드러날 수도 있다. 이러한 정치적 선호는 특정 정치 선호를 공유하는 언론인들이 유사한 매체를 선택한 결과이거나 386세대와 같이 유사한 세대적 경험의 결과일 수 있다. 이외에도 언론매체의 보도담당자들이 개인적인 경력관리 측면에서 혹은 특정 정치인 혹은 정당과 우호적인 관계를 유지하기 위해 정치적으로 치우친 보도를 추구할 수 있다. 또한 매체들 간의 시장경쟁과정에서 우위를 점하기 위해 언론매체는 특정한 정치적 편향을 전략적으로 선택할 수 있다. 반대로 수요측면에서는 미디어 환경이 다매체·다채널 구조로 전환되면서 소비자들에게 뉴스매체의 정치적 편향이 미디어 선택에서 중요한 역할을 하게 되어 정치적 경도가 강한 매체가 더 선호될 수 있다. 정치적 경도의 원인이 심의나 규제, 압력과 같은 정치적 요인에 의한 것인지, 시장경쟁과정에서 나타난 전략적 선택의 결과인지, 아니면 소유주의 정치적 성향을 반영하는 것인지를 추적하는 것은 앞으로 한국언론의 경도 연구에서 매우 중요한 주제가 될 것이다.

[참고문헌]

1차 문헌 및 언론자료

새누리당 보도자료. 2014년 4월 16일-2015년 4월 11일. 출처: 네이버 뉴스.

새정치민주연합당 보도자료. 2014년 4월 16일-2015년 4월 11일. 출처: 네이버 뉴스.

19개 신문사 세월호 관련 보도. 2014년 4월 16일-2015년 4월 11일. 출처: 네이버 뉴스.

3개 지상파 방송사 세월호 관련 보도. 2014년 4월 16일-2015년 4월 11일. 출처: 네이버 뉴스.

5개 종합편성채널 세월호 관련 보도. 2014년 4월 16일-2015년 4월 11일. 출처: 네이버 뉴스.

CBS 세월호 관련 보도. 2014년 4월 16일-2015년 4월 11일. 출처: 네이버 뉴스.

민경배, "새누리당 포털 보고서 '이건 뭐지?'" 경향신문 2015년 9월 22일.

2차 문헌

강범일·송민·조화순. 2013. "토픽 모델링을 이용한 신문 자료의 오피니언 마이닝에 대한 연구"『한국문헌정보학회지』제47권 제4호, 315-334.

김경희·노기영. 2011. "한국 신문사의 이념과 북한 보도방식에 대한 연구"『한국언론학보』55월 1호, 361-387.

민영. 2005. "한국 언론의 정치광고 보도경향: 14-16대 대통령 선거를 중심으로"『한국언론학보』49권 5호, 177-201.

박종희. 2013. "제 18대 대선 여론조사에서 나타난 조사기관 편향."『조사연구』14권 1호, 1-30.

박종희. 2014. "베이지안 방법론이란 무엇인가?"『평화연구』22권 1호, 481-529.

서울대학교 사회과학연구원. 2015.『세월호가 묻고, 사회과학이 답하다』세월호 참사 1주기 추모 심포지움 자료집.

심석태 외. 2014.『방송 뉴스 바로 하기: 저널리즘의 7가지 문제와 점검 목록』. 컬쳐룩.

이건호·고흥석. 2009. "취재원 활용을 통해 살펴본 한국 신문의 보도시각 고찰:

미국 쇠고기 수입 관련 기사에 나타난 취재원 신뢰도와 유인가 분석을 중심으로"『한국언론학보』 53권 3호, 347-458.

이승희·송진. 2014. "재난보도에 나타난 소셜 미디어와 방송 뉴스의 매체 간 의제설정,"『한국언론학보』 58권 6호, 7-39.

이완수·배재영. 2015. "세월호 사고 뉴스 프레임의 비대칭적 편향성"『한국언론정보학보』 71호, 274-298.

이준웅. 2014. "미디어 정치시대, 언론의 공정보도"『관훈저널』 130호, 43-9.

임연희. 2014. "세월호 참사에 대한 텔레비전 뉴스의 보도행태,"『사회과학연구』 25권 4호, 179-201.

최영우 외. 2015. "포털 모바일뉴스 메인화면 빅데이터 분석보고서" 서강대학교 미디어커뮤니케이션 랩.

최영재. 2014. "공영방송 보도국의 정파적 분열: 민주화의 역설, 정치적 종속과 결과,"『커뮤니케이션 이론』 10권 4호, 476-510.

Baron, David. 2006. "Persistent Media Bias." *Journal of Public Economics* 90(1-2):1-36.

Bernhardt, Dan, Stefan Krasa and Mattias Polborn. 2008. "Political polarization and the electoral effects of media bias." *Journal of Public Economics* 92(5-6):1092-1104.

Chiang, Chun-Fang and Brian Knight. 2011. "Media Bias and Influence: Evidence from Newspaper Endorsements," *Review of Economic Studies* 1-26.

Chomsky, Noam 1997. *Media Control: The Spectacular Achievements of Propaganda. Open Media Pamphlet Series.* New York: Seven Stories Press.

Cook, Timothy E. 2005. *Governing with the News: The News Media as a Political Institution*, Chicago: University of Chicago Press.

D'Alessio, Dave. 2012. *Media Bias in Presidential Election Coverage, 1948-2008: Evaluation via Formal Measurement.* Lexington Books.

Dickson, Sandra H. 1994. "Understanding Media Bias: The Press and the U.S. Invasion of Panama," *Journalism & Mass Communications Quarterly* 71(4):

809-819.

Druckman, James N. and Michael Parkin. 2005. "The Impact of Media Bias: How Editorial Slant Affects Voters," *Journal of Politics* 67(4): 1030-1049.

Entman, Robert M. 2007. "Framing Bias: Media in the Distribution of Power," *Journal of Communication* 57(1): 163-173.

Entman, Robert M. 2010. "Media Framing Biases and Political Power: Explaining Slant in News of Campaign 2008," *Journalism* 11(4): 389-408.

Fowler, Roger. 2007. *Language in the News: Discourse and Ideology in the Press*. New York.: Routledge.

Früwirth-Schnatter, Sylvia. 1994. "Data Augmentation and Dynamic Linear Models" *Journal of Time Series Analysis* 15: 183-202.

Gans, Joshua S., and Andrew Leigh. 2012. "How Partisan is the Press? Multiple Measures of Media Slant." *The Economic Record* 88(280): 127-147.

Gelman, Andrew and Jennifer Hill. 2007. *Data Analysis Using Regression and Multilevel/Hierarchical Models*. Cambridge: Cambridge University Press.

Gentzkow, Matthew, and Jesse M. Shapiro. 2010. "What Drives Media Slant? Evidence From U.S. Daily Newspapers." *Econometrica* 78(1): 35-71.

Gerber, Alan S., Dean Karlan, and Daniel Bergan. 2009. "Does the Media Matter? A Field Experiment Measuring the Effect of Newspapers on Voting Behavior and Political Opinions." *American Economic Journal: Applied Economics* 1(2): 35-52.

Greene, M., and Stevenson, R. 1980. "A Reconsideration of Bias in the News." *Journalism Quarterly* 57(1): 115-121.

Groseclose, Tim. 2012. *Left Turn: How Liberal Media Bias Distorts the American Mind*. St. Martin's Griffin.

Groseclose, Tim, and Jeffrey Milyo. 2005. "A Measure of Media Bias." Quarterly Journal of Economics CXX(4):1191-1237.

Herman, Edward S. and Noam Chomsky. 1988. Manufacturing Consent: The Political Economy of the Mass Media. New York: Pantheon.

Jackman, Simon. 2005. "Pooling the Polls Over an Election Campaign." Australian Journal of Political Science 40(4): 499–517.

Kahn, Kim Fridkin. 1991. "Senate Elections in the News." *Legislative Studies Quarterly* 16(3): 349–74.

Kahn, Kim Fridkin, and Patrick J. Kenney. 2002. "The Slant of the News." *American Political Science Review* 96(2): 381–94.

Kenney, K., and Simpson, C. 1993. "Was coverage of the 1988 presidential race by Washington's two major dailies biased?" *Journalism Quarterly* 70(2): 345–355.

Klein, M.W. and Maccoby, N. 1954. "Newspaper objectivity in the 1952 campaign." *Journalism Quarterly* 31(2): 285–296

Kuypers, Jim A. 2002. *Press Bias and Politics: How the Media Frame Controversial Issues*. Westport, Conn.: Praeger.

Larcinese, Valentino & Puglisi, Riccardo & Snyder Jr., James M., 2011. "Partisan bias in economic news: Evidence on the agenda–setting behavior of U.S. newspapers" *Journal of Public Economics,* 95(9–10): 1178–1189

Latham, Kevin. 2000. "Nothing but the Truth: News Media, Power and Hegemony in South China" *The China Quarterly*(163): 633–654.

Lowry, Dennis T. 2008. "Network Tv News Framing of Good Vs. Bad Economic News under Democrat and Republican Presidents: A Lexical Analysis of Political Bias," *Journalism & Mass Communications Quarterly* 85(3): 483–498.

Mayer, R. E. 2008. "What conservative media? The unproven case for conservative media bias," *Critical Review: A Journal of Politics and Society* 17(3–4): 315–338.

McQuail, Dennis. 1992. *Media Performance: Mass Communication and the Public Interest*(London; Newbury Park)

Niven, David. 2003. "Objective Evidence on Media Bias: Newspaper Coverage of Congressional Party Switchers," *Journalism & Mass Communication.* 80(2): 311–326.

Park Eunjeong and Sungzoon Cho. 2014. "KoNLPy: Korean natural language processing in Python," Proceedings of the 26th Annual Conference on Human & Cognitive Language Technology.

Ploughman, P. 2005. "The American Print News Media's 'Construction' of Five Natural Disasters," *Disasters* 19(4): 308–326.

Stimson, James A., Michael B. Mackuen, and Robert S. Erikson. 1995. "Dynamic Representation." *American Political Science Review* 89(3): 543–565.

Stone, Daniel F. 2011. "Ideological media bias." *Journal of Economic Behavior & Organization* 78(3):256–271.

Strömberg, David. 2015. "Media and Politics." *Annual Review of Economics* 7(1):173–205.

Taddy, Matt. 2013. "Multinomial Inverse Regression for Text Analysis." *Journal of the American Statistical Association* 108(503): 755–770.

West, Mike and Jeff Harrison. 1997. *Bayesian Forecasting and Dynamic Models.* New York: Springer.

Zaller, John. 1999. *A Theory of Media Politics: How the Interests of Politicians, Journalists, and Citizens Shape the News.* University of Chicago Press.

▼ 〈표 3〉 당파적 문구의 빈도와 비중: 새누리당 문구 중에서 "갈등 분열"과 "분열 갈등"은 같은 문구로 간주하여 동일한 비중을 주었으며 "국회돌아오"와 "국회돌아와" 역시 같은 문구로 간주하여 동일한 비중을 주었다.

	새정치 당파적 문구	빈도	비중		새누리 당파적 문구	빈도	비중
1	국정조사반드시	65	1.00	1	갈등분열	68	1.00
2	국정조사해야	65	1.00	2	갈등조장	68	0.92
3	규제완화정책	60	0.92	3	거대야당	39	0.53
4	대통령눈치	41	0.63	4	경제발목	20	0.27
5	대통령수사	40	0.62	5	공세중단	18	0.24
6	독선불통	38	0.58	6	구태정치	16	0.22
7	독재정권	37	0.57	7	국정발목	14	0.19
8	무책임정권	33	0.51	8	국정안정	14	0.19
9	무책임태도	33	0.51	9	국회돌아오	14	0.19
10	민주주의후퇴	31	0.48	10	국회돌아와	14	0.19
11	박근혜정부잘못	31	0.48	11	국회마비	14	0.19
12	분별규제완화	28	0.43	12	국회민생경제	14	0.19
13	불통리더십	28	0.43	13	국회발목	14	0.19
14	사건진상규명	28	0.43	14	국회방치	14	0.19
15	언론자유지수	23	0.35	15	국회보이콧	14	0.19
16	언론통제	23	0.35	16	국회식물	14	0.19
17	유체이탈화법	21	0.32	17	국회의장결단	14	0.19
18	이전과거퇴행	20	0.31	18	국회정상민생	13	0.18
19	이탈화법	20	0.31	19	국회정상운영	13	0.18
20	자료제출거부	18	0.28	20	분열갈등	6	1.00
21	자본독점	18	0.28	21	분열조장	6	0.08
22	재갈물리기	18	0.28	22	불법행위	6	0.08
23	정권방송	18	0.28	23	야당반대	5	0.07
24	정부반성	18	0.28	24	야당발목	5	0.07
25	정부불신	18	0.28	25	야당정치공세	5	0.07
26	정부진상규명	18	0.28	26	정치선동	4	0.05
27	증인채택적극	17	0.26	27	정치세력	4	0.05
28	책임정권	17	0.26	28	정치악용	4	0.05
29	초동대응실패	17	0.26	29	정치정쟁	4	0.05

	새정치 당파적 문구	빈도	비중		새누리 당파적 문구	빈도	비중
30	촉구대행진	17	0.26	30	정치중단	4	0.05
31	최종책임대통령	16	0.25				
32	국정개입의혹	15	0.23				
33	국정조사방해	15	0.23				
34	권력독점	15	0.23				
35	대국민사기극	14	0.22				
36	불법대선개입	13	0.20				
37	불통정치	13	0.20				
38	신자유주의	13	0.20				
39	신뢰위기	13	0.20				
40	정권무능무	12	0.18				
41	정부여당책임	12	0.18				
42	진실두려워하있	12	0.18				
43	진실밝혀지	12	0.18				
44	진실정의	12	0.18				
45	참사진실규명	12	0.18				
46	책임청와대	12	0.18				
47	무분별규제	11	0.17				
48	무책임무능	11	0.17				
49	무책임박근혜	11	0.17				
50	총체무능	11	0.17				
51	오만독선고집	10	0.15				
52	조사방해	10	0.15				
53	직전박근혜대통령	10	0.15				
54	진상규명방해	10	0.15				
55	진상규명요구	10	0.15				
56	책임무능	10	0.15				
57	책임세월호	10	0.15				
58	컨트롤타워청와대	10	0.15				
59	왜곡보도	9	0.14				
60	종북몰이	9	0.14				
61	직전박근혜	9	0.14				

	새정치 당파적 문구	빈도	비중		새누리 당파적 문구	빈도	비중
62	책임박근혜정부	9	0.14				
63	청와대무능	9	0.14				
64	민주주의후퇴	8	0.12				
65	박근혜대통령결단	8	0.12				
66	제대로진상규명	8	0.12				
67	대통령책임	7	0.11				
68	무책임국민	7	0.11				
69	무책임대해서	7	0.11				
70	무책임정부	7	0.11				
71	박근혜정부무능	7	0.11				
72	여당책임	7	0.11				
73	정부무책임	7	0.11				
74	진상규명세월	7	0.11				
75	진상규명의지	7	0.11				
76	진상밝히	7	0.11				
77	진실두려워하	7	0.11				
78	진실밝히기	7	0.11				
79	진실은폐	7	0.11				
80	참사진실두려워하	7	0.11				
81	책임대통령	7	0.11				
82	책임박근혜	7	0.11				
83	책임새누리	7	0.11				
84	청와대눈치보	7	0.11				
85	청와대책임	7	0.11				
86	대통령결단	6	0.09				
87	대통령불통	6	0.09				
88	세월호진실	6	0.09				
89	정부무능	6	0.09				
90	참사진실	6	0.09				

제 **2** 편

언론의 권력감시 기능 발현에 영향을 미치는 요인에 관한 연구

: 최순실 국정농단 사태 취재기자 심층면접을 중심으로

배정근 숙명여대 미디어학부 부교수

언론의 권력감시 기능 발현에 영향을 미치는 요인에 관한 연구 : 최순실 국정농단 사태 취재기자 심층면접을 중심으로[*]

1. 문제제기

헌정 사상 처음으로 현직 대통령을 탄핵으로 물러나게 만든 최순실 국정농단 사태는 언론의 대대적인 폭로와 의혹제기에 의해 촉발됐다는 점에서 저널리즘의 연구대상이 되어야 한다. 탄핵의 직접적 사유가 된 미르·K스포츠 재단 설립 비리와 청와대 문건 유출, 최순실과 그 지인 회사에 납품 및 광고 수주를 지원한 권력남용 사실 등은 모두 언론이 발굴해 공개됐다. 과거에도 정권 말이면 게이트라고 불리는 권력형 비리가 터지곤 했지만, 언론이 주도적 역할을 하기보다는 검찰 수사에 의존해 의혹만 제기하는 경우가 많았다. 이 사례가 언론의 권력감시 보도의 상징인 워터게이트 사건에 비유되는 이유다.

헌법재판소는 탄핵 결정문에서 "대통령의 공무수행은 투명하게 공개하여 국민의 평가를 받아야 한다"고 전제하면서 박근혜 대통령이 "최순실의 국정개입을 철저히 숨겼고, 그에 관한 의혹이 제기될 때마다 이를 부인하거나 오히려 의혹 제기를 비난해, 언론에 의한 감시 장치가 제대로 작동될 수 없었다"고 명시했다(헌재 선고 2016헌나1 결정, 2017. 3. 10). 언론이 대통령의 국정수행을 감시하지 못하도록 삼추고 의혹 제기를 억압한 행위를 중요한 탄핵 사유로 제시한 셈이다. 그렇듯이 정부와 공직자의 공무수행을 감시하고 이들의 권한남용과 불법

---

[*] 이 논문은 『한국방송학보』 제31권 3호(2017)에 기 출간되었으며, 저작권은 한국방송학회에게 있습니다.

행위를 찾아내 주권자인 국민에게 알리는 권력감시 기능은 언론의 핵심적 역할이자 책무이다(Bennett & Serrin, 2005; Kovach & Rosenstiel, 2014). 이윤추구를 목표로 하는 사기업 형태의 언론에게 언론 자유라는 특별한 법적 지위를 인정하는 이유도 국민의 알권리와 대의민주주의 실현에 기여하는 공적 기능 때문이다(김옥조, 2006).

그러나 이번 사태는 오히려 언론의 권력감시 기능이 그동안 얼마나 마비상태에 있었는지를 보여주는 역설적 증거라는 비판도 강하다(심석태, 2017). 탄핵과정에서 드러난 국정농단의 행태는 놀랍도록 광범위한 분야에 걸쳐서 박근혜정부 내내 지속적으로 자행되었다. 2014년 12월 세계일보의 정윤회 문건 보도로 인해 비선실세의 실체가 일부 드러났으나 대부분 언론은 문건유출에 더 초점을 맞춘 채 더 이상 파고들지 않았다. 박근혜 전 대통령은 '아바타'라는 조롱을 들을 정도로 최순실에 의해 휘둘린 것으로 밝혀졌지만 언론은 오랫동안 그를 소신과 의지의 정치인으로 미화하곤 했다.

그러던 언론이 갑자기 바뀌어 대통령의 비리를 과감하게 파헤치고 결국 권좌에서 몰아낸 상황은 대단히 모순적이다. 그런 점에서 박근혜 전 대통령 탄핵보도는 국내 언론의 권력감시 기능의 한계와 가능성을 동시에 드러냈다. 무엇이그 차이를 만들어 내고 언론사 내외부의 조건들이 어떠한 영향을 미치는지를 파악할 수 있다면 언론의 권력감시 기능을 활성화하는 조건을 찾아낼 수 있을 것이다. 흔히 감시견(watchdog)으로 비유되는 언론의 권력감시 활동은 누구나 언론의 핵심적 기능이라고 말하지만 그것이 어떠한 사회적 환경 속에서 제도화되거나 실천되고 있는지에 대한 학술적 논의는 매우 빈약하다(Bennett & Serrin, 2006). 국내에서도 권력과 언론에 대한 선행 연구들은 양자의 상호관계에 집중되어 있거나 언론보도에 가해지는 외부적 통제라는 관점에서 주로 논의돼 왔다(김세은, 2012; 남재일, 2006; 남효윤, 2006; 박승관·장경섭, 2000; 유재천·이민웅, 1994; 조항제, 2001). 언론의 감시견 기능을 주제로 한 연구들이 최근 늘어나는 추세이지만 내용분석을 통해 사후적으로 감시견 기능을 평가하는 양적 연구에 치중하고 있다(김민하·김윤경, 2011; 이나연·백강희, 2016).

뉴스는 언론사 조직 내외부의 다양한 요인들이 영향을 미치고, 정치·경제·사회적 이해관계가 개입해 결정되는 역동적 상호작용의 산물이다. 특정한 요인이나 행위자에 국한한 단선적 분석으로는 전체적인 실상을 파악하기 어렵다. 그런 점에서 최순실 국정농단사태[1] 보도는 언론의 권력감시 기능 작동에 영향을 미치는 제반 요인들을 포괄적으로 살펴볼 수 있는 매우 드문 기회이다. 우리 사회의 대표적 권력집단이라고 할 수 있는 대통령과 정부, 대기업, 정치권, 검찰, 대학 등이 모두 직간접적으로 관련되어 있기 때문이다.

본 논문은 슈메이커와 리즈(Shoemaker & Reese, 1996, 2014)의 위계모형(hierarchical model)을 분석틀로 삼아 언론의 권력감시 기능에 영향을 미치는 요인들을 최순실 국정농단 보도에 참여한 기자들에 대한 심층면접 연구를 통해 살펴보았다. 위계모형은 미디어의 내용에 영향을 미치는 요인들을 개인, 관행, 조직, 사회기구, 사회체계의 5가지 차원에서 포괄적으로 설명할 수 있는 유용한 분석틀이다. 이를 통해 언론의 권력감시 기능을 제약하거나 방해하는 요인은 무엇이며, 반대로 이를 활성화하는 요인은 무엇인지를 규명하는 것이 본 연구의 목표이다.

2. 이론적 논의

2.1. 위계모형(hierarchical model)

저널리즘 연구는 뉴스보도가 어떠한 과정을 통해 만들어지며 그 내용은 어떠한 사회적 이해관계를 반영하는지가 핵심이다. 말하자면 뉴스보도에 미치는 영향력과 효과를 규명하려는 노력이다. 위계모형은 미디어 내용에 영향을 미치는 제반 요인들을 개인에서 시작해 사회체계에 이르는 5가지 동심원 구조로 설명한다. 언론 보도에 간여하는 모든 요인을 간결하면서도 체계적으로 설명할 수 있는 징점으로 인해 미디어 연구에서 폭넓게 활용된다.

모형에서 개인 차원(individual level)은 언론인의 개인적 배경이나 속성, 가

---

1) 본 연구는 박근혜 대통령 탄핵 사태의 초기 국면에 해당하는 7월 말~10월 말까지의 기간, 즉 언론에 의해 최순실의 국정농단 의혹이 폭로되는 시점에 집중하고 있어 용어를 '최순실 국정농단 사태 보도'로 한다.

치관과 윤리의식 등이 보도에 미치는 영향이다. 슈메이커와 리즈(1996, p. 65)는 언론인의 역할 인식과 윤리는 내용에 직접적 영향을 미치지만, 개인적 태도나 신념, 가치가 미치는 영향은 간접적이라고 주장했다. 관행 차원(routine practice level)은 시간, 공간, 기술 및 규범 같은 제약 속에서 이뤄지는 취재보도 활동의 '표준화되고 반복되는 패턴'으로 정의된다(p. 109). 뉴스가치를 판단하는 기준, 뉴스제작의 효율성을 위해 만들어진 취재보도 관행, 취재원 관행 등이 여기에 속한다. 조직 차원(media organizations level)은 언론사 조직의 목표와 구조, 정책, 조직 문화 등이 미치는 영향이다. 그중에서도 조직의 목표 추구, 조직이 조직원에게 권위를 행사하는 방식과 조직원의 순응 및 동의가 중요하다. 사회기구 차원(social institutions level)은 정부, 광고주, PR조직, 취재원 등 언론사 외부 기구나 시장 환경이 미치는 영향이다. 언론사 사이에 벌어지는 보도경쟁 및 시장경쟁도 여기에 해당한다. 사회체계 차원(social system level)은 가장 거시적 수준으로 누구나 자연스럽고 당연한 것으로 여기는 지배 이데올로기가 미치는 영향이다.[2]

위계모형은 체계적 설명력에도 불구하고 각 차원의 경계가 명확하지 않고, 하위차원이 상위차원에 종속되는 위계적 관계를 뒷받침하는 근거도 충분치 않다는 비판을 받는다(Keith, 2011). 또한 정적인 모형과 달리 현실에서 보도에 작용하는 영향력의 작동방식은 매우 동적이고 상황에 따라 다르다는 사실이 위계모형을 활용한 연구에서 확인됐다(Andresen, 2009; Hackett & Uzelman, 2003; Koltsova, 2001). 예를 들어 레이놀즈와 바넷(Reynolds & Barnett, 2003)은 9.11 테러 당시 미국 4대 방송사의 생방송 뉴스를 내용분석한 결과 기자의 역할, 뉴스의 내용, 보도 관행이 평상시와 전혀 달라진다는 것을 확인했다. 즉 위기 상황에서 계속 현장상황을 중계할 때는 기자가 뉴스전달자뿐 아니라 전문가와 논평자 역할까지 수행하며, 평상시에는 금기시되는 미확인 소문이나 익명 취재원을 언급하고, 개인적 견해를 밝히는 것이 허용되는 등 새 관행이 나타난다는 것이다. 케이스(Keith, 2011)는 조직에 속하지 않은 개인 뉴스생산자가 많아지고, 특정한

---

2) 슈메이커와 리즈는 <Mediating the message> 2판(1996)까지는 사회기구 대신 '미디어 외부(extramedia)', 사회체계 대신 '이데올로기(ideological)'라는 개념을 사용했다.

관행을 공유하지 않는 언론들이 증가하는 미디어 환경변화로 인해 위계모형을 재개념화해야 한다고 주장했다. 이러한 논의는 최순실 국정농단 사태 보도에 영향을 미친 중요 요인들과 그 작동방식은 평상시 언론보도와 다를 수 있음을 시사한다.

2.2. 언론의 권력감시 기능

막스 베버(Max Weber)는 권력을 "한 행위자가 저항을 무릅쓰고 자신의 의지를 관철시킬 수 있는 가능성"으로 정의했고, 비슷한 맥락에서 로버트 달(Robert Dahl)은 "그렇지 않았으면 하지 않았을 일을 타인에게 시킬 수 있는 능력"으로 정의했다(윤평중, 2012). 쉽게 말하면 권력은 타인의 행동을 지배하는 능력이다. 권력을 행사하는 주체는 정부, 기업 같은 조직이거나 타인의 행동을 강제할 수 있는 지배엘리트이며 제도와 정책, 자원 배분 등이 권력행사의 주요 수단이 된다.

민주사회에서 권력의 행사는 공동체의 이익을 위해 합리적인 근거와 정당한 절차를 통해 행사되어야 하므로 그 적법성과 정당성을 확인하고 감시해야 한다. 언론은 국민을 대리해 공익차원에서 독립된 감시자 역할을 수행한다. 따라서 언론의 권력감시 기능은 "권력이 공익을 위해 정당하고 합법적으로 행사되는지를 독립적으로 감시하고 공개하는 활동"이라고 정의할 수 있다.

언론을 입법부, 행정부, 사법부에 빗대어 '제4부(fourth estate)'로 비유하고, 언론 자유라는 특별한 권리를 보장하는 이유도 국가기구를 견제하고 감시하는 공적 기능을 인정하기 때문이다(양승목, 2006). 언론 자유를 지지하는 기념비적 판결로 꼽히는 펜타곤 페이퍼(Pentagon paper) 판결에서 휴고 블랙 미연방대법원 판사는 "언론은 정부의 비밀을 드러내 시민에게 정보를 제공하기 때문에 보호된다"고 판시하였다(Kovach & Rosenstiel, 2014). 서구의 자유주의 언론이론에 기반을 둔 권력감시 기능은 언론의 이상적 규범으로 널리 인정받는다. 그러나 현실에서 언론이 얼마나 권력을 제대로 감시하고 견제하는지에 대해서는 언론인 스스로 부정적 평가를 내리고 있다. 언론인들에게 12가지 취재보도 원칙을 제시하고 그 중요도와 실행도를 평가한 결과 '정부정책이나 공직자, 기업을 감시하는 비판적 기능'은 중요도에 비해 실행도 격차가 가장 컸다(한국언론진흥재단, 2013). 중요하지만 제대로 실천하지 못하고 있다는 평가다. 한국 언론에 대한 선행 연구를 위계모형의 각 차원에 따라 살펴보면 그 이유가 선명히 드러난다.

2.3. 권력감시 기능에 영향을 미치는 요인

먼저 기자 차원에서는 권력감시 기능의 전제가 되는 취재보도의 자율성이 위축되는 현상이 중요하게 지적됐다. 감시와 견제가 가능하려면 언론은 권력으로부터 독립적이고 자율적이어야 하며 그 출발선은 언론인 개인의 자율성이 확보되는 것이다. 남재일(2010)은 1987년 민주화이후 언론의 자율성은 과거에 비해 신장되었으나 언론사의 자유일 뿐 기자 집단의 자율성으로는 연결되지 않았다고 지적했다. 다양한 배경이 있지만 1997년 외환위기 이후 언론사 간 무한경쟁과 경영난이 심화하면서 편집의 자율성이 위축되고 조직 논리가 우선하는 분위기가 크게 영향을 주었다(배정근, 2010). 자율성을 기반으로 하는 전문직주의(professionalism)가 직업 정체성으로 자리 잡지 못하고 조직에 순응하고 충성하는 샐러리맨화가 강화되었다(이정훈·김균, 2006). 공영방송에서는 이명박-박근혜의 보수정권이 이어지면서 정권에 의해 임명된 경영진을 통한 내부통제로 보도의 자율성이 위축되는 현상이 심각하다(김연식, 2014; 박인규, 2010; 임명현, 2017).

관행 차원에서는 정부 취재원에 대한 의존이 심하고, 출입처를 중심으로 활동하는 취재보도 관행이 문제로 지적된다(임영호·이현주, 2001). 취재원 편중현상은 국내 언론의 취재보도 활동이 출입처라고 불리는 공공기관이나 기업, 단체의 기자실을 주무대로 이뤄지는 것과 무관치 않다(김동규·김경호, 2005). 한국 언론은 팀장-부장-국장으로 이어지는 위계적이고 관료적인 조직문화가 뉴스 게이트키핑에 강하게 작용한다(김동규·김경호, 2005). 특히 부서 간 높은 장벽으로 인한 부서할거주의가 뉴스룸 차원의 유기적인 조직운영을 어렵게 한다.

조직 차원에서는 언론사의 정파성과 상업성이 심해지면서 보도의 진실성과 공정성이 의심 받고 사회적 신뢰가 낮아지고 있다.[3] 한국 언론은 2000년 이후

---

3) 한국기자협회가 2016년 12월 전국기자 172명을 대상으로 실시한 조사에서 언론이 저널리즘의 기본과 멀어진 이유에 대해 '광고주 편향' 때문이란 답변(59.9%)이 가장 많았고, 그다음

보수와 진보로 나눠져 이념성에 따라 기사의 판단기준을 달리하고 같은 현실을 전혀 다른 모습으로 구성함으로써 이념적 대립구도를 강화한다는 비판을 받아왔다(김경희·노기영, 2011; 송은지·이건호, 2014; 윤영철, 2000). 언론의 정파적 보도는 남북문제 같은 이념적 문제뿐 아니라 재난사고인 세월호 참사에서도 반복됐으며(이완수·배재영, 2015), 정권 차원의 권력형 비리를 다루는 게이트보도에서도 예외가 아니었다(고영신, 2007). 한국 언론은 신문이건 방송이건 사주나 경영인이 편집에 대해 강력한 영향력을 행사한다(이재경, 2008). 신문사에서는 사주의 영향력이 절대적이며, 공적 소유구조를 가진 방송사와 통신사에서는 권력에 의해 임명되는 경영진의 보도통제가 끊임없이 문제가 된다. 정태철(2005)은 언론의 정파성과 상업성을 모두 회사 이익을 위한 도구화로 설명하면서 그 결과 사회적 통제가 만연하는 문제를 낳았다고 주장했다.

사회기구와 사회체계 차원에서는 정부, 기업, 광고주, 수용자, 시민단체 등 사회내 제반 세력과 규범이 복잡하게 개입한다. 권력감시 측면에서 본다면 이들은 모두 견제와 감시의 대상이지만 동시에 언론 활동에 필수적인 정보와 물자를 제공하는 자원제공자여서 상호의존적 관계를 갖는다. 유재천과 이민웅(1994)은 언론과 정부의 관계를 적대-견제-공생-유착-일체의 5가지 유형으로 분류하고 양자관계는 그 사이를 오가는 진자운동을 한다고 주장했다. 최영재(2011)는 김영삼, 김대중, 노무현, 이명박 정권은 언론사 세무조사, 공영방송 및 관변언론사 인사 개입, 차별적인 매체 지원 등을 활용해 언론을 통제하려 했다는 점에서 차이가 없었다고 주장했다. 그러나 김세은(2012)은 이명박 정권 이후 낙하산 인사와 언론인 해고 등을 통해 방송에 대한 통제가 강화되었다고 지적했다. 배정근(2012)은 대기업과 신문사의 관계를 자원의존이론 관점에서 통시적으로 분석하면서 2000년 이후 신문사들은 대기업 광고주에 일방적으로 의존하는 관계로 변했다고 주장했다.

이러한 선행 연구를 바탕으로 최순실 국정농단 사태 보도과정에서 드러난 언론의 권력감시 기능 발현 과정을 탐구하기 위해 다음과 같은 두 가지 연구문

이 정치적 편향(43%)이었다(기자협회보 2017년1월3일. http://www.journalist.or.kr/news/article.html?no = 40744).

제를 설정했다.

> **연구문제 1.** 최순실 국정농단 사태 보도에 참여한 기자들의 언론 권력감시
> 기능에 대한 일반적 인식은 어떠한가?

이 연구문제는 권력감시 기능에 대한 기자들의 전반적 인식을 살펴보고 기능 수행에 대한 평가, 그리고 과거와 달라진 변화를 파악하려는 것이다. 권력감시 기능이 작동하는 언론의 환경과 조건이 어떠한지를 파악하려는 목적이다. 언론과 권력의 관계에서 매체별 특성이 크게 작용할 수 있기 때문에 신문사와 방송·통신사로 나누어 분석했다.

> **연구문제 2.** 최순실 국정농단 사태 보도에 긍정적/부정적인 영향을 미친 언
> 론 내외부적 요인은 무엇인가?

이 연구문제는 언론의 권력감시 기능이 최순실 국정농단 사태라는 특정한 상황에서 어떻게 작동했으며 그 과정에서 긍정적 또는 부정적으로 작용한 요인이 무엇이었는지를 파악하려는 목적이다. 분석은 위계모형에 근거해 기자, 취재보도 관행, 언론사 조직, 사회기구의 4가지 차원으로 이뤄졌다. 집중적이고 효율적인 논의를 위해 마지막 단계인 사회체계는 분석에서 제외했다. 그리고 연구문제 1에서 확인된 국내 언론의 권력감시 기능이 연구문제 2의 최순실 국정농단 사태 보도 사례에서 어떻게 다르게 작동하게 됐는지를 살펴보고 이를 위계모형으로 설명할 것이다.

3. 연구방법

3.1. 조사대상 선정

본 연구는 언론의 권력감시 기능 발현에 영향을 미치는 다양한 요인들을 광범위하면서도 충실하게 파악하기 위해 20개 주류 언론사의 취재기자와 데스크 20명을 심층면접했다. 대상 선정은 먼저 신문사를 기준으로 경향신문, 국민일보, 동아일보, 문화일보, 서울신문, 세계일보, 조선일보, 중앙일보, 한겨레, 한국일보 등 10대 종합일간지를 모두 포함했다. 방송도 CBS, KBS, MBC, SBS의 4대 지상파와 채널A, JTBC, MBN, TV조선의 4대 종편을 포함했으며 통신사와 보도전문채널은 각 1곳씩만 선정했다. 매체의 특성, 소유 구조, 재정 상태, 조직의 특성, 조직 문화 같은 서로 다른 조직 환경 요인들이 미치는 영향을 최대한 반영하기 위해서이다.

면접 대상자는 최순실 국정농단 사태의 취재 및 보도과정에 직접 참여한 취재기자와 게이트키퍼 역할을 한 편집간부를 편의적으로 선정했다. 심층면접 연구에서는 통계적 대표성보다 정보제공자의 사회적 위치와 역할이 연구자의 주제에 타당한 정보를 줄 수 있는지의 이론적 자격(theoretical qualification)이 중요하다(윤택림, 2004). 언론사 내에서도 뉴스보도 과정을 잘 이해하고 언론사가 돌아가는 사정을 충분히 인지하기 위해서는 상당한 경력이 필요하다. 그래서 10년차 이상의 중견 기자들을 대상으로 했으나, 이번 사태에서 결정적 보도에 간여한 기자 1명(5년 이상)은 예외적으로 포함시켰다. 부서별로는 권력감시 보도를 주로 담당하는 정치부, 사회부, 경제부를 대상으로 했지만 최순실 국정농단이 스포츠와 문화 분야를 무대로 했기 때문에 이 분야 편집간부도 포함했다. 심층면접 대상자의 특성은 <표 1>과 같다.[4]

---

4) 민감한 사내 문제를 자유롭게 이야기 할 수 있도록 인터뷰 대상자에게 익명성을 보장했기 때문에 소속, 직책, 경력은 특정 개인이 드러나지 않는 방식으로 표시했다.

▼〈표 1〉 심층면접 대상자의 특성

명칭	매체	직책	경력	명칭	매체	직책	경력
A	종합일간지	편집국장	20년 이상	K	지상파방송	스포츠부장	20년 이상
B	종합일간지	부국장	20년 이상	L	지상파방송	정치부 기자	10년 이상
C	종합일간지	사회부장	20년 이상	M	지상파방송	경제부 기자	10년 이상
D	종합일간지	정치부장	20년 이상	N	지상파방송	사회부 기자	10년 이상
E	종합일간지	경제부장	20년 이상	O	종합편성채널	취재팀장	10년 이상
F	종합일간지	정치부 기자	20년 이상	P	종합편성채널	취재팀장	10년 이상
G	종합일간지	사회부 차장	20년 이상	Q	종합편성채널	취재팀장	10년 이상
H	종합일간지	정치부 차장	10년 이상	R	종합편성채널	사회부장	20년 이상
I	종합일간지	정치부 기자	10년 이상	S	보도채널	데스크급	20년 이상
J	종합일간지	사회부 기자	5년 이상	T	통신사	정치부 기자	10년 이상

3.2. 면접 방법

본 연구는 최순실 국정농단 보도가 처음 시작된 2016년 7월 말부터 JTBC의 태블릿PC 보도가 있었던 10월 말 사이의 언론보도에 초점을 맞추었다. 언론사들이 얼마나 자발적 또는 적극적으로 국정농단 보도에 임했는지가 이 기간에 확연히 드러나기 때문이다. 주요 보도경과는 먼저 2016년 7월 26일 TV조선이 700억 원대 재벌자금이 들어간 미르·K스포츠재단 모금에 청와대가 개입했다는 의혹을 최초로 제기했다(http://news.tvchosun.com/site/data/html_dir/2016/07/26/2016072690265.html). 그러나 이 보도는 거의 모든 매체로부터 외면받았다. 그러다가 한겨레가 "K스포츠재단 이사장은 최순실 단골 마사지센터장"(2017년 9월 20일자 1면) 보도를 시작으로 최순실을 전면에 부각시키며 추가 의혹을 제기했다. 또 9월 27일에는 최순실이 이화여대에 입학한 딸 정유라의 지도교수를 교체했다는 보도(한겨레 1면)로 사건은 이대 입학 및 학사비리 의혹으로 번졌다. 이를 바탕으로 정치권이 국회 대정부 질문과 국정감사를 통해 국정농단 의혹을 강력하게 제기하자 다른 언론들도 조금씩 의혹보도에 나섰다. 10월 18일에는 최순실 모녀가 독일에 설립한 회사를 통해 K스포츠 재단 자금을 빼돌리려 했다는 경향신문 보도(2017년 10월 18일자 1면)로 자금유용 음모가 드러났다. 10월 24일에는 JTBC가 대통령 연설문과 청와대 기밀서류 등이 담긴 최순실의 태블릿PC를 공개하자 (http://news.jtbc.joins.com/Replay/news_replay.aspx?fcode=PR10000403&strSearchDate=20161024) 비선실세의 국정개입은 부인할 수 없는 사실로 굳어졌다. 바로 이튿날 박근혜 전 대통령이 사과성명을 내자 모든 언론이 국정농단 의혹 보도에 뛰어들면서 언론사 간 보도의 차별성이 사라졌다. 면접에 앞서 각 언론사가 해당 기간 동안 최순실 국정농단 의혹을 어떻게 보도했는지 면밀히 살펴보고 이를 인터뷰에서 활용했다. 심층면접은 2017년 2월 초~3월 말 사이에 모두 개별 인터뷰로 이뤄졌다. 면접시간은 1시간~3시간 사이이며 부족한 부분은 추가적인 메일과 전화 연락을 통해 보완했다.

4. 연구결과

4.1. 연구문제 1: 권력감시 기능에 대한 인식

최순실 국정농단 사태 보도에 참여했던 기자들은 권력에 대한 감시와 비판이 언론의 기본적 사명이며 무엇보다 중시해야 할 언론의 사회적 역할이라는 점에 이견을 보이지 않았다. 감시의 대상은 권력을 가진 모든 주체라는 원론적 답변도 있었지만 대체로 정치권력과 경제권력을 가장 중요하게 꼽았다. 그러나 감시의 우선순위와 실행정도에 대해서는 신문기자와 방송기자 사이에 확연한 차이를 보였다.

4.1.1. 신문기자

신문기자들은 권력이 지닌 파워 측면에서는 국가의 기능과 국민 생활 전반에 영향력을 미치는 정치권력이 우월한 위치에 있다는 견해를 보였다. 그러나 언론의 권력감시 기능수행 측면에서는 경제권력에 대한 감시가 제대로 이뤄지지 못하고 있다는 인식이 강했다. 신문사의 생존이 광고수입에 달려있는 상황에서 주요 광고주인 대기업은 비판하기 어렵다는 이유에서다. 기자들은 이런 현상이 바람직하지 못하다는 사실을 잘 알면서도 생존을 위해 불가피한 부분이 있다는 입장을 보였다.

> 요즘에는 언론이 정치권력을 비판하는 데 별로 부담을 느끼지 않는다. 그러나 주요 광고주인 대기업을 비판하는 것은 상당한 부담과 압박을 느낀다.(H차장)

> 우리가 메이저신문사라고 하는데도 기업으로서 영속성을 걱정하지 않을 수 없는 상황이다. 회사 경영에 타격을 줄 수 있는 기사는 아무래도 신경을 쓰지 않을 수 없다.(C부장)

광고주에게 타격이 되는 기사를 기피하는 것은 더 이상 광고주 압력 때문이 아니라 신문사 내부의 필요성 때문이다. 많은 기자들이 언론의 규범보다 회사의 이해를 우선하는 가치를 받아들이고, 언론사 내부 시스템이 제도적으로 그렇게 작동하는 수준에 와 있기 때문이다. 개별 조직 차원에서 언론이 제대로 감시하지 못하고 있는 권력으로는 청와대, 검찰, 법원, 국회, 국정원, 국세청 등을 꼽았다. 권력이 집중되어 있거나(청와대, 검찰), 내부 정보에 대한 접근 자체가 어려운 점(청와대, 국정원, 법원) 등을 이유로 들었다. 그러나 국세청 같은 경우 세금 부과와 세무조사라는 회사 차원의 이해관계가 걸려 있어서 스스로 감시를 포기하는 측면이 있다는 지적도 있었다. 이처럼 회사 이익을 앞세우는 경우 경제권력뿐 아니라 정치권력에 대한 감시에도 제약을 받을 수밖에 없다. 정부도 광고·협찬을 무기로 보도에 개입할 수 있고, 다른 특혜성 조치를 통해 언론사에 경제적 혜택을 주거나 불이익을 줄 수 있기 때문이다.

정치권력과 경제권력을 구분하기 어려운 경우도 많다. 정치권력이 대기업을 움직여 언론사 광고에 영향을 주는 경우도 있고, 대기업이 정치권력을 통해 영향력을 행사하기도 한다.(C부장)

4.1.2. 방송기자 및 통신기자

반면 방송·통신 기자들은 경제권력보다 정치권력의 힘을 더 강하게 느끼고, 통제를 받는다는 인식이 강했다. 이는 KBS, MBC, YTN, 연합뉴스처럼 공적 소유구조를 가진 언론사는 경영진이 정치권력에 의해 결정되고, 민영방송인 SBS나 종편도 정부규제를 강하게 받는다는 점을 감안하면 쉽게 이해될 수 있다. 또한 방송사는 신문사에 비해 경영사정이 대체로 양호한 편이고, 신문사처럼 직접 광고영업을 하지 않는 차이점도 있다.

공영방송의 경우 자본권력의 영향력이 완전히 없다고 볼 수 없겠지만 큰 장애물은 아니다. 그러나 정치권력은 그들이 임명한 경영진을 통해 보도기능 전체에 영향을 미친다.[5]

파업 이후 많은 유능한 기자들이 해직되거나 비취재부서로 쫓겨나고, 데스크들이 권력에 비판적인 기사를 기피하면서 기자들이 무력감을 느끼거나 패배의식에 빠져 있는 분위기다.

민영방송사도 재허가와 중간광고 등 정부로부터 직접적인 규제를 받기 때문에 정치권력과의 관계가 잘못될 경우 소유권을 뺏길 수 있다는 생각도 한다.

정부 지원에 따른 영향력으로부터 자유롭고 싶다는 생각도 있지만, 적당히 정부와 좋은 관계를 유지하는 것도 나쁘지 않다는 양가적인 감정을 가지고 있다.

또한 종합편성채널을 소유한 신문사에서는 종편에 가해질 수 있는 징계, 재승인 불허 같은 규제에 대한 우려가 본지의 권력 비판을 위축시키는 현상도 확인할 수 있었다.

---

5) 내용상 발언자의 신원이나 소속이 드러날 가능성이 있는 경우 발언자를 표시하지 않았다.

> 신문과 종편을 함께 경영하는 입장에서는 종편 재승인 문제를 민감하게 생각하지 않을 수 없다. 권력이 방송에 대한 조치를 무기로 삼을 수 있기 때문에 신문도 조심하게 된다.(P팀장)

그러나 종편 4개사의 등장으로 권력을 감시할 수 있는 언론사 자체가 많아지고, 취재경쟁이 심화된 부분은 권력감시 기능이 강화되는 결과로 이어졌다는 지적도 있었다. 최순실 국정농단 사태에서 종편이 중요한 역할을 한 것이 그 증거라는 것이다.

4.1.3. 박근혜 정권의 고압적 언론정책

이렇게 매체에 따라 언론의 권력감시 기능 수행을 제약하는 요인에 대한 인식에 차이를 보였지만 박근혜 정부에서 언론의 권력감시 기능이 상당히 위축됐다는 점에는 대체로 의견이 같았다. 박근혜 정권의 언론대응이 어느 정권보다 고압적이고 폐쇄적이었기 때문이다. 이같은 현상은 정권 초기인 김기춘 청와대 비서실장 재임시기(2013년 8월~2015년 2월)에 심했다고 한다. 대표적인 사례가 2014년 11월 세계일보가 청와대 감찰보고서를 근거로 보도한 '정윤회 국정개입 사실' 기사이다(세계일보, 2014년 11월 28일자 1면).

> 정윤회 사건 때 검찰 출입을 했는데 감찰보고서 내용의 사실 여부는 확인하지도 않으면서 문건 유출사건으로 몰고 가 경찰이 자살하고, 세계일보가 보복 세무조사를 받는 모습을 보면서 권력의 무자비함을 느꼈다.(L기자)

검찰을 오래 취재한 기자들은 박근혜 정권이 청와대 민정-검찰로 이어지는 사정라인을 통해 국정을 충분히 장악할 수 있다고 자신했으며 그래서 언론과 국회를 무시하는 고압적 자세를 보였다는 분석을 했다. 비판과 반대 의견을 너무 억누르는 바람에 정권 내부에서도 자정기능이 작동하지 못하고 결국 곪을 대로 곪다가 최순실 국정농단으로 일시에 터졌다는 분석이다.

> 역대 정권이 어느 정도는 검찰을 이용했지만 이 정권은 검찰을 아예 '통치기제'로 활용했다. 검찰을 동원해 반대세력은 물론 언론, 시민사회까지 억누르려는 시대

착오적인 행태를 보였다. 강압적 스타일을 조금만 완화했어도 이런 사태가 오지 않았다.(G차장)

언론의 비판을 억누르는 방법에서도 검찰수사, 언론중재, 소송 같은 법적 수단을 적극적으로 동원했다. 세월호 참사 이후 정권이 언론의 비판에 더욱 예민해졌고, 공영방송에 대한 통제도 강화됐다는 주장도 나왔다. 최순실 국정농단 사건을 수사한 박영수 특검도 수사결과 발표에서 정부에 비판적인 문화계 인사에 대한 블랙리스트 작성이 세월호 참사 이후에 본격화되었다고 밝혔다(YTN 2017년 1월 21일 보도, http://www.ytn.co.kr/_ln/0103_201701210943587778).

박근혜 정권 초기에는 이전과 별 차이를 느끼지 못했다. 그런데 세월호 참사 이후에는 보도국 간부들이 정부 비판적 보도에 심한 알레르기 반응을 보였다.(N기자)

결론적으로 기자들은 권력감시의 중요성을 잘 인식하고 있으며, 정치권력보다는 경제권력에 대한 감시가 부족하다고 평가했다. 언론의 권력감시 기능은 과거에 비해 위축되거나 후퇴했다고 보는데, 언론의 재정적 취약성, 지배구조와 행정규제를 통한 방송사에 대한 정부 영향력 확대, 박근혜정권의 적대적 언론정책 등을 이유로 제시했다. 이를 위계모형으로 설명한다면 국내 언론의 권력감시 보도에 미치는 영향은 언론사 조직과 사회기구 차원이 가장 크다고 평가할 수 있다. 신문사는 어려운 회사경영이 주는 압박으로 인해, 방송사는 정치권력의 영향을 받는 지배구조로 인해 권력감시 보도에 대한 내부 제약이 심하고, 사회기구에서는 정치권력, 광고주가 강력한 영향력을 발휘하기 때문이다. 그만큼 상대적으로 기자 개인의 역할이나 취재보도 관행이 미치는 영향은 위축될 수밖에 없는 환경이라고 평가할 수 있다.

4.2. 연구문제 2: 최순실 국정농단 보도에 영향을 미친 요인들

이제까지 거론한 국내 언론의 권력감시 기능을 둘러싼 환경은 부정적 요소가 많았지만 그럼에도 불구하고 언론은 최순실의 국정농단을 파헤쳐 대통령을 탄핵에 이르게 하는 기념비적 결과를 만들어 냈다. 물론 이 과정은 몇몇 언론사에 의해서 주도되었고, 다수 언론사들은 방관하거나 소극적으로 보도하다가 JTBC의 태블릿PC 공개 이후에야 적극적인 보도로 돌아섰다. 그 과정에 영향을 미친 요인이 무엇인지를 살펴보았다.

4.2.1. 개인 차원

권력감시 보도는 강력한 사회적 영향력을 가진 권력을 대상으로 하고, 권력 이면에서 은밀히 벌어지는 비리와 부패, 권력남용 사실들을 찾아내고 또한 입증 해야 하기 때문에 기자의 개인적 의지와 역량이 매우 중요하다. 최순실 의혹을 밝혀내는 데 기여한 언론인의 공통적 특징은 권력에 대한 비판적 문제의식이 강하고, 권력비리를 적극적으로 파헤치려는 의지와 실행력을 겸비하고 있다는 점이다. 미르·K스포츠 배후에 최순실이 있다는 사실을 처음 공개한 한겨레의 김의겸 선임기자가 대표적 사례다.[6] 그는 자신의 업무가 아닌데도 편집국장에게 이 사건 취재를 제안하고 의기투합한 기자들로 특별취재팀을 꾸려 사건을 파헤쳤다. 그는 언론 인터뷰에서 "우병우 문제에 관심이 있어 평소 아는 취재원과 연락하다가 그게 본질이 아니고 두 재단이 더 큰 화약고라는 제보를 듣고 취재에 나섰다"고 설명했다(한겨레, 2017년 9월 29일자 27면 보도).

최순실 보도는 부인하기 어려운 증거, 즉 문서와 녹취록, 수첩, 영상화면이 결정적 역할을 했다는 점도 주목할 필요가 있다. 팩트 저널리즘(fact journalism) 의 승리라고 평가되는 이유다. 이런 결정적 팩트 발굴은 기자의 개인 역량에 크게 좌우된다. 권력남용 의혹을 확인해줄 개인적 취재원이 많아야 하고, 비리 관련자들의 증언을 이끌어내야 하므로 개인의 인맥, 설득능력, 증거확보 방법 같은 취재력이 중요하다. TV조선은 고영태를 통해 최순실의 존재를 알게 된 이진동 부장이 그의 실체와 파워를 입증할 CCTV 영상화면, 청와대 인사 문건, 문화융성사업 기획안 등 수많은 자료와 증거를 장기간에 걸쳐 방대하게 수집하는 치밀한 준비 작업을 했다(월간조선, 2017년 1월호 보도, http://pub.chosun.com/client/

---

6) 기자의 실명을 밝히는 이유는 해당 기자가 언론 인터뷰, 기자상 수상기 등을 통해 자신의 취재과정을 공개했기 때문이다.

news/viw.asp?cate＝C01&mcate＝M1001&nNewsNumb＝20170122661&nidx＝22662).
그는 과거 '안기부 X파일' 사건과 '신정아-변양균' 스캔들 같은 권력형 비리를
특종보도한 베테랑이다. TV조선이 오랫동안 보도를 늦춘 배경이 논란이 되기도
했지만 이 기간 동안 축적한 많은 증거들이 언론이 확신을 가지고 최순실 국정
농단 의혹을 제기할 수 있는 단단한 토대가 됐다는 점은 분명하다.

> 우리는 처음부터 완벽하게 준비한 뒤에 보도를 시작했다. 청와대를 겨냥하는 보
> 도는 결정적 근거를 제시하지 못하면 역공을 받거나 묻혀버린다는 것을 체험적으
> 로 알기 때문이다. 제보자가 건네준 서류의 사실 여부를 검증하는 데도 시간이
> 걸렸고, 언제 어떤 식으로 보도해야 효과가 극대화되고 사실규명으로 이어질 수
> 있을지에 대해서도 신중히 고려했다.

최순실 모녀가 독일에 만든 유령회사를 통해 대기업 자금을 개인적으로 빼
돌리려 했다는 경향신문의 특종보도도 이를 취재한 기자의 개인적 인맥 때문에
가능했다고 해당 신문 면접자는 설명했다. 취재기자의 자발적 의지와 취재 능력
은 권력감시 보도에 소극적이거나 부정적인 언론사에서도 내부 제약을 뚫고나
가는 힘이 된다. 공영방송의 한 기자는 일부 언론사만 최순실 국정농단 의혹을
보도하던 시기에 미르·K스포츠재단 모금행위의 불법성을 고발하는 단독기사를
보도했다. 이 사건을 정치권 공방 수준에서 소극적으로 다뤄 온 이 방송사의 보
도흐름에서는 이례적이다. 이는 권력감시 보도가 다양한 상황적 맥락에서, 취재
기자와 편집간부(데스크) 사이 줄다리기에 따라 결정되며 그 과정에 기자의 적극
성이 중요하다는 점을 뒷받침한다.

> 기자가 가장 중요하다. 언론사의 정책이 보도에 중요하게 작용하지만 기자가 의
> 지와 취재력을 가지고 부인할 수 없는 증거를 제시하면 어떤 언론사이든 묵살하
> 기 어렵다.(R부장)

그러나 이 사건을 소극적으로 보도한 공영방송 기자들은 회사의 보도태도
에 비판적인 기자들이 징계 등 인사 불이익을 받고 정부에 불리한 기사들이 이
런저런 이유로 보도되지 않는 사례들을 경험하면서 위축되거나 자기검열에 빠

지게 된다고 말한다. 기자 개인의 의지만으로는 한계가 있을 수밖에 없다는 의미다.

> 비판적 기사들이 여러 번 리젝트 당하면 나중에는 스스로 자기검열을 하게 된다. 내가 의욕을 가지고 취재하려고 해도 "그게 나가겠느냐"는 주변의 냉소적 반응을 접하면 힘이 쭉 빠진다.(N기자)

기자들의 역할 인식도 중요하다. 권력기관을 담당하는 기자들 가운데는 자신이 권력을 감시하는 객관적 관찰자라고 생각하지 않고 권력에 영향력을 행사하는 참여자(플레이어)로 여기는 기자들도 있다. 이런 경향은 특히 정치부 기자 사이에 두드러진다는 의견들이 있었다.

> 정치부 기자들이 자신을 감시자가 아니라 플레이어로 착각하는 경우를 자주 본다. 스스로 정치권력이 되고 싶은 야망이 있거나 힘 있는 사람들을 취재하다 보니 착각하는 경우도 있는 것 같다.(B부국장, H기자)

결국 기자 차원에서 본다면 이번 최순실 국정농단 사태에서는 권력의 비리를 파헤치려는 비판의식과 탁월한 취재역량을 겸비한 기자 개인들이 거대한 보도 흐름을 만들어 내는 데 결정적인 역할을 했다고 평가할 수 있다. 이는 개인은 관행, 조직에 종속되는 존재이며 내용에 미치는 위계적 영향력이 적다는 위계모형의 전제가 재검토될 필요가 있음을 말해 준다. 동시에 조직의 통제가 권력을 감시하려는 기자의 의지를 약화시키고 자기검열을 유발한다는 사실도 확인할 수 있었다.

4.2.2. 관행 차원

최순실 보도에서 주목되는 현상은 7월 말 TV조선의 최초 보도, 9월 중순 한겨레의 최순실 보도 등으로 이 문제가 주목할 만한 뉴스가 됐음에도 불구하고 다수 언론사들이 관심을 보이지 않거나 야권의 정치적 공세 정도로 치부하는 보도를 했다는 점이다. TV조선 보도는 같은 계열사인 조선일보도 다루지 않았다.

치열한 기사 경쟁을 하는 기자들 사이에는 타사의 보도를 가급적 따라가지 않으려는 관행이 있기 때문이다. 이러한 기피 현상은 담당영역이 애매한 경우, 보도 내용의 확인이 어려운 경우, 영향력이 약한 매체가 보도한 경우 더욱 심해진다고 기자들은 설명했다. 초기 최순실 보도는 이런 요소들을 두루 가지고 있었다는 것이다.

> 창피한 얘기지만 TV조선이 그런 보도를 했다는 사실 자체를 편집국에서 잘 몰랐다. 종편은 경쟁 상대로 여기지도 않았기 때문에 뉴스를 모니터링 하지 않았다.(F기자)

> 이번처럼 여러 부서에 걸쳐 있고, 타매체가 특종보도한 기사는 책임소재 문제가 있기 때문에 누군가 나서서 문제를 제기하지 않으려 하게 되고, 국장도 관심을 보이지 않으면 그냥 지나쳐 버린다.(H기자)

> JTBC 보도 이후 적극 취재에 들어갔지만 뉴스 취재원이 되는 당사자들이 모두 자취를 감추거나 연락이 되지 않아 사실 확인이 쉽지 않았다.(D부장)

언론사의 뉴스 경쟁은 매체 간에도 치열하지만 같은 계열 매체 내에서, 같은 언론사 내부에서도 벌어진다는 사실도 확인할 수 있었다. TV조선의 특종보도를 다루지 않은 배경에 대해 조선일보 면접자는 "우병우 비리가 더 중요하다고 판단해 거기에 집중하려고 했기 때문"이라고 설명했지만,7) 타사 기자들은 "종편 기사에 대한 경시, 본지가 보도의 주도권을 가지려는 경쟁의식 내지 자존심이 작용했을 것"이라고 해석했다. 또 하나 흥미로운 사실은 상당수 면접자들이 이 사안을 사건 자체의 기사가치보다 권력과 언론사, 언론사와 언론사 사이 '게임'이라는 관점으로 해석하는 경향을 보였다는 점이다.

---

7) 조선일보는 TV조선의 미르재단 최초 보도 1주일 전인 7월 18일자 1면에 '우병우 민정수석의 처가 부동산… 넥슨, 5년 전 1326억 원에 사줬다'는 기사를 실어 우병우 스캔들을 촉발시켰다. 이날 하루 전인 7월 17일에는 TV조선 기자가 최순실 아파트 지하주차장에서 최순실 모습을 최초로 촬영했다. 이후 청와대는 '부패기득권 언론' 운운하며 조선일보 등 언론을 공격했다.

> 솔직히 TV조선 보도는 청와대와 조선일보 사이 갈등이 빚은 권력게임이라고 판단했다. 따라서 보도하면 조선일보 도와주는 격이라고 생각했다.(B부국장)

> 이 사건의 심각성에 주목하게 된 시점은 한겨레 보도 직후다. 그렇지만 그동안 끊임없이 박근혜 정권을 비판해온 한겨레의 '게임'이라고 여겼다.(N, H기자)

여기서 '게임'이라는 표현은 '특정 언론사가 일방적으로 주도해 가는 보도'라는 뜻도 있지만 회사 차원의 정치적 혹은 경제적 이해관계가 반영된 보도라는 부정적 의미로 쓰이기도 했다. 이는 언론계 내부에서조차 보도의 순수성과 객관성에 대한 상호불신이 심하다는 방증이어서 권력감시 기능에 부정적 요인으로 지목됐다.

> 언론보도에서 진영논리가 강해지면서 권력감시 보도는 권력 게임의 하나로 전락했다고 생각한다. 언론사의 정파적 입장에 따라 권력을 감시하는 태도가 달라진다.(T기자).

> 메이저 언론사들도 회사 이익을 반영해 보도하기 때문에 그런 보도를 보면 습관적으로 무슨 꿍꿍이가 있지 않을까 생각한다. 언론들조차 타 언론의 보도를 순수한 관점에서 보지 않는다.(E부장)

그러나 언론사가 특정 뉴스를 의도적으로 무시하거나 다루지 않으려고 해도 사안의 중대성이 확인되거나 사태가 계속 확대될 경우 보도를 하지 않을 수 없는 경우가 생긴다. 해당 사안의 뉴스가치가 분명히 확인되거나 현저히 높아졌다고 판단되는 순간이다. 기자들은 비슷한 가치와 기준에 따라 뉴스를 판단하는 관행을 공유하고 있기 때문이다. 면접자들은 보도를 통해 하나 둘 드러나는 최순실과 박근혜 전 대통령의 국정농단 행태가 너무나 일탈적이고 엽기적이어서 뉴스가치 측면에서 보도하지 않을 수 없었다고 입을 모았다.

이러한 보도의 분수령을 대다수 면접자들은 JTBC의 태블릿PC 보도와 이튿날 대통령의 사과라고 지목했다. 이 시점부터는 국정농단이 기정사실로 드러났다거나 대통령이 사실상 의혹을 인정했다고 판단했기 때문에 뉴스가치 관점에서 보도하지 않을 수 없었다는 것이다. 또한 정권의 부도덕성이 확인됐기 때문에 법적인 문제나 권력과의 관계 등을 신경 쓰지 않고 마음껏 비판할 수 있는 여건이 조성됐기 때문이기도 하다. 다만 두 가지 사안 가운데 모든 언론이 일제히 비판 보도로 나서게 하는 데는 JTBC 보도보다 대통령의 사과가 더 결정적이었다는 견해가 많았다. 대통령의 사과가 '의혹의 시인'이라는 신호로 받아들여져 사건 성격이 '의혹'에서 '비리'로 전환되었다고 판단했다는 것이다.

> JTBC의 태블릿 보도에도 불구하고 청와대가 이를 강력 부인했다면 언론들이 그렇게 모두 덤벼들지는 못했을 것이다. 대통령의 사과를 시인한 것으로 받아들였다.(S데스크)

권력감시를 위해서는 유연한 조직 운영의 관행이 중요하다는 사실도 확인하였다. 최순실 보도를 주도한 언론사들은 서로 다른 부서가 참여하는 특별취재팀을 일찍이 꾸려 전사적으로 취재에 나섰다는 공통점을 발견했다. 최순실 보도는 부서별로 본다면 정치부, 사회부, 경제부, 문화부, 체육부 등이 두루 연관된 사안이었다. 특정부서 혼자 힘으로 맡아서 처리하기에는 역부족이고 비효율적이다. 따라서 이런 사안이 발생할 경우 바로 특별취재팀이 꾸려지거나 뉴스룸 전체가 참여하는 유연한 취재 관행이 요구되는 것이다.

> 우리 회사는 세월호와 성완종 사건 같은 대형이슈가 있을 때마다 팀단위나 보도국 차원에서 특별취재팀이 바로바로 가동된다. 언론사에서는 타부서 나와바리(취재영역) 사안에 대해 왈가왈부하는 것을 꺼려하지만 우리는 젊은 언론사라서 그런지 그렇지 않다.

정부, 국회, 기업 같은 공식 취재원에 크게 의존하고 기자실이라는 출입처를 중심으로 취재하는 국내 언론의 관행이 권력감시에 부정적이라는 사실도 새삼 확인되었다.

> 정치 분야는 전적으로 인맥이나 연줄에 의존해 취재한다. 언론사에서도 정치인과의 인맥을 따져 기자를 배치한다. 박근혜 정부의 청와대 기자 중에서는 의원 시

절부터 박대통령을 마크했던 기자들이 많다. 사람마다 다르지만 그중에는 기자가 아니라 친박 인사처럼 행동하는 기자도 있었다.(I기자)

청와대, 국정원, 검찰 같은 권력기관일수록 공개되는 정보가 제한적이고, 취재원에 대한 접근이 어려운 취재환경도 권력감시의 중요한 걸림돌로 지목되었다. 반면에 청와대 같은 경우 공식적으로 제공되는 정보만 그대로 전하는 소극적인 취재보도 관행도 문제점으로 지적되었다.

대통령이 언론홍보보다 보안을 중시하고 내부 이야기가 흘러나가면 유출자를 색출하는 분위기였기 때문에 공식적인 발표 외에는 취재가 거의 불가능했다.(H기자)

다른 출입처와 달리 청와대 기자들은 발표기사만 전달할 뿐 비판기사는 쓰려고 하지 않는 경향이 있다. 기자라기보다 회사와 청와대 사이 소통창구 역할을 하는 경우가 더 많은 것 같다.(Q팀장)

국정농단의 증거를 파헤친 기사들이 대부분 언론의 공식적인 취재망(news net)이 아닌 곳에서 나왔다는 사실도 기존 관행의 개선 필요성을 입증한다. 기자들이 발로 뛰며 증거를 찾아내는 탐사보도의 힘이 확인됐다는 것이다.

최순실 게이트는 전형적으로 외부 취재를 바탕으로 조각이 맞춰진 사건이다. 출입처만 바라보고 있던 기자들이 출입처 바깥에서 취재 했을 때 얻는 정보의 가치나 효능감을 많이 느꼈기 때문에 앞으로 취재관행에 긍정적 변화가 있을 것으로 기대한다.(N기자)

보도 측면에서는 정치권력의 실체를 파헤치거나 주장의 사실 여부를 검증하기보다는 기계적인 중립과 정치적 대결 구도로 묘사하는 관행이 문제점으로 지적됐다.

우리 언론은 대통령 후보를 철저히 검증해야 한다는 인식이 별로 없다. 후보검증은 상대 정당, 상대 후보가 하는 것이고 언론은 이를 받아쓰면 그만이라고 생각

한다.(H기자)

결국 관행 차원에서 본다면 최순실 국정농단을 적극적으로 파헤친 언론사에서는 특별취재팀을 구성해 신속하게 대응하는 유연한 조직운영 관행과 출입처를 벗어난 탐사보도 취재방식 등이 보도에 긍정적으로 작용했다. 반면 그렇지 않은 언론사에서는 잘못된 경쟁심리, 타 매체의 권력감시 보도를 '게임'으로 해석하는 불신, 출입처에 의존하는 취재, 권력기관에 대한 소극적 대응 같은 관행이 부정적으로 작용했다. 하지만 너무나 일탈적이고 엽기적인 국정농단의 증거들이 속속 드러나면서 비슷한 뉴스가치 판단 관행을 가지고 있는 언론들이 더 이상 보도를 하지 않을 수 없는 상황이 됐다.

4.2.3. 조직 차원

언론으로서 사회적 사명보다 조직의 이해를 우선하는 상업주의 또는 회사 이기주의, 주요 사안을 사실관계보다는 이념적 잣대로 보는 정파성, 사주와 경영진의 편집에 대한 강력한 영향력 등 국내 언론사의 일반적 조직 특성은 권력감시에 부정적으로 작용할 수밖에 없다. 그런 점에서 국정농단 사태 초기에 비리를 파헤치는 데 기여한 한겨레, 경향신문, CBS, JTBC 같은 언론사의 조직 특성을 살펴볼 필요가 있다. 면접에서 확인한 이들 언론사의 공통점은 평소에도 권력에 대한 비판적 보도가 많았고, 자율적이고 비판의식이 강한 조직문화를 가졌다는 점이다. 그러한 비판성의 뿌리는 정권에 비판적인 회사 논조, 기자들이 사장과 보도책임자를 선임하는 내부 민주주의, 기자들의 자율성이 인정되는 조직문화 등 언론사마다 조금씩 달랐다.

> 우리 회사는 사실상 주인이 없어서 기자출신이 계속 사장을 맡고, 보도국장도 직선제나 마찬가지이다. 그래서 보도에 제약이 없고 자유로운 편이다. 진보든 보수든 언제나 정권에 비판적이었다.

> 타사에 비해 보수가 크게 적은 편이지만 쓰고 싶은 것은 소신껏 쓸 수 있다는 자부심으로 다닌다. 만약 권력을 마음대로 비판할 수 없다면 다닐 이유가 없다. 기자들이 문제의식과 방향성에서 동질적이고, 사원 주주회사라는 점이 비판성에 영

향을 준다고 본다.

제도든 시스템이든 권력이든 문제가 드러나면 적극적으로 취재하는 분위기다. 어떤 주제이든 성역 없이 발제, 취재할 수 있으며 보도의 최종판단은 지도부를 믿고 맡길 수 있다는 내부 신뢰가 강하다.

이들 언론사는 조직 구조면에서 소유주나 경영진의 간섭이 적고, 보도의 자율성이 실제적으로 보장된다는 공통점도 찾을 수 있다. 한겨레와 경향의 경우 사원주주회사의 소유 형태를 가지고 있고, CBS는 기독교재단 소유로 소유와 경영이 분리되었다는 평가를 받는다. JTBC는 홍석현 회장 개인 소유이지만 손석희 사장에게 보도의 전권을 맡기고 있는 것으로 널리 알려져 있다. 보도의 자율성과 권력에 대한 비판성 사이에 일정한 상관관계가 있음을 시사하는 대목이다. 그렇지만 상당수 면접자들은 이념적으로 진보성향을 보이는 경향신문과 한겨레가 이 사태 보도에 앞장선 것은 박근혜 정부가 보수정권이라는 점이 크게 작용했다고 해석했다.

과거 정부에서도 권력형 비리는 집권세력과 이념을 달리하는 언론사에서 나왔다. 김대중, 노무현 정부 때 진보언론들이 얼마나 권력형 비리를 충실히 파헤쳤는지 비교해 보면 바로 알 수 있다.(C부장)

그런 점에서 최순실 국정농단 보도는 언론사의 정파성에 관계없이 모든 언론이 하나같이 비판적 보도를 쏟아냈다는 사실에 주목할 필요가 있다. 기자들은 그 배경을 여러 맥락에서 해석했다. 예를 들어 "조선일보와 박근혜 정권이 불편하거나 적대적 관계에 있었다"(H기자)거나 "박근혜 정권으로는 차기 보수정권 창출이 불가능했다고 판단했기 때문"(F기자)이라는 분석이 그렇다. 앞에 관행 차원에서 설명한 뉴스가치에 대한 비슷한 판단도 작용했을 것이다.

하지만 이 같은 현상은 '보도성과'에 대한 강한 내부압력이 작용하는 언론사 조직문화라는 새로운 개념으로 설명할 수 있다. 뉴스를 다루는 언론사 조직은 보도결과를 놓고 경쟁사와의 비교평가가 매일매일 이뤄지기 때문에 '보도성과'가 매우 중시된다. 보도성과 평가에서는 중요 사실을 타 매체보다 앞서 보도하는 특종, 사회의제를 선도적으로 제기하거나 이끌어가는 의제설정, 사회적으로 주목받는 기획기사 등이 중요하다. 기사경쟁과 비슷한 의미이지만 조직차원에서 갖는 맥락이 중요하기 때문에 '보도성과'라고 개념화하는 것이 적절하다. 보도성과에 대한 내부압력은 경영진, 편집간부, 동료기자, 기자조직 등 다양한 채널을 통해 가해지며 그 배경에는 개인적, 상업적, 규범적 동기가 복잡하게 얽혀있다. 그래서 보도성과에 대한 내부압력은 긍정적으로 작용하기도, 부정적으로 작용하기도 한다.

특히 최순실 국정농단처럼 탄핵을 초래할 정도의 초대형 사건은 회사의 사세와 영향력, 평판, 마케팅에 직결되기 때문에 구성원 모두가 주목한다. 최순실의 국정농단이 증거로 입증되고 대통령이 사과한 직후 이 사건을 소극적으로 보도한 언론사에서는 거센 내부 비판과 보도책임자의 교체 같은 후유증이 있었다. KBS, MBC, SBS, YTN, 국민일보, 서울신문 등에서 기자총회와 항의집회, 성명 발표가 이어졌다(한겨레, 2016년 10월 28일자 21면 보도). 특히 지상파 방송사 기자들은 경쟁상대로도 여기지 않던 종편에 뒤처졌다는 사실에 심한 충격과 분노를 느꼈다고 한다. 이후 SBS는 사장, 보도본부장, 보도국장이 교체되는 대대적 인사와 함께 '공정방송'을 전사적 기치로 내걸었다(기자협회, 2016년 12월 14일자 보도).

> 경영진이 최순실 보도를 제대로 하지 못한 책임을 우리 부서 탓처럼 말해 엄청난 압박감을 느꼈다. 사내 분위기가 굉장히 안 좋았다.(D부장)

또한 이 시기부터는 모든 언론사들이 보도성과에 대한 강력한 내부압박으로 인해 '단독기사'를 남발하거나 충분히 확인되지 않은 내용을 의혹으로 보도하는 과도한 경쟁 양상을 보였다. 감시견 기능이 지나쳐 이른바 '하이에나 언론'으로 불리는 전형적인 '팩저널리즘(pack journalism)' 행태로 변한 것이다. 보도성과에 대한 내부압력이 무성적으로 작용하는 사례이다.

초기에 언론사들이 이 사건을 소극적으로 보도하게 된 부정적 요인에는 회사의 상업적 이해가 관련됐다는 사실도 확인할 수 있었다. 언론사가 저널리즘 가치보다 기업적 논리와 목표를 우선하는 '기업화' 현상이 심화하고 있고, 최순실 국정농단 사태에서도 기사 판단에 영향을 미쳤다는 것이다.

> 문화체육관광부 김종 차관의 전횡이 심하다는 사실은 많은 기자들이 알고 있었다. 그러나 언론사들이 문화체육 행사를 할 때 문체부에 손을 내밀어야 하는 입장이어서 모른 척했다고 생각한다.(K부장)

> 요즘 신문사의 광고수익은 과거의 절반 수준이다. 타사의 최순실 의혹 기사를 보면서도 기사가 경영에 미칠 파장을 생각하지 않을 수 없었고, 자연히 주저하게 됐다.(B부국장)

공영방송이나 정부가 경영진 선임에 영향을 미칠 수 있는 지배구조를 가진 언론사에서는 경영진에 의한 통제 또는 기자들의 자기검열이 권력감시 기능 발현에 중대한 제약 요인이다. 이번 연구에서는 그러한 조직통제가 어떠한 메커니즘을 통해 최순실 보도에 악영향을 미쳤는지가 확인되었다. 그 부정적 메커니즘은 첫째, 유능하고 경험 많은 기자들이 취재에서 배제되고, 둘째, 기자들이 심리적으로 위축되어 소극적·수동적으로 취재하게 되고, 셋째, 데스크와 기자 간 긴장관계로 인해 긴밀한 의사소통이 되지 않으며, 넷째, 권력감시와 탐사보도의 취재노하우가 축적·전달되지 못하고, 다섯째, 취재원의 신뢰하락으로 제보 및 협조가 원활히 이뤄지지 않는 악순환이다.

> 파업 사태 이후 정치부, 법조 같은 핵심적 부서와 출입처에는 노조원 기자를 배치하지 않는다. 권력의 비리나 게이트 취재를 하지 않다 보니 경험이 쌓이지 않아 나중에는 적극적으로 취재하려고 해도 취재 노하우가 없어 헤매게 되더라.

> 이번 사건 취재를 위해 국회 보좌관들을 만나 술을 마시는데 우회적으로 돌려서 하는 얘기가 '어차피 자료를 줘도 보도하지 못하지 않느냐'였다.

> 파업, 해고 사태 같은 사건들은 조직의 힘을 분산시키고 활력을 저하시키는 측면이 엄청 강하다. 같이 일하고 논의하다가 어느 순간 적대시되면 인간적인 피로감이 상당하다. 그러다 보니 조직 전체가 일을 하는데 속도가 나지 않는다.

결국 조직차원에서는 최순실 국정농단 보도를 적극적으로 파헤친 언론사들은 무엇보다 보도의 자율성을 보장하는 구조와 문화를 가졌다는 공통점을 확인할 수 있었다. 회사의 비판적 논조, 기자가 주인이 되는 구조, 자율성이 인정되는 조직문화는 권력 감시에 긍정적 조건이라는 의미다. 반면에 저널리즘 가치보다 기업적 이익을 우선하는 '기업화' 현상과 공적지배구조를 가진 언론사의 내부 통제가 권력감시에 부정적으로 작용하고 있음을 새삼 확인했다. 그렇지만 언론사 특유의 보도성과에 대한 강력한 압력은 조직이 가하는 통제를 무력화하는 기제로 작용한다는 사실도 확인했다.

4.2.4. 사회기구 차원

언론을 둘러싼 외부환경 가운데 이번 최순실 보도에 미친 영향력 측면에서 본다면 수용자와 시민 여론을 먼저 들어야 한다. 언론의 국정농단 폭로 보도가 여론의 분노를 촉발시켰고, 촛불시위로 나타난 성난 민심은 소극적으로 일관하던 언론사들을 적극 보도에 나서게 했다. 또한 최순실 보도를 선도한 JTBC의 시청률이 SBS와 MBC를 추월한 사실도 다른 방송에 자극제가 되었다.[8) 같은 방송에서도 최순실 기사가 나가면 시청률이 올라가는 현상이 나타났다고 한다.

> 최순실 사건은 촛불시위로 나타난 여론의 압력이 너무 컸기 때문에 크게 보도하지 않을 수 없다. 또한 시청률로 자명하게 나타나기 때문에 가만히 있을 수 없었다.(K부장)

인터넷과 모바일의 기사 댓글을 통해 수용자들의 반응을 실시간으로 파악할 수 있는 환경도 기자들로 하여금 수용자 여론에 예민하게 반응토록 하는 역할을 했다.

> 예전에는 기자들이 담합도 하고, 취재원만 의식해 기사를 쓰기도 했지만 지금은 네티즌 반응이 무서워 그렇게 할 수가 없다.(H기자)

미디어 환경 변화로 기자에 대한 조직의 통제력이 약화하고, 인터넷 공간에

---

8) 2016년 상반기 평균 2%대에 머물던 JTBC 저녁종합뉴스 월별 평균가구시청률은 11월
   (7.17%)부터 SBS(7.12%), MBC(5.52%)를 추월했다(한승환, 2017).

서는 기자 개인의 위상이 중요해지면서 기자의 자주성이 강화되는 현상도 포착할 수 있었다.

> 요즘은 포털을 통해 기사가 노출되고, 네이버에는 기자 이름으로 된 사이트들이 만들어지고 있어 기자들이 자기 평판에 더 신경을 쓴다. 조직보다 외부 반응에 더 민감해지고 있다.(E부장)

대기업은 경제기사의 주요 취재원이자 언론사 매출에서 차지하는 비중이 제일 높은 중요한 수입원의 관계이다. 삼성그룹이 광고·협찬을 중단하면 많은 언론사가 위태로워진다는 말이 있을 정도로 재정적 의존도가 심하지만 최순실 국정농단 보도에서는 대부분 언론이 삼성을 거침없이 비판하는 보도를 했다. 삼성을 비롯한 많은 재벌기업들이 기부금이나 뇌물을 제공한 의혹의 당사자이기 때문에 보도하지 않을 수 없고, 대기업들도 이를 막기 어려운 상황이었다.

> 시장경제를 지지하는 회사 방향 때문에 기업 입장을 배려한다. 그러나 아무리 삼성이라도 문제가 될 때는 관계가 악화되더라도 비판기사를 쓴다. 내부 조직원들의 사기문제도 중요하기 때문이다.(P팀장)

노무현 정부부터 시작된 취재지원 선진화 조치와 정부 부서의 세종시 이전으로 정부부처에 대한 접근이 어려워지면서 일상적인 정부감시 기능이 크게 떨어졌다는 의견도 많았다.

> 정부를 감시하려면 정부가 무엇을 하는지 알아야 하는데 브리핑제 도입과 정부부처 세종시 이전으로 물리적 거리감이 생기면서 감시 자체가 어려워졌다. 관리들을 만날 기회가 거의 없어 행정부서가 돌아가는 내밀한 사정을 알 수가 없다.(E부장)

결국 사회기구 차원에서는 이 사건에 대한 국민적 분노와 뜨거운 수용자의 반응 같은 지배적 여론이 언론을 적극 보도에 나서게 하는 강한 압력으로 작용했다. 또한 대기업 광고주와 정치권력이 미치는 영향이 강력하지만 이번 사건의

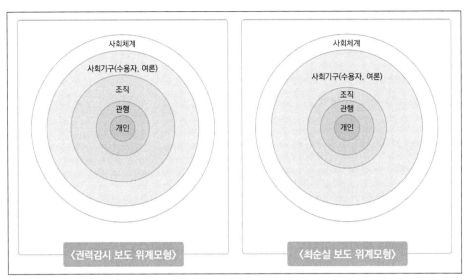

▲ 〈그림 1〉 최순실 국정농단 사태 보도의 위계모형 변화

경우 대통령과 재벌기업들이 의혹의 당사자가 되는 특수한 상황으로 인해 효과를 발휘할 수 없다. 미디어 환경 변화로 인해 조직의 통제가 느슨해지고 기자의 자주성이 강화되는 변화도 권력감시에 유리하게 작용할 수 있다는 사실도 확인했다.

연구문제 1과 연구문제의 2에 대한 연구결과를 위계모형으로 설명하면 〈그림 1〉처럼 요약할 수 있다. 즉 국내 언론의 권력감시 환경에서는 조직 차원이 미치는 영향이 가장 강력하다고 할 수 있다. 물론 그 배후에는 방송사에 대한 정부의 강력한 인사개입과 제도적 규제, 대기업 광고주가 신문사에 미치는 영향 등이 강하게 작용하기 때문에 사회기구의 영향도 크다고 할 수 있다. 상대적으로 개인 차원과 관행 차원의 영향력은 제한적이다. 그러나 최순실 국정농단 보도에서는 기자 개인의 영향력이 중요하게 작용했고, 사회기구 차원에서 수용자 또는 여론이 미치는 영향력이 상대적으로 컸다. 반면 사건 자체가 가지는 뉴스가치와 보도성과에 대한 압력으로 인해 조직의 힘은 기사를 통제하는 방향보다는 보도를 독려하는 방향으로 작용했다. 부정적 보도환경에 비하면 조직의 영향력은 줄었다고 할 수 있다.

71

5. 결론 및 함의

본 연구는 언론이 민주사회에서 수행하는 핵심적 역할이자 가치인 권력감시 기능이 제대로 작동할 수 있는 조건이 무엇인지를 규명하려는 시도다. 대통령을 권좌에서 물러나게 만든 최순실 국정농단 사태에서 드러난 언론의 서로 다른 보도방식에 작용한 요인들을 분석함으로써 그 답을 찾으려 했다. 언론이 역사적 변화에 기여한 중대 사안의 보도과정을 추적해 개인-관행-조직-사회기구 차원에서 여러 요인들이 미치는 역동적 상호작용을 심층 분석한 국내 선행 연구가 드물다는 점에서 연구의 의의가 있다고 본다.

연구결과, 권력감시 보도의 전반적 환경 차원에서 기자들은 권력감시 기능을 언론의 핵심적 역할로 인식하고 있으며, 정치권력보다는 경제권력에 대한 감시 기능이 부족하다고 평가했다. 언론의 권력감시 기능은 과거에 비해 위축되거나 후퇴했다고 보는데, 언론의 재정적 취약성, 지배구조와 행정규제를 통한 방송사에 대한 정부 영향력 확대, 언론의 비판을 용인하지 않는 박근혜 정권의 적대적 언론정책 등이 이유로 제시됐다. 이 대목은 최순실의 광범위하고 공공연한 국정농단과 거기에 휘둘린 박근혜 전 대통령의 허약한 실상이 오랫동안 언론에 의해 밝혀지지 못한 배경을 이해할 수 있게 한다.

이런 제약 속에서도 최순실 국정농단 사태 보도에서는 강한 비판의식과 뛰어난 취재역량을 가진 기자 개인의 역할, 엽기적이고 일탈적인 국정농단 사건의 뉴스가치, 보도성과에 대한 언론사 내부 압력, 촛불여론과 수용자 반응 등이 복합적으로 작용해 역사에 남을 권력감시 보도의 상징적 사례가 만들어졌다. 위계모형으로 설명하면 기자 개인과 뉴스가치 관행, 사회기구의 영향력이 강력하게 작용하고, 언론사 조직의 영향력은 제한적으로 작용했다고 할 수 있다. 이는 개인차원에서는 기자의 태도나 신념보다 역할인식이 직접적으로 작용한다는 슈메이커·리즈의 주장을 뒷받침한다. 그러나 영향력의 위계상 개인은 관행, 조직에 종속적인 관계라는 위계모형의 전제에는 맞지 않는다.

JTBC의 태블릿 보도를 분수령으로 모든 언론이 권력의 눈치를 보지 않으며 비판적 보도로 돌아선 사실은 뉴스의 영역을 '합의의 영역(sphere of consensus)'·

'합법적 논쟁의 영역(sphere of legitimate controversy)'·'일탈 영역(sphere of deviance)'으로 구분하는 할린(Hallin, 1986)의 이론으로도 해석할 수 있다. 언론은 어떤 사안이 사회 구성원 대다수가 당연한 것으로 받아들이는 합의의 영역에 있다고 판단하면 이를 보도하지 않다가, 엘리트 집단 내에서 반대 의견이 등장해 논쟁의 영역으로 변했다고 판단할 경우 찬반 입장을 함께 다루며 객관적으로 보도한다. 그러나 사회의 지배적 이데올로기에 반하는 일탈의 영역이라고 판단하면 언론은 객관적 태도를 버리고 일방적으로 비판을 한다는 것이 할린의 주장이다. 최순실 국정농단 사태에서 언론들은 JTBC 태블릿PC 보도와 이튿날 대통령의 사과를 그런 일탈의 영역으로 사안이 옮겨간 것으로 판단해 두려움 없이 일방적 비판을 쏟아낼 수 있었다는 해석이 가능하다.

이러한 연구결과는 정적이고 고정된 위계관계로만 이해되어온 위계모형을 상황에 따라 각 차원이 미치는 힘과 상호작용이 얼마든지 바뀔 수 있는 동적이고 유동적 위계관계 모형으로 새롭게 조명할 필요성을 제기한다. 이는 언론 현상을 설명하는 데 있어 위계모형이 가지는 이론적 설명력을 확장하는 동시에 미디어 환경변화로 달라지는 언론 현장의 변화를 폭넓게 수용할 수 있게 할 것이다.

이번 연구에서는 또 언론사가 저널리즘 가치보다 기업 논리를 앞세우는 기업화 현상의 심화, 공적 지배구조를 가진 공영방송사 등에서 나타나는 권력비판 보도 통제와 그것이 초래하는 취재보도 기능의 부정적 악순환, 타사의 권력감시 보도를 '게임'이라는 관점에서 바라보는 언론계 내부 불신 등이 권력감시 기능에 장애요인으로 작용하고 있다는 사실을 새롭게 확인하였다. 반면 개인 미디어와 디지털 기술 발달에 따라 권력의 비리를 입증할 수 있는 녹취록, CCTV 같은 증거 확보가 과거에 비해 매우 용이해진 점, 권력형 비리가 의심될 때 부서를 망라하는 특별취재팀을 신속하게 가동하는 유연하고 기동성 있는 조직운영, 공식 취재원에 의존하지 않는 독자적 탐사보도, 언론사 간의 건전한 기사경쟁, 수용자와 시민여론의 압박 등은 권력감시에 긍정적으로 작용하였다.

본 연구는 실제 보도사례를 통해 언론의 권력감시 기능이 작동하는 과정을 세밀하게 들여다보았기에 한국의 언론 현실을 개선하기 위한 많은 실천적 과제들을 확인할 수 있었다. 그것은 첫째, 권력감시 기능이 제대로 작동하기 위해서는 무엇보다 편집과 보도의 자율성이 전제되어야 한다는 것이다. 이를 위해서는 언론사 자체가 일체의 외부의 영향력으로부터 독립적이어야 하고, 언론사 내부에서는 사주와 경영진으로부터 편집과 보도의 자율성이 보장되어야 한다. 보다 구체적으로는 재정적 자립이 절실하고 진영논리로부터 탈피하고 이념적 경향성은 갖지만 정파로부터는 독립성을 유지하려는 노력이 필요하다. 둘째, 기자들이 조직논리와 기업논리에서 벗어나서 언론인 본연의 비판의식을 되살리고, 언론인으로서 정체성을 확고히 해야 한다. 최순실 국정농단 사태 취재를 통해 기자들은 권력에 대한 비판적 보도 필요성과 그 효능감을 절실히 체감했기 때문에 이 경험이 매우 긍정적 영향을 미칠 것으로 기대된다. 이를 위해서는 뉴스제작 과정에서 기자의 자율성이 확보되어야 하고 노조 활동이나 공정보도 감시 활동을 활성화해 내부 민주주의가 작동되도록 해야 한다.

그러나 본 연구는 각 언론사의 기자 1명씩을 대상으로 한 면접결과에 바탕을 두었기 때문에 그 결과를 일반화하는 데 한계가 있다. 연구에서 새롭게 밝혀진 사실도 서베이 같은 양적연구를 통해 실증적으로 확인할 필요가 있다.

[참고문헌]

고영신(2007). 정권의 성격변화와 언론보도. 『커뮤니케이션 이론』, 3권 1호, 156-196.

김경희·노기영(2011). 한국 신문사의 이념과 북한 보도방식에 대한 연구. 『한국언론학보』, 55권 1호, 361-387.

김민하·신윤경(2011). 전문기자와 시민기자 블로그 콘텐츠의 저널리즘적 특성에 관한 비교연구: 감시견과 상호작용성을 중심으로. 『한국언론정보학보』, 통권 53호, 73-99.

김동규·김경호(2005). 국내 신문사 취재 조직체계와 관행에 대한 질적 연구. 『언론과학연구』, 5권 2호, 33-68.

김세은(2012). 해직 언론인에 대한 생애사적 접근 연구. 『한국언론학보』, 56권 3호, 292-319.

김연식(2014). 방송 저널리스트의 방송 통제요인 인식 변화 연구: 2008년과 2013년의 비교를 중심으로. 『한국언론학보』, 58권 1호, 285-305.

남재일(2006). 1987년 민주화 이후 취재관행에 나타난 정권-언론 관계 변화: 청와대 출입기자의 경우. 『한국언론학보』, 50권 4호, 95-124.

남효윤(2006). 언론보도와 통제요인에 관한 연구. 『한국언론과학연구』, 6권 1호, 116-146.

박승관·장경섭(2000). 한국의 정치변동과 언론권력: 국가-언론 관계모형 변화. 『한국방송학보』, 14권 3호, 81-113.

박인규(2010). 구조적 통제 하의 저널리즘. 『한국방송학보』, 24권 6호, 209-245.

배정근(2010). 광고가 신문보도에 미치는 영향에 관한 연구: 그 유형과 요인을 중심으로. 『한국언론학보』, 54권 6호, 103-128.

배정근(2012). 국내 종합일간지와 대기업 광고주의 의존관계 형성과 변화과정: 자원의존이론의 관점에서. 『한국언론학보』, 56권 4호, 265-292.

송은지·이건호(2014). 대통령의 선거개입 이슈 보도. 『한국언론학보』, 58권 3호, 228-250.

심석태(2017). 대통령 탄핵: 언론은 어떻게 '공범'이 됐나. 『방송기자』, 통권 1·2호, 6-7.

양승목(2006). 언론과 정부의 관계. 오택섭·권혁남·김성태·양승찬·이준웅(편),

『현대정치커뮤니케이션 연구』(363-387쪽). 파주: 나남출판.

유재천·이민웅(1994). 『정부와 언론』. 서울: 나남출판사.

윤영철(2000). 권력이동과 신문의 대북정책 보도-'신문과 정당의 병행관계'를 중심으로. 『언론과 사회』, 27권, 48-81.

윤택림(2004). 『문화와 역사 연구를 위한 질적연구 방법론』. 서울: 아르케.

윤평중(2012). 현대 권력론. 『철학과 현실』, 통권 3호, 41-53.

이나연·백강희(2016). 1994~2014년 한국 경제뉴스의 변화. 『한국언론학보』, 60권 4호, 203-231.

이완수·배재영(2015). 세월호 사고 뉴스 프레임의 비대칭적 편향성. 『한국언론정보학보』, 통권 71호, 274-298.

이재경(2008). 한국의 저널리즘과 사회갈등. 『커뮤니케이션 이론』, 4권 2호, 48-72.

이정훈·김균(2006). 한국 언론인의 직업 정체성: 샐러리맨화의 역사적 과정을 중심으로. 『한국언론학보』, 50권 6호, 59-88.

임명현(2017). 『2012년 파업 이후 공영방송 기자들의 주체성 재구성에 관한 연구: MBC 사례를 중심으로』. 성공회대학교 문화대학원 석사학위 논문.

임영호·이현주(2001). 신문기사에 나타난 정보원의 권력 분포: 1949-1999년 동아일보 기사의 내용분석. 『언론과학연구』, 1권 1호, 300-330.

정태철(2005). 언론 전문직업인주의(professionalism)의 필요성. 『언론과학연구』, 5권 2호, 417-454.

조항제(2001). 한국의 민주화와 미디어: 정부와 시장 주류 미디어의 관계. 『한국언론정보학보』, 통권 16호, 168-206.

최영재(2011). 대통령 커뮤니케이션과 대통령 보도. 『언론과학연구』, 11권 3호, 349-380.

최영재(2014). 공영방송 보도국의 정파적 분열: 민주화의 역설, 정치적 종속의 결과. 『커뮤니케이션 이론』, 10권 4호, 476-510.

최원형(2016, 10, 27). '최순실 게이트' 외면한 언론사들…내부는 부글부글. 『한겨레』. URL: http://www.hani.co.kr/arti/society/media/767675.html#csidxcc0bd6e16388a7ab53caf7d1b3dbd89

한승환(2017). [특집 ④ 대통령 탄핵:언론은 어떻게 '공범'이 됐나?] 시청률로 나타난 미디어 지형의 변화. 『방송기자』, 1·2월호. URL: http//reportplus.kr/?p = 19291

Andresen, K.(2009). Producing 'protocol news' in Kosovo's public broadcaster: Journalism in a transitional risk society. *Conflict and Communication Online*, *8*(2), 1-16.

Bennett, W., & Serrin, W.(2005). The Watchdog Role. In K. Jamieson & J. Pelikan(Eds.),*The press*(pp. 169-202). New York, NY: Oxford University Press.

Hackett, R., & Uzelman, S.(2003). Tracing corporate influences on press content: A summary of recent NewsWatch Canada research. *Journalism Studies, 4*(3), 331-346.

Hallin, D.(1986). *The uncensored war: The media and Vietnam*. Berkeley, CA: University of Callifornia Press.

Keith, S.(2011). Shifting circles: Reconceptualiaing Shoemaker and Reese's theory of a hierarchy of influences on media content for a newer media era. *Web Journal of Mass Communication Research, 29*, p. 1.

Koltsova, O.(2001). News production in contemporary Russia. *European Journal of Communication, 16*(3), 315-335.

Kovach, B., & Rosenstiel, T.(2014). *The elements of journalism: What news people should know and the public should expect*. New York, NY: Three Rivers Press.

Pinto, J.(2008). Muzzling the watchdog: The case of disappearing watchdog journalism from Argentine mainstream news. *Journalism, 9*(6), 750-774.

Reynolds, A., & Barnett, B.(2003). This just in ⋯ how national TV news handled the breaking "Live" coverage of September 11. *Journalism & Mass Communication Quarterly, 80*(3), 689-703.

Schudson, M.(2014). *The sociology of news*. New York, NY: W.W. Norton & Company.

Shoemaker, P. J., & Reese, S. D.(1996). *Mediating the message: Theories of influence on mass media content*. White Plains, NY: Longman.

Shoemaker, P. J., & Reese, S. D.(2014). *Mediating the message in the 21st century*. New York, NY: Routledge.

제3편

온라인 뉴스 환경에서 프레임 경쟁의 효과

이하경 고려대학교 일반대학원 미디어학과 박사과정

민 영 고려대학교 미디어학부 교수/교신저자

온라인 뉴스 환경에서
프레임 경쟁의 효과[*]

1. 서론

뉴스는 사회정치적 문제에 대해 특정한 해석 패키지(interpretive packages), 즉 프레임(frame)을 구축함으로써 여론에 영향을 미친다(Gamson & Modigliani, 1989). 뉴스 프레임은 '선택적 재현, 강조, 배제 및 정교화'를 통해 사회문제에 대한 관점을 제시하며(Entman, 1993), 이를 통해 해당 이슈에 대한 이용자들의 해석과 의견에 영향을 준다(Brewer, 2003; de Vreese, Boomgaarden, & Semetko, 2011; Matthes & Schemer, 2012; Nelson, Clawson, & Oxley, 1997; Nelson & Oxley, 1999; Simon & Jerit, 2007).

언론학 내에서 소위 프레이밍(framing) 연구는 상징적 처리자(symbolic handlers)로서 현실에 대한 특정한 내러티브를 전달하는 언론의 역할을 설명하는 데에 집중해 왔지만, '뉴스 프레임'이 정확히 어떤 요소들로 구성되며 그것을 통해 어떤 '효과'가 초래되는지는 여전히 명확하지 않다(Borah, 2011; Matthes, 2007; Scheufele, 1999). 관련 문헌에 대한 보라(Borah, 2011)의 광범위한 내용분석에 따르면, 기존 연구 대다수가 사회학적 관점에서 뉴스 텍스트를 분석하여 이슈별 고유의 프레임(issue-specific frames)을 판별하는 데에 집중한 것으로 나타났다. 반면 뉴스 프레임 생산 과정, 즉 프레임의 원천에 대한 연구는 매우 희소하며, 프레임 효과에 대한 연구 역시 상대적으로 빈약한 편이다. 더욱이 프레임 효과 연구는 대체로 단일 프레임 조건에 주목하여, 다중(multiple) 혹은 혼합(mixed) 프레임의 상황을 연구한 사례는 소수에 불과했다. 이러한 양상은 프레이밍 연구

---

* 이 논문은 제1저자의 석사학위 논문을 토대로 재구성되었으며, 『한국방송학보』(2018, 32권 5호)에 기 출간되었으며, 저작권은 한국방송학회에게 있음.

의 여전한 '분절성'을 보여준다. 그동안 프레이밍 연구가 다른 주제 못지않게 왕성하게 이뤄졌음에도 불구하고 뚜렷한 이론적 성과로 이어지지 않았다는 평가(예, 이준웅, 2009) 역시 같은 맥락에서 이해될 수 있다.

많은 학자들이 주지하듯, 프레이밍은 다양한 행위자가 참여하고 경쟁하는 다층적 과정이며, 프레임 후원자(frame sponsors)의 지위와 자원 혹은 프레임 자체의 문화적 공명성(cultural resonance)에 따라 해당 프레임의 성공이 좌우된다(Geiß, Weber, & Quiring, 2017). 프레임은 한 사회의 문화적 토양 위에서 구축되기 때문에, 가용한 프레임 목록 중 어떤 것이 그 구성원들의 신념, 가치, 규범, 스테레오타입 등과 더 '조응'하느냐에 따라 그 효과도 상이해진다는 것이다(Van Gorp, 2007).

때문에 프레임 생산 과정을 이해하기 위해서는 후원자 간의 경쟁에 주목해야 하며, 프레임의 효과를 타당하게 분석하기 위해서도 경쟁적 맥락을 고려하는 것이 필요하다. 대다수의 경우 이용자는 고립된 단일 프레임이 아닌 복수의 프레임에 노출되기 때문이다. 특정 프레임의 효과는 반대 프레임의 효과에 의해 상쇄될 수도 있고 유사한 방향의 프레임과 결합됨으로써 증폭될 수도 있다(Brewer, 2002; Chong & Druckman, 2007a). 이때 경쟁하는 프레임들의 상대적인 강도에 따라서 프레임 효과는 다양한 양상으로 발현된다. 청과 드럭만(Chong & Druckman, 2007b)에 따르면, 프레임 강도란 해당 프레임의 적용가능성(applicability)으로 정의될 수 있으며, 앞서 언급한 문화적 공명성과도 연관된다. 즉 프레임이 특정 문화 공동체의 구성원들에게 얼마나 설득력을 가지며 그들의 신념과 지식 구조에 얼마나 공명하느냐에 따라 '강한' 혹은 '약한' 프레임으로 간주될 수 있다는 것이다. 경쟁 상황에서 프레임 효과는 이용자들의 속성에 따라서도 차별적으로 나타난다. 예컨대, 정치지식이 높을수록 프레임에 대한 반박 능력이 높아 프레임 효과가 전반적으로 낮아질 수 있지만(Haider-Markel & Joslyn, 2001; Schuck & de Vreese, 2006), 정확한 이해를 통해 더 설득력 있는 프레임을 수용할 가능성이 높아질 수도 있다(Druckman & Nelson, 2003). 따라서 이용자의 정치지식 수준에 따라 프레임 경쟁의 효과 역시 달라질 개연성이 크다.

디지털 플랫폼을 통한 뉴스 소비가 급속히 증가하는 가운데, 한국의 경우 특히 포털에 대한 의존도가 압도적으로 높다(김선호 · 김위근, 2017). 온라인에서 뉴스를 소비하는 환경에서는 이용자가 프레임 경쟁에 노출될 가능성이 증가한다. 하이퍼링크로 연결된 기사들에 순차적으로 노출되는 경우도 많고 대부분의 경우 기사는 댓글과 함께 소비된다. 즉 온라인 뉴스 환경은 기사와 기사 간의 경쟁뿐 아니라 기사와 댓글 간의 경쟁, 기사와 복수의 댓글 간의 경쟁 등 다양한 조건에서 프레임 경합을 분석할 수 있는 기회를 제공한다. 특히 댓글은 여론기후(opinion climate)를 보여 주는 강력한 단서로 작용하며 기사에 대한 평가에도 영향을 미치는 것으로 알려져 있다(이은주, 2011; 이은주·장윤재, 2009). 최근 불거진 포털 댓글 조작 논란 역시 댓글이 이용자들의 여론 지각이나 의견 형성에 큰 영향을 미칠 수 있음을 방증하는 것이며, 댓글을 통해 이용자들도 담론 생산의 영역에 개입하여 프레임 경쟁에 참여할 수 있음을 보여준다.

지금까지의 논의를 바탕으로 이 연구는 프레임 연구에서 상대적으로 간과돼 온 프레임 경쟁을 '효과'의 차원에서 탐색하고자 한다. 여기서 '효과'란 주요한 사회적 이슈에 대한 시민들의 선호도 혹은 의견 형성에 대한 뉴스프레임의 영향력을 의미한다(Chong & Druckman, 2007a). 특히 온라인 뉴스 환경에서 구현되는 다양한 경쟁 상황에서, 프레임의 상대적인 강도와 이용자의 정치지식 수준에 따라 프레임 경쟁의 효과가 어떠한 양상으로 발생하는지 분석할 것이다.

2. 이론적 논의와 선행연구 검토

'프레임' 혹은 '프레이밍'이라는 개념은 인류학, 사회학, 심리학, 경제학 등 다양한 학문 영역에서 탐구돼 왔다(Borah, 2011; Van Gorp, 2007). 언론학에서는 주로 현실 정의자로서 뉴스의 역할을 설명하는 데에 적용돼 왔지만, 앞서 언급한 바대로 뉴스 프레임이나 그 효과에 대한 개념적 정의는 매우 다양하다 뉴스 프레임에 대한 포괄적 정의에 따르면, 프레임은 사회문제에 대한 '의미구성체'로서 은유, 예시, 구호, 단어, 시각적 이미지 등 여러 표현 장치를 통해 종합적으로 구축된다(Gamson & Modigliani, 1989). 엔트먼(Entman, 1993)은 사건의 본질을 정의하고 그 원인과 책임 소재를 진단하며 처방을 함축하는 것을 뉴스 프레임의 핵심 기능이라 바라봤다. 일부 학자들은 프레임의 주요 구성 요소로 귀인의 양식(mode of attribution)에 주목하거나(Iyengar, 1991, 1996), 핵심 가치(core values)를 강조하기도 했다(Brewer, 2001, 2002, 2003; Brewer & Gross, 2005).

프레임 효과는 의제설정 효과나 점화 효과와 달리 이용자의 기존 신념과의 상호작용 속에서 좀더 의식적인 과정을 통해 발생한다고 알려져 있다(Scheufele & Tewksbury, 2007). 커뮤니케이션 연구에서는 주로 '등가 프레이밍(equivalency framing)'과 '강조 프레이밍(emphasis framing)'의 차원에서 프레임 효과에 접근해 왔다(Druckman, 2001; Iyengar, 2005). 여기서 등가적 프레임 효과란 논리적으로 동질적인 내용을 상이한 방식으로 제시했을 때 사람들의 선호가 달라지는 것을 의미하고, 강조 프레임 효과란 해당 사안의 다양한 측면 중 일부분을 부각시킴으로써 초래될 수 있는 해석의 변화 혹은 그와 관련된 이차적인 변화(예, 의견 변화)를 의미한다(Druckman, 2001).

뉴스 프레임의 효과는 주로 '강조'의 관점에서 책임귀인(Iyengar, 1990, 1991, 1996)이나 가치 관련 신념(value-related beliefs)에 미치는 영향력으로 설명돼 왔다(Nelson & Oxley, 1999). 특히 가치 관련 신념에 대한 뉴스 프레임 효과는 기대-가치(expectancy-value) 모델과 관련지어 논의된다(Chong & Druckman, 2007a; 2007c; Nelson et al., 1997). 태도가 대상의 속성에 대한 신념과 강도(weights)를 곱한 값의 총합이라면, 프레임 효과는 신념의 강도에 영향을 미치는 과정이라는 것이다. 즉 뉴스 프레임은 특정한 가치를 더 현저하게 제시함으로써 그와 관련된 신념의 상대적인 중요도(relative importance)를 높이고 그를 통해 개인의 의견에 영향을 미칠 수 있다(Matthes & Schemer, 2012). 이러한 기제를 통해 강조 프레이밍 연구는 프레임 효과를 주로 '의견 형성'에 대한 것으로 설명해 왔다(Druckman, 2001). 이 연구 역시 이러한 관점에서 프레임 효과를 분석할 것이며, 그 구체적인 기제에 대해서는 아래에서 상술하겠다.

2.1. 프레임 효과의 기제: 프레임 강도와 정치지식을 중심으로

사람들은 정치인 평가나 투표와 같은 판단의 순간에 장기기억 속에 저장된 정보 중 가장 쉽게 활성화되는 정보, 즉 접근가능성(accessibility)이 높은 정보를 활용한다(Zaller, 1992). 자주 사용하거나 최근에 접한 생각일수록 접근가능성이 높아지며, 사람들은 무의식적으로 활성화되는 정보를 중심으로 효율적인 판단을 내릴 수 있다(Brewer, Graf & Willnat, 2003). 일부 연구는 이러한 '접근가능성' 개념을 통해 프레임 효과를 설명했지만(e.g., Matthes, 2007), 이것만으로는 프레임 효과의 차별성을 이해할 수 없다. 활성화된 모든 생각들이 판단의 순간에 동일한 비중으로 영향을 미치는 것이 아니기 때문이다(Price & Tewksbury, 1997).

프레임 효과의 차별성은 '적용가능성' 개념과 연관된다. 적용가능성은 가용하고 접근 가능한 생각들 중 어떤 정보가 주어진 상황에 가장 적합한지를 고려하는 것이다. 다시 말해서, 프레임 효과는 이슈와 관련된 여러 측면 중 특정 생각이 해당 상황에 가장 관련성이 높다고 여기게 만드는 작용이다(Price, Tewksbury, & Powers, 1997). 이용자들에게 '적용가능성'을 판단할 단서를 제공해 프레임에 함축된 신념을 좀 더 적절하다고 평가하게 함으로써 프레임 효과가 발생한다는 것이다(Barker, 2005).

판단에서 다양한 정보의 '적용가능성'을 고려하는 것은 좀 더 의식적이고 숙고적인 과정인데, 해당 이슈에 대해 개인이 높은 관여도를 가지고 있거나 프레임을 이해할 수 있는 능력을 갖추고 있다면 의식적인 정보처리가 일어날 가능성이 높아진다(Chong & Druckman, 2007b; Druckman, 2004). 특히 경쟁적인 프레임 조건에 노출되면 개인들은 자연스럽게 여러 프레임을 비교하고 평가하게 되는데(Chong & Druckman, 2007a), 이때 이용자가 어떤 프레임(이 함축한 신념)의 '적용성'을 더 높게 지각하느냐에 따라 프레임 경쟁의 효과가 다양하게 나타날 수 있다.

선행연구들은 '프레임 강도(frame strength)'라는 개념을 통해 개인이 프레임의 '적용가능성'을 어떻게 지각하고 평가하는지에 대한 주관적 영역을 설명해 왔다. 구체적으로, 청과 드럭만(Chong & Druckman, 2007b)[1]은 '프레임이 얼마나

---

1) 청과 드럭만(2007b)은 도시 성장(urban growth)에 관련된 프레임 경쟁 효과를 분석하는 연구에서 관련 보도에 대한 내용분석과 사전조사를 통해 찬성 프레임과 반대 프레임을 각각 2개씩 구축했다. 강한 찬성 프레임으로는 '개방된 공간의 확보(preserving open space)', 약한 찬성 프레임으로는 '공동체 구축(building community)'을 활용했으며, 강한 반대 프레임으로는 '경제적 비용(economic costs)', 약한 반대 프레임으로는 '유권자 능력(voter competence)'을 각각 내세웠다.

적용 가능한 관점을 제시하는가'에 대한 평가를 '프레임 강도'라 정의했다. 즉 강한 프레임은 가용하고 적용가능성이 높은 관점을 제시하는 것이고, 약한 프레임은 적용성이 낮은 관점을 제시하는 것이라 할 수 있다.

그렇다면 어떤 요소들이 프레임의 적용가능성, 즉 프레임 강도에 대한 개인들의 지각에 영향을 미치는가? 먼저 개인들은 프레임이 함축하는 주장이나 논거 자체의 설득력이나 논리성을 기준으로 해당 프레임의 강도를 지각할 수 있다(Brewer, 2001; Chong & Druckman, 2007b). 프레임의 내적 속성으로서 설득력이 이용자들의 강도 지각에 영향을 줄 수 있다는 것이다.

프레임의 외적 속성으로서 정보원의 신뢰도(source credibility) 역시 적용가능성 지각에 영향을 줄 수 있다.[2] 선행연구에 따르면, 동일한 프레임이라 하더라도 이용자가 해당 정보원의 신뢰도를 어떻게 지각하느냐에 따라 그 효과가 증가하거나 감소하는 것으로 나타났다(Druckman, 2001; Chong & Druckman, 2007b; Hartman & Weber, 2009; Joslyn & Haider-marker, 2006; Slothuus & de Vreese, 2010).

온라인 환경에서는 뉴스 소비자들이 프레임의 적용가능성을 판단할 수 있는 요소가 한층 다양해졌다. 특히 뉴스를 공유하고 평가하는 '참여적 소비'가 증가하면서, 해당 기사에 대한 타인의 동의 혹은 공감 정도를 확인할 수 있는 사회적 승인 단서(social endorsement cues)의 중요성이 증가하고 있다(Messing & Westwood, 2014). 사람들은 많은 경우 타인의 의견을 통해 정보의 관련성과 유용성을 판단하기 때문이다(Bond, Settle, Fariss, Jones, & Fowler, 2017). 특히 온라인 환경에서 뉴스 정보원 등 전통적인 뉴스 선택 기준의 중요도는 감소하고 있으며(Messing & Westwood, 2014), 다른 뉴스 소비자들의 반응을 보여주는 단서들이 더 적극적으로 활용된다(Kim & Sundar, 2014). 예컨대 이용자들은 조회 수가 높은 기사를 선택하거나(Yang, 2016), 타인에게 긍정적인 평가를 받은 기사에 더 주목하는 경향을 보인다(Dvir-Gvirsman, 2017). 이러한 맥락에서 기사나 댓글에

---

2) 청과 드럭만(2007b)의 연구는 프레임 강도를 구성하는 요인으로 정보원 신뢰도에도 주목했다. 구체적으로, 혐오집회(hate rally)에 관련된 프레임을 구축하면서 주요 언론사에 게재된 것은 강한 프레임으로, 지역 고등학교 신문에 게재된 것은 약한 프레임으로 조작적 정의했다.

대한 타인의 승인 정도 역시 정보원 신뢰도와 유사한 외적 속성으로서 해당 프레임의 적용가능성 지각에 영향을 미칠 것이라 추정할 수 있다.

청과 드럭만(2007b)은 프레임 강도를 구성하는 두 가지 요인으로 메시지의 내용적 설득력과 정보원 신뢰도에 주목하여, 두 개의 실험을 통해 각각의 효과를 분석했다. 그 결과 프레임 강도가 높을수록 의견 변화가 뚜렷하게 발생해, 두 개의 조작적 정의 모두 유효하다는 것을 밝혔다. 이 연구 역시 청과 드럭만의 논의를 참고하여 프레임 강도를 구성하는 복수의 요인들을 고려하고 두 번의 실험을 실시할 것이다. 먼저 프레임 자체의 설득력 혹은 논리성을 프레임 강도를 구성하는 가장 중요한 요소로 정의하고 첫 번째 실험에서 그 효과를 분석할 것이다. 두 번째 실험에서는 내용적 설득력에 더하여 사회적 승인 단서를 프레임 강도를 구성하는 요소로 고려할 것이다. 선행연구가 밝혀 왔듯이(Brewer, 2001; Chong & Druckman, 2007b), 지각된 강도가 강할수록 이용자의 의견에 대한 해당 프레임의 효과가 더 클 것으로 예측할 수 있다. 즉 내용적으로 설득력이 높거나 다수의 사람들에게 긍정적인 평가를 얻은 프레임일수록 해당 이슈에 대한 의견에 더 강한 영향력을 미칠 것으로 추정된다.

한편 프레임 효과는 '강도'와 같은 프레임의 속성(에 대한 지각)뿐만 아니라 다양한 이용자 특성에 따라서도 다르게 나타난다. 보라(2011)의 분석에 따르면, '정치지식'은 프레임 효과를 조절하는 이용자 속성으로 가장 주목받은 변인 중 하나다. 일부 연구는 이용자의 정치지식이 높을수록 프레임 효과가 증가한다고 주장했는데(de Vresse, 2004), 정치지식이 풍부할수록 프레임에 대한 이해도가 높아져 해당 이슈와 적절하게 연결시킬 수 있기 때문이다(Druckman & Nelson, 2003; Nelson et al., 1997). 청과 드럭만(2007b)은 프레임 강도와 정치지식 간의 상호작용에 주목하여 프레임 강도의 효과가 정치지식이 높은 사람들에게서 더 뚜렷하게 나타난다는 것을 보여주었다. 정치지식이 낮을수록 메시지 자체의 논리적 정합성이나 설득력보다 메시지 빈도 등 다른 단서에 더 영향을 받기 때문에, 강한 프레임(적용성이 큰 프레임)보다 자주 노출된 프레임(접근성이 높은 프레임)의 효과가 더 크다는 것이다.

반면 이용자의 정치지식이 높을수록 프레임 효과가 감소한다는 연구 결과도 존재한다(Haider-Markel & Joslyn, 2001; Schuck & de Vreese, 2006; Sniderman &

Theriault, 2004). 정치지식이 높을수록 견고한 스키마나 선유경향을 기준으로 프레임의 적용성을 판단하는 경향을 보인다. 때문에 정치지식이 높은 사람일수록 자신의 기존 성향과 일치하는 프레임은 수용하지만 반대 방향의 프레임에는 적극적으로 저항할 가능성이 높다(Hansen, 2007).

앞서 언급했듯이, 다수의 프레임이 경쟁하는 상황에서는 이용자들이 더욱 적극적으로 프레임의 상대적인 적용가능성을 평가할 가능성이 높다. 이러한 맥락에서 프레임 강도와 정치지식이 프레임 경쟁 효과에 어떻게 작용하는지 탐색할 필요성이 있다.

2.2. 프레임 경쟁의 효과

현실에서 뉴스 프레임과 이용자들은 다양한 방식으로 조우하지만, 대다수의 선행연구는 단일 프레임의 효과에만 주목해 왔다(e.g., Aarøe, 2011; Haider-Markel & Joslyn, 2001; Jacoby, 2000; Nelson et al., 1997; Nelson &. Oxley, 1999). 하지만 단일 프레임만 다루는 연구는 외적 타당도에서 제한점을 가질 수 있다(de Vreese, 2012; Hansen, 2007). 현실에서는 이슈에 대한 단일 프레임에만 노출되기보다는 다양한 매체나 주변 사람들과의 대화를 통해 다수의 프레임을 접할 가능성이 높기 때문이다.

경쟁적 맥락에서 발생하는 프레임 효과에 대해서는 다소 산발적인 연구 결과가 존재한다. 일부 연구에 따르면, 상반된 두 프레임이 동시에 제시되면 서로의 효과를 상쇄시킨다(Druckman, 2004; Sniderman & Theriault, 2004). 예컨대, 드럭만(Druckman, 2004)은 등가적인 두 프레임 간의 경쟁 조건에서 프레임 효과를 분석했는데, 특정 문제에 대한 부정적 프레임에 이어 이를 반박하는 긍정적 프레임을 보여줬을 때 앞서 제시한 부정적 프레임의 효과가 감소했다. 스나이더맨과 테리올트(Sniderman & Theriault, 2004)의 연구에서도 양 방향의 프레임이 경쟁하는 상황에서 서로의 효과가 상쇄돼 실질적인 프레임 효과가 사라지는 결과가 나타났다.

프레임 경쟁은 생각의 범위나 복잡성에도 영향을 미칠 수 있다. 브루어와 그로스의 연구(Brewer & Gross, 2005)에 따르면, 두 가지 상반된 프레임에 모두

노출된 경우 단일 프레임만 접할 때에 비해 관련 이슈에 대한 생각의 '수'가 많아지는 것으로 나타났다. 김혜미와 이준웅(2011)의 연구에서는 서로 상이한 프레임을 함축하는 기사와 댓글을 접할 경우 동일한 프레임을 함축하는 기사와 댓글에 노출될 때보다 이슈에 대해 더 복잡한 해석을 하는 것으로 나타났다.

앞서 언급했듯이, 프레임 강도는 프레임 경쟁의 효과에 영향을 미치는 요소로 작용할 수 있다. 청과 드럭만(2007a, 2007b)은 강도가 균등하지 않은 프레임들이 경쟁할 때 프레임이 제시되는 빈도(접근가능성)와 강도(적용가능성)가 어떤 효과를 가지는지 분석했다. 그 결과 프레임 경쟁 상황에서는 강도가 빈도의 영향력을 압도했다. 구체적으로, 약한 프레임은 단일 제시 조건에서만 그 효과를 나타냈고 강한 프레임과 동시에 제시됐을 경우에는 약한 프레임의 역방향으로 이용자의 의견이 움직이는 대조 효과가 발생했다. 또한 강한 프레임들 사이의 경쟁은 독자들의 태도를 중간 지점으로 변화시키는 소위 '상쇄 효과'를 초래했다. 한센(Hansen, 2007)의 연구에서도 독자들이 상반된 두 프레임의 강도를 유사하게 지각할 때 서로의 효과가 상쇄되는 것으로 나타났다.

이처럼 프레임 경쟁에 대한 선행연구들은 프레임의 특성, 이용자 속성 그리고 경쟁의 맥락 등을 고려하여 전개됐다. 하지만 대부분의 연구가 오프라인에서 진행되어 온라인 중심의 새로운 뉴스 환경을 다양하게 고려하지 못했다는 한계를 가진다. 이 연구는 이러한 점에 주목하여 온라인 뉴스 환경에서의 프레임 경쟁 효과를 분석하고자 한다.

2.3. 온라인 뉴스 환경과 프레임 경쟁

한국의 뉴스 소비에서 가장 두드러진 특징은 포털에 대한 높은 의존도다(김선호·김위근, 2017). 특히 대부분의 포털 사이트가 '댓글 많은 뉴스' 섹션을 따로 운영할 만큼 '댓글'은 온라인 뉴스 환경을 대표하는 장치다. 댓글은 기사에 대한 반응 정보인데, 원천 정보인 기사보다 2차적 반응 정보인 댓글이 포털 사이트에 사람들을 머무르게 하는 소위 '가두리 전략'의 매개체가 되고 있다(김국현, 2018, 4, 25).

댓글의 효과에 대한 선행연구에 따르면, 댓글은 뉴스나 해당 이슈에 대한 타인의 의견을 이해할 수 있는 기회를 제공하며(정일권·김영석, 2006), 집합적인 여론에 대한 단서를 제공하기도 한다(이은주, 2011; 이재신·성민정, 2007; 이은주·장윤재, 2009). 독자들은 기사와 댓글을 통합적으로 처리하기 때문에 댓글 읽기는 기사의 수용에도 영향을 미친다(김은미·선유화, 2006). 댓글은 기사에 대한 이해를 돕거나 기사 논조를 지각하는 데 영향을 미치며(이은주, 2011; 이재신, 2013), 댓글과 기사 논조의 일치 여부에 따라 기사에 대한 평가가 달라지기도 한다(이은주·장윤재, 2009; 이재신·성민정, 2007). 댓글에서 제시된 의견은 독자의 의견에 직접적인 영향을 미치기도 하는데(강재원·김선자, 2012), 낮은 품질의 댓글도 그러한 효과를 가지는 것으로 나타났다(양혜승, 2008). 이처럼 댓글은 독자적인 효과를 가지거나 기사와의 상호작용을 통해 그 효과를 나타낸다. 댓글은 기사에 비해 적은 양의 정보를 담고 있지만, 다양한 표현 장치, 이야기 구조, 핵심 가치 등 유사한 요소로 구성되는 경우가 많아 프레임을 함축하는 의미 있는 단위가 될 수 있다.

온라인 뉴스 환경의 유연하고 상호작용적인 속성들을 통해 기사와 기사, 기사와 댓글, 혹은 같은 기사에 대한 댓글들 간의 프레임 경쟁이 자연스럽게 조성될 수 있다. 이 연구는 온라인 환경에서 형성되는 다양한 프레임 경쟁 상황을 반영하는 한편, 프레임의 속성으로 프레임 강도를, 이용자의 속성으로 정치지식을 고려하여 각각이 프레임 경쟁의 효과를 어떻게 조절하는지 살펴보고자 한다. 지금까지의 논의를 종합하여 연구가설과 연구문제를 다음과 같이 설정했으며, 이들은 실험 1과 실험 2를 통해 검토될 것이다. 주지한 대로, 첫 번째 실험에서는 기사나 댓글에 담긴 주장의 설득력을 프레임 강도로 정의하고 두 번째 실험에서는 내용적 설득력과 함께 기사나 댓글에 대한 타인의 평가, 즉 사회적 승인 정도를 프레임 강도를 구성하는 요소로 고려할 것이다.

먼저 연구가설 1은 비경쟁 상황, 즉 단일 프레임의 기사만이 제시됐을 경우에 프레임 효과가 나타나는지를 분석하기 위해 설정됐다. 구체적으로, 비경쟁 조건에서는 해당 이슈에 대한 강한 찬성 프레임을 함축하는 기사가 활용될 것이며 프레임 효과는 이슈 관련 의견에 대한 영향력으로 정의될 것이다.

연구가설 1. 단일 기사가 제시되는 상황에서, 기사가 함축하는 프레임은 그 방향대로 이용자의 의견에 유의미한 영향을 미칠 것이다.

이하의 연구가설은 온라인 뉴스 환경에서 일어날 수 있는 기사와 기사, 기사와 댓글, 그리고 기사와 복수의 댓글들 간 경쟁을 고려했다. 이 연구는 기사 프레임과 댓글 프레임의 영향력이 거의 동일할 것이며 그 방향과 강도에 따라 독자의 의견에 변화를 초래할 것이라고 추정했다. 연구가설 2와 연구가설 3은 기사와 기사, 기사와 댓글이 각각 경쟁하는 상황에서 프레임 강도가 의견에 미치는 영향력을 살펴보기 위해 설정됐으며, 프레임 강도에 대한 조작적 정의와 상관없이 강한 프레임이 약한 프레임보다 이용자의 의견에 더 유의미한 효과를 가질 것이라 추정했다. 따라서 복수의 프레임이 제시되는 상황에서는 대항 프레임(counter frame)의 강도가 강할수록 기존 프레임의 효과에 역작용할 것이며, 기존 프레임과 대항 프레임의 강도가 거의 유사할 경우(예, 강한 찬성 프레임 vs. 강한 반대 프레임)에는 서로의 효과가 실질적으로 상쇄될 것이라 예측할 수 있다 (Chung & Druckman, 2007b; Druckman, 2004; Sniderman & Theriault, 2004).

연구가설 2. 기사 대 기사의 경쟁 상황에서, 강한 프레임을 함축하는 경쟁 기사가 약한 프레임을 함축하는 경쟁 기사보다 이용자의 의견에 더 유의미한 영향을 미칠 것이다.

연구가설 3. 기사 대 댓글의 경쟁 상황에서, 강한 프레임을 함축하는 경쟁 댓글이 약한 프레임을 함축하는 경쟁 댓글보다 이용자의 의견에 더 유의미한 영향을 미칠 것이다.

한편 연구가설 4는 기사와 복수의 댓글들이 경쟁하는 상황에서 프레임의 빈도(접근성)와 강도(적용성) 중 어떤 것이 더 중요한 역할을 하는지를 탐색하기 위해 설정됐다. 앞선 이론적 논의에 근거하여 '양적'으로 접근성이 높은 프레임이 존재하더라도 그 효과는 프레임 강도가 높을 때에만 유의미할 것이라고 예측했다. 즉 기사 프레임에 일치하는 댓글 프레임이 있더라도 그 강도가 높을 때에만 기존 프레임에 부가적인 효과(additive effects)를 가질 것이라 추정할 수 있다.

연구가설 4. 기사에 반대하는 댓글과 찬성하는 댓글이 경쟁하는 경우, 기사 프레임과 일치하는 댓글 프레임의 강도가 높을수록 이용자의 의견에 더 유의미한 영향을 미칠 것이다.

이 연구는 프레임 경쟁 상황에서 프레임 강도의 효과를 분석함과 동시에, 이용자 특성 중 하나인 정치지식 수준이 프레임 강도의 효과를 어떻게 조절하는지를 탐구하고자 한다. 정치지식에 따른 프레임 효과에 대한 선행연구 결과가 일치하지 않기 때문에 다음과 같이 탐색적인 연구문제를 설정했다.

연구문제 1. 경쟁 상황에서 프레임 강도의 효과는 이용자의 정치지식 수준에 따라 어떻게 달라지는가?

3. 연구방법

3.1 실험 설계와 실험 처치물의 구성

3.1.1. 실험 설계

이 연구는 다양한 경쟁 상황이 프레임 효과에 미치는 영향을 살펴보기 위해 총 8개의 집단으로 구성된 실험설계를 고안했다(<표 1> 참조). 먼저 아무 노출도 없는 통제집단(집단 1)과 해당 이슈에 대한 높은 강도의 찬성 프레임 기사를 제시하는 조건(집단 2)을 비교하여, 단일 프레임의 효과를 분석한다.

다음으로 기사와 기사 간 경쟁 조건에서 프레임 강도의 영향력을 분석하기 위해, 기사 프레임에 대조되는 강한 반대 프레임(집단 3)과 약한 반대 프레임(집단 4)의 효과를 비교한다. 집단 5와 집단 6은 기사와 댓글 간 경쟁 상황에서 프레임 강도의 효과를 분석하기 위해 설정됐다. 집단 5에는 강한 찬성 프레임 기

〈표 1〉 프레임 경쟁 상황에 따른 실험설계

1. 통제집단			
단일 프레임 조건	프레임 경쟁 조건		
	기사 vs. 기사	기사 vs. 댓글	기사 vs. 댓글 vs. 댓글
2. 강한 찬성 기사 only	3. 강한 찬성 기사 vs. 강한 반대 기사	5. 강한 찬성 기사 vs. 강한 반대 댓글	7. 강한 찬성 기사 vs. 강한 반대 댓글 vs. 강한 찬성 댓글
	4. 강한 찬성 기사 vs. 약한 반대 기사	6. 강한 찬성 기사 vs. 약한 반대 댓글	8. 강한 찬성 기사 vs. 강한 반대 댓글 vs. 약한 찬성 댓글

사와 강한 반대 프레임 댓글을 제시하고, 집단 6에는 강한 찬성 기사와 약한 반대 댓글을 제시한다. 마지막으로 기사와 복수의 댓글 사이의 경쟁 상황을 분석하기 위해, 집단 7에는 강한 찬성 프레임 기사와 함께 강한 반대 프레임 댓글과 강한 찬성 프레임 댓글을 제시한다. 집단 8에는 강한 찬성 기사와 함께 강한 반대 댓글과 약한 찬성 댓글을 제시한다. 이를 통해 프레임 강도와 빈도의 상대적인 효과를 분석할 수 있을 것이다.

3.1.2. 실험 처치물 제작

사회적 시의성 및 논쟁적 성격을 고려하여 실험 이슈로 '헌법재판소의 야간 시위 허용'을 선정했다. 2014년 3월 27일, 헌법재판소는 이전까지 야간시위를 금지해왔던 「집회 및 시위에 관한 법률(집시법)」에 대해 자정이라는 시간적 범위 내에서 위헌 판정을 내렸다. 헌법재판소의 판결이 공개되자 주요 언론사는 사설을 통해 입장을 표명했으며 경찰, 시민단체 등도 다양한 찬반 입장을 내놓았기에, 프레임 경쟁 효과를 분석하기에 적절한 이슈로 판단했다.

실험에서 사용할 기사와 댓글 프레임 저지를 위해 사전 조사를 2회 실시했다. 구체적으로, 해당 이슈에 대한 신문기사 및 사설, 헌법재판소 판결문 등을 참조하여 야간시위 허용에 대한 찬성과 반대 프레임을 각각 5개씩 추출했다. 찬성 프레임으로는 표현의 자유 보장, 자유의 제한 최소화, (생업 종사자의) 시위 참여 기회의 확대, 평화적 야간시위 가능성, 정부와 국민의 소통수단 확장 등이 추

〈표 2〉 실험 처치물: 야간시위 허용에 대한 프레임 경쟁

1. 통제집단(메시지 노출 없음)

단일 프레임 조건	프레임 경쟁 조건		
	기사 vs. 기사	기사 vs. 댓글	기사 vs. 댓글 vs. 댓글
2. 시위 참여 기회 확대 (기사)	3. 시위 참여 기회 확대(기사) vs. 야간시위의 불법성(기사)	5. 시위 참여 기회 확대(기사) vs. 야간시위의 불법성(댓글)	7. 시위 참여 기회 확대(기사) vs. 야간시위의 불법성(댓글) vs. 평화적 야간시위 가능성(댓글)
	4. 시위 참여 기회 확대(기사) vs. 후진적 시위 문화(기사)	6. 시위 참여 기회 확대(기사) vs. 후진적 시위 문화(댓글)	8. 시위 참여 기회 확대(기사) vs. 야간시위의 불법성(댓글) vs. 정부와의 소통수단 확장(댓글)

출됐다. 반대 프레임으로는 후진적 시위 문화, 야간집회의 불법행위, 공공질서 침해 가능성, 평온할 권리 침해 가능성, 헌재의 입법 행위 문제 등이 추출됐다. 1차 사전 조사에서는 기사의 형식으로, 2차 사전 조사에서는 댓글의 형식으로 각 프레임을 내포한 메시지가 제작됐다.

 본 실험과 사전 조사를 분리해 실시한 선행연구를 참조하여(e.g., Aarøe, 2011; Chong & Druckman, 2007b), 서울 소재 두 대학의 학부생을 대상으로 사전 조사를 실시했다. 먼저 1차 조사 참가자($n = 95$)들은 무작위로 배정된 프레임 방향(찬성 vs. 반대)에 따라 각각 5개의 기사를 읽었으며, 이후 각 기사에 대해 '주장의 근거를 효과적으로 제시하는지'와 '설득적으로 주장을 펼치는지'를 7점 척도로 평가했다. 두 문항에 대한 응답의 평균을 지각된 프레임 강도로 간주했을 때, 5개의 찬성 프레임 가운데 '시위 참여 기회의 확대'($M = 5.11$, $SD = 1.00$)가 가장 높은 강도를, '평화적 야간시위 가능성'($M = 4.62$, $SD = 1.24$)이 두 번째로 높은 강도를 보였다. 대응표본 t검정을 실시한 결과, 두 프레임 모두 가장 약한 강도로 지각된 '정부와의 소통 수단 확장'($M = 3.99$, $SD = 1.21$)과 통계적으로 유의미한 차이를 보였다($ts (49) \geq 3.58$, $ps \leq .001$). 반대 프레임 중에서는 '야간 시위의 불법성'($M = 4.92$, $SD = 1.28$)이 가장 높은 강도로 지각됐으며 '후진적 시위

문화'(M = 3.34, SD = 1.43)가 가장 약하게 지각됐다. 두 평균값의 차이 역시 통계적으로 유의미했다[t(44) = 5.73, p < .001].

댓글의 형태로 실시된 2차 사전 조사(n = 125)에서도 동일한 결과가 나타나, 기사나 댓글 어떤 형식으로 제시되더라도 프레임 강도 지각에는 거의 차이가 없다는 것을 확인할 수 있었다. 이를 종합하여, 첫 번째 강한 찬성 프레임은 '시위 참여 기회의 확대'로, 두 번째 강한 찬성 프레임은 '평화적 야간시위 가능성'으로 결정했으며, 약한 찬성 프레임은 '정부와의 소통 수단 확장'으로 선정했다. 또한 강한 반대 프레임은 '야간시위의 불법성'으로, 약한 반대 프레임은 '후진적 시위 문화'로 선정했다(<표 2> 참조). <부록>에 실험 처치물 일부를 첨부했다).

3.2. 실험 1 설계와 참여자 특성

이 연구는 온라인 뉴스 환경에서 프레임 경쟁이 발생하는 상황을 반영하기 위해 온라인 실험을 실시했다. 실험은 100만 명 이상의 패널을 보유한 온라인조사 회사를 이용해 진행됐고, 연령과 성별을 통제하기 위해 실험 참여자의 나이를 20대로 한정하고 남녀 비율을 균등하게 조절했다.

실험 참가자들은 인구통계학적 사항, 정치지식, 가치선호도, 포털과 댓글에 대한 평소 인식 등을 묻는 사전 조사를 완료한 뒤, 각 실험 집단에 임의로 배정되어 해당 기사나 댓글을 접했다. 최소 35초 이상 머물러야 기사나 댓글이 담긴 페이지를 넘길 수 있도록 설계했으며, 설정된 시간보다 빨리 넘길 경우 기사나 댓글을 주의 깊게 읽어 달라는 경고 메시지를 팝업창으로 보여주었다. 기사 대 기사 경쟁 조건에서는 첫 번째 기사를 읽은 후 다음 페이지에서 경쟁 기사를 읽도록 했으며, 기사 대 댓글 경쟁 조건에서는 같은 페이지에서 기사와 댓글을 모두 읽도록 처치했다. 사후 설문에서는 야간시위 허용에 대한 의견, 정치적 성향 등을 측정했다. 통제집단의 경우, 사전 설문에 응답한 후 프레임 메시지에 대한 노출 없이 바로 사후 설문에 연속적으로 응답했다. 또한 댓글이 제시된 집단에 한해 사후 설문에 "뉴스 기사에 달린 댓글을 읽으셨습니까?"라는 문항과 댓글의 개수를 주관식으로 묻는 문항을 추가했다. 댓글의 존재 여부를 몰랐거나 댓글을

▼ 〈표 3〉 실험 집단별 특성: 실험 1

	성별 (남성 비율)	연령	야간시위 허용 찬성 (7점 척도)	n
1. 통제집단	50.0%	24.57[1] (2.98)	4.27[1] (1.68)	30
2. 강한 찬성 기사	48.4%	25.16 (2.61)	5.23 (1.56)	31
3. 강한 찬성 기사 + 강한 반대 기사	48.5%	24.45 (2.78)	4.79 (1.24)	33
4. 강한 찬성 기사 + 약한 반대 기사	46.9%	25.25 (2.66)	4.38 (1.34)	32
5. 강한 찬성 기사 + 강한 반대 댓글	42.9%	24.89 (3.05)	4.39 (1.12)	28
6. 강한 찬성 기사 + 약한 반대 댓글	46.2%	24.15 (2.96)	4.69 (1.52)	26
7. 강한 찬성 기사 + 강한 반대 댓글 + 강한 찬성 댓글	48.3%	25.14 (2.81)	4.28 (1.91)	29
8. 강한 찬성 기사 + 강한 반대 댓글 + 약한 찬성 댓글	48.4%	24.22 (2.80)	4.53 (1.41)	31

주1) 셀 안의 수는 평균(괄호 안은 표준편차)

읽지 않았다고 한 응답은 분석 대상에 제외했으며, 댓글의 개수를 부정확하게 응답한 경우에도 분석에서 제외했다. 댓글 관련 문항에 대해 오답을 제출한 참여자들을 제외한 총 240명이 실험 1에 대한 최종 분석에 포함됐다. 이 중 남성이 47.5%, 여성이 52.5%로 고른 분포를 보였으며, 평균 연령은 24.7세로 나타났다. <표 3>은 실험 1의 집단별 인구학적 특성과 특성을 제시한다.

3.3 실험 2 설계와 참여자 특성

프레임 강도를 더 명확하게 처치하기 위해 실험 2에서는 내용적 설득력과 사회적 승인 단서를 통합적으로 활용했다. 포털사이트는 추천과 반대, 공감과

▼ 〈표 4〉 실험 집단별 특성: 실험 2

	성별 (남성 비율)	연령	야간시위 허용 찬성 (7점 척도)	n
1. 통제집단	50.0%	24.57[1] (2.98)	4.27[1] (1.68)	30
2. 강한 찬성 기사	47.8%	24.30 (2.91)	4.87 (1.49)	46
3. 강한 찬성 기사 + 강한 반대 기사	49.0%	24.92 (2.78)	4.37 (1.60)	49
4. 강한 찬성 기사 + 약한 반대 기사	48.0%	24.76 (3.11)	4.86 (1.51)	50
5. 강한 찬성 기사 + 강한 반대 댓글	48.7%	24.13 (2.66)	4.51 (1.67)	39
6. 강한 찬성 기사 + 약한 반대 댓글	52.8%	23.78 (2.95)	5.06 (1.51)	36
7. 강한 찬성 기사 　+ 강한 반대 댓글 + 강한 찬성 댓글	45.7%	23.94 (2.56)	4.77 (1.22)	35
8. 강한 찬성 기사 　+ 강한 반대 댓글 + 약한 찬성 댓글	50.0%	24.30 (2.67)	4.48 (1.53)	46

주1) 셀 안의 수는 평균(괄호 안은 표준편차)

비공감 등의 기능을 통해 기사와 댓글을 평가하는 서비스를 제공하며, 이용자들은 이러한 사회적 승인 단서를 활용해 해당 기사나 댓글의 적용가능성을 판단할 수 있다. 메시지의 논리성이나 설득력에 사회적 승인 단서를 결합하면 프레임 강도의 차이를 더 명확하게 조작할 수 있다는 추론에 근거하여, 실험 2는 실험 1이 사용한 메시지에 사회적 승인 단서를 삽입했다. 사회적 승인 관점에서 높은 가치(높은 추천 혹은 공감 수)를 가지고 있을수록 프레임 강도가 높게 지각될 것으로 판단했으며, 사회적 가치를 효과적으로 조작하기 위해 기사와 댓글에 페이스북의 '좋아요'를 표기했다.[3]

---

3) 현재 네이버 뉴스는 순공감수 혹은 공감비율을, 다음 뉴스는 추천수를 사용하고 있지만, 이 연구는 페이스북의 '좋아요'를 사용했다. 이는 기사나 댓글에 대한 타인의 공감이나 추천 정도를 가장 명확하게 보여주려는 의도로, 실제 포털 뉴스의 장치와는 다소 다르더라

구체적으로, 첫 번째 강한 찬성 프레임(생업 종사자들의 시위 참여 기회 확대)은 876명의 '좋아요'를, 두 번째 강한 찬성 프레임(평화적 야간시위 가능성)과 강한 반대 프레임(야간 시위의 불법성)은 875명의 '좋아요'를 얻은 것으로 처치했다. 약한 찬성과 약한 반대 프레임에는 14명의 '좋아요'를 표기했다. 실험 2 역시 실험 1과 동일한 온라인 패널을 대상으로 실시됐으나 실험 1 참여자는 배제됐다. 댓글 관련 문항의 오답자를 제외한 총 331명이 최종 분석에 포함됐다. 이 중 남성이 48.9%, 여성이 51.1%이었으며 평균 나이는 24.4세로 집계됐다. <표 4>는 실험 2 참여자들의 조건별 인구학적 특성을 요약한 것이다.

3.4. 주요 변인들의 측정

3.4.1. 이슈에 대한 의견

프레임 효과에 대한 상당수의 선행연구는 이슈에 대한 의견을 주요 종속변인으로 고려해 왔다(Brewer, 2001; Chong & Druckman, 2007b; Jacoby, 2000). 이 연구는 집단 간 비교(between-group comparison)로 실험을 설계하고, 실험 후 조사에서 최종 종속변인인 '야간시위 허용'에 대한 의견을 7점 척도로 측정했다(매우 반대~매우 찬성). 평균값은 실험 1에서는 4.53점(SD = 1.51), 실험 2에서는 4.65점(SD = 1.54)으로 나타났다. 실제 통계 분석에 투입되기 전에 기타 변인들(정치지식, 정치성향, 가치선호도 등)과 함께 표준화됐다.

3.4.2. 정치지식

정치지식 측정을 위해 일반적인 정치지식을 묻는 문항과 이슈 관련 지식을 묻는 문항을 합해 총 7개의 문항을 활용했다. 비례대표제, 야당 이름, 여당 당대표 이름, 드레스덴선언, 서울시 무상급식정책 등에 대해 객관식과 T/F 형식을 섞어 질문을 구성했다. 응답이 정답일 경우에 1점을 부여했으며 이를 더하여 각 개인의 정치지식 값을 산출했다. 실험 1에서는 정치지식 평균값이 4.35점(SD = 1.79)으로 나타났으며, 실험 2에서는 4.43점(SD = 1.69)으로 나타났다.

도 사회적 승인의 효과를 분석하는 데에는 적합하다고 판단했다.

3.5. 통제 변인

3.5.1. 정치성향

정치 이슈에 대한 의견은 사람들의 기존 정치성향에 의해 영향을 받는다. 이를 분석에서 통제하기 위해, 실험 참여자들의 정치성향을 7점 척도로 측정했다(매우 진보~매우 보수). 실험 1에서는 정치성향 평균값이 3.91점(SD = 1.14)으로 나타났으며, 실험 2에서는 3.89점(SD = 1.18)으로 나타났다.

3.5.2. 가치선호도

개인의 가치선호도는 프레임 효과를 조절할 수 있으며(Slothuus, 2008), 프레임 경쟁 상황에서는 각 프레임이 내포하는 가치가 상호 충돌할 수 있다(Brewer, 2001). 특히 시위 이슈에서는 '표현의 자유'와 '공공질서'에 관련된 가치가 충돌하기 때문에(Nelson et al., 1997), 각 개인이 '표현의 자유 보장'과 '공공질서 유지' 중 어느 쪽을 더 선호하는지를 7점 척도로 측정했다. 1점으로 갈수록 '표현의 자유 보장'을, 7점으로 갈수록 '공공질서 유지'를 더 중요하게 생각하는 것을 의미한다. 실험 1에서 가치선호도의 평균은 3.97점(SD = 1.60)이었으며, 실험 2에서는 3.98점(SD = 1.53)으로 나타났다.

4. 연구 결과

4.1. 실험 1 분석 결과

이 연구는 다양한 경쟁 상황에서 프레임 효과가 어떻게 나타나는지를 분석하기 위해 참여자들을 프레임 경쟁 여부 및 강도와 빈도가 상이한 조건에 무작위로 배치했다. 아무런 처치도 이뤄지지 않은 통제집단인 집단 1을 준거 혹은 기저집단(reference group)으로 삼아 주요 프레임 유형을 가변인(dummy variable)으로 변환했고 결과적으로 총 6개의 가변인을 구축했다(<표 5> 참조). 예컨대, 가변인 1은 강한 찬성 프레임 기사에 노출됐는지 여부를 변인화한 것(노출 = 1)

▼〈표 5〉 프레임 경쟁 조건과 강도에 따른 가변인 구축

가변인	설명	실험 집단
가변인 1(첫 번째 강한 찬성 프레임 기사)	존재할 경우 1	2, 3, 4, 5, 6, 7, 8
가변인 2(첫 번째 강한 반대 프레임)	존재할 경우 1	3, 5, 7, 8
가변인 3(첫 번째 약한 반대 프레임)	존재할 경우 1	4, 6
가변인 4(첫 번째 반대 프레임 기사/댓글)	댓글일 경우 1	5, 6
가변인 5(두 번째 강한 찬성 프레임 댓글)	존재할 경우 1	7
가변인 6(두 번째 약한 찬성 프레임 댓글)	존재할 경우 1	8

으로, 통제집단을 제외하고 모든 집단에 1점이 부여됐다. 가변인 2와 3은 경쟁
상황에서 기사나 댓글로 제시된 반대 프레임의 강도 효과를 분석하기 위해 구축
됐다. 가변인 2를 통해 강한 반대 프레임이 주어진 경우에 1점을 부여했으며, 가
변인 3을 통해 약한 반대 프레임을 처치한 경우에 1점을 부여했다. 가변인 4는
경쟁 프레임 형식(기사 vs 댓글)에 따라 어떤 차이가 나타나는지를 분석하기 위
해 설정됐으며, 댓글인 경우에 1점을 부여했다. 가변인 5와 가변인 6은 기사와
복수의 댓글들 간 경쟁 상황에서 기사 프레임에 일치하는 댓글의 프레임 강도가
어떤 효과를 가지는지를 살펴보기 위해 구축됐다. 이 변인들, 즉 기사나 댓글 프
레임의 강도나 빈도를 나타내는 변인들이 해당 이슈에 대한 의견에 어떤 효과를
미쳤는지를 분석하기 위해 다중회귀분석(multiple regression analysis)을 실시했
다.[4] 먼저 전체 집단에 대해 회귀분석을 실시한 이후, 반대 프레임이 기사로 제
시된 경우와 댓글로 제시된 경우로 나누어 각각에 대해 회귀분석을 실시했다.
경쟁 상황에서 대항 프레임의 강도가 높을 때 기존 프레임과 반대 방향으로 의
견에 영향을 미칠 것이라고 예측한 연구가설 2와 연구가설 3을 검증하기 위해

---

4) 여러 선행연구가 실험 설계를 통한 프레임 효과 분석에서 회귀분석을 실시했다(e.g.,
Chong & Druckman, 2007b; Druckman, 2004; Druckman & Nelson, 2003; Hansen,
2007; Hartman & Weber, 2009; Joslyn & Haider-Markel, 2006; Nelson et al., 1997;
Slothuus & de Vreese, 2010). 특히 이 연구는 청과 드럭만(2007b)의 분석 전략을 적용
했는데, 프레임 경쟁 조건(단일 vs 경쟁), 프레임 강도(강한 프레임 vs 약한 프레임), 프
레임 빈도(첫 번째 노출 vs 두 번째 노출) 등 각 요소의 독립적인 효과를 분석하기 위해
서는 각각을 가변인으로 변환시켜 회귀분석을 실시하는 것이 가장 효과적이기 때문이다
(Chung & Druckman, 2007b).

▼〈표 6〉 프레임 경쟁에서 프레임 강도의 효과: 실험 1

독립변인	종속변인	야간시위 허용 지지		
		전체 모형	기사 모형	댓글 모형
통제변인	공공질서 보호	-.22(.06)***	-.19(.08)*	-.26(.07)***
	보수적 정치성향	-.31(.06)***	-.25(.08)**	-.37(.07)***
$\triangle R^2$(%)		16.3	12.1	20.2
첫 번째 강한 찬성 프레임		.54(.23)*	.56(.24)*	.53(.24)*
첫 번째 강한 반대 프레임		-.46(.20)*	-.29(.23)	-.68(.24)**
첫 번째 약한 반대 프레임		-.48(.20)*	-.51(.23)*	-.46(.25)
두 번째 강한 찬성 프레임		-.27(.21)		-.07(.24)
두 번째 약한 찬성 프레임		-.14(.20)		.10(.24)
$\triangle R^2$(%)		4.0	5.0	5.6
adj. R^2(%)		17.9	13.6	22.7

주: N(전체 모형) = 240, n(기사모형) = 126, n(댓글 모형) = 175; 셀 안의 수는 비표준화된 회귀계수(괄호 안은 표준오차); *$p <$ .05, **$p <$ .01, ***$p <$ .001

각 가설에 대해 독립적인 회귀분석을 실시한 것이다. 기사와 기사 경쟁 상황에 대한 회귀분석에는 총 네 집단(1, 2, 3, 4)이 포함됐고 기사와 댓글 경쟁 상황에 대한 분석에는 총 여섯 집단(1, 2, 5, 6, 7, 8)이 포함됐다. 모든 경우에 통제집단이 기준점으로 활용됐다.

먼저 <표 6> 첫 번째 열에 제시된 전체 모형에 대한 결과를 살펴보면, 통제변인인 가치선호도 및 정치성향이 포함된 모형은 야간시위 허용 의견에 대해 유의미한 변량을 설명하는 것으로 나타났다[F(7,232) = 8.48, $p <$ .001, adj. R^2 = .18]. 통제 목적으로 투입된 기존 가치선호도($B =$ -.22, $SE =$ .06, $p <$ .001)와 정치성향($B =$ -.31, $SE =$ .06, $p <$ .001)은 모두 야간시위에 대한 의견에 유의미한 영향을 미쳤다. 즉 '공공질서 유지'라는 가치를 '표현의 자유'라는 가치에 비해 중요하게 여길수록, 그리고 보수적인 성향일수록 야간시위 허용에 대해 반대하는 입장을 나타냈다.

단일 프레임의 효과도 확인됐다. 가변인 1인 강한 찬성 프레임의 효과가 유의미했기 때문이다($B =$ .54, $SE =$ .23, $p =$ .020). 아무 메시지도 접하지 않은 통제집단(M = 4.27, SD = 1.68)보다 강한 찬성 프레임을 함축하는 기사에만 노출된 집단 2가 야간시위 허용에 더 적극적으로 찬성한 것으로 나타났다(M = 5.23, SD = 1.56). 단일 프레임이 제시될 경우 그 프레임의 방향으로 독자의 의견에 영향을 미칠 것이라고 예측한 연구가설 1을 지지하는 결과다.

다음으로, 기사 형식으로 경쟁 프레임이 주어졌을 때의 분석 결과는 <표 6>의 두 번째 열에 제시됐다. 연구가설 2는 대항 프레임의 강도가 높을수록 이슈에 대한 의견에 더 유의미한 효과를 가질 것으로 예측했으나, 오히려 그 반대의 결과가 나타났다. 경쟁 기사로 제시된 강한 반대 프레임은 야간시위에 대한 의견에 영향을 미치지 못한 반면(B = -.29, SE = .23, p = .215), 강도가 약한 반대 프레임은 유의미한 효과를 나타내 통제집단에 비해 야간시위에 대한 찬성 의사를 감소시켰다(B = -.51, SE = .23, p = .029). 결과적으로 집단 3(강한 찬성 기사 vs. 강한 반대 기사, M = 4.79, SD = 1.24)에 비해 집단 4(강한 찬성 기사 vs. 약한 반대 기사, M = 4.38, SD = 1.34)에서 더 큰 폭으로 상쇄 효과가 발생해, 야간시위에 대한 찬성 의견은 집단 4에서 더 낮게 나타났다.

그러나 댓글로 경쟁 프레임을 제시받은 집단에서는 프레임 강도의 효과가 관찰됐다(<표 6>의 세 번째 열 참조). 강한 반대 프레임을 함축한 댓글에 노출됐을 때는 야간시위 허용에 대한 지지 의견이 통제집단보다 유의미하게 낮아진 반면(B = -.68, SE = .24, p = .005), 약한 반대 댓글의 효과는 미약했다(B = -.46, SE = .25, p = .064). 따라서 기사와 댓글의 경쟁 상황에서 강도가 높은 반대 댓글이 의견에 유의미한 영향을 미칠 것이라고 예측한 연구가설 3은 지지됐다. 결과적으로 이것이 집단 6(강한 찬성 기사 vs. 약한 반대 댓글, M = 4.69, SD = 1.52)보다 집단 5(강한 찬성 기사 vs. 강한 반대 댓글, M = 4.39, SD = 1.12)에서 야간시위 허용에 대한 찬성 의사가 낮게 나타난 원인이 됐음을 알 수 있다.

연구가설 4는 기사와 복수의 댓글들이 경쟁하는 상황에서 접근성이 높은 프레임이라도 강도가 높은 경우에만 의견에 유의미한 효과를 가질 것이라고 예측했다. 댓글들은 기사 프레임에 반대되거나 일치하는 프레임을 함축했는데, 이 중 접근성이 높고 강도가 높은 댓글, 즉 강한 찬성 댓글만이 기사 프레임 효과에 유의미한 '부가 효과'를 가질 것이라고 예측한 것이다. 분석 결과, 약한 찬성 프레임 댓글뿐 아니라(B = .10, SE = .24, p = .690), 강한 찬성 프레임 댓글(B =

▼ 〈표 7〉 프레임 경쟁에서 프레임 강도와 정치지식의 상호작용효과: 실험 1

독립변인	종속변인	야간시위 허용 지지	
		정치지식 낮은 집단	정치지식 높은 집단
통제변인	공공질서 유지	-.17(.09)	-.26(.08)**
	보수적 정치 성향	-.30(.10)**	-.33(.08)***
$\triangle R^2$(%)		11.4	21.1
첫 번째 강한 찬성 프레임		.25(.33)	.92(.33)**
첫 번째 강한 반대 프레임		-.53(.34)	-.66(.29)*
첫 번째 약한 반대 프레임		-.56(.32)	-.64(.31)*
첫 번째 반대 프레임 기사/댓글(댓글 = 1)		-.44(.26)	-.08(.22)
두 번째 강한 찬성 프레임		-.05(.39)	-.30(.26)
두 번째 약한 찬성 프레임		-.38(.40)	.05(.26)
$\triangle R^2$(%)		7.6	7.2
adj. R^2		12.6	23.6

주: n(정치지식 저) = 110, n(정치지식 고) = 130; 셀 안의 수는 비표준화된 회귀계수(괄호 안은 표준오차);
*p < .05, **p < .01, ***p < .001

-.07, SE = .24, p = .785)도 야간시위 허용 의사를 유의미하게 증가시키지 않아 연구가설 4를 지지하지 않았다.

연구문제 1은 이용자의 정치지식 수준에 따라 프레임 강도의 효과가 어떻게 달라지는지를 탐색하고자 설정됐다(<표 7> 참조). 이를 위해 정치지식의 평균값(4.34점)을 기준으로 전체 참여자(240명)를 정치지식이 낮은 집단(110명, 45.8%)과 높은 집단(130명, 54.2%)으로 구분하여 각각에 대해 회귀분석을 실시했다. 정치지식의 조절 효과를 탐구한 선행연구들도 대체로 지식수준의 고저에 따른 두 개의 집단에서 프레임 효과가 어떻게 다르게 나타나는지를 분석했다(e.g., Chung & Druckman, 2007b; Haider-Markel & Joslyn, 2001).

먼저 정치지식 수준이 낮은 집단의 경우, 통제변인인 정치성향(B = -.30, SE = .10, p = .002)을 제외하고는 어떤 프레임 유형도 기준점인 통제집단의 의견과 유의미한 차이를 만들어 내지 못했다. 즉 정치지식이 낮은 집단의 의견에는 기존 성향만이 영향을 미쳤으며 기사나 댓글 프레임의 부가적인 효과는 발생하지 않았다고 볼 수 있다. 반면 정치지식이 높은 집단에서는 가치선호도와 정치성향의 영향력을 통제한 이후에도 프레임의 유의미한 효과가 확인됐다. 먼저 강한 찬성 프레임에 대한 노출됐을 경우 야간시위 허용을 지지하는 의견이 통제집단에 비해 유의미하게 높아졌다(B = .92, SE = .33, p = .006). 또한 최초 찬성 기사에 대한 경쟁 조건에서 반대 프레임에 노출됐을 때는 그 강도와 상관없이 야간시위 허용에 찬성하는 의견이 통제집단에 비해 유의미하게 낮아졌다. 대항 프레임의 형식, 즉 기사냐 댓글이냐는 유의미한 차이를 만들지 못했으며(B = -.08, SE = .22, p = .730), 기사와 댓글 중 어떤 형식으로 제시되더라도 경쟁하는 반대 프레임은 찬성 의견을 감소시켜 기존 프레임의 효과를 상쇄했다. 구체적으로, 기사나 댓글로 제시된 반대 프레임의 강도가 강할 때 시위 허용에 대한 찬성 의사가 통제집단에 비해 낮아졌으며(B = -.66, SE = .29, p = .025), 상대적으로 약한 경우에도 유사한 효과가 발생했다(B = -.64, SE = .31, p = .039). 이처럼 정치지식 수준이 높은 사람들에게는 경쟁 프레임의 효과가 나타났으나 프레임 강도에 따른 차이는 발견되지 않았기 때문에, 정치지식과 프레임 강도 간 상호작용 효과는 관찰되지 않았다고 할 수 있다.

4.2. 실험 2 분석 결과

실험 2에서도 실험 1과 동일한 모형에 대한 다중회귀분석이 실시됐으며, 전체 모형을 기준으로 볼 때 종속변인에 대한 설명력도 유의미하게 나타났다[F (7,323) = 16.25, p < .001, $adj.$ R^2 = .24]. 하지만 <표 8>이 제시하듯이, 강한 찬성 프레임 기사는 통제집단에 비해 독자의 의견을 프레임 방향대로 유의미하게 변화시키지 못했다(B = .25, SE = .21, p = .228). 즉 실험 2에서는 단일 프레임의 효과를 예측한 연구가설 1이 지지되지 않았다.

기사와 기사 혹은 기사와 댓글 사이의 경쟁 상황에서 프레임 강도의 효과를 예측한 연구가설 2와 연구가설 3을 검증하기 위해 각각에 대해 회귀분석을 실시했다. 먼저 <표 8>의 두 번째 열에 따르면, 기사 형식의 경쟁 프레임이 제시된 경우에는 가치선호도(B = -.21, SE = .07, p = .004)와 정치성향(B = -.29,

▼ 〈표 8〉 프레임 경쟁에서 프레임 강도의 효과: 실험 2

독립변인	종속변인	야간시위 허용 지지		
		전체 모형	기사 모형	댓글 모형
통제변인	공공질서 유지	-.37(.05)***	-.21(.07)**	-.21(.06)**
	보수적 정치성향	-.22(.05)***	-.29(.07)***	-.47(.06)***
$\triangle R^2$(%)		23.7	14.6	31.3
첫 번째 강한 찬성 프레임		.25(.21)	.27(.22)	.23(.19)
첫 번째 강한 반대 프레임		-.29(.16)	-.26(.20)	-.36(.18)*
첫 번째 약한 반대 프레임		.06(.16)	.11(.19)	-.07(.19)
두 번째 강한 찬성 프레임		.32(.17)		.39(.19)*
두 번째 약한 찬성 프레임		.07(.16)		.12(.18)
$\triangle R^2$(%)		2.4	2.6	2.1
$adj.\ R^2$(%)		24.4	14.7	31.3

주: N(전체 모형) = 331, n(기사모형) = 175, n(댓글 모형) = 232; 셀 안의 수는 비표준화된 회귀계수(괄호 안은 표준오차); $^*p < .05$, $^{**}p < .01$, $^{***}p < .001$

$SE = .07$, $p < .001$) 외에는 어떤 유형의 프레임 효과도 유의미하지 않았다. 이 결과는 경쟁하는 기사 프레임의 강도가 강할수록 의견에 유의미한 영향력을 가져 결과적으로 기존 프레임의 효과를 상쇄할 것이라 예측한 연구가설 2를 지지하지 않는다.

반면 경쟁하는 댓글의 강도가 높을수록 기존 기사의 영향력을 상쇄할 것이라 예측한 연구가설 3은 지지됐다. <표 8>의 세 번째 열에 따르면, 강한 반대 프레임을 함축한 댓글은 야간시위 허용에 대한 의견에 유의미한 효과를 나타낸 반면($B = -.36$, $SE = .18$, $p = .045$), 약한 반대 프레임을 함축한 댓글의 효과는 나타나지 않았다($B = -.07$, $SE = .19$, $p = .696$). 이에 따라 '강한 찬성 기사와 약한 반대 댓글'에 노출된 집단 6($M = 5.06$, $SD = 1.51$)에 비해 '강한 찬성 기사와 강한 반대 댓글'에 노출된 집단 5($M = 4.51$, $SD = 1.67$)에서 야간시위 허용을 지지하는 의견이 낮게 나타났다.

야간시위 허용에 찬성하는 기사에 대립하는 반대 댓글과 일치하는 찬성 댓글 간의 경쟁 상황에서 약한 찬성 댓글의 효과는 미미했지만($B = .12$, $SE = .18$,

▼ 〈표 9〉 정치지식 집단에 따른 프레임 강도와 경쟁의 효과: 실험 2

독립변인	종속변인	야간시위 허용 지지	
		정치지식 낮은 집단	정치지식 높은 집단
통제변인	공공질서 유지	-.12(.07)	-.33(.07)***
	보수적 정치 성향	-.34(.08)***	-.43(.07)***
$\triangle R^2$(%)		15.2	31.9
첫 번째 강한 찬성 프레임		.23(.27)	.29(.30)
첫 번째 강한 반대 프레임		-.57(.25)*	-.18(.24)
첫 번째 약한 반대 프레임		-.29(.26)	.12(.24)
첫 번째 반대 프레임 기사/댓글(댓글 = 1)		-.42(.20)*	-.11(.18)
두 번째 강한 찬성 프레임		.39(.30)	.39(.25)
두 번째 약한 찬성 프레임		.38(.26)	.02(.24)
$\triangle R^2$(%)		5.6	2.6
adj. R^2 (%)		16.3	31.5

주: n(정치지식 저) = 148, n(정치지식 고) = 183; 셀 안의 수는 비표준화된 회귀계수(괄호 안은 표준오차); *$p <$ .05, **$p <$ .01, ***$p <$ .001

$p = .512$), 강한 찬성 댓글의 효과는 유의미했다($B = .39$, $SE = .19$, $p = .042$). 즉 강도가 높은 찬성 댓글에 노출됐을 때에만 시위 허용을 지지하는 의사가 통제집단에 비해 높게 나타난 것이다. 결과적으로, 집단 7(강한 찬성 기사 vs. 강한 반대 댓글 vs. 강한 찬성 댓글, $M = 4.77$, $SD = 1.22$)이 집단 8(강한 찬성 기사 vs. 강한 반대 댓글 vs. 약한 찬성 댓글, $M = 4.48$, $SD = 1.53$)보다 시위 허용에 더 높은 찬성 의사를 나타냈음을 알 수 있다. 이는 프레임 경쟁 상황에서 상대적으로 접근성이 높은 프레임이 존재하더라도 강도가 높은 경우에만 부가적인 효과를 가질 것이라는 연구가설 4를 지지한 것이다.

한편 경쟁 상황에서 정치지식과 프레임 강도 간의 상호작용효과를 탐색하려는 연구문제 1을 위해 전체 응답자(331명)를 정치지식 평균값(4.43점)을 기준으로 정치지식이 높은 집단(148명, 55.3%)과 낮은 집단(183명, 44.5%)으로 구분하고 각각에 대해 회귀분석을 실시했다(〈표 9〉 참조).

먼저 정치지식 수준이 낮은 집단의 경우, 강한 찬성 프레임의 단일 효과는 관찰되지 않았으나($B = .23$, $SE = .27$, $p = .396$), 경쟁 상황에서 프레임 강도의 효과가 나타났다. 기사나 댓글로 제시된 반대 프레임은 야간시위 허용에 대한 의견에 유의미한 효과를 가졌으나($B = -.57$, $SE = .25$, $p = .027$), 약한 반대 프레임은 그러한 효과를 나타내지 않았다($B = -.29$, $SE = .26$, $p = .467$). 반대 프레임이 기사냐 댓글이냐에 따라서도 의견에 유의미한 차이가 나타났다($B = -.42$, $SE = .20$, $p = .041$). 구체적으로, 반대 프레임이 기사가 아닌 댓글로 제시됐을 때 야간시위 허용을 찬성하는 의견이 더 감소했다. 이는 정치지식이 낮은 사람들에게는 경쟁 프레임이 댓글로 제시되었을 때 그 효과가 상대적으로 크며 댓글이 기사 프레임의 효과를 상쇄할 수 있음을 보여준다. 한편 댓글과 댓글 간 경쟁 조건에서는 기사프레임과 방향이 같은 강한 찬성 댓글과 약한 찬성 댓글 모두 의견에 미미한 효과만을 보여 프레임 접근성과 강도의 효과가 모두 확인되지 않았다.

반면 정치지식 수준이 높은 집단의 경우, 통제변인인 가치선호도($B = -.33$, $SE = .07$, $p < .001$)나 정치성향($B = -.43$, $SE = .07$, $p < .001$)을 제외하고는 어떤 프레임 조건에서도 기준점인 통제집단의 의견과 유의미한 차이가 관찰되지 않았다. 즉 정치지식이 높은 집단의 의견에는 기존 성향만이 영향을 미쳤으며 프레임 효과가 만들어 낸 차이는 미미했다. 실험 1의 결과와는 달리, 메시지의 설득력에 사회적 단서를 결합하여 프레임 강도를 조작한 실험 2에서는 정치지식이 높은 집단에서 프레임 강도의 효과가 나타나지 않은 것이다.

5. 결론 및 함의

이 연구는 온라인 환경에서 구현되는 다양한 프레임 경쟁 상황에서 프레임 강도와 정치지식 수준이 프레임 효과에 어떻게 작용하는지를 탐색했으며, 이를 위해 두 차례의 온라인 실험을 실시했다. 실험 1은 프레임 강도를 내용의 설득력과 논리성을 기준으로 정의했으며, 실험 2는 내용적 설득력과 사회적 승인 정도를 결합하여 조작적 정의했다. 온라인 조사회사 패널을 대상으로 참여자들을 모집했으며, 최종적으로 실험 1에는 240명, 실험 2에는 331명이 참여했다.

실험 1의 주요 결과는 다음과 같다. 첫째, 비경쟁 상황에서 단일 프레임의 기사만이 제시된 상황에서는 프레임이 함축하는 방향으로 이용자 의견이 변화하는 효과가 확인됐다. 둘째, 프레임 경쟁 상황에서는 대항 프레임이 제시되는 형식에 따라 프레임 효과가 상이하게 나타났다. 먼저 반대 프레임이 기사 형식으로 제시됐을 때는 프레임 강도의 효과가 나타나지 않았으며, 오히려 강도가 약한 반대 프레임의 효과만이 확인됐다. 그러나 기사에 대한 반대 프레임이 댓글 형식으로 제시됐을 때에는 프레임 강도가 높을 때에만 의견에 미치는 영향이 유의미해서 최초 프레임의 효과를 차감하는 결과가 초래됐다. 즉 품질이 높은 댓글이 기사 프레임의 영향력에 대항할 수 있다는 것이 관찰된 것이다. 이는 상반되는 두 프레임이 경쟁할 때 서로의 효과를 상쇄시켜 이용자들의 의견이 중화된다는 기존 연구 결과(Druckman, 2004; Sniderman & Theriault, 2004)를 일부 뒷받침한다. 셋째, 정치지식의 수준에 따라 프레임 효과가 상이하게 나타났다. 정치지식 수준이 낮은 집단에서는 비경쟁, 경쟁 상황에서 모두 유의미한 프레임 효과가 관찰되지 않았으나, 정치지식 수준이 상대적으로 높은 집단에서는 단일 프레임의 효과뿐만 아니라 경쟁 프레임의 효과도 유의미하게 나타났다. 특히 경쟁 상황에서 찬성 프레임과 반대 프레임의 효과가 서로 반작용하는 상쇄 현상을 관찰할 수 있었다. 그러나 이 효과는 반대 프레임의 강도와 상관없이 발생해, 내용적 설득력을 갖춘 강도 높은 프레임의 효과는 정치지식이 높은 사람들에게서 더 현저하게 나타난다는 선행연구 결과(e.g., Chong & Druckman, 2007b)를 지지하지 않았다.

한편 실험 2의 주요 결과는 다음과 같다. 첫째, 비경쟁 상황에서는 프레임 효과가 나타나지 않았으며, 찬성 프레임과 반대 프레임이 함께 제시되는 상황에서는 기사와 댓글 간 경쟁에서만 대항 프레임 강도의 유의미한 효과가 관찰됐다. 즉 댓글에 함축된 반대 프레임의 강도가 강할 때만 의견에 미치는 효과가 유의미해서, 결과적으로 기존 기사 프레임과 반대 방향으로 의견을 움직일 수 있었다. 또한 기사와 복수의 댓글이 함께 제시되는 상황에서는 접근성뿐만 아니라 적용성이 높은 경우에만 경쟁 프레임의 효과가 나타났다. 즉 댓글에서 기사 프레임과 방향이 같은 두 번째 찬성 프레임이 제시됐을 때, 그 강도가 높은 경우에만 의견에 영향을 미치는 것으로 나타나 부가적 효과를 암시했다. 이와 같은 결과는 프레임 경쟁 상황에서 프레임 강도의 중요성을 더 명확히 보여 준다. 셋째, 이용자의 정치지식 수준에 따른 결과는 실험 1의 결과와 상반되게 나타났다. 정치지식 수준이 상대적으로 낮은 집단에서만 경쟁 상황에서 프레임 강도의 효과가 나타났으며, 특히 경쟁 프레임이 기사가 아닌 댓글로 제시됐을 때 정치지식 수준이 낮은 사람들의 의견에 더 큰 효과를 나타냈다.

　일부 연구가 적시한 것처럼(e.g. Borah, 2011), 프레임 효과에 대한 대다수의 선행연구가 단일 프레임 상황에 초점을 맞춤으로써 복수의 프레임 간의 경쟁에 대한 탐색은 여전히 미진하다. 이 연구는 이러한 제한점에 주목하고 온라인 뉴스소비 환경에서 구현되는 다양한 프레임 경쟁 상황을 고려했다. 포털사이트에서 뉴스를 소비하는 상황을 구현한 두 차례의 온라인 실험 연구 결과는 프레임 생산의 유의미한 단위로서 댓글의 가능성을 보여주었다. 경쟁 프레임이 기사가 아닌 댓글로 제시될 때 기존 기사 프레임의 효과를 상쇄하는 정도가 더 유의미했기 때문이다. 댓글의 효과는 그 내용의 설득력이나 사회적 가치가 높을수록 더 크게 나타나 경쟁 상황에서 프레임 강도의 중요성도 보여주었다.

　물론 기사보다 댓글의 효과가 더 뚜렷하게 나타난 것은 부분적으로 실험에서 기사와 댓글을 제시한 방식에 기인할 수 있다. 포털 사이트 뉴스 환경을 최대한 반영하여 댓글은 기사 하단에 제시하고 기사와 기사는 순차적으로 제시했기 때문이다. 실제 온라인 뉴스 환경에서도 기사와 댓글은 한 페이지에 게시되며 이용자는 이들을 통합적으로 수용하는 경향을 보인다(김은미·선유화, 2006). 반면 별개의 페이지를 통해 접하는 기사들의 경우, 각각을 독립적으로 처리할 가능성이 높아 경쟁의 의미가 다소 삭감될 수 있다. 이런 점을 감안한다고 해도, 이 연구의 결과는 이용자들이 '댓글'을 통해 기성 언론이 생산한 프레임에 대항할 수 있으며 그 과정에서 다른 뉴스 이용자들의 의견에도 영향을 미칠 수 있음을 보여준다. 특히 댓글의 내용이 '설득력 있는 논거'를 포함하고 있거나 '타인들의 동의'라는 사회적 가치까지 갖춘 경우, 그 영향력은 기존 기사의 효과를 충분히 상쇄할 만큼 큰 것으로 나타났다. 물론 포털 사이트가 뉴스 유통을 독점하고 댓글 공간의 중요성이 증가하면서, 댓글 조작이나 악성 댓글이 초래하는 부정적인 영향력에 대한 우려도 커져 왔다(김미경, 2018, 5, 4). 그러나 이러한 논란 자체가 댓글의 사회적 효용과 가치를 모두 부인하게 할 수는 없다.

특히 최근 포털 뉴스 댓글을 이용한 여론조작 사건이 쟁점화되면서 댓글의 순기능은 가려지고 역기능이 과도한 주목을 받았다. 댓글 폐지론까지 제기되는 상황에서 네이버는 작성 가능한 댓글 수를 제한하고 정치기사 댓글의 배열 방식을 변경하는 등 댓글 기능을 축소하는 정책을 내놓았다. 물론 여론 조작 방지를 위한 개선 방안은 필요하지만 강력하게 규제하고 그 기능을 축소하는 것만이 해결책은 아니며, 댓글을 통한 우수한 참여 행동에 인센티브를 주는 정책도 함께 고민돼야 한다. 이 연구가 제시했듯이, 댓글을 통해 시민들은 현실 정의에 대한 치열한 '경합' 과정에 참여할 수 있으며 그 영향력도 상당히 실질적이고 유의미할 수 있기 때문이다.

프레임 효과는 다양한 요인들의 결합을 통해 나타난다(Chong & Druckman, 2007a, 2007b). 프레임 효과는 프레임 강도(적용가능성)와 반복성(접근성)에 따라, 어떤 경쟁 상황이 조성되느냐에 따라, 이용자의 동기나 속성에 따라, 혹은 이 요인들이 어떻게 결합되느냐에 따라 상이하게 나타난다. 이 연구는 프레임 효과가 접근성보다 적용가능성, 즉 '프레임 강도'와 더 밀접하게 연관돼 있으며 경쟁 조건(기사 vs 기사, 기사 vs 댓글)에 따라서도 다르게 나타난다는 것을 보여줬다. 프레임 효과는 이용자의 정치지식 수준에 따라서도 상이하게 나타났는데, 실험 1과 실험 2는 다소 상반된 결과를 제시했기 때문에 이에 대한 추가 논의가 필요하다.

실험 1에서는 정치지식이 높은 집단에서 단일 프레임 효과뿐 아니라 경쟁 프레임의 효과가 더 뚜렷하게 나타났으나, 실험 2에서는 정치지식이 낮은 집단에서만 강도가 높은 경쟁 프레임의 효과가 관찰됐다. 이는 프레임 강도를 구성하는 요인들이 차별적인 경로로 이용자 의견에 영향을 미칠 수 있음을 보여준다. 예컨대 내용적 논거는 체계적이고 중심적인 방식으로, 사회적 승인 단서는 주변적이고 어림적인 방식으로 처리될 수 있다는 것이다. 실제 정치지식이 낮을수록 체계적 정보처리 동기가 낮아 의견 형성이나 판단 과정에서 많은 인지적 노력을 기울이기보다 주변적 단서에 편의적으로 의존하는 것으로 알려져 있다(Lau & Redlawsk, 2006). 즉 정치지식이 낮은 사람들은 프레임의 적용성 판단에서 사회적 승인 단서를 어림 정보(heuristic information)로 활용했을 가능성이 존재하며, 이러한 어림 단서가 정치지식이 높은 사람들이 기사나 댓글의 내용을 체계적으로 처리하는 것을 방해했을 수도 있다는 것이다. 이는 향후 프레임 강도 지각에 영향을 미치는 요인들을 중심 단서와 주변 단서로 분류하고 이를 정보처리이론과 연계해서 살펴볼 필요성을 제기한다.

또한 이 연구 결과는 무엇이 프레임 강도를 구성하는지에 대해 좀 더 세밀하게 규명해야 할 필요성도 보여준다. 실제로 드럭만 등(Druckman, Hennessy, Charles, & Webber, 2010)은 프레임 효과와 단서 효과(cue effects)를 구분하면서, 프레임 효과가 특정한 측면을 강조해서 시민들이 그것을 중심으로 의견을 형성하도록 하는 것이라면 단서 효과는 복잡한 분석 없이 쉽게 의견을 형성할 수 있도록 돕는 것으로 정의했다. 시각적 이미지, 전문가 조언, 다수 의견 정보 등은 프레임을 구성하는 요소로서가 아니라 단서로서 부가적인 효과를 발휘한다는 것이다. 그러나 기사나 댓글에 대한 사회적 공감 정도를 프레임 효과를 조절하는 '강도'의 요소가 아닌 부가적이고 주변적인 외적 단서로 개념화하는 것이 더 타당한지는 후속 연구에서 본격적으로 탐색돼야 할 것이다.

[참고문헌]

강재원·김선자(2012). 인터넷 뉴스기사에 달린 댓글의 효과 연구: 이슈의 관여도 와 의견의 일치성 여부를 고려해서. <한국언론학보>, 56권 2호, 143-166.

김국현(2018, 4, 25). 네이버와 페이스북…닮은꼴 '가두리'의 수난시대. <한겨레>. URL: http://www.hani.co.kr/arti/economy/economy_general/842050.html

김미경(2018, 5, 4). [알아봅시다] '뜨거운 감자'가 된 인터넷 댓글 규제. <디지털 타임스>. 15면.

김선호·김위근(2017). <디지털 뉴스 리포트 2017: 한국>. 서울: 한국언론진흥 재단.

김은미·선유화(2006). 댓글에 대한 노출이 뉴스 수용에 미치는 효과. <한국언론 학보>, 50권 4호, 33-64.

김혜미·이준웅(2011). 인터넷 뉴스와 댓글의 뉴스 프레임 융합 효과 연구: 해석의 복잡성 및 태도의 극단성 분석을 중심으로. <한국언론학보>, 55권 2호, 32-55.

양혜승(2008). 인터넷 뉴스 댓글의 견해와 품질이 독자들의 이슈에 대한 태도에 미치는 영향. <한국언론학보>, 52권 2호, 254-281.

이은주·장윤재(2009). 인터넷 뉴스 댓글이 여론 및 기사의 사회적 영향력에 대한 지각과 수용자의 의견에 미치는 효과. <한국언론학보>, 53권 4호, 50-71.

이은주(2011). 지각된 편향인가 편향된 지각인가? 댓글의 내용, 여론에 대한 인식 과 이슈 관여도에 따른 기사의 논조 지각. <한국언론학보>, 55권 3호, 179-198.

이재신·성민정(2007). 온라인 댓글이 기사 평가에 미치는 영향: PR적 관점을 중 심으로. <한국광고홍보학보>, 9권 4호, 7-45.

이재신(2013). 기사 주제에 따른 댓글 읽기와 관여도가 댓글과 기사 평가에 미치 는 영향. <스피치와 커뮤니케이션>, 20호, 50-88.

이준웅(2009). 뉴스 틀 짓기 연구의 두 개의 뿔. <커뮤니케이션이론>, 5권 1호, 123-166.

정일권·김영석(2006). 온라인 미디어에서의 댓글이 여론에 미치는 영향에 관한 연구: 여론동향 지각과 제 3자 효과를 중심으로. <한국언론학보>, 50권 4호, 302-327.

Aarøe, L.(2011). Investigating frame strength: The case of episodic and thematic frames. *Political Communication, 28*(2), 207-226.

Barker, D. C.(2005). Values, frames, and persuasion in presidential nomination campaigns. *Political Behavior, 27*(4), 375-394.

Bond, R. M., Settle, J. E., Fariss, C. J., Jones, J. J., & Fowler, J. H.(2017). Social endorsement cues and political participation. *Political Communication, 34*, 261-281.

Borah, P.(2011). Conceptual issues in framing theory: A systematic examination of a decade's literature. *Journal of communication, 61*(2), 246-263.

Brewer, P. R.(2001). Value words and lizard brains: Do citizens deliberate about appeals to their core values?. *Political Psychology, 22*(1), 45-64.

Brewer, P. R.(2002). Framing, value words, and citizens' explanations of their issue opinions. *Political Communication, 19*, 303-316.

Brewer, P. R.(2003). Values, political knowledge, and public opinion about gay rights: A framing-based account. *Public Opinion Quarterly, 67*, 173-201.

Brewer, P. R., Graf, J., & Willnat, L.(2003). Priming or framing media influence on attitudes toward foreign countries. *Gazette, 65*(6), 493-508.

Brewer, P. R., & Gross, K.(2005). Values, framing, and citizens' thoughts about policy issues: Effects on content and quantity. *Political Psychology, 26*(6), 929-948.

Chong, D., & Druckman, J. N.(2007a). A theory of framing and opinion formation in competitive elite environments. *Journal of Communication, 57*(1), 99-118.

Chong, D., & Druckman, J. N.(2007b). Framing public opinion in competitive democracies. *American Political Science Review, 101*(4), 637-655.

Chong, D., & Druckman, J. N.(2007c). Framing theory. *Annual Review of Political Science, 10*, 103-126.

Chong, D., & Druckman, J. N.(2013). Counterframing effects. *Journal of Politics, 75*(1), 1-16.

de Vreese, C. H.(2012). New avenues for framing research. *American Behavioral Scientist, 56*(3), 365-375.

de Vreese, C. J., Boomgaarden, H. G., & Semetko, H. A.(2011).(In)direct framing effects: The effects of news media framing on public support for Turkish membership in the European Union. *Communication Research, 38*(2), 179-205.

Druckman, J. N.(2001). The implications of framing effects for citizen competence. *Political Behavior, 23*(3), 225-256.

Druckman, J. N.(2004). Political preference formation: Competition, deliberation, and the(ir) relevance of framing effects. *American Political Science Review, 98*(4), 671-686.

Druckman, J. N., Hennessy, C. L., Charles, K. S., & Webber, J.(2010). Competing rhetoric over time: frames versus cues. *Journal of Politics, 72*(1), 136-148.

Druckman, J., & Nelson, K. R.(2003). Framing and deliberation. *American Journal of Political Science, 47*, 728-744.

Dvir-Gvirsman, S.(2017). I like what I see: Studying the influence of popularity cues on attention allocation and news selection. Information, *Communication & Society*. Advance online publication. Retrieved from https://www.tandfonline.com/doi/abs/10.1080/1369118X.2017.1379550

Edy, J. A., & Meirick, P. C.(2007). Wanted, dead or alive: Media frames, frame adoption, and support for the war in Afghanistan. *Journal of Communication, 57*(1), 119-141.

Entman, R. M.(1993). Framing: Toward clarification of a fractured paradigm. *Journal of Communication, 43*(4), 51-58.

Gamson, W. A., & Modigliani, A.(1989). Media discourse and public opinion on nuclear power: A constructionist approach. *American Journal of Sociology, 95*(1), 1-37.

114

Geiß, S., Weber, M., Quiring, O.(2017). Frame competition after key events: A longitudinal study of media framing of economic policy after the Lehman Brothers Bankruptcy 2008‒2009. *International Journal of Public Opinion Research, 29*(3), 471-496.

Haider-Markel, D. P., & Joslyn, M. R.(2001). Gun policy, opinion, tragedy, and blame attribution: The conditional influence of issue frames. *The Journal of Politics, 63*(2), 520-543.

Hansen, K. M.(2007). The sophisticated public: The effect of competing frames on public opinion. *Scandinavian Political Studies, 30*(3), 377-396.

Hartman, T. K., & Weber, C. R.(2009). Who said what? The effects of source cues in issue frames. *Political Behavior, 31*(4), 537-558.

Iyengar, S.(1990). Framing responsibility for political issues: The case of poverty. *Political Behavior, 12*(1), 19-40.

Iyengar, S.(1991). *Is anyone responsible? How television frames political issues.* Chicago, IL: University of Chicago Press.

Iyengar, S.(1996). Framing responsibility for political issues. *Annals of the American Academy of Political and Social Science, 546*, 59-70.

Iyengar, S.(2005). Speaking of values: The framing of American politics. *The Forum, 3*(3). Retrieved from http://pcl.stanford.edu/research/papers/

Jacoby, W. G.(2000). Issue framing and public opinion on government spending. *American Journal of Political Science, 44*(4), 750-767.

Joslyn, M. R., & Haider-Markel, D. P.(2006). Should we really "kill" the messenger? Framing physician-assisted suicide and the role of messengers. *Political Communication, 23*(1), 85-103.

Kim, H. S., & Sundar, S. S.(2014). Can online buddies and bandwagon cues enhance user participation in online health communities? *Computers in Human Behavior, 37*, 319-333.

Lau, R. R., & Redlawsk, D. P.(2006). *How voters decide: Information processing during election campaigns.* New York, NY: Cambridge University Press.

Lecheler, S., de Vreese, C., & Slothuus, R.(2009). Issue importance as a moderator of framing effects. *Communication Research, 36*(3), 400-425.

Matthes, J.(2007). Beyond accessibility? Toward an on-line and memory-based model of framing effects. *Communications, 32*(1), 51-78.

Matthes, J., & Schemer, C.(2012). Diachronic framing effects in competitive opinion environments. *Political Communication, 29*(3), 319-33.

Messing, S., & Westwood, S. J.(2014). Selective exposure in the age of social media: Endorsements trump partisan source affiliation when selecting news online. *Communication Research, 41*(8), 1042-1063.

Metzger, M. J., Flanagin, A. J., & Medders, R. B.(2010). Social and heuristic approaches to credibility evaluation online. *Journal of Communication, 60*(3), 413-439.

Miller, J. M., & Krosnick, J. A.(2000). News media impact on the ingredients of presidential evaluations: Politically knowledgeable citizens are guided by a trusted source. *American Journal of Political Science, 44*(2), 301-315.

Nelson, T. E., Clawson, R. A., & Oxley, Z. M.(1997). Media framing of a civil liberties conflict and its effect on tolerance. *American Political Science Review, 91*(3), 567-583.

Nelson, T. E., Oxley, Z. M., & Clawson, R. A.(1997). Toward a psychology of framing effects. *Political Behavior, 19*(3), 221-246.

Nelson, T. E., & Oxley, Z. M.(1999). Issue framing effects on belief importance and opinion. *The Journal of Politics, 61*(4), 1040-1067.

Niederdeppe, J., Shapiro, M. A., & Porticella, N.(2011). Attributions of responsibility for obesity: Narrative communication reduces reactive counterarguing among liberals. *Human Communication Research, 37*(3), 295-323.

Price, V., & Tewksbury, D.(1997). News values and public opinion: A theoretical account of media priming and framing. In G. A. Barnett & F. J. Boster(Eds.), *Progress in the communication sciences*(vol. 13, pp. 173-212). New York, NY: Ablex.

Price, V., Tewksbury, D., & Powers, E.(1997). Switching trains of thought the impact of news frames on readers' cognitive responses. *Communication Research, 24*(5), 481-506.

Scheufele, D. A.(1999). Framing as a theory of media effects. *Journal of Communication, 49*(1), 103-122.

Scheufele, D. A.(2000). Agenda-setting, priming, and framing revisited: Another look at cognitive effects of political communication. *Mass Communication & Society, 3*(2&3), 297-316.

Scheufele, D. A., & Tewksbury, D.(2007). Framing, agenda setting, and priming: The evolution of three media effects models. *Journal of Communication, 57*(1), 9-20.

Schuck, A. R., & de Vreese, C. H.(2006). Between risk and opportunity news framing and its effects on public support for EU enlargement. *European Journal of Communication, 21*(1), 5-32.

Simon, A. F., & Jerit, J.(2007). Toward a theory relating political discourse, media, and public opinion. *Journal of Communication, 57*(2), 254-271.

Slothuus, R.(2008). More than weighting cognitive importance: A dual-process model of issue framing effects. *Political Psychology, 29*(1), 1-28.

Slothuus, R., & de Vreese, C. H.(2010). Political parties, motivated reasoning, and issue framing effects. *The Journal of Politics, 72*(3), 630-645.

Sniderman, P. M., & Theriault, S. M.(2004). The structure of political argument and the logic of issue framing. In W. E. Saris & P. M. Sniderman(Eds.), *Studies in public opinion: Attitudes, nonattitudes, measurement error, and change*(pp. 133-165). Princeton, NJ: Princeton University Press.

Sundar, S. S., Knobloch-Westerwick, S., & Hastall, M. R.(2007). News cues: Information scent and cognitive heuristics. *Journal of the American Society for Information Science and Technology, 58*(3), 366-378.

Van Gorp, B.(2007). The constructionist approach to framing: Bringing culture back in. *Journal of Communication, 57*, 60-78.

Yang, J.(2016). Effects of popularity-based news recommendations('most-viewed') on users' exposure to online news. *Media Psychology, 19*(2), 243-271.

Zaller, J. R.(1992). *The nature and origins of mass opinion.* Cambridge, UK: Cambridge University Press.

▼〈부록〉 실험처치물 예시(실험 2의 집단 5: 강한 찬성 기사 vs. 강한 반대 댓글)

뉴스   스포츠   오늘의신문   날씨

강릉 26℃   **주요뉴스** › NASA, 화성탐사용 우주복 새 디자인 공개

| 뉴스홈 | 속보 | 정치 | 경제 | **사회** | 생활/문화 | 세계 | IT/과학 | 연예 | 포토 | TV | 랭킹뉴스 |

사회

사건사고
교육
노동
언론
환경
인권/복지
지역
인물
사회 일반
속보

인쇄 스크랩 글꼴 ▾ + −

생업 종사자들의 시위 참여의 기회 확대

기사입력 2014-03-26 14:37 | 최종수정 2014-03-26 14:37 | 896명이 좋아합니다.

헌법재판소가 해가 진 뒤부터 해 뜨기 전까지 일체의 야간 옥외집회와 시위를 금지했던 '집회 및 시위에 관한 법률'(집시법) 제10조 조항이 헌법에 위반된다고 밝혔다. 그러나 "해가 진 뒤부터 자정까지의 시위는 허용해야 하며 그 이후의 시위는 제한할 수 있다"는 취지의 한정위헌 결정을 내렸다. 앞서 헌재는 2009년 9월 야간 옥외집회 금지에 대해 헌법 불합치 결정을 내린바 있어 야간 옥외집회와 시위를 금지한 집시법 10조는 사실 실효성을 잃게 됐다. 헌재의 이번 결정은 시민들의 시위 참여 기회를 확대했다는 점에서 환영할만하다.

기존 집시법 조항은 많은 사람들의 시위 참여를 보장하기보다 심각하게 제한해 왔다. 일반적으로 직장인과 학생은 휴가나 방학이 아닐 경우 퇴근과 하교 후인 오후 5∼6시 이후가 돼서야 시위 참여가 가능하다. 특히 해가 짧은 동절기 평일에는 직장인이나 학생들이 해가 지기 전에 시위에 참여하는 것은 현실적으로 불가능했으며, 해가 긴 하절기라 하더라도 시위에 참여할 수 있는 시간이 충분하지는 않았다. 대부분의 국민이 생업에 종사하느라 평일 낮 시위에 참석이 어려운 실정에서 헌법이 보장한 표현의 권리를 법으로 최대한 확보해주는 것은 당연한 결정이다. 헌재의 이번 결정으로 생업 종사자들도 합법적으로 시위에 참여해서 주장을 펼 수 있는 기회를 보장받게 됐다.

김진영 기자

네티즌 의견

asd****

야간 옥외집회와 시위에선 얼굴이 잘 보이지 않아 익명성이 생기는 데다 심리적으로도 자극에 민감하고 흥분하기 쉬워요. 그래서 주간보다 더 과격하고 난폭한 시위 양상을 보일 수 있는 거죠. 시위의 질서를 유지해야 하는 경찰의 입장에서도 증거를 채집하고 관리하기가 어려울 거예요. 2009년부터 허용된 야간 집회가 자주 폭력 행사로 변질됐다는 점도 간과해서는 안되요. 실제로 옥외 집회의 불법 행위는 주간보다 야간에 더 많았던 것으로 나타났어요. 시위는 집회에 비해 공간과 이동성이 더 넓은 만큼 불법행위로 변질될 가능성도 더 높아요. 헌재의 이번 결정으로 시위대를 통제하고 시위를 관리해야 하는 부담한 경찰들도 더욱 위험에 노출될 거라 생각해요.

2014-03-26 오후 03:00

답글 0   875명이 좋아합니다.

이전 페이지로 돌아가기 | 맨 위로

제4편

정치적 이념성향에
따른 정파적 신문노출

: 여론지도층으로서의 칼럼기고자와 일반대중 비교연구

백영민 연세대학교 언론홍보영상학부 조교수/교신저자

김희정 연세대학교 커뮤니케이션 대학원 박사과정

한규섭 서울대학교 언론정보학과 부교수

장슬기 서울대학교 언론정보학과 대학원 박사과정

김영석 연세대학교 언론홍보영상학부 교수

정치적 이념성향에
따른 정파적 신문노출

: 여론지도층으로서의 칼럼기고자와
일반대중 비교연구[*]

1. 서문

정치 커뮤니케이션 연구는 일반대중의 미디어 이용과 정치적 지식, 태도, 참여활동 등의 관계를 다루고 있다. 지금까지의 연구에 따르면 정치적 지식을 획득하고, 이슈나 후보자에 대한 태도를 확고하게 하며, 정치참여를 활성화하는 데 가장 효과적인 미디어는 '신문'이다(Livingstone & Markham, 2008; Putnam, 2001; Newton, 1999; Norris, 2000). 비록 신문업계의 활동이 위축되고 신문의 정치적 효과가 줄어들고 있다고는 하지만(Pew Research Center's Journalism Project, 2014), 여전히 신문은 공공이슈나 후보자에 대한 일반대중의 의견을 형성하는 데 가장 강력한 미디어로 군림하고 있다(McCombs, 2005). 이슈나 사회적으로 논란이 된 사건이 새로이 등장할 때, 일반대중은 신문, 특히 신문에서 제시되는 프레임이나 여론지도층의 의견을 기반으로 자신의 의견을 형성한다. 일반대중은 여론지도층의 다양한 견해 중 동의 가능한 의견을 선별적으로 채택하고 이를 자

* 이 논문은 2015년 조선일보 미디어연구소에서 지원한 『변화된 언론환경과 신문매체의 사회적 영향력 평가에 관한 연구』(2014-11-0914)와 2012년 정부(교육부) 재원으로 한국연구재단의 지원을 받아 수행된 연구(2012S1A5A2A03034703)입니다. 또한 논문에서 사용한 일반대중 데이터를 공유하여 주신 언론진흥재단과 데이터를 사용할 수 있도록 행정적 도움을 주신 언론진흥재단의 김선호 박사님과 남유원 과장님께 이 자리를 빌려 진심으로 감사드립니다. 또한 논문에 귀중한 조언을 해주신 익명의 심사위원 세 분께 이 자리를 통해 감사 말씀드립니다. 이 논문은 『한국언론학보』 제60권 1호(2016)에 기 출간되었으며, 저작권은 한국언론학회에게 있습니다.

신의 의견으로 받아들이는 것이 보통이다(Bennett, 1990; Zaller, 1992). 이런 점에서 신문에 자신의 의견을 표현할 수 있는 필진(筆陣)은 일반대중의 의견형성과 정치담론에 큰 영향을 미치는 여론지도층이다.

신문 미디어를 통해 제시되는 여론지도층의 의견은 크게 세 가지로 구분된다. 첫째는 신문사 내부필진이 작성한 의견인 사설(社說)이다. 사설은 법인(法人)인 신문사의 의견이기 때문에 작성자가 별도로 명시되지 않는다. 둘째는 신문사 내부필진이 작성한 칼럼이다. 칼럼은 내부필진 개인의 의견으로, 사설과 달리 작성자가 명시되어 있다. 작성자는 현직 기자일 수도 있고(이를테면 경향신문의 '기자의 눈'), 논설위원일 수도 있다(이를테면 조선일보의 '김대중 칼럼'). 셋째는 신문사에 소속되지 않은 외부필진이 작성한 칼럼이다. 특정한 신문의 외부필진들은 정기적으로 교체되며, 다양한 영역의 사회이슈에 대한 여론지도층의 의견을 전달하는 역할을 한다.

본 연구는 이 중 신문에 칼럼을 기고하는 외부필진들의 신문 미디어 이용에 초점을 맞추었다. 외부필진의 의견은 신문사 내부필진이 작성하는 사설이나 기명 칼럼과 비교할 때 다음의 두 가지 독특한 특징을 가진다. 첫째, 외부필진은 특정 분야의 전문가(specialist)인 경우가 대부분이다. 이들은 제네럴리스트(generalist)인 기자에 비해 특정 분야에서 더 높은 전문성을 갖췄다고 여겨지기 때문에 상대적으로 일반대중의 신뢰를 더 쉽게 얻을 수 있다. 둘째, 외부필진은 내부필진과 달리 신문사의 취재과정에 개입하지 않는다. 즉 외부필진은 일반대중과 마찬가지로 사태를 관망하는 입장에서 특정 이슈에 대한 의견을 피력하기 때문에 일반대중의 공감을 더 쉽게 이끌어 낼 수 있다.

그렇다면 신문사에 칼럼을 기고하는 외부필진들은 어떻게 정보를 획득하는가? 일반대중의 미디어 이용행태에 대한 상당수의 연구들이 진행된 반면, 일반대중의 여론형성에 큰 영향을 미치는 여론지도층을 대상으로 한 경험적 연구는 그다지 많지 않다. 특히 저자들이 인지하는 범위에서, 전통적 의미의 엘리트라 할 수 있는 신문사 외부 칼럼기고자들에 대한 경험적 연구는 존재하지 않는다. 만약 보수적 신문사의 외부 칼럼기고자가 평소 보수적 신문만을 접하고 있다면, 해당 칼럼은 진보적 목소리를 제대로 고려하지 못하고 있을 가능성이 크다(이는 진보적 신문사에 칼럼을 기고하는 외부필진도 마찬가지다). 반면, 동일한 신문사에 기고된 칼럼이라 하더라도, 보수적 신문과 진보적 신문 모두를 접한 칼럼기고자가 작성한 칼럼은 진보적 측면의 핵심 견해와 이에 대한 비판의 논리적 근거를 함께 제시할 가능성이 더 크다(물론 진보적 신문사에 칼럼을 기고하는 경우도 동일할 것이다). 즉 칼럼기고자가 다양한 미디어를 접하면 칼럼에 반영되는 의견이 다양해질 확률이 높고, 칼럼을 접하는 일반대중 역시 다양한 의견을 간접적으로 접할 수 있다. 이런 관점에서 칼럼기고자의 미디어 이용행태는 한국사회의 여론형성과정에서 중요하게 고려할 요소라고 볼 수 있다.

따라서 본 연구는 신문사에 칼럼을 기고하는 외부필진들의 미디어 이용행태를 조사하는 것을 주목적으로 하였다. 또한 여론지도층이라고 할 수 있는 외부필진들의 정파적 신문이용과 일반대중의 정파적 신문이용이 그들의 정치적 이념성향에 따라 어떻게 달라지는지 살펴보았다. 이를 위하여 본 연구에서는 정파적 미디어 노출, 정치적 양극화(political polarization), 정치엘리트의 의사결정과정 등에 대한 선행연구를 통해 다음의 세 가지를 집중적으로 살펴보았다. 첫째, 여론지도층인 칼럼기고자와 의견수용자층인 일반대중은 정파적 미디어 노출(partisan media exposure), 특히 '정파적 신문 노출'이라는 면에서 어떤 유사점과 차이점을 가지는가? 둘째, 신문이용자의 정치적 이념성향에 따른 정파적 신문노출은 어떠한가? 셋째, 정치적 이념성향이 정파적 신문노출에 미치는 효과는 여론형성과정에서의 응답자 지위(여론지도층 대(對) 의견수용자층)에 따라 어떻게 다른가? 이러한 문제들을 살펴보기 위해, 본 연구에서는 보수·진보 신문에 대한 '균형노출(balanced exposure)', 이념성향이 일치하는 신문에 대한 '관점일치노출(view-consistent exposure)', 이념성향과 일치하지 않는 신문에 대한 '관점불일치노출(view-inconsistent exposure)'이 정치적 이념성향과 응답자 지위별로 어떻게 다르게 나타나는지 분석하였다. 조사결과를 기반으로 한국사회의 '정치적 양극화'의 특징은 무엇인지 이론적으로 고찰 하였으며, 한국의 여론형성과정에서의 이론적·실제저 함의의 향후 연구방향에 대해 논의하였다.

2. 이론적 논의

2.1. 신문과 여론지도층

산업적 측면과 여론에 대한 영향력 측면에서 '종이신문'의 위상이 과거보다 떨어졌다는 것을 부정하기 어렵다. 그러나 이러한 관점을 신문 그 자체에 대한 것으로 일반화하기에는 아직 이른 감이 있다. 변화된 미디어 환경에서 신문은 여전히 강력한 힘을 지닌다. 신문은 인쇄매체에서 온라인 플랫폼으로 그 영역을 계속해서 확장함으로써 여전히 많은 사람들에게 읽히고, 우리 사회의 의제를 설정하며 일반대중들이 특정 사건에 대한 정치적 의견을 형성하도록 돕는다. 실제로 '한국언론진흥재단'에서 실시한 "2014년도 수용자의식조사"(한국언론진흥재단, 2015, 35~36쪽)에 따르면, 조사가 시작된 2011년 이후 종이신문의 구독률과 열독률이 지속적인 감소 추세에 있음이 뚜렷하지만, 신문 기사를 접한 사람들의 총비율(종이신문, 인터넷, 모바일, IPTV 등 다양한 경로를 통한 '결합열독률')은 계속해서 조금씩 증가하고 있다. 즉 신문 이용자는 감소하지 않았다. 바뀐 것은 신문을 접하는 방식뿐이다. 종이신문만을 볼 수밖에 없던 과거의 신문이용자들이, 종이신문은 물론 인터넷이나 모바일 미디어 등 다양한 매체를 통해 신문을 접할 수 있게 되었다.

한편 인터넷상의 정보 흐름을 네트워크 분석기법으로 조사한 미국의 한 연구는(Weber & Monge, 2011), 뉴스수용자가 이용하는 신문기사의 최초공급원이 기존의 전국일간지들(이를테면 뉴욕타임즈와 같은)임을 밝혔으며, 이러한 뉴스 생산-소비 흐름은 한국에서도 유사하게 나타났다(Kim et al., 2015). 이와 관련하여 매체 간 의제설정에 관한 연구들 역시 기존의 전국일간지가 여전히 최초 의제설정기관으로서의 역할을 수행하고 있다고 주장한다(McCombs, 2005). 즉 여전히 신문은 일반대중들의 정치적 현실인식에 큰 영향을 미치고 있다.

또한 신문은 시민들의 의견형성과 여론동향에 큰 영향력을 끼친다. 텔레비전이나 인터넷 미디어 등이 현장성과 속보성에서 우월한 지위를 차지하는 반면, 신문은 독자에게 진행 중인 이슈를 해석할 수 있는 프레임을 제공하는 데 효과적인 미디어다. 즉 신문에 게재된 의견은 일반대중들의 여론형성과 여론동향에 큰 영향을 미친다. 그렇다면 신문에 자신의 의견을 게재하는 사람들은 누구인가? 이 연구에서는 저널리스트는 아니지만 사회 각 분야의 전문가 혹은 대표자라고 평가받는 외부 칼럼기고자들을 분석하였다. 칼럼기고자들은 특정 분야의 전문가로 인정받거나 혹은 특정 사회집단의 대표자로 인정받을 만한 사람이다. 아쉽게도 저자들이 알고 있는 범위에서 외부 칼럼기고자에 대한 실증적인 연구는 국내는 물론 국외에서도 찾기 어렵다. 칼럼기고자들이 '신문'을 통해 일반대중에게 자신의 의견을 꾸준히 전달하고 있다는 점에서 이들을 우리 사회의 의견지도자(opinion leader)로 간주할 수 있다. 또한 정치·경제·사회·문화 분야에서 나름대로의 전문성을 인정받은 사람들이라는 점에서 이들을 우리 사회의 정치·사회·문화적 엘리트로 간주하는 것 역시 합리적이다. 물론 칼럼기고자들이 사회의 여론지도층을 전형적으로 대표하지는 못한다. 그러나 정치적 현실을 이해하고 정치적 이슈에 대한 의견형성과정에 미치는 신문 미디어의 영향력을 고려할 때, 칼럼리스트들을 여론지도층의 일부로 간주하는 것은 타당하다.

칼럼기고자 집단이 여론지도층에 속한다고 가정할 때, 이들이 여론지도층의 속성을 따를 것이라 예측할 수 있다. 지금까지의 실증연구들에 따르면, 여론지도자는 정치적 지식수준이 높고, 자신의 의견에 대해 일관되고 강한 신념을 가지면서도 상대편 주장에 대한 이해도와 관용도가 높다(Converse, 1964; Lazarsfeld et al., 1968; Price et al., 2006). 정치엘리트 집단에 관한 필립 테틀락(Philip Tetlock)의 연구들에 따르면 정치적 엘리트는 자신의 의견을 말할 때 일반대중에 비해서 더 많은 근거를 제시하는 경향이 있다. 또한 자신의 공개적 발언에 대한 책임감을 느끼는 엘리트들은 반대편 주장을 단순히 회피하거나 무시하지 않고 사려 깊은 이해를 통해 이를 반박하려 한다(Tetlock, 1983, 2005; Tetlock et al., 1989; 정치수사학에 기반한 유사연구로는 Benoit, 2001 참조). 한편 의견의 범위와 깊이에 대한 "주장 레퍼토리(argument repertoire)" 연구들에 따르면 사회경제적 지위와 교육수준이 높은 일반대중 역시 그렇지 않은 일반대중에 비해 자신의 주장을 지지하는 근거를 더 많이 보유하고 있는 것은 물론 반대편 주장의 지지근거 역시 더 많이 알고 있다고 한다(Cappella et al., 2002; Price et al., 2002).

그렇다면 여론지도층인 칼럼기고자들, 특히 정파적 신문칼럼 기고자들은 어떻게 현상을 인식하고 여론지형을 파악하여 자신의 의견을 형성하는가? 칼럼은 일반대중에게 이슈에 대한 기고자의 생각을 잘 전달해야 하며, 이를 위한 설득력을 갖추어야 한다. 설득력 있는 칼럼이란 의견이 정교하게 제시되고, 상대방의 의견을 주의 깊게 평가하여 반박한 글이다. 이러한 글을 작성하기 위해서 칼럼기고자들은 일반대중에 비해 다양한 미디어, 특히 신문을 통해 제공되는 다른 의견지도자의 의견을 폭넓게 접할 가능성이 높다. 이에 따라 다음과 같은 '연구가설1'을 제시하였다.

연구가설1: 칼럼기고자 집단은 일반대중보다 더 많은 신문들을 접할 것이다.

2.2. 정치적 이념성향과 정파적 신문 노출

사람들은 자신의 선유경향(predisposition)과 일치하는 미디어를 스스로 찾아보려하는 반면, 일치하지 않은 미디어는 의도적으로 회피하려는 성향을 보인다(Levendusky, 2013; Stroud, 2010; Sunstein, 2009). '인지부조화 이론'에 따르면, 자신의 신념과 배치되는 정보를 접할 경우 사람들은 심리적 불편함을 느끼기 때문에 선유경향과 일치하는 정보는 자발적으로 접하지만 일치하지 않는 정보는 회피하게 된다(Festinger, 1962). 대개의 정치 커뮤니케이션 연구에서 시민들의 선택적 노출 성향이 존재한다는 것에 대해서는 논란의 여지가 없다. 다만, 선택적 노출의 범위와 선택적 노출로 인해 초래된 정치적 극화(political polarization)의 정도가 어떠한지에 대해서는 학자들 사이에 논의가 분분하다(Prior, 2013).

선택적 노출의 위험성을 우려하는 진영에서는 선택적 노출 경향이 광범위하게 퍼져 있어서 이로 인한 정치적 극화가 점점 더 심해지고 건전한 여론 형성이 어려울 뿐 아니라 민주주의 그 자체도 위협하고 있다고 주장한다(노정규·민영, 2012; 민희·이원태, 2015; Abromowitz & Saunders, 2008; Iyengar & Hahn, 2009; Jamieson & Cappella, 2010; Stroud, 2010; Sunstein, 2009). 반면 선택적 노출이 여론 형성이나 민주주의 작동을 위협한다는 것은 비관론자들의 과한 주장에 불과하며(Fiorina & Abrams, 2008; Fiorina et al., 2008; Webster, 2014), 언론이 정치적 양극화를 부풀리거나 조장하고 있는 것이라고 보는 학자들도 있다(이준웅, 2014; Geer, 2010). 이들은 선택적 노출 성향이 우리 사회에서 경험적으로 확인되고 있다 하더라도, 대다수의 시민들은 여전히 자신과 이념적 성향이 일치하지 않는 미디어를 자주 접하며(LaCour, 2013; Webster, 2014), 정치적 이슈에 대한 태도 역시 한쪽으로 치우치기보다 다소 중도적인 성향을 보인다고 주장한다(Fiorina et al., 2008). 이러한 견해를 내세우는 학자들은 선택적 노출로 인해 건전한 여론형성이 불가능하고 민주주의가 작동하지 않을 수도 있다는 우려는 과장된 것이라고 주장한다.

　정치적 양극화에 대한 견해가 어떠하든, 이러한 기존 선행연구들(민희·이원태, 2015; Abromowitz & Saunders, 2008; Iyengar & Hahn, 2009; Jamieson & Cappella, 2010; LaCour, 2013; Stroud, 2010; Webster, 2014)에서 선택적 노출을 조작화(operationalization)하는 과정에는 공통적으로 몇 가지 문제가 있다. 첫째, '선택적 노출' 개념이 불투명하다. '갑'과 '을'이라는 보수적 성향을 지닌 가상의 시민들을 예로 들어 보자. 이 중 '갑'은 보수적 신문과 진보적 신문을 주기적으로 접한 반면, '을'은 보수적 신문만을 접했다고 가정하자. 기존 연구(이를테면 민희·이원태, 2015)에서는 '갑'과 '을'의 신문 이용행태를 동일하게 '선택적 노출'이라고 조작화했는데, 이러한 조작화에는 큰 문제가 있다. 그 이유는 '을'이 선택적으로 보수적 신문에만 노출된 반면, '갑'은 진보적 신문에도 역시 노출되었기 때문이다. 즉 선택적 노출로 인해 정치적 양극화가 초래된다는 주장은 '을'에게는 적용될 수 있을지 몰라도, '갑'에게는 적용되기 어렵다.

　둘째, 첫 번째 조작화 문제에서 자유롭다고 하더라도 선택적 노출에 대한 여러 연구에서는 정치적 이념성향이 일치하지 않는 미디어에만 노출된 사례들에 대해서는 침묵해 왔다. 다시 말해 거의 모든 선택적 노출 문헌들에서 정치적 이념성향이 일치하는 미디어에만 대한 '선택적 노출'에 대해 연구할 뿐, 정치적 이념성향이 일치하지 않는 미디어에만 노출된 사람들에 대해서는 거의 관심을 기울이지 않았다. 그러나 이러한 연구 전제는 미디어에 대한 노출 상황을 폭넓게 포괄하지 못한다. 대표적으로, 이러한 가성은 미디어 시장 자체가 정파적으로 편향된 경우 자신의 이념적 성향과 맞지 않는 미디어에 노출될 수밖에 없는 시민들에 대해서는 설명하지 못한다. 대한민국의 대표적 진보신문인 한겨레나 경향신문의 점유율은 보수신문인 조선일보의 1/6, 중앙일보의 1/4, 동아일보의 1/3 수준에 불과하다(민희·이원태, 2015; 한국언론진흥재단, 2015). 미디어 노출 측면에서 이토록 거대한 불균형이 나타나고 있음에도 불구하고, 한국 사회에서 보수와 진보의 비율은 거의 엇비슷한 수준이다. 이러한 현상은 선택적 노출이 언론수용자의 자발적 선택에 의해서만 비롯되는 것이 아니며, 특정 정파적 신문에 노출되었다 해서 반드시 이와 일치하는 정치적 이념성향이 길러진다는 가정이 자명하지 않을 수도 있다는 것을 보여준다.

따라서 이 연구에서는 자신의 정치적 선유경향에 부합하는 신문 노출인 '동질적 노출(like-minded exposure)'과 부합하지 않는 신문 노출인 '이질적 노출(cross-cutting exposure)'로 세분화한 후 <그림 1>과 같이 정파적 신문노출을 분류하였다. 예를 들어 보수적 성향의 신문 이용자가 보수적 신문에 노출되었다면 '동질적 노출'이며, 진보적 신문에 노출되었다면 '이질적 노출'이라고 볼 수 있다. 하지만 언급했듯 동질적 노출과 이질적 노출이 상호배타적인 것은 결코 아니다. 이를테면 보수적 성향의 신문이용자가 '보수적 신문에만 노출된 경우', '보수적 신문은 물론 진보적 신문에도 노출된 경우', '보수적 신문에는 노출되지 못한 채 진보적 신문에만 노출된 경우' 등 여러 가지 상황이 있을 수 있다.[1] 동질적 노출과 이질적 노출을 조합하면 <그림 1>과 같이 총 세 가지 방식의 정파적 신문노출 형태를 구분할 수 있다.

<그림 1>에서 나타나듯 '균형노출(balanced exposure)'은 동질적 노출과 이질적 노출이 모두 발생한 경우다. 이를테면 진보적 성향의 신문이용자가 보수적 신문과 진보적 신문 모두에 노출된 경우를 뜻한다. 균형노출을 한 신문이용자는 특정한 이슈에 대한 의사 결정 과정에서 다음과 같은 세 가지 경우에 처할 수 있다. 첫째, 자신의 이념적 성향에 맞는 의견을 공고히 하되 반대편 의견을 비판적으로 바라볼 수 있다(Althaus & Coe, 2011; Cappella et al., 2002; Lodge & Taber, 2013). 둘째, 반대의견에 저항할 수 있을 만큼의 정치적으로 강한 태도를 갖지 못한 채로 타당하다고 여겨지는 반대 의견에 노출되어 그 메시지에 오히려

---

1) 본 논문에서는 '선택적 노출'을 자신의 선유경향과 부합하는 미디어에 대한 노출이 부합하지 않는 미디어에 대한 노출에 비해 많은 미디어 노출 현상이라고 파악하였다. 다시 말해 동질적 노출만 존재한 미디어 이용자는 물론, 동질적 노출과 이질적 노출이 동시에 발생하였지만 동질적 신문노출량이 이질적 신문노출량에 비해 많은 미디어 이용자에게서도 '선택적 노출'이 발생할 수 있다. 선택적 노출을 어떻게 파악하고 정의해야 하는가에 대해 저자들에게 자상하게 설명해주신 익명의 심사위원님께 이 자리를 빌려 감사드린다.

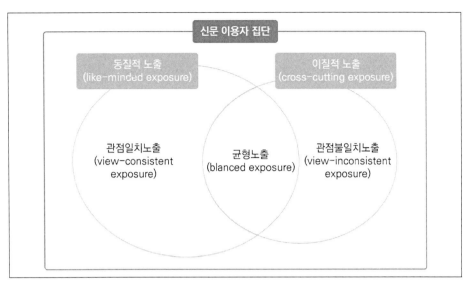

▲ 〈그림 1〉 정파적 신문 노출 분류

설득당할 수 있다(Zaller, 1992). 셋째, 두 가지 의견 사이에서 양가감정(兩價感情, ambivalence)을 느끼고 어떠한 의견도 선택하지 못하는 의사결정 마비(decision paralysis; Tetlock, 2005)를 경험할 수도 있다.

    '관점일치노출(view-consistent exposure)'은 동질적 노출만이 발생하고 이질적 노출이 일어나지 않았을 경우를 뜻한다. 예를 들어 진보적 성향의 신문이용자가 진보적 성향의 신문만을 접한 경우나 보수적 성향의 신문이용자가 보수적 신문만을 본 경우가 여기에 해당된다. 관점일치노출은 선유경향과 일치하는 기존의견을 강화시키기 때문에 정치적 양극화로 이어질 가능성이 높다(Levendusky, 2013; Stroud, 2010; Sunstein, 2009).

    반면 '관점불일치노출(view-inconsistent exposure)'은 동질적 노출이 일어나지 않은 상황에서 이질적 노출만이 일어난 경우로, 이를테면 진보적 성향의 신문이용자가 보수적 성향의 신문만을 접한 경우가 여기에 해당된다. 때때로 신문이용자들은 스스로가 생각하는 자신의 정치적 이념과 실제 정치적 이념의 차이 때문에(Converse, 1964; Lazarsfeld et al., 1968) 관점불일치노출을 경험할 수 있다. 이를테면 스스로를 '진보적'이라고 생각하는 사람이라도, 실제로는 '보수적'이기 때문에 '보수적 신문'만을 접할 수도 있다. 컨버스(Converse, 1964)의 선구적 연구

이래, 많은 후속 연구들이 자신의 정치적 성향에 부합하는 이슈태도를 지니지 못하는 일반대중의 존재를 설명하고자 노력해왔다(이를테면, Bishop, Oldendickm, Tuchfarber, & Bennett, 1980; Schaeffer & Presser, 2003; Sudman, 1992 참조). 한편, 정치적 관점에 맞지 않는 신문에 노출되었다 해서 이것이 모두 심리적 부조화로 이어지는 것은 아니다. 만약 정치적으로 불일치하는 신문에 노출되었다 하더라도 주어진 정보를 자신의 정치적 이념에 맞게 처리하는 과정을 통해 심리적 부조화를 경험하지 않을 수도 있다(Althaus & Coe, 2011; Lodge & Taber, 2013). 이러한 주장은 비판적 문화연구들에서도 나타난다. 즉 진보적 수용자는 보수적 신문에서 제시되는 보수적 정보를 비판적으로 해독하는 과정을 통해 심리적 부조화 없이 자신의 진보적 태도를 유지할 수 있다(Morley, 1980).

여론지도층과 일반대중들은 어떠한 정파적 신문노출 행태를 보일까? 앞선 논의들을 토대로, 여론지도층이 자신의 이념적 성향과 일치하는 신문뿐 아니라 불일치하는 신문도 함께 접할 가능성이 높을 것이라 예측할 수 있다. 왜냐하면 여론지도층이 일반대중에 비해 자신의 의견을 공개하기 이전에 다양한 각도의 주장을 모두 고려할 필요가 있다는 심리적 압박을 느낄 가능성이 더 크기 때문이다. 실제로 테틀락(Tetlock, 1983)은 실험을 통해 "누군가에게 자신의 의견을 정당화해야 하는 경우" 다양한 견해들을 다각도로 고려하는 반면, "자신의 의견이 익명으로 처리되는 경우" 자신의 생각을 단순하게 표명하는 경향이 있음을 발견하였다. 결과적으로, 논란이 되는 이슈에 대해 자신의 의견을 밝히고 일반대중을 설득해야 하는 칼럼기고자 집단은 자신의 주장을 공고히 할 수 있는 보다 다양한 의견을 접해야 한다는 심리적 압박을 해소하기 위해, 자신의 정치적 성향과 일치하지 않는 신문에도 더 많이 노출될 것이라 예상할 수 있다. 이에 따라 다음과 같은 '연구가설2'를 제시하였다.

연구가설 2: 칼럼기고자 집단이 일반대중에 비해 균형노출 성향이 더 강하게 나타날 것이다.

그렇다면 신문이용자의 정치적 이념성향은 정파적 신문 노출에 어떠한 영향을 미칠까? 우선 정치적 이념성향이 뚜렷한 사람들은 그렇지 않은 사람에 비해 정파적 신문에 대해 더 많은 관심을 보일 가능성이 높다. 기존 연구들 (Lazarsfeld et al., 1968; Levendusky, 2013; Stroud, 2010; Sunstein, 2009)에서 누차 발견되었듯 사람들은 자신의 선유경향과 부합하는 미디어에 더 쉽게 노출된다. 이는 다음의 세 가지 이유 때문이다. 첫째, 자신의 정치적 성향과 유사한 신문을 통해 기존 의견을 정교화하는 것이 가능하다(Abelson, 1988; Lodge & Taber, 2013). 즉 정치적 성향이 유사한 신문을 통해 특정사안에 대한 여러 근거와 주장을 학습함으로써, 스스로의 의견을 보다 정교화하고 이에 대한 확신을 가질 수 있게 된다. 둘째, 정치적 선유경향에 부합하는 신문에 노출됨으로써 '인지부조화'를 겪지 않아도 된다(Festinger, 1962). 이는 정치적 선유경향과 배치되는 신문에 노출됨으로써 겪게 되는 인지부조화 해소를 위한 '인지적 노력'을 기울일 필요가 없음을 의미한다(Sunstein, 2009). 셋째, 정치적 선유경향에 부합하는 신문을 통해 자신의 정치적 정체성을 강화시켜 심리적 안정감을 얻을 수 있다(Lazarsfeld et al., 1968; Sunstein, 2009). 이러한 논의를 근거로 정파적 신문에 대한 노출량과 관점일치노출 여부에 대한 다음의 두 가지 연구가설을 제시하였다.

연구가설 3-1: 보수적 성향의 신문 노출량은 보수적 응답자들에게, 진보적 성향의 신문 노출량은 진보적 응답자에게 더 높게 나타날 것이다.

연구가설 3-2: 보수적 응답자의 경우는 보수적 신문에 대한 관점일치노출 비율이, 진보적 응답자의 경우는 진보적 신문에 대한 관점일치노출 비율이 더 높게 나타날 것이다.

'연구가설2'는 균형노출과 관점일치·관점불일치 노출 성향이 칼럼기고자 집단과 일반대중에게서 어떻게 다르게 나타나는지에 집중하였고, '연구가설3'은 정치적 이념성향이 정파적 신문노출에 미치는 효과에 집중하였다. 그렇다면 정치적 이념성향 유무가 아닌 정치적 이념성향의 유형에 따른 정파적 신문노출은 어떻게 다를까? 이를테면 보수주의자가 진보주의자에 비해 관점일치노출성향이 훨씬 더 강하지는 않을까?

앞에서 언급하였듯 대부분의 선행연구들은 선택적 노출 중 '관점일치노출'에만 집중하였기 때문에 정치적 이념성향이 관점불일치노출에 미치는 효과에 대해서는 직접적인 경험적 증거를 찾기 어렵다. 그러나 정치적 성향에 따른 정치적 의사결정 과정에 대한 선행연구들에서 이론적 실마리를 찾을 수 있다. 테틀락(Tetlock, 2005)은 정치적 의사결정에는 하나의 신념이나 원칙에 의거하여 결정을 내리거나, 현상의 장단점을 세심하게 비교한 후 결정을 내리는 두 가지 유형이 있다고 주장한다. 테틀락은 이를 각각 고슴도치(hedgehog) 유형과 여우(fox) 유형이라고 불렀다. 흥미로운 것은 고슴도치 유형은 정치적 보수주의자들에게서, 여우 유형은 정치적 진보주의자들에게서 상대적으로 더 많이 나타난다는 것이다. 이는 보수주의가 특정한 가치나 원칙을 일관적으로 적용하는 것을 중요하게 생각하는 반면, 진보주의는 현상에 대한 개선안 혹은 이념적 대안을 추구하는 경향이 있기 때문(Sniderman, Brody, & Tetlock, 1993; Tetlock, 2005)이라고 한다. 이러한 논리에 따르면, 보수주의자들은 자신의 철학이나 신념에 부합하는 증거를 수집한 후 의견을 강화시키려하는 반면, 진보주의자들은 현실의 문제를 비판적으로 분석하고 해결을 위한 개선방안을 비교하는 방식을 통해 의견을 정당화시키려 함을 알 수 있다. 이를 정파적 신문 선택에 적용해보자. 보수적 신문이용자는 자신의 보수적 신념을 정교화시키기 위해 보수적 신문들을 집중적으로 접하는 반면, 진보적 신문이용자는 진보적 신문의 내용은 물론 보수적 신문의 내용도 참고하여 자신의 의사결정을 내릴 것으로 예상할 수 있다. 즉 상대적으로 보수주의자들이 관점일치노출이 강한 반면, 진보주의자들은 균형노출이 강하게 나타날 수 있다. 하지만 정치적 의사결정과정과 미디어 이용행태가 완전하게 동일하게 취급되기 어렵다. 따라서 정치적 이념성향의 유형과 정파적 신문이용의 관계를 설명하는 '연구문제1'을 아래와 같이 제시하였다.

연구문제 1: 정치적 이념성향의 유형(보수주의 대(對) 진보주의)에 따라 정파적 신문노출은 어떻게 다르게 나타나는가?

만약 정치적 이념성향의 유형이 정파적 신문노출과 특정한 관련성을 갖는다면, 그 관계는 여론지도층과 일반대중에서 각기 다르게 나타날까? 즉 정치적 이념성향과 여론형성과정에서의 사회적 지위가 정파적 신문노출에 미치는 유의미한 상호작용 효과가 존재할까? 이 질문에 답할 수 있는 직접적인 선행연구를 찾기는 어렵다. 하지만 자신의 의견을 다른 사람들에게 정당화시킬 필요성을 강하게 느낄수록 다양한 의견들을 고려한다는 선행연구(Tetlock, 1983)와 정치적 이념성향에 따른 의사결정 방식의 차이에 관한 선행연구(Sniderman et al., 1993; Tetlock, 2005)를 같이 고려한다면 진보성향의 여론지도층일수록 균형노출이 강한 반면, 보수성향의 일반대중일수록 관점일치노출이 두드러질 것이라고 예상할 수도 있다. 그러나 의사 결정 시 정보처리 방식을 다루는 선행연구들의 맥락과 여론형성과정의 정파적 신문노출이라는 맥락은 서로 동일하다고 보기 어렵다. 이에 본 연구는 다음과 같은 '연구문제2'를 제시하였다.

> **연구문제 2:** 정치적 이념성향이 정파적 신문에 대한 균형노출, 관점일치노출, 관점불일치노출에 미치는 효과는 칼럼기고자층과 일반대중에서 각각 어떻게 나타나는가?

3. 연구방법

3.1. 연구표본 수집

이 연구에서는 여론지도층으로서의 칼럼기고자와 일반대중을 대상으로 각각 두 개의 연구표본을 수집하였다.

첫째, 아홉 개의 중앙일간지들의 외부필진을 대상으로 칼럼기고자 표본을 수집하였다. 표집을 위한 중앙일간지들로는 경향신문, 동아일보, 문화일보, 서울신문, 세계일보, 조선일보, 중앙일보, 한겨레, 한국일보를 '표적표집(purposive sampling) 기법'을 이용해 선정하였다. 2015년도 1월 1일을 기준으로 이들 일간지에 칼럼을 기고하는 외부필진 중 전자메일주소를 확보할 수 있었던 총 351명을 대상으로 온라인 설문 초청메일을 3차례에 걸쳐 발송하였다. 표집기간은 2015년도 1월 8일부터 23일의 약 2주 동안 이루어졌다. 이 중 104명의 칼럼기고자들이 설문에 응답하였으며(응답률 30%), 언론사별 외부필진들의 응답률에는 큰 차이가 없었다. 이들 104명의 응답자 중 정기적으로 신문을 구독하지 않는다고 응답한 다섯 명의 칼럼기고자들도 있었다. 이들은 주로 기술이나 과학과 관련된 칼럼을 기고하였으며, <사이언스(Science)>와 같은 해외 학술지나 <뉴욕타임즈(New York Times)>와 같은 해외 언론을 주로 접한다고 응답하였다. 이에 따라 최종적으로 어떠한 국내 일간지도 정기적으로 구독하지 않는다고 응답한 다섯 명의 칼럼기고자를 제외한 99명을 대상으로 최종 분석을 실시하였다. 칼럼기고자 표본의 경우 남성의 비율이 압도적으로 높았으며(85%), 평균연령은 약 55세(SD = 8년)로 나타났다. 또한 대부분의 칼럼기고자들은 박사학위를 소지하고 있는(74%) 대학교수(78%)였다.

둘째, 일반대중을 대상으로 수집한 연구표본은 '2014년도 언론수용자 의식조사'(이하 '언론수용자조사'로 약칭) 자료를 '한국언론진흥재단'의 협조를 받아 사용하였다. 언론수용자조사는 '다단계 층화 확률표집(multi-stage stratified probability sampling) 기법'을 통해 만 19세 이상의 국민들을 대상으로 2014년 8월 28일부터 10월 17일 동안 태블릿PC 혹은 종이 설문지를 통해 수집되었다(조사기법에 대한 자세한 소개는 한국언론진흥재단, 2015, 46-48쪽을 참조). 총 5,061명이 설문에 참여했지만, 이 연구에서는 칼럼기고자들과의 비교를 위해 다음과 같은 두 조건을 만족시키는 일반인 응답자들의 신문기사 이용행태를 분석하였다.

첫째, 응답자들 중 지난 일주일 동안 단 한 번도 신문기사를 접하지 않았다고 응답한 응답자들을 배제하였다. 언론수용자 조사에서는 종이신문, 고정형 인터넷, 이동형 인터넷, 일반 휴대전화, IPTV의 총 다섯 가지 방식으로 어떻게 응답자가 신문기사를 접하였는지 조사하였다(한국언론진흥재단, 2015). 여기서는 이 다섯 가지 방식 중 최소 한 가지 방식 이상으로 신문기사를 접하였다고 응답한 사람들을 선별하였다(n = 3,876, 전체 응답자의 77%).

둘째, 첫 번째 과정을 거친 후 칼럼기고자들이 정기적으로 구독한다고 응답했던 중앙일간지에 최소 한 번 이상 노출되지 않은 응답자들을 분석에서 제외하였다. 언론수용자 조사에서 최소 한 번 이상 노출되었다고 응답한 일간지의 가짓수는 총 156개에 달했다. 칼럼기고자 표본과의 직접비교를 위해 칼럼기고자 집단에서 응답되지 않은 신문기사에만 노출된 응답자들은 분석에서 제외하였다.

136

▼〈표 1〉 분석에 포함된 일반대중 응답자의 인구통계학적 변수들의 기술통계

		2014 언론수용자 의식조사 원데이터 (N = 5,061)	신문기사를 전혀 접하지 않은 응답자 제외후 남은 응답자 (n = 3,876)	칼럼기고자표본에 포함된 신문사에 노출되지 않은 응답자 제외후 남은 응답자 (n = 1,308)
성별	남	49%	54%	58%
	녀	51	46	42
연령	평균	46.54	42.21	46.79
	(표준편차)	(16.21)	(14.12)	(14.15)
교육수준	초등학교 졸업	11%	3%	4%
	중학교 졸업	10	6	7
	고등학교 졸업	39	41	42
	대학교 재학/졸업	38	48	45
	대학원 이상	1	2	2
가계소득	월 100만 원 이하	10%	4%	4%
	월 100~200만 원	14	10	10
	월 200~300만 원	19	20	17
	월 300~400만 원	25	27	26
	월 400~500만 원	17	20	21
	월 500~600만 원	10	12	13
	월 600~700만 원	6	7	9
거주지역	대도시(8개)	46%	48%	51%
	중소도시	42	42	43
	군(郡)	12	9	6
정치적 이념성향[a]	진보	23%	27%	24%
	기타	53	54	52
	보수	23	19	24

주: 각 단계별 응답자들의 비율(%)을 투입하였다.

즉 조선일보, 중앙일보, 동아일보, 문화일보, 경향신문, 한겨레, 한국일보, 세계일보, 매일경제, 서울경제에서 나온 신문기사들 중 최소 하나 이상에 노출되었

다고 응답한 사람들만 분석에 포함하였다(n = 1,308, 전체 응답자의 26%). 언론수용자 조사의 전체응답자들과 언급한 두 과정을 거쳐 최종 분석에 투입된 응답자들의 인구통계학적 속성은 <표 1>과 같다. <표 1>에서 쉽게 드러나듯, 남성이면서, 교육수준이 높고, 가계소득이 높으며, 대도시에 거주하는 응답자가 상대적으로 최종표본에 남아 있을 확률이 높은 것으로 나타났다. 그러나 응답자의 연령이나 정치적 이념성향의 경우 원데이터의 분포가 그대로 유지되는 것으로 나타났다.

[a]정치적 이념성향은 "정치적(이념)성향을 11개 층으로 나눈다면 선생님은 어떤 성향에 가까우십니까? '가장 진보적'이면 0, '가장 보수적'이면 10 등 1에서 10 사이의 숫자를 선택해 주십시오."라는 질문에 대해 0~4점을 선택한 응답자를 '진보'로, 6~10점을 선택한 응답자를 '보수'로 처리하였고, 중간점인 5점을 선택한 경우 '기타'로 구분하였다. 중간점을 택한 응답자를 '기타'로 취급한 이유에 대해서는 '응답자의 정치적 이념성향' 변수를 소개한 본문을 참조하기 바란다.

3.2. 변수소개

3.2.1 정파적 신문기사 노출

칼럼기고자와 일반대중 표본 모두에서 '조선일보', '중앙일보', '동아일보', '문화일보'들은 보수적 신문들로, '경향신문'과 '한겨레'는 진보적 신문들로, 이외의 신문들인 '매일경제', '한국경제', '서울신문', '세계일보', '한국일보' 등은 기타 신문들로 구분하였다.

우선 칼럼기고자 표본의 경우, 응답자들에게 "선생님께서 정기적으로 접하시는 미디어는 어떤 것이 있을까요? 해당되는 모든 항목에 표시하여 주십시오."라는 복수응답을 허용하는 설문을 이용하여 정파적 신문기사 노출을 측정하였다.

반면 일반대중 표본의 경우 종이신문, 고정형 인터넷, 이동형 인터넷, 일반 휴대전화, IPTV의 다섯 가지 경로를 통해 접한 신문의 이름을 최대 14개까지의 복수응답을 허용하는 방식의 설문을 이용하였다. 이를테면 종이신문을 통해 신문기사를 접했다는 응답자의 경우 "지난 1주일 동안 읽으신 종이신문은 무엇입니까? 지난 1주일 동안 읽으신 종이신문의 이름을 모두 말씀해 주십시오."라는 설문을 이용하였다. 만약 응답자가 언급한 다섯 가지 경로들 중 최소 하나를 통해 특정 신문을 접했을 경우 해당 신문에 노출된 것으로 처리하였다.

정파적 신문 노출량 '노출량'은 응답자가 구독하거나 접했던 신문들의 가짓수를 의미한다. 정파적 신문 노출량과 관련하여 '보수적 신문 노출량', '진보적 신문 노출량', '전체 신문 노출량'의 세 변수들을 설정하였다. 보수적 신문 노출량은 응답자가 앞에서 언급한 네 개의 보수적 신문들 중 몇 개에 노출되었는지를 측정하였으며, 진보적 신문 노출량은 두 개의 진보적 신문들 중 몇 개에 노출되었는지를 측정하였다. 또한 전체 노출량은 네 개의 보수적 신문과 두 개의 진보적 신문과 아울러 다섯 개의 기타 신문들에 응답자들이 얼마나 노출되었는가를 측정하였다. 일반대중 표본의 경우도 마찬가지 방식으로 보수적 신문들, 진보적 신문들, 그리고 기타신문들을 몇 개나 접하였는지를 측정하였다.

정파적 신문 노출여부 응답자가 구독하거나 접한 신문들을 바탕으로 다음과 같이 세 가지 '노출여부' 변수들을 구성하였다. 우선 앞에서 유도했던 보수적 신문 노출량 변수와 진보적 신문 노출량 변수를 다음과 같이 '이분변수'로 재구성하였다. 즉 보수적 신문에 최소 하나라도 노출된 응답자는 1점을, 단 하나의 신문에도 노출되지 않은 응답자는 0점을 부여받도록 리코딩하였다. 진보적 신문 노출량 변수도 마찬가지 방식으로 리코딩하였다. 이 두 변수를 이용해 응답자의 정파적 신문 노출여부와 관련된 세 변수들을 다음과 같이 구성하였다.

첫째, 최소 하나 이상의 보수적 신문과 최소 하나 이상의 진보적 신문을 동시에 구독하거나 접했던 응답자들을 '균형노출' 응답자로 규정하였다. 둘째, 최소 하나 이상의 보수적 신문을 구독하거나 접한 반면, 진보적 신문은 전혀 구독하지 않거나 접해보지 못한 응답자들을 '보수편향노출' 응답자로 규정하였다. 셋째, 반대로 최소 하나 이상의 진보적 신문을 구독하거나 접한 반면, 보수적 신문은 전혀 구독하지 않거나 접해보지 못한 응답자들을 '진보편향노출' 응답자로 규정하였다. 따라서 보수적 응답자가 보수편향 노출을 보이면 '관점일치노출'로 볼 수 있으며, 진보편향노출을 보인 경우 '관점불일치노출'로 볼 수 있다. 마찬가지로 진보적 응답자가 진보편향노출을 보인 경우 '관점일치노출'로 보수편향노출을 보이는 경우는 '관점불일치노출'로 해석할 수 있다.

3.2.2. 응답자의 정치적 이념성향

정치적 이념성향에 따라 응답자들을 '보수', '진보', '기타'의 세 집단으로 구분하였다. 우선 칼럼기고자 표본의 경우 '조선일보(9명)', '중앙일보(7명)', '동아일보(9명)', '문화일보(8명)'의 칼럼기고자들을 '보수'로(n = 33, 33%), '경향신문(6명)'과 '한겨레(8명)'의 칼럼기고자들을 '진보'로 코딩하였다(n = 14, 14%).[2] 이들 여섯 개 신문이 아닌 다른 신문들, 즉 '서울신문(24명)', '세계일보(3명)', '한국일보(25명)' 등에 칼럼을 기고하는 응답자들은 '기타'로 구분하였다(n = 52, 53%). '기타'라는 카테고리를 사용한 이유는 강한 정파성을 띠지 않는 신문에 칼럼을 기고하는 응답자들의 정치적 성향은 명확하게 특정하기 어렵기 때문이다.

일반대중 표본인 언론수용자 조사에서는 응답자에게 자신이 생각하는 정치적 이념성향을 리커트 방식의 11점 척도로 측정하였다. 구체적으로 응답자들에게 "정치적(이념)성향을 11개 층으로 나눈다면 선생님은 어떤 성향에 가까우십니까? '가장 진보적'이면 0, '가장 보수적'이면 10 등 1에서 10 사이의 숫자를 선택해 주십시오."라고 질문하였다. 이 연구에서는 0-4점을 선택한 응답자를 '진보'로(n

---

[2] 물론 칼럼기고자의 정치적 성향과 칼럼기고 신문의 정치적 성향이 일치하지 않을 수도 있다. 이를테면 보수적 성향의 칼럼기고자가 진보적 신문에 칼럼을 게재할 수 있으며, 그 예로 경향신문에 칼럼을 기고하는 이상돈 중앙대학교 명예교수를 언급할 수도 있다. 하지만 이 연구에서는 칼럼기고자들의 정치적 성향을 묻는 질문을 별도로 제시하지 않았다. 그 이유는 크게 두 가지다. 첫째, 칼럼기고자들의 응답률을 올리기 위해서 정치적 성향을 묻는 문항을 배제하였다. 특히 응답자들과 연구자들이 모두 동료교수집단이라는 점에서, 응답자들은 자신의 정치적 성향을 명시적으로 드러내고 싶지 않을 것이라고 판단하였다. 선행연구들(DeMaio, 1980; Keeter et al., 2006)에 따르면 프라이버시에 대한 우려가 높을수록 응답자의 설문불참률과 설문거부확률도 올라간다. 둘째, 칼럼기고자들은 칼럼을 통해 자신의 정치적 성향을 잘 드러내고 있기 때문에 별도의 관례화된 정치적 이념성향을 물을 필요가 없다. 이 가정이 완벽히 옳은 것은 아니겠지만, 전반적으로 정치적 성향이 강한 신문의 경우 신문의 이념성향과 칼럼기고자의 이념성향은 상당히 일치된다고 보는 것도 크게 다르지는 않을 것이다. 이러한 이유들에도 불구하고, 칼럼기고신문의 정치적 성향을 칼럼기고자의 정치적 성향으로 간주한 것은 타당도 문제에서 완전히 자유로울 수 없으며, 이는 본 연구의 명백한 한계다.

= 319, 24%), 6-10점을 선택한 응답자를 '보수'로 처리하였다(n = 310, 24%). 또한 중간점인 5점을 선택한 경우 '기타'로 구분하였다(n = 679, 52%). '중간점'을 택한 응답자를 '중도'가 아니라 '기타'로 구분한 이유는 두 가지였다. 첫째, 현재의 설문 문항은 '모름'이나 '응답거부'를 담고 있지 않고 있기 때문이다. 즉 자신의 정치적 성향이 불확실하거나 숨기고 싶은 응답자들은 '중간점'을 선택할 확률이 높다. 둘째, 칼럼기고자 집단 구분과 일관성을 유지하려 했기 때문이다.

3.3 분석방법

언급하였듯 두 표본은 표집기법이 다르며(표적 표집 대 다단계층화표집), 정치적 이념성향의 측정방식도 서로 상이하다. 무엇보다 두 표본은 표본크기(sample size)가 서로 달라(99명 대 1,308명) 일반적인 통계적 유의도 검증 결과는 조심스럽게 사용되어야 한다(Cohen, 1988; Hunter & Schmidt, 1990). 우선 '연구가설1'과 '연구가설2'의 경우 가설을 검증할 때 통계적 유의도 검증 결과보다는 기술통계치의 차이에 중점을 두어 결과를 해석하였다.

반면 '연구가설3', 즉 정치적 이념성향에 따라 정파적 신문에 대한 노출이 칼럼기고자와 일반대중 사이에서 어떻게 다른지를 분석하는 경우 정치적 이념성향의 '효과크기(effect size)'를 계산하여 비교하였다. 효과크기 통계치는 표본크기에 영향을 받지 않기 때문에 두 표본 사이의 정치적 이념성향의 효과를 비교하기에 보다 적절한 통계치라고 할 수 있다(Cohen, 1988; Hunter & Schmidt, 1990).

연속형 변수 형태를 띠는 정파적 신문 노출량 변수들의 경우 분산분석에서 사용되는 효과크기 통계치인 부분에타제곱(η_p^2)을, 그리고 이분변수인 정파적 신문 노출여부 변수들의 경우 어떠한 예측변수도 투입하지 않은 기본모형에 비해 정치적 이념성향을 투입한 설명모형의 우도(likelihood) 증가분을 표준화시킨 맥파든 R^2(MaFadden R^2; Long, 1997, p. 104)을 중심으로 결과를 서술하였다. 두 효과크기 통계치는 모두 독립변수가 종속변수의 변이(즉, 분산 혹은 우도)를 몇 퍼센트 정도 설명하는지를 정량화시킨 것이다. 다시 말해 효과크기 측정치는

0-1의 범위를 갖도록 표준화된 값으로 통계적 유의도 검증결과와 달리 표본의 크기에 영향을 받지 않는다(Cohen, 1988; Hunter & Schmidt, 1990). 물론 효과크기 측정치와 아울러 통계적 유의도 검증결과 역시도 제시하였다.

4. 연구결과

4.1. 두 집단 간 정파적 신문 노출량 및 노출여부 비교

우선 응답자의 정치적 성향을 구분하지 않고 칼럼기고자와 일반대중 표본 별로 노출된 보수적 신문이나 진보적 신문수를 측정하는 '정파적 신문 노출량'과 최소한 하나 이상의 보수적 신문과 진보적 신문에 노출된 적이 있었는지를 측정하는 '정파적 신문 노출여부'가 각각 어떻게 다른지 살펴보았다. <표 2>는 정파적 신문 노출량 및 노출여부 관련 변수들의 기술통계치와 통계적 유의도 검증 결과를 제시하였다.

우선 정파적 신문 노출량의 경우 여론지도층인 칼럼기고자들이 일반대중에 비해 더 많은 신문들에 노출된 것을 확인할 수 있다. 칼럼기고자들은 일반대중에 비해 약 2.36배$\left(2.36 = \dfrac{3.04}{1.29}\right)$ 많은 신문들을 접하는 것으로 나타났다. 이는 보수 및 진보 신문에 대한 노출량에서도 마찬가지였다. 일반대중들에 비해 칼럼기고자들은 보수적 신문을 약 2배$\left(1.94 = \dfrac{1.75}{.90}\right)$ 더 많이 접하며, 진보적 신문은 약 4배$\left(4.14 = \dfrac{.87}{.21}\right)$ 가량 더 많이 접하는 것으로 나타났다. 즉 칼럼기고자는 일반대중에 비해 더 많은 종류의 신문을 접하는 것을 확인하여, '연구가설 1'은 지지되었다.

정파적 신문 노출여부의 경우 노출량과는 다른 모습을 보여주었다. 우선 보수편향 노출(하나 이상의 보수적 신문에만 노출된 경우)의 경우 일반대중들이 칼럼기고자들에 비해 약 2배에 가까운 편향적 노출을 보였으며, 이 차이는 통계적으로 유의미한 것으로 나타났다($\chi^2(df = 1, N = 1,407) = 46.40, p < .001$). 반면 일반대중이 칼럼기고자에 비해 다소 높은 진보편향 노출(하나 이상의 진보적 신문에

▼〈표 2〉 정파적 신문 노출량과 노출여부의 기술통계치와 통계적 유의도 검증결과

		칼럼기고자 표본(N= 99)	일반대중 표본(N= 1,308)	유의도 검증결과
노출량	전체 신문 노출량	3.04(1.51) 범위: 1-8	1.29(.59) 범위: 1-5	t(100.28) = 11.46***
	보수적 신문 노출량	1.75(.99) 범위: 0-3	.90(.59) 범위: 0-3	t(103.37) = 8.39***
	진보적 신문 노출량	.87(.84) 범위: 0-2	.21(.45) 범위: 0-2	t(102.34) = 7.73***
노출여부	균형노출	48%	5%	χ^2(df= 1) = 255.38***
	보수적 신문에만 노출	40%	73%	χ^2(df= 1) = 46.40***
	진보적 신문에만 노출	9%	13%	χ^2(df= 1) = 1.58

주: 노출량의 경우 평균과 표준편차(괄호속)를 입력하였으며, 노출여부의 경우 해당되는 응답자들의 퍼센트를 입력하였다. 연속형 변수인 노출량의 경우 두 집단의 분산 동질성을 가정하지 않은 t검증 결과를 투입하였으며, 노출여부 변수의 경우 각 표본의 응답자 비율이 서로 어떻게 다른지에 대한 카이제곱 검증 결과를 제시하였다.
*** p < .001.

만 노출된 경우)을 보였지만, 그 차이는 통계적으로 유의미하지 않은 것으로 나타났다(χ^2(df= 1, N = 1,407) = 1.58, p = n.s.). 즉 일반대중은 칼럼기고자에 비해 보수적 신문에 편향되게 노출되는 것으로 나타났다. 반면 칼럼기고자는 일반대중에 비해 보수적 신문과 진보적 신문 모두에 노출된 비율이 월등하게 높게 나타났다. 거의 절반에 육박하는 칼럼기고자들이 보수 신문과 진보 신문 모두를 접하는 반면, 균형노출을 보인 일반대중은 5%에 불과한 것으로 나타났다. 비록 두 집단의 진보편향 노출여부가 통계적으로는 구분되지 않을 정도로 유사했지만, 칼럼기고자들에게서 균형노출이, 일반대중들에게서 편향된 노출이 강하게 나타나 '연구가설 2'는 전반적으로 지지되었다.

　　〈표 2〉의 결과를 정리하면 다음과 같다. 첫째, 신문노출량의 경우 신문의 정치적 성향과 관계없이 칼럼기고자가 일반대중에 비해 높은 노출량을 보였다. 즉 칼럼기고자가 일반대중에 비해서 더 많은 신문을 접하고 있었다. 둘째, 노출

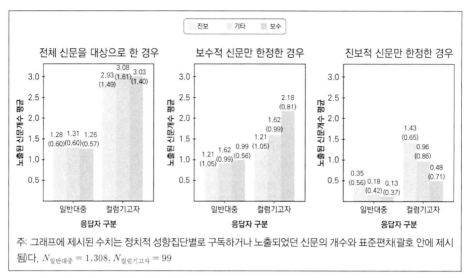

주: 그래프에 제시된 수치는 정치적 성향집단별로 구독하거나 노출되었던 신문의 개수와 표준편차(괄호 안에 제시됨)다. $N_{일반대중} = 1,308$, $N_{컬럼기고자} = 99$

▲ 〈그림 2〉 정기적으로 구독하거나 노출된 신문의 개수

여부의 경우 칼럼기고자가 일반대중에 비해 균형노출 비율이 높았으며, 일반대중은 칼럼기고자에 비해 보수적 신문에만 편향되게 노출되는 비율이 더 높게 나타났다.

4.2. 정치적 이념성향과 정파적 신문 노출량의 관계: 칼럼기고자와 일반대중 비교

다음으로 정치적 이념성향과 정파적 신문 노출량의 관계를 칼럼기고자 집단과 일반대중 집단에서 각각 비교하여 살펴본 결과는 〈그림 2〉와 〈표 3〉에 제시되어 있다. 우선 전체 신문노출량을 비교한 결과 칼럼기고자와 일반대중 모두 보수, 진보, 기타 집단 사이에서 통계적으로 유의미한 평균차이를 발견하지 못하였으며, 효과크기 측정치인 부분에타제곱값 역시도 0에 가까운 매우 미미한 수준에 불과하였다. 정치적 이념성향별 전체 신문 노출량의 평균변화 패턴은 〈그림 2〉의 왼쪽 막대그래프에서 찾아볼 수 있다.

그러나 정파적 신문에 대한 노출량에서는 '연구가설3-1'의 예측대로 보수적 응답자는 보수적 신문을, 진보적 응답자는 진보적 신문을 더 많이 접하는 것으

▼〈표 3〉 정치적 이념성향이 정파적 신문 노출량에 미치는 영향 비교

		칼럼기고자 표본 (N = 99)	일반대중 표본 (N = 1,308)
전체 신문	효과크기 측정치	$\eta_p^2 < .01$	$\eta_p^2 < .01$
	유의도 검증	$F(2, 96) = .05$	$F(2, 1305) = .79$
	사후검증 비교(Tukey)	보수 ≒ 기타 ≒ 진보	보수 ≒ 기타 ≒ 진보
보수적 신문	효과크기 측정치	$\eta_p^2 = .12$	$\eta_p^2 = .02$
	유의도 검증	$F(2, 96) = 6.23^{**}$	$F(2, 1305) = 15.85^{***}$
	사후검증 비교(Tukey)	보수 〉기타 ≒ 진보	보수 〉기타 ≒ 진보
진보적 신문	효과크기 측정치	$\eta_p^2 = .14$	$\eta_p^2 = .03$
	유의도 검증	$F(2, 96) = 7.81^{***}$	$F(2, 1305) = 22.43^{***}$
	사후검증 비교(Tukey)	보수 〈기타 ≒ 진보	보수 〈기타 ≒ 진보

** $p < .01$, *** $p < .001$.

로 나타났다. 우선 보수적 신문 노출량을 살펴보자. <그림 2>의 가운데 그래프에서 잘 드러나듯 보수적 칼럼기고자들이 평균 2.18개의 보수적 신문들을 접하는 반면, 진보적 칼럼기고자들은 평균 1.21개의 보수적 신문들을 접하는 것으로 나타났다. 보수적 혹은 진보적 신문이 아닌 신문에 칼럼을 기고하는 칼럼기고자들은 평균 1.62개의 보수적 신문을 접하는 것으로 나타났다. 이러한 패턴은 일반대중들에게서도 비슷하게 나타났다. 보수적 응답자들이 .99개의 보수적 신문들을 접하는 반면, 진보적 응답자는 .74개의 보수적 신문을 접하는 것으로 나타났다.

칼럼기고자와 일반대중 사이의 정치적 이념성향에 따른 보수적 신문 노출량의 패턴이 서로 유사하게 나타났지만(<그림 2> 참조), 정치적 이념성향의 효과는 칼럼기고자들에게서 더욱 명확하게 나타났다. 실제로 칼럼기고자 표본에서 얻은 정치적 이념성향의 부분에타제곱이 .12인 반면, 일반대중 표본에서 얻은 부분에타제곱은 .02에 그치는 것으로 나타났다. 즉 정치적 이념성향이 보수적 신문 노출량에 미치는 효과크기는 일반대중에 비해 칼럼기고자들에게서 6배가량 더 크게 나타났다.

진보적 신문 노출량 역시도 비슷했다. 진보적 칼럼기고자들이 평균 1.43개의 진보적 신문들을 접한 반면, 보수적 칼럼기고자들은 .48개의 진보적 신문을

접하는데 그쳤다. 다른 칼럼기고자들은 .96개의 진보적 신문을 접하였다. 일반 대중의 경우도 진보적 응답자들이 .35개의 진보적 신문에 노출된 반면, 보수적 응답자나 중도적 응답자들은 이보다 작은 .13개, .18개의 진보적 신문에 각각 노출된 것으로 나타났다. 또한 정치적 성향이 진보적 신문 노출량에 미치는 효과 크기 측정치인 부분에타제곱 역시 칼럼기고자 집단에서는 .14였지만, 일반대중 집단에서는 .03에 불과했다. 즉 정치적 이념성향이 진보적 신문 노출량에 미치는 효과크기는 일반대중에게서 나타난 효과크기에 비해 칼럼기고자들에게서 4.67배가량 더 컸다.

    <표 3>과 <그림 2>의 결과를 정리하면 다음과 같다. 첫째, 칼럼기고자와 일반대중 모두에게서 응답자와 신문사의 정치적 성향이 일치하는, 즉 관점일치 신문노출이 높게 나타났다. 보수적 신문의 경우 보수적 응답자가 진보적 응답자나 기타 응답자에 비해 높은 노출량을 보였으며, 진보적 신문의 경우 진보적 응답자와 기타 응답자가 보수적 응답자에 비해 높은 노출량을 보였다. 즉 보수적 성향의 응답자들은 보수적 성향의 신문노출량이 높았지만, 진보적 성향의 응답자들은 진보적 성향의 신문노출량이 보수적 응답자보다는 더 높게 나타났으나 기타집단에 비해서는 크게 다르지 않은 모습을 보였다. 즉 '연구가설3-1'은 부분적으로 지지되었다. 둘째, '연구문제2'와 관련해 정치적 이념 성향이 정파적 신문 노출량에 미치는 효과는 일반대중보다 여론지도층인 칼럼기고자에게서 더욱 강하게 나타났다(즉 부분에타제곱의 값이 칼럼기고자 집단에서 더욱 크게 나타났다).

4.3. 정치적 이념성향과 정파적 신문 노출여부의 관계: 칼럼기고자와 일반대중 비교

    마찬가지로 정치적 이념성향과 정파적 신문 노출여부의 관계를 칼럼기고자 집단과 일반대중 집단에서 각각 살펴보았다. 분석결과는 다음의 <그림 3>과 <표 4>에서 찾아볼 수 있다.

    우선 보수편향 노출(즉, 보수적 신문에만 노출되고 진보적 신문에는 노출되지 않은 경우)의 비율은 두 표본 모두에서 보수적 응답자에게서 가장 높게 나타났으며, 진보적 응답자에게서는 가장 낮았으며(<그림 3>의 가운데 그래프 참조), 두

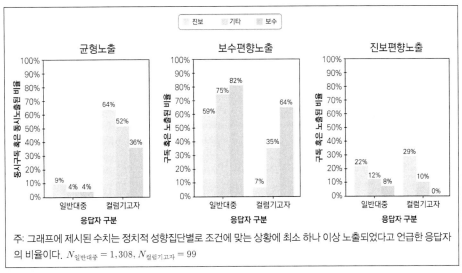

주: 그래프에 제시된 수치는 정치적 성향집단별로 조건에 맞는 상황에 최소 하나 이상 노출되었다고 언급한 응답자의 비율이다. $N_{일반대중} = 1,308$, $N_{컬럼기고자} = 99$

▲ 〈그림 3〉 정치적 이념성향에 따른 정파적 신문 노출여부

▼ 〈표4〉 정치적 이념성향이 정파적 신문 노출량에 미치는 효과 비교

		칼럼기고자 표본 (N = 99)	일반대중 표본 (N = 1,308)
균형노출	효과크기 측정치 유의도 검증 집단비교	McFadden R^2 = .03 $LR\chi^2(df=2)$ = 4.63+ 보수 ≒ 기타 〈 진보	McFadden R^2 = .02 $LR\chi^2(df=2)$ = 9.72** 보수 ≒ 기타 〈 진보
보수편향 노출	효과크기 측정치 유의도 검증 집단비교	McFadden R^2 = .12 $LR\chi^2(df=2)$ = 16.02*** 보수 〉 기타 ≒ 진보	McFadden R^2 = .03 $LR\chi^2(df=2)$ = 42.32*** 보수 〉 기타 〉 진보
진보편향 노출	효과크기 측정치 유의도 검증 집단비교	McFadden R^2 = .18 $LR\chi^2(df=2)$ = 10.65** 보수 〈 기타 〈 진보	McFadden R^2 = .03 $LR\chi^2(df=2)$ = 28.00*** 보수 〈 기타 〈 진보

+p 〈 .10, ** p 〈 .01, *** p 〈 .001.

집단 모두에서 정치적 이념성향의 효과는 통계적으로 유의미한 것으로 나타났다(〈표 4〉 가운데 가로줄 참조). 그러나 정치적 이념성향의 효과크기 측정치인 맥파든 R^2값은 일반대중 표본에 비해(.03) 칼럼기고자 표본에서(.12) 더욱 크게 나타났다.

이는 진보편향 노출(즉, 진보적 신문에만 노출되고 보수적 신문에는 노출되지 않은 경우)에서도 비슷한 패턴으로 나타났다. 두 표본 모두에서 진보편향 노출비율은 진보적 응답자에게서 가장 높고, 보수적 응답자에게서는 가장 낮게 나타났다(<그림 3>의 오른쪽 그래프 참조). 또한 두 표본 모두에서 정치적 이념성향의 효과는 통계적으로 유의미하였다(<표 4> 맨 아래 가로줄 참조). 정치적 이념성향의 효과크기 측정치인 맥파든 R^2값 역시도, 보수편향 노출과 마찬가지로 일반대중 표본에 비해(.03), 칼럼기고자 표본에서(.18) 더욱 큰 값을 발견할 수 있었다. 즉, <표 4>와 <그림 3>의 결과는 일반대중과 칼럼기고자 집단 모두에서 보수적 응답자들은 다른 집단들보다 높은 보수편향노출 비율을 보였으며, 진보적 응답자들은 다른 집단들에 비해 높은 진보편향노출비율을 보였다. 다시 말해 '연구가설3-2'는 지지되었다.

다음으로 '연구문제1'에 대한 해답을 얻기 위해 정치적 이념성향이 균형노출(즉, 보수적 신문과 진보적 신문 모두에 노출되었는지 여부)과 관점일치노출(예를 들어 정치적으로 진보적인 응답자가 진보적 신문에만 노출된 경우), 관점불일치노출(예를 들어 정치적으로 진보적인 응답자가 보수적 신문에만 노출된 경우)에 미치는 영향이 일반대중과 칼럼기고자 집단에서 각각 어떻게 다르게 나타나는지 살펴보았다. 우선 <그림 3>의 왼쪽 그래프에서 잘 나타나듯 분석결과 칼럼기고자와 일반대중 모두에게서 진보적 응답자(일반대중의 경우 9%, 칼럼기고자는 64%)가 보수적 응답자에 비해 균형노출 결과가 더 높은 것으로 나타났다(일반대중의 경우 4%, 칼럼기고자는 36%). 흥미로운 것은 관점일치노출을 보이는 보수적 응답자들의 비율(일반대중의 경우 82%, 칼럼기고자는 64%)이 관점일치노출을 보이는 진보적 응답자 비율보다 월등히 높다는 사실이다(일반대중의 경우 22%, 칼럼기고자는 29%). <표 4>의 결과는 <그림 3>의 결과를 구체적으로 뒷받침하고 있다. 일반대중 표본의 경우 진보적 응답자의 균형노출 비율은 다른 응답자들에 비해 통계적으로 유의미하게 높았다($\chi^2(2) = 9.72$, $p < .01$). 반면 칼럼기고자 표본의 경우 통상적인 통계적 유의도 보다 약한 수준에서 진보적 칼럼기고자의 균형노출 비율이 다른 기고자들보다 높았다($\chi^2(2) = 4.63$, $p < .10$). 즉 두 표본 모두에서 보수적 응답자에 비해 진보적 응답자에게서 균형노출 비율이 더 높다고 볼 수 있다. 이는 진보

주의자들이 여우형의 정치적 사고방식을 택하고, 보수주의자들이 고슴도치형의 사고방식을 택한다는 정치심리학자들의 기존 연구와 일치한다(Sniderman et al, 1993; Tetlock, 2005).

<표 4>의 결과는 '연구문제2'에 대해서도 경험적 단서를 제공하고 있다. 일반대중들과 칼럼기고자들은 균형노출, 관점일치노출, 관점불일치의 전반적 패턴은 유사했지만(<표 4>의 집단비교 결과), 효과의 크기를 나타내는 맥파든의 R^2값은 일반대중 표본에 비해, 칼럼기고자 표본에서 크게 나타났다. 즉 응답자의 정치적 성향과 정파적 미디어 이용행태의 관계는 일반대중보다 칼럼기고자에게서 더욱 강하게 나타났다. 따라서 관점일치노출 비율은 진보적 응답자보다 보수적 응답자에게서 더욱 크게 나타나며, 균형노출은 보수적 응답자에 비해 진보적 응답자에게서 더 강하게 나타난다.

5. 논의

5.1. 연구의 이론적 함의

본 연구에서는 시민이 여론형성과정에서 어떠한 지위(여론지도층인지 일반대중인지)를 차지하며 어떤 정치적 이념성향을 갖고 있는지에 따라 정파적 신문노출이 어떻게 달라지는지를 '정치적 양극화', '정치적 정교화', 엘리트의 의사결정 과정에 대한 기존이론들을 바탕으로 살펴보았다. 본 연구에서는 기존 문헌과는 달리 정파적 신문노출을 보수적 신문과 진보적 신문에 동시에 노출된 '균형노출', 자신의 이념적 성향과 일치하는 정파적 신문에만 노출된 '관점일치노출', 그리고 자신의 이념적 성향과 일치하지 않는 '관점불일치노출'로 세분화하였으며, 각 집단에 속하는 신문 노출량도 살펴보았다. 여론지도층으로 신문사 외부 칼럼기고자를 표적표집한 후 일반대중 데이터에서 나타난 정파적 신문노출 결과와 비교한 결과, 여론지도층은 일반대중에 비해 보수적 신문과 진보적 신문을 포함한 다양한 신문들을 접하는 것으로 나타났다. 또한 정파적일수록 관점일치노출 성향이 강하고 관점불일치노출 성향이 약하게 나타나는 추세를 보였는데, 이때 보수주의자일수록 관점일치노출 성향이 진보주의자일수록 관점불일치노출 성향이 더 강하게 나타났다. 마지막으로, 여론지도층은 일반대중에 비해 균형노출 성향이 강하고, 전반적으로 일반대중은 여론지도층에 비해 관점일치노출과 관점불일치노출 성향이 강한 것으로 나타났다.

본 연구의 의의는 다음과 같다. 첫째, 일간지의 외부필진이라는 특수집단의 미디어 이용행태에 대한 국내최초의 실증분석이라는 점에서 그 의의를 찾을 수 있다. 대부분의 정치 커뮤니케이션 연구가 의견수용자로서의 일반대중에 초점을 맞추는 반면, 일반대중에서 의견을 공급하는 의견지도자에 대해서는 관심을 기울이지 않았다. 칼럼기고자에 대한 인구통계학적 속성 분석에서 알 수 있듯이, 칼럼기고자 대부분은 대학교수인 것으로 나타났다. 이는 한국사회의 정치 커뮤니케이션과 관련하여 두 가지 의미를 갖는다. 첫째, 미디어에 의견을 실을 수 있는 기회가 특정 직능집단에 과도하게 집중되어 있다. 즉 현재의 한국언론은 다양한 직능집단의 의견을 골고루 반영하지 못하고 있다. 둘째, 한국의 신문 담론에서는 고학력 중년 남성의 목소리가 과도하게 반영되고 있다. 물론 특정분야의 '전문가'라는 점에서 교수사회가 다른 집단에 비해 강한 목소리를 내는 것이 당연하다고 볼 수도 있지만, 의견의 대표성이라는 점에서 이러한 편향은 비판적으로 고려해 볼 필요가 있다.

이와 관련해 향후 연구에서는 여론지도층을 구성하는 사회적 집단을 보다 다양하고 포괄적으로 표집하는 것이 필요하다. 여론형성과정에서 여론지도층은 토픽이나 이슈별로 일반대중이 주로 정보를 얻으며 상호작용하는 채널에 자주 등장하여 일반대중의 의견형성 및 행동에 큰 영향을 끼치는 개인·집단으로 정의할 수 있다(Lazarsfeld et al., 1968; Katz, 1955). 여론지도층은 이슈의 성격과 연구대상에 따라 달라질 것이다. 비록 본 연구에서는 중앙 일간지의 외부칼럼기고자들로 한정했지만, 다양한 미디어 환경에 다양한 집단들이 여론지도층으로 활동하고 있다. 이를테면 온라인 공론장에서 활동하는 인터넷 활동가들(이를테면 '미네르바' 사건의 '미네르바'나 '일베(일간베스트)'나 '오유(오늘의 유머)' 등에서 주도적으로 활동하는 사람들), 종합편성 채널의 '시사평론가'들, 또한 회원을 대상으로 소식지를 펴내거나 집회를 주도하는 '재향군인회'나 '향우회' 등과 같은 전통적인 여론지도자 집단(Lazarsfeld et al., 1968; Katz, 1955)도 고려대상이 될 수 있다.

둘째, 신문을 매개로 의견을 제공하는 사람들과 의견을 제공받는 사람들의 정파적 미디어 이용을 비교하였으며, 이들의 차이를 정치적 의사결정에 관한 정치심리학 이론들을 이용해 설명하였다. 이를 통해 여론지도층과 일반대중의 미디어 이용행태가 어떻게 비슷하며 서로 다른지를 설명하였다. 아쉽게도 본 논문은 두 집단을 직접적으로 비교할 수 있는 측정치를 갖지 못하였다. 경험적 데이터가 부재하지만, 본 연구의 결과를 통해 어떤 후속연구가 가능한지 다음 섹션에 제시하였다. 우선 다음 섹션의 내용은 저자들의 이론적 추정이며, 이에 대해서는 추후 연구의 경험적 검증이 필요함을 명확하게 밝히고 싶다.

5.2. 여론지도층과 일반대중의 미디어 노출과 여론형성과정: 후속 연구를 위한 제언

본 연구에서는 일반대중의 여론형성에 영향을 미치는 여론지도층에게서 정파적 신문노출이 어떻게 발생하는가를 살펴보았다. 비록 여론지도층은 일반대중에 비하여 특정한 정파의 미디어에만 선택적으로 노출되는 경향이 다소 약했지만, 전반적인 정파적 신문노출은 비슷하게 나타났다. 그러나 "보수적 신문에만 노출"되고도 스스로의 정치적 이념성향을 "진보"라고 응답한 일반대중의 비율이 매우 높음을 알 수 있었는데, 이러한 경향은 여론지도층에서도 약하지만 동일한 모습으로 반복되었다. 물론 이론적 논의에서도 잠시 언급했지만, 응답자가 스스로의 정치적 이념성향을 제대로 인식하지 못하고 있기 때문에(Converse, 1964) '관점불일치노출' 성향이 높게 나타났을 수도 있다. 하지만 이러한 주장은 왜 보수주의자들에게서는 관점불일치노출 성향이 거의 나타나지 않았는지를 설명할 수 없다. 또한 일반대중들 중 절반이 넘는 진보주의자가 스스로의 정치적 이념성향을 잘못 파악한다는 것도 매우 비현실적인 주장이 아닐 수 없다.

한국 신문시장을 보수적 신문이 주도하는 구조이기 때문에, 진보주의자가 "보수적 신문에만 노출"되는 비율이 높다는 해석을 던져 보는 것도 불가능하지는 않을 것이다(김서중, 2014). 만약 신문시장의 구조적 요인으로 인해 보수적 신문에만 노출된 진보주의자들이 존재한다면, "왜 보수적 신문만을 접한 진보주의자는 스스로를 보수주의자가 아니라 진보주의자라고 생각할까?" 많은 정치 커뮤니케이션 문헌들은 미디어 이용자가 얼마나 그리고 어떻게 미디어 메시지 내용을 수용하는가에 따라 정치적 태도 및 행동이 변한다고 가정한다(McGuire, 1968; Zaller, 1992). 만약 이 이론적 가정이 옳다면 관점불일치노출 성향을 보이는 진보주의자들은 자신의 이념적 성향과 합치되지 않는 신문기사를 접하면서, 심리적 부조화를 해소하기 위해 결국 보수주의자(혹은 정치적 중도주의자)로 변하여 갈 가능성이 높다. 한국의 미디어 시장을 "기울어진 운동장"으로 보고, 이를 우려하는 진보적 평론가들은 기사의 콘텐트가 최종적으로 신문 이용자의 태도를 결정할 것이라는 전통적 정치 커뮤니케이션 문헌들의 가정을 반영하고 있다.

이론적 타당성을 부인할 수는 없지만, 이 이론들은 한국에서의 선거결과를 충분히 설명하지 못한다. 우선 신문시장의 불균형에도 불구하고, 시민들의 보수주의자와 진보주의자의 비율은 서로 엇비슷하다. 즉 역사적으로 보수적 신문이 우세한 신문 산업구조가 계속되어 왔음에도 불구하고 진보주의자의 비율이 지속적으로 감소하였다는 증거는 찾기 어렵다. 따라서 보수적 신문을 접한 진보주의자가 자신의 정치적 이념성향을 잘 유지한 채 보수적 신문기사를 해석한다는 설명이 훨씬 더 타당성이 높다. 사회정체성 이론(social identification theory; Tajfel, 1981; Turner, 1987)을 여론형성과정에 적용시킨 알타우스와 코(Althaus & Coe, 2011)에 따르면, 사람들은 사회적으로 논란이 되는 이슈를 접하게 되었을 때 자신의 사회적 정체성(즉 자신의 정치적 이념성향)을 활성화시켜 이에 맞도록 주어진 정보(즉 신문기사)를 처리한다. 즉 진보주의자가 보수적 신문기사에 노출된다고 하더라도 진보주의자는 자신의 이념적 정체성에 맞는 방식으로 신문기사를 해석하기 때문에 진보주의자의 이념적 정체성은 계속 유지될 수 있다(이론적 맥락은 다르지만 문화연구의 비슷한 주장으로 몰리의 연구(Morley, 1980)를 참조).

그렇다면 사람들은 정파적 신문기사를 통해 어떻게 자신의 사회적 정체성을 활성화시킬 수 있을까? 본 논문의 결과는 이에 대해 경험적 실마리를 제공한다. 여론지도층과 일반대중을 비교할 때, 균형노출된 응답자의 비율은 여론지도층에서 월등하게 높게 나타났다. 만약 일반대중이 보수적 입장과 진보적 입장 모두에 균형노출되지 않았다고 하더라도 여론지도층은 자신의 이념적 성향과 상관없이 양쪽 입장을 모두 인지하고 있을 가능성이 높다. 가령 정치적으로 보수주의자인 칼럼기고자가 논란이 되는 이슈에 대해 보수적 신문지상을 통해 자신의 의견을 밝힌다고 가정해 보자. 이 칼럼기고자는 해당 이슈에 대해 보수진영을 지지하는 칼럼을 쓸 확률이 매우 높다. 하지만 사회적으로 논란이 되는 이슈를 다룬 칼럼의 공정성을 확보하기 위하여 진보진영의 의견을 비판적으로나마 함께 소개할 가능성이 높다. 이 칼럼을 읽은 일반대중은 정치적 이념성향에 따라 이 칼럼의 내용을 각기 다르게 처리할 것이다. 보수적인 일반대중은 보수적 의견에 동조하여 자신의 이념적 성향을 강화시키는 한편 이슈와 관련해 접하게 될 진보적 의견들에 '예방접종(inoculation)'될 것이다(Lazarsfeld et al., 1968; McGuire & Papageorgis, 1961; Pfau, 1997). 하지만 진보적인 일반대중은 보수적 여론지도층의 주장에서 진보주의적 주장의 실마리를 파악하고, 해당 이슈에 대해 진보적인 입장을 유지하기 위해 주어진 정보를 비판적으로 해석하려 할 것이다(Althaus & Coe, 2011; Lodge & Taber, 2013). 이러한 경우 진보주의자가 관점불일치 노출편향, 즉 보수적 신문에만 노출된다 하더라도, 정치적 이념성향을 유지하면서 논란이 되는 이슈에 대해 진보적 입장과 논리를 확보하는 것이 가능하다. 즉, 일반대중들은 여론지도층의 균형노출을 매개로 논란이 되는 이슈에 대한 "간접적 균형노출"을 경험하게 된다. 결과적으로 일반대중은 신문의 성향과 상관없이, 적어도 큰 논란이 된 이슈에 한해서는 사회 여러 진영에서 어떤 의견들이 제시되고 있는지에 대한 정보를 얻을 수 있게 된다.

정치적 양극화에 대한 기존 연구들은 정파적 미디어에 대한 선택적 노출(보다 엄밀하게는 관점일치노출)이 정치적 양극화를 초래한다고 주장하고 있다. 그러나 본 연구결과에서 나타나듯, 교차노출(보다 엄밀하게는 관점불일치노출)로도 정치적 양극화가 초래될 수 있다. 왜 전반적인 매체환경이 '보수쪽으로 편향'되어 있음에도, 일반대중들의 정치적 이념성향은 보수·진보의 비율이 엇비슷하며, 소위 극심한 '남남갈등'을 겪고 있는가? 한 가지 확실한 점은 적어도 한국의 여론형성과정에서 '선택적 노출'만으로는 보수·진보 간 팽팽한 대립현상을 설명하기 어렵다는 사실이다. 보수적 미디어가 우세한 한국의 매체환경에서 나타나는 정치적 양극화를 설명하기 위해서는 미디어 이용자의 '선택적 노출'보다는 '선택적 정보처리(selective information-processing)'가 어떻게 나타나는지를 살펴보아야 한다(관련 논의로 Prior, 2013 참조). 아쉽게도 이 연구에서는 이러한 함의를 뒷받침하는 구체적인 경험적 증거를 제시하지는 못하였지만, 여론지도층과 일반대중의 정파적 신문 노출을 비교함으로써 그 가능성을 간접적으로나마 보여주었다는 의의가 있다.

5.3 연구의 한계점

이 연구는 정치적 이념성향에 따른 정파적 신문노출 양상이 일반대중은 물론 여론지도층인 칼럼기고자 집단에서 어떻게 나타났는가에 대한 최초의 경험적 연구이다. 그러나 이 연구는 여러 이론적·방법론적·현실적 한계들에서 완전히 자유롭지 않다. 연구결과의 해석에서 고려해야만 하는 몇 가지 한계점들은 아래와 같다.

첫째, 칼럼기고자 집단을 기준으로 일반대중을 비교하게 되면서, 인터넷 언론들을 분석에서 제외하였다. 한국의 언론지형에서 종이신문에 기반한 전통적인 언론사들이 전반적으로 보수적 성향을 띠고, '오마이뉴스'나 '민중의 소리', '프레시안' 등과 같은 인터넷 언론사들은 진보적 성향이 강하다(김서중, 2014). 칼럼기고자와 일반대중 표본 모두에서 진보적 응답자들이 보여주는 강한 '관점불일치 노출' 성향은 인터넷 언론사들을 고려하지 않았기 때문에 나타났을 가능성도 배제하기 어렵다. 물론 일반대중 표본에서 해당 인터넷 언론사들을 접했다고 응답한 사람들도 존재한다. 하지만 이들 인터넷 언론들을 접한 응답자를 포함해도 현재의 결과가 크게 바뀔 것으로 생각하지 않는다. 우선 전체 응답자중 '오마이뉴스', '프레시안', '민중의 소리' 중 최소 하나 이상을 접했다는 응답자는 전체의 2.4%에 불과하며 이들 중 절반 가량은 이미 경향신문이나 한겨레에 노출된 사람들이었다. 물론 언급한 세 개의 진보적 인터넷 언론들이 아닌 다른 인터넷 언론을 생각해 볼 수 있지만, 이 연구의 결과를 크게 뒤바꾸지는 못할 것이다. 그러나 인터넷을 통해 기사를 접하는 사람이 점점 늘고 있다는 점은 반드시 고려되어야 한다. 무엇보다 SNS와 같은 온라인 미디어를 통해 기사를 접하는 경우 사람들은 기사의 내용에만 관심을 갖고 그 기사의 출처에 대해서는 기억하지 못할 가능성이 높다. 응답자가 기억하지 못하는 것을 설문으로 측정할 수는 없다 하지만, 공공이슈에 관한 응답자의 의견에 이러한 무의식적 기억들이 영향을 미칠 가능성이 충분하다. 따라서 향후 연구에서는 더 다양한 언론사들을 포괄하는 것은 물론 휴대전화를 통한 접속기록 분석 등과 같은 기계식 측정치 역시도 고려해야 할 것이다.

둘째, 이 연구는 '신문' 노출만을 고려하고, 지상파 텔레비전이나 종합편성 채널과 같은 영상매체는 고려하지 못했다는 한계에서 자유로울 수 없다. 특히 몇몇 종합편성 채널들은 정치적 이념성향이 명확하며(이를테면 보수적 종편인 TV 조선, 채널A 등 대(對) 진보적 종편인 JTBC), 무엇보다 '만담(漫談)' 형식의 정치토크 프로그램들을 통해 논란이 되는 이슈를 집중적으로 다루면서 여론형성과정에 큰 영향을 끼칠 가능성을 배제할 수 없다. 또한 KBS, MBC 등의 공영 지상파 채널의 경우 뉴스나 시사프로그램의 정치적 중립성을 둘러싸고 논란이 뜨겁다 (손석춘, 2011; 하주용, 2014). 그러나 본 연구에서는 지상파 텔레비전과 종합편성 채널을 별도로 고려하지 않았다. 우선 지상파 텔레비전 시장은 신문 시장과 비교했을 때 정치적 편향성이 두드러지지 않는다. 정파에 따라 시각이 다를 수는 있지만, 지상파 채널은 여전히 공정보도에 대한 사회적 감시 대상이며 신문에 비해 '논평 기능'이 낮다. 따라서 지상파 채널의 경우 채널의 정파성을 객관적으로 분류하기 어렵고 의견형성과정에 미치는 영향력이 상대적으로 제한적이라는 점에서 본 연구에서 고려하기 어려웠다. 물론 종편채널들은 지상파채널에 비해 정파성이 강하며, 2014년도 언론수용자 조사(한국언론진흥재단, 2015)에 따르면 응답자의 15.5%가 매일 종합편성채널의 뉴스를 접할 정도로 노출빈도가 높은 매체임에 틀림없다. 그러나 종편채널을 고려해도 본 연구의 주요결과는 크게 바뀌지 않을 것이다. 우선 종편채널 시장은 신문시장 못지않게 보수적 진영으로 "기울어져" 있다. JTBC를 제외한 대부분의 종편채널이 보수적 성격을 띠는 상황을 고려해 볼 때, 정파적 종편채널에 대한 노출 역시도 정파적 신문에 대한 노출과 크게 다르지 않은 결과가 나타난다고 짐작하는 것은 큰 무리가 아닐 것이다. 물론 정파적 신문노출과 종편노출 형태가 어떻게 비슷하고 서로 다른지 경험적 조사를 해 볼 필요가 있다.

셋째, 본 연구에서는 특정 신문에 대한 노출여부만을 측정하고 정보를 어떻게 받아들이고 처리하며, 구체적으로 어떤 내용의 신문기사를 접했는지를 다루지 못하였다. 이를테면 균형노출의 경우, 본 연구에서는 어떤 응답자가 최소 하나 이상의 보수적 신문과 최소 하나 이상의 진보적 신문을 접하였을 경우 균형노출된 것으로 처리하였다. 그러나 신문의 모든 기사가 정치적 이념성향을 다루고 있지 않다. 예를 들어 경향신문을 통해 정치적 뉴스를 접하는 응답자가 조선일보 건강관련 기사를 읽었다고 가정해 보자. 본 연구에서는 이 응답자가 '균형노출'되었다고 가정했지만, '정치적 이념성향'이라는 측면에서 이 응답자는 '관점일치노출'되었다고 간주하는 것이 더 타당할 수 있다. 즉 정치적 이념성향을 담고 있지 않은 기사에 대한 노출을 적절히 처리하지 못한 문제점을 안고 있다.

넷째, 정파적 신문 노출 자료를 자기응답식으로 측정하면서 '측정오차'가 발생했을 가능성을 부정하기 어렵다. 설문을 통해 응답자의 미디어 이용을 측정할수 있는지, 무엇보다 선택적 노출과 같이 응답자의 정치적 동기가 반영된 미디어 이용의 경우 자기응답식 측정이 오류를 가질 수 있다는 주장은 상당히 널리인정되고 있다(백영민·김은미·이준웅, 2012; Prior, 2013; Webster, 2014). 기존 연구에 따르면 교육수준이 높을수록, 설문을 통해 제시되는 미디어 노출활동의 정의가 구체적이지 않을수록, 미디어 노출활동이 사회적으로 바람직하다고 여겨질수록 응답자들은 자기응답식 미디어 노출량과 노출여부를 과도추정한다고 한다. 다시 말해 칼럼기고자가 일반대중에 비해 더 많은 정파적 신문을 이용하였다는 결과에는 자기응답식 신문 노출에 따른 측정오차가 어느 정도 반영되었을 가능성을 부정하기 어렵다. 또한 일반대중 표본에서 제시한 매체 노출 측정치는 응답자의 기억력에 의존하기 때문에 정확성이 떨어질 수 있다. 이러한 자기응답식측정의 문제점으로 인해 미국의 몇몇 연구자들은 자기응답식 문항으로 정파적미디어 노출을 연구하는 것은 매우 위험하다고 경고하고 있다(이를테면, Prior, 2013; Webster, 2014). 이 점에서 설문응답과 기계측정식 조사를 비교한 라쿠어와바브렉(LaCour & Vavreck, 2014)의 연구가 언급될 필요가 있다. 이들은 정파적 미디어 이용을 동일한 응답자에게서 두 가지 측정방법(설문응답과 기계측정)으로 조사하였다. 동일한 방법으로 정파적 미디어 이용을 조사한 결과 설문응답의 경우정치적 성향에 따라 양극화된 미디어 노출이 나타난 반면, 기계측정의 경우 양극화된 미디어 노출이 매우 약하게 나타났다. 만약 이 연구결과가 본 연구에도적용된다면, 균형노출비율은 상대적으로 증가한 반면, 관점일치노출은 훨씬 더감소할 가능성이 높다. 다시 말해 본 연구결과는 설문조사방법의 편향이 반영된것에 불과할 수도 있다. 이러한 점에서 자기응답식이 아닌 보다 신뢰도가 높은 측정방법(이를테면, 기계식 측정방법이나 노출된 신문기사를 구체적으로 묘사하도록 요구하는 방법 등)을 이용해 정치적 이념성향과 의견형성과정에서의 지위에 따른 정파적 신문 노출을 연구하는 것도 필요하다.

끝으로, 두 표본을 수집한 시점이 일치하지 않는다. 앞에서 소개한 바와 같이 칼럼기고자 표본은 2015년도 1월에, 일반대중 표본은 8월 말부터 10월 중순까지 수집되었다. 즉 일반대중 표본수집이 끝난 시점을 기준으로 약 3개월 정도의 시차가 존재한다. 3개월 만에 급격한 변화가 나타났을 것으로 예상하기는 어렵지만, 두 표본의 정파적 신문 노출에 영향을 줄 수 있는 요소로 두 가지를 고려해 볼 수 있다. 우선 계절적 요인을 고려할 수 있다. 일반대중 표본을 수집했던 늦여름부터 가을 동안은 칼럼기고자 표본을 수집했던 겨울에 비해 야외활동이 활발하고 미디어 이용 시간이 줄어들 수 있다(Webster et al., 2014). 다시 말해 일반대중 표본에서의 정파적 신문 노출이 상대적으로 적었을 가능성도 완전히 부정할 수 없다. 다음으로 역사적 요인으로 인해 정파적 신문 노출이 영향을 받았을 가능성도 있다. 일반대중 표본을 수집했던 기간은 2014년 4월 16일의 '세월호 침몰'과 연이은 안전사고들에 대한 국민적 관심, 그리고 6월 4일의 지방선거 이후 여권은 내부 지지세력을 결집하는데 온 힘을 쏟았고, 범야권은 선거참패의 내홍(內訌)을 겪었다. 반면 2014년 12월부터 2015년 1월에는 '정윤회 문건 누출' 혐의를 받은 최모 경위의 자살(12월 13일), 헌법재판소의 '통합진보당 해산' 선언(12월 19일)을 제외하고는 주목할 이러한 사건·사고들이 없었다. 표본수집 시점의 차이가 어떠한 영향을 미쳤는지를 판단하기는 어렵지만, 모종의 영향을 미쳤을 가능성도 배제하기는 어렵다.

5.4 결론

이러한 한계들에도 불구하고 본 연구는 신문사 외부 칼럼기고자의 정파적 신문노출행태에 대한 최초의 실증적 연구라는 점에서 큰 가치를 지닌다. 구체적으로 본 연구는 정치적 이념성향에 따른 정파적 신문노출이 여론지도층인 칼럼기고자와 일반대중에게서 어떻게 다르게 나타나고, 또 어떤 점이 비슷한지 실증적으로 분석하였다. 한국의 독특한 여론지형을 배경으로, 정파적 선택적 노출이 정치적 양극화로 반드시 이어지지 않을 수 있음을 밝힌 것도 이 연구의 주요한 점이다. 본 연구의 결과는 신문시장이 보수적으로 치우쳐져 있음에도 불구하고 일반대중의 정치적 성향이 보수적으로 급격하게 기울어져 있지 않은 이유는 여론지도층이 정파적 미디어에 균형노출되어 있기 때문일 수 있음을 조심스럽게 암시하고 있다.

[참고문헌]

김서중(2014). 기울어진 운동장. 『황해문화』 83, 433-439.

노정규·민영(2012). 정치 정보에 대한 선택적 노출이 태도 극화에 미치는 효과. 『한국언론학보』 56(2), 226-248.

민희·이원태(2015). 유권자의 이념성향과 미디어 이용. 『한국정당학회보』 14(1), 157-175.

백영민·김은미·이준웅(2012). 자기응답방식에서 나타나는 인터넷이용시간 과도 응답과 그 원인: 인터넷 연구의 가설검증시 함의를 중심으로. 『한국언론학보』 56(2), 124-144.

손석춘(2011). 한국의 미디어 집중과 여론 다양성의 위기. 『한국언론정보학보』 56, 7-25.

이준웅(2014). 미디어로 인한 갈등: 진단과 해소 방안. 국민대통합위원회 제2회 갈등관리 포럼 발표문.

하주용(2014). 종편 '정치토크' 프로그램 홍수 이대로 좋은가 『관훈저널』 133(겨울), 67-73

한국언론진흥재단(2015). 『2014 언론수용자 의식조사』 서울: 한국언론진흥재단.

Abelson, R. P.(1988). Conviction. *American Psychologist, 43*(4), 267-275.

Abramowitz, A. I., & Saunders, K. L.(2008). Is polarization a myth? *The Journal of Politics, 70*(02), 542-555.

Althaus, S. L., & Coe, K.(2011). Priming Patriots Social Identity Processes and the Dynamics of Public Support for War. *Public Opinion Quarterly, 75(1)*, 65-88.

Bennett, W. L.(1990). Toward a theory of press-state relations in the United States. *Journal of communication, 40(2)*, 103-125.

Benoit, William L.(2001). The functional approach to presidential television spots: Acclaiming, attacking, defending 1952-2000. *Communication Studies, 52(2)*, 109-126.

Bishop, G. F., Oldendick, R. W., Tuchfarber, A. J., & Bennett, S. E.(1980).

Pseudo-opinions on public affairs. *Public Opinion Quarterly, 44*(2), 198–209.

Cappella, J. N., Price, V., & Nir, L.(2002). Argument repertoire as a reliable and valid measure of opinion quality: Electronic dialogue during campaign 2000. *Political Communication, 19(1)*, 73–93.

Cohen, J.(1988). *Statistical Power Analysis for the Behavioral Sciences(2nd ed.).* Hillsdale, NJ: Lawrence Earlbaum Associates.

Converse, P. E.(1964). The Nature of Belief Systems in Mass Publics. In D. E. Apter(Ed.), *Ideology and Discontent*(pp. 206–261). New York, NY: Free Press.

Festinger, L.(1962). *A theory of cognitive dissonance.* Stanford, CA: Stanford University Press.

Fiorina, M. P., & Abrams, S. J.(2008). Political polarization in the American public. *Annual Review of Political Science, 11(1)*, 563–588.

Fiorina, M. P., Abrams, S. A., & Pope, J. C.(2008). Polarization in the American public: Misconceptions and misreadings. *The Journal of Politics, 70(2)*, 556–560.

Geer, J. G.(2010). *Fanning the flames: The news media's role in the rise of negativity in presidential campaigns.* Joan Shorenstein Center on the Press, Politics and Public Policy Discussion Paper Series.

Hunter, J. E, & Schmidt, F. L.(1990). *Methods of Meta-Analysis: Correcting Error and Bias in Research Findings.* Newbury Park, CA; SAGE Publications.

Iyengar, Shanto, & Hahn, Kyu S.(2009). Red Media, Blue Media: Evidence of Ideological Selectivity in Media Use. *Journal of Communication, 59*(1), 19–39.

Jamieson, K. H., & Cappella, J. N.(2010). *Echo chamber: Rush Limbaugh and the conservative media establishment.* New York, NY: Oxford University Press.

Katz, E., & Lazarsfeld, P. F.(1955). *Personal influence: The part played by people in the flow of mass communications.* Transaction Publishers.

Kim, K., Baek, Y. M., Kim, N.(2015). Online news diffusion dynamics and public opinion formation: A case study of the controversy over judges' personal opinion expression on SNS in Korea. *The Social Science Journal. 52(2)*, 205-216.

LaCour, M. J.(2012, April). *A balanced news diet, not selective exposure: Evidence from a real world measure of media exposure.* Paper presented at American Political Science Association, Chicago.

LaCour, M. J. & Vavreck, L.(2014). Improving media measurement: Evidence from the field. *Political Communicatiom, 31*(3), 408-420.

Lazarsfeld, P. F., Berelson, B., & Gaudet, H.(1968). *The people's choice: How the voter makes up his mind in a presidential campaign.* New York, NY: Columbia University Press.

Levendusky, Matthew.(2013). Partisan Media Exposure and Attitudes Toward the Opposition. *Political Communication, 30*(4), 565-581.

Livingstone, S., & Markham, T.(2008). The contribution of media consumption to civic participation1. *The British journal of sociology, 59(2)*, 351-371.

Lodge, M., & Taber, C. S.(2013). *The rationalizing voter.* New York, NY: Cambridge University Press.

Long, J. S.(1997). *Regression models for categorical and limited dependent variables.* Thousand Oaks, CA: Sage Publications.

McCombs, M.(2005). A look at agenda-setting: Past, present and future. *Journalism studies*, 6(4), 543-557.

McGuire, W. J.(1968). Personality and attitude change: An information processing theory. In A. G. Greenwald, T. Brock, & T. Ostrom(Eds.), *Psychological foundations of attitudes.* New York, NY: Academic Press.

McGuire, W. J., & Papageorgis, D,(1961) The relative efficacy of various types of prior belief-defense in producing immunity against persuasion. *Journal of Abnormal and Social Psychology, 62*, 327-337.

Morley, D.(1980). *The Nationwide Audience.* London, UK: British Film Institute.

Norris, P.(2000). *A virtuous circle: Political communications in postindustrial societies*. New York, NY: Cambridge University Press.

Newton, K.(1999). Mass media effects: mobilization or media malaise?. *British Journal of Political Science, 29(4)*, 577–599.

Pfau, M.(1997). The inoculation model of resistance to influence. In F.J. Boster & G. Barnett(Eds.), *Progress in communication sciences*(Vol. 13, pp. 133–171). Norwood, NJ: Ablex.

Pew Research Center's Journalism Project.(2014). *Examining The Changing News Landscape*. Available at: http://www.journalism.org/about/

Price, V., David, C., Goldthorpe, B., Roth, M. M., & Cappella, J. N.(2006). Locating the issue public: The multi-dimensional nature of engagement with health care reform. *Political Behavior, 28(1)*, 33–63.

Price, V., Cappella, J. N., & Nir, L.(2002). Does disagreement contribute to more deliberative opinion?. *Political Communication, 19(1)*, 95–112.

Prior, M.(2013). Media and political polarization. *Annual Review of Political Science, 16*(1), 101–127.

Putnam, R. D.(2001). *Bowling alone: The collapse and revival of American community*. New York, NY: Simon and Schuster.

Schaeffer, N. C., & Presser, S..(2003). The Science of Asking Questions. *Annual Review of Sociology, 29*, 65–88.

Stroud, N. J.(2010). Polarization and partisan selective exposure. *Journal of Communication, 60*(3), 556–576.

Sudman, H.(1992). Context effects: State of the past/state of the art. In N. Schwarz & S. Sudman(Eds.), *Context effects in social and psychological research(pp. 5–21)*. New York: Springer.

Sunstein, C. R.(2009). *Going to extremes: How like minds unite and divide*. New York, NY: Oxford University Press.

Tajfel, H.(1981). *Human groups and social categories: Studies in social psychology*. New York, NY: Cambridge University Press.

Tetlock, P. E.(1983). Accountability and complexity of thought. *Journal of* personality and social psychology, 45(1), 74–83.

Tetlock, P.(2005). *Expert political judgment: How good is it? How can we know?*. Princeton, NJ: Princeton University Press.

Tetlock, P. E., Skitka, L., & Boettger, R.(1989). Social and cognitive strategies for coping with accountability: conformity, complexity, and bolstering. *Journal of personality and social psychology, 57(4)*, 632–640.

Turner, J. C.(1987). *Rediscovering the social group: Self-categorization theory*. New York, NY: Blackwell.

Weber, M. S., & Monge, P.(2011). The flow of digital news in a network of sources, authorities, and hubs. *Journal of Communication, 61(6)*, 1062–1081.

Webster, J. G.(2014). *The marketplace of attention: How audiences take shape in a digital age*. Cambridge, MA: The MIT Press

Webster, J. G., Phalen, P. F., & Lichty, L. W.(2014). *Ratings analysis: Audience measurement and analytics(4th Ed.)*. New York, NY: Routledge

Zaller, J.(1992). *The nature and origins of mass opinion*. New York, NY: Cambridge university press.

제5편

미디어와 대인토론의 정치적 태도변화에 대한 영향
: 정치적 이견노출 효과를 중심으로

정효명 SK경영경제연구소

미디어와 대인토론의 정치적 태도변화에 대한 영향
: 정치적 이견노출 효과를 중심으로[*]

1. 정치적 이견노출과 태도변화

본 연구의 목적은 미디어와 대인토론을 통한 이견노출(dissonant view exposure)이 후보선호, 정당지지, 이념성향 등 정치적 태도변화에 미치는 영향을 제17대 대통령선거 사례를 통해 분석하는 데 있다. 우리가 정치적 태도변화를 분석함에 있어 이견노출 효과를 살펴보는 이유는, 정치적 태도가 미디어와 대인 토론을 매개로 하여 사회적으로 구성된 집합적인 정치현실(collective political reality) 속에서 형성되고 변화하기 때문이다.

본 연구에서 핵심개념인 이견노출은, 수용자가 이용하는 미디어와 대인 네트워크의 정치적 입장과 수용자의 정치적 태도와 동질적인가 아니면 이질적인가라는 질적인 측면과 관련되어 있다. 정보원의 영향력 또는 커뮤니케이션 효과를 단순히 미디어 이용량과 대인토론량과 같은 양적인 측면으로 환원할 수 없기 때문에 커뮤니케이션의 질적인 특성을 분석할 필요가 있다. 특히, 대인네트워크를 통한 태도변화 분석이 정치학적으로 필요한 이유는, 정치적 태도형성이 개인의 고립되고 개별적인 환경이 아니라 사회적 과정을 통해 이루어지기 때문이다. 정치적 선호를 단순히 개인의 다양한 사회경제적 및 인구학적 속성의 함수로 설명하는데 그칠 경우 한계가 있다. 이런 한계는 개인의 속성이 아니라 개인간의 관계성에 주목하는 네트워크 이론에 의해 상당히 해소되는데, 일상에서 타인들과의 접촉으로 형성·유지되는 사회적 관계가 정치적 태도형성에 있어 중

---

* 본고는 박사학위논문 일부를 발췌 및 보완한 것이며, 『한국정치학회보』 제45권 5호(2011)에 기 출간된 논문으로 저작권은 한국정치학회에게 있습니다.

요하기 때문이다(정병은 2005).

　　이견노출이 태도변화 과정에 어떤 영향을 미칠 것인가라는 문제는, 동질적 견해에 대한 노출(consonant view exposure)이 정치적 태도에 어떤 영향을 미치는가와 동전의 양면이다. 즉, 이견노출도가 높다는 것은 동질성 노출도가 낮다는 것을 의미한다. 이때 동질성 노출은 커뮤니케이션학의 선별적 노출(selective exposure)과 유사하지만 동기적 차원에서 구분된다. 선별적 노출이란 한마디로 개인의 신념이 정보선별의 동기가 되어 기존의 신념체계와 유사한 정보나 정보원을 선택하는 편향을 의미한다(Stroud 2007a). 동질적인 정보노출이 동기와 무관한 요인으로 발생하는 것을 부진정한 선별적 노출(de facto selectivity, Freedman & Sears 1965) 이라고 하는데, 이를 선별적 노출과 개념적으로 구분할 필요가 있다. 예컨대 특정 정당을 지지하는 사람들과 언론만 있는 지역에서의 동질성 노출은 동기보다는 정보의 가용성(availability)에 그 원인이 있다는 점을 들 수 있다. 본 연구에서는 정보선별의 동기를 불문하고 자신의 정치적 태도와 일치하는 정보에 대한 노출을 동질성 노출이라고 정의하고 분석하였기 때문에, 엄밀한 의미의 선별적 노출과는 구분된다.

2. 이론적 논의와 연구가설

2.1. 이견노출과 태도극단화

　　정치적 이견노출이 태도변화 과정에 어떤 영향을 미치는가를 고찰하기 위해서는, 먼저 이견 노출도가 정치적 태도극단화(polarization)에 어떤 영향을 미치는지를 살펴볼 필요가 있다. 왜냐하면, 태도극단화를 포괄하고 있는 태도강도와 태도변화는 개념적인 연장선상에 있기 때문이다(Petty & Wegener 1998). 즉, 태도강도가 높을수록 태도가 변화될 가능성이 낮다는 점은 개념적으로 자명하다. 태도변화에 대한 연구는 패널조사를 필요로 하기 때문에, 대부분의 선행 연구가 이견노출의 태도변화에 대한 직접적인 영향을 분석하기보다는, 이견노출(또는 선별적 노출)이 태도강도에 미치는 영향을 주로 분석해왔다. 따라서, 본 연구는 이

168

견노출이 태도강도와 태도변화에 미치는 영향을 동시에 분석함으로써 기존 연구성과를 보완하고자 한다.

이견노출이 정치적 태도에 미치는 영향에 대한 연구에 있어 대표적인 논의가, 이견노출도가 낮을수록 보다 극단적인 태도가 형성될 가능성이 높다는 주장이다. 라자스펠트 외(Lazarsfeld et al. 1944) 의 고전적인 연구에 따르면, 유권자들이 기존의 정치성향과 일치하는 정보를 선별하여 수용하기 때문에 캠페인과 미디어 효과가 별로 없다고 주장했다. 즉, 선별적 노출로 인해 이견노출도가 낮아지기 때문에 지지후보 변경과 같은 태도변화는 별로 발생하지 않고 기존 지지후보에 대한 선호만 강화되므로 지지후보 변경과 같은 캠페인 효과가 별로 나타나지 않는다는 것이다.[1] 동질성 노출도가 높을수록 태도극단성을 증가시키는 효과를 가져온다는 연구(Sunstein 2001) 등도 라자스펠트의 연구와 연장선상에 있다. 아울러 이견노출과 태도극단화 간 관계에 대한 연구에 있어 인과관계의 방향도 중요한 이슈이다. 즉, 동질적인 견해에 대한 노출도가 높을수록 태도가 극단화되는 것인지, 아니면 극단적 태도를 가진 사람일수록 통질적인 견해에 선별적으로 노출되는지를 규명할 필요가 있다. 이에 대해 대인토론 또는 미디어 이용에 대하여 개별적으로 적용한 선행연구는 있으나, 양자를 동시에 다룬 연구는 드물다는 점에서 본 연구의 의의가 있다.

먼저 이견노출도가 태도에 미치는 영향에 대한 선행연구에 의하면, 대인토론 네트워크가 동 질적일수록 태도가 극단화된다고 한다(Huckfeldt, Mendez & Osbom 2004, Binder et al. 2009). 또한, 스트라우드(Stroud 2007b)는 패널조사를 이용하여 미디어의 동질성 노출도가 높아질수록 태도가 극단화된다는 점을 실증하였다.

다음으로 태도극단화가 종속변인이 아니라 독립변인일 수 있다는 논의들을 살펴보면 다음과 같다. 이러한 논의들은 선행적인 태도강도가 정보탐색 및 선별

---

1) 라자스펠트의 이러한 주장은 미디어 효과가 별로 없다는 소효과론을 당대에 지배적인 입장으로 부각시키는데 커다란 역할을 수행하였다. 라자스펠트의 주장이 오늘날에도 타당한지에 대한 논의를 별론으로 하더라도, 동질성 노출이 지지후보를 변경시키지는 못하더라도 기존 지지후보에 대한 선호를 강화시킨다는 점만으로도 미디어와 캠페인 효과가 상당하다고 보는 것이 타당하다. 왜냐하면, 기존 지지후보에 대한 선호강도가 높아질수록 투표참여 확률이 높아질 것이고 이는 선거결과에 상당한 영향을 줄 수 있기 때문이다.

과정에 영향을 미치는 독립변인이라는 주장이다. 먼저 극단적인 태도를 가진 사람일수록 자신과 다른 입장의 사람들을 설득시키기 위해 토론을 더 많이 한다고 한다(Baldassare & Katz 1996). 즉, 태도의 극단성은 대인토론의 결과가 아니라 토론을 자극하는 독립변인이라는 것이다. 머츠(Mutz 1989)는 극단적 태도를 가진 사람은 여론분위기(climate of opinion)에 덜 민감하기 때문에 대인네트워크의 특성과 관계없이 자신이 중요하다고 생각하는 이슈에 대해서는 공개적으로 의견 표명할 의향이 높다고 주장하였다. 반면, 패널조사를 이용한 선행연구에 의하면 미디어(Stroud 2007b)와 대인토론(Binder et al. 2009)에서 태도의 극단성이 동질성 노출 또는 이견노출 정도에 유의미한 영향을 미치지 않는다고 한다. 상기한 논의를 바탕으로 연구가설을 도출하면 다음과 같다.

> **가설 1-1:** 이견노출도가 낮을수록 정치적 태도가 극단화될 것이다(→ 독립변인으로서 이견노출).

> **가설 1-2:** 정치적 태도가 극단적일수록 이견노출도가 낮아질 것이다.(→ 종속변인으로서 이견 노출).

2.2. 태도강도와 태도변화

이견노출도와 태도강도 간 관계와 더불어, 태도강도와 태도변화 간 관계에 대한 논의를 살펴볼 필요가 있는데, 이와 관련된 대표적인 이론이 정교화가능성 모델(elaboration likelihood model)이다. 이 이론에 따르면, 정보처리 동기와 능력이 높을 경우 외적 자극을 중심경로(central process)로 처리할 가능성이 높고, 중심경로로 처리된 자극은 외적 변화에 대한 저항 강도가 높아 태도가 변경될 가능성이 낮아진다(Petty & Cacioppo 1986). 즉, 정보처리 과정에서 강하게 형성된 태도는 외적 자극에 대한 저항강도가 높아 태도가 변경될 가능성이 낮아진다는 것이다. 이런 관점에서 보면, 상술한 바와 같이 이견노출은 태도변화 과정에 직접적으로 영향을 미칠 수도 있지만, 태도강도 또는 태도극단화를 매개변인으로 하여 간접적으로 영향을 미칠 수 있다.

태도변화와 개념적인 연장선상에 있는 태도강도에 영향을 미치는 심리학적 변인으로 주목받고 있는 개념이 인지욕구(need for cognition)와 평가욕구(need to evaluate)이다. 인지욕구란, 인지적 노력이 요구되는 다양한 활동에 대해 참여하거나 즐기는 정도를 의미하며(Cacioppo & Petty 1982), 인지욕구가 높은 사람일수록 자신이 직면하는 정보에 대해 주의깊고 심도 깊게 사고하며 그러한 인지적 노력을 즐기는 성향이 있다. 평가욕구란 태도대상에 대하여 자발적으로 좋거나 싫어하는 평가를 하는 정도를 의미하며(Jarvis & Petty 1996), 평가욕구가 높은 사람일수록 다양한 태도대상에 대하여 일정한 태도가 형성되어 있고 많은 평가요소를 보유하고 있다. 태도변화와 관련하여 두 가지 심리특성이 어떤 영향을 미치는지를 검토할 필요가 있다. 인지욕구가 강할수록 이슈중심적인 정보와 잠재적인 신념의 활용도가 높기 때문에, 상대적으로 강한 태도가 형성되어 태도변화 가능성이 낮을 것이다(Haugtvedt & Petty 1992). 평가욕구가 높을수록 신념체계를 구성하는 개념들이 광범위하고 개념간 연계가 강하기 때문에, 자신의 신념체계와 상반된 정보에 대해 저항할 수 있는 자원이 많아 태도변화 가능성이 낮을 것이다(Fournier et al. 2004).

정치적 이견노출도가 태도변화에 영향을 미치는 매개변인으로 태도강도 이외에 '양가성(ambivalence)'을 들 수 있다. 양가성이란, 태도대상에 대하여 무관심한 것과 달리 여러 대안에 대하여 긍정적 태도와 부정적 태도를 동시에 비슷한 수준으로 보유하고 있는 경우를 의미한다(Cacioppo & Berntson 1994). 양가성에 대한 선구적 연구인 라자스펠트 외(1944)에 따르면, 이질적인 정치적 입장에 대한 노출된 개인은 상충하는 교차압력(conflicting pressures)에 직면하게 된다. 이러한 교차압력에 직면한 개인은 태도대상에 대하여 내적 갈등수준(dissonance)이 높아지고 새로운 정보를 통해 이러한 내적 긴장을 낮추려는 동기가 강해서 새로운 정보의 채택확률이 높아진다. 이때 새로운 정보의 채택확률이 높아질수록 태도변화가 발생할 가능성이 증대하는데, 이는 맥과이어(McGuire 1968)의 정보처리 모형에 근거한 것이다. 즉, 맥과이어는 태도변화가 발생하기 위해서는 일련의 정보처리과정을 통해야 하는데, 그 과정은 '정보에 대한 노출(exposure) → 주의(attention) → 이해(comprehension) → 채택(acceptance) → 저장(memorizing) → 인출(retrieval) → 활성화(activation)' 등으로 구성되어 있다. '각

단계를 통과할 확률들을 곱한 값'이 태도변화 확률이다. 정리하면, 정치적 이견 노출은 수용자에게 양가성 또는 교차압력을 증대시켜 새로운 정보채택 확률은 높아지고 그만큼 태도변화 가능성이 증대하는데 영향을 미칠 수 있다. 김장수 (2005)는 정당에 대한 상충적 태도(party ambivalence)[2]를 지닌 유권자는 선거운 동 기간 상대정당 후보를 선호하는 방향으로 태도가 변경될 가능성이 높다고 주 장하였는데, 이는 양가성이 태도변화에 영향을 미칠 수 있다는 점을 시사해준다.

그렇다면 양가성을 어떻게 측정하는가가 중요한 이슈이다. 이러한 양가성 을 측정하는 방법은 통일된 방법이 없지만, <표 1>과 같은 톰슨 외(Thompson et al. 1995)의 양가성 지수가 대표적인 측정방법 중 하나이다. 이는 양가성을 '높 은 수준의 태도형성'과 '낮은 수준의 태도극단화'가 결합된 것으로 정의한 것이 다. 전항이 태도대상에 대한 태도형성 수준을 측정하고, 후항이 긍부정 태도의 유사성를 측정하여, 양가성의 두 가지 구성요건을 충족시키고 있다. 만일 태도 강도를 표현하는 전항이 없을 경우, 양가성은 중립적 태도(indifference)나 태도비 형성(non-attitude)과 구분되지 않을 것이다. 이때 중립적인 태도는 앞서 언급한 태도극단화와 대비되는 개념이다. 따라서, 태도대상에 대한 태도형성 수준이 높 아질수록 양가성이 증가하고, 태도대상에 대한 긍정적 태도와 부정적 태도가 병 립할수록 양가성이 증가한다.

▼〈표 1〉 양가성 지수(Thompson et al. 1995)

$$\text{양가성(ambivalence)} = \frac{\text{긍정개념수} + \text{부정개념수}}{2} - |\,\text{긍정개념수} - \text{부정개념수}\,|$$

---

2) 김장수(2005)는 양가적 태도(ambivalence)를 상충적 태도라고 번역하였다. 양가성이 태도 대상에 대한 긍정감정과 부정감정이 병존하는 것을 의미하는데, 반드시 긍정감정과 부정 감정이 상충적이라고 보기 어렵다. 왜냐하면 태도차원이 단일차원으로 환원되지 않는 경 우가 드물지 않기 때문이다. 예컨대, 특정 정당에 대한 태도에 있어 경제정책 차원에서는 지지하지만, 대북정책에 대해서는 반대해서 양가적 태도가 형성될 수 있다는 점을 들 수 있다. 이런 점을 고려할 때 'ambivalence'의 보다 적절한 번역은 상충적 태도보다는 양가 적 태도가 낫다. 한국심리학회의 심리학 학술용어 사전에도 이를 양가감정(兩價感情)으로 번역한 점도 유사한 취지에서 비롯되었다고 보여진다.

태도대상이 하나일 경우에 적용되는 톰슨 외(1995)의 양가성 지수를 이용하여 다수의 대선 후보에 대한 양가적 태도를 측정하기 위해서, 머츠(Mutz 2002)의 양가성 지수를 본 연구에 적용하여 측정하였다. 먼저 통상 세 명 이상의 후보가 있으므로 당해 개인이 가장 선호하는 후보 두 명(甲과 乙) 추출한 다음, 두 후보에 대한 호감도(각각 ①과 ②)를 이용하여 <표 2>의 공식에 대입하여 산출한다. 후보 호감도는 리커트형 11점 척도문항(0점: 매우 비호감, 5점: 중립, 10점: 매우 호감)으로 측정하였으므로, 각 후보의 호감도에서 5점을 뺀 값의 절대값은 각 후보에 대한 호감/비호감의 강도를 의미한다. 따라서, 아래 식의 전항은 양 후보에 대한 태도형성 정도의 평균값으로 톰슨 외(1995)의 양가성 지수 산출식의 전항과 대등하다. 후항은 양 후보에 대한 호감도의 유사성, 즉 후보선호도가 덜 극단적인 정도를 측정한다.

▼ 〈표 2〉 양가성 지수(Mutz 2002)

$$양가성(ambivalence) = \frac{|\,5 - ①\,| + |\,5 - ②\,|}{2} - |\,① - ②\,|$$

[주] ①(甲 후보에 대한 호감도), ②(乙 후보에 대한 호감도)

정치적 이견노출도와 태도변화 가능성에 대한 상기 논의를 바탕으로 연구가설을 도출하면 다음과 같다.

가설 2-1: 이견노출도가 높을수록 태도변화 가능성이 높을 것이다(직접효과),

가설 2-2: 이견노출도는 태도강도를 매개변인으로 하여 태도변화에 영향을 미칠 것이다(간접효과).

가설 2-3: 이견노출도는 태도 양가성을 매개변인으로 하여 태도변화에 영향을 미칠 것이다(간접효과).

3. 연구방법

3.1. 데이터와 분석방법

연구목적상 인과관계 방향 규명 및 태도변화를 분석하기 위해서는 개인 단위의 종단면 분석이 필요하므로 패널조사(panel survey)가 필수적이다. 패널조사는 동일한 응답자를 대상으로 태도변화 과정을 개인단위에서 직접적으로 측정할 수 있는 조사방법으로서, 동일문항에 대한 응답자 분포의 변화추이를 통해 태도를 간접적으로 추정하는 방식보다 방법론상 우월하다.

본 연구에서는 2회에 걸친 조사를 통해 데이터를 확보하였다. 1차조사는 17대 대통령선거 전(2007. 12. 5-7일)에, 2차조사는 대선 후(12. 21-28일)에 실시하였고, (주)패널데이터시스템의 온라인패널을 이용하여 온라인조사를 실시하였다. 조사대상은 지역감정의 영향력이 상대적으로 작은 수도권과 충청지역의 유권자들을 대상으로 하였고, 표본크기는 446명으로 이들은 2회 조사에 모두 응답하였다(2차조사에 응하지 않는 표본은 배제). 표본추출은 유의할당 방식(purposive quota sampling)이지만, 표본구성은 성(50:50)과 연령(중위값: 35세) 비율은 대체적으로 모집단과 유사하였다.

비록 모집단에 대해 대표성이 약한 표본이지만, 패널조사라는 조사방법상의 강점이 있기 때문에 본 연구주제를 다룸에 있어 적실성이 높다고 판단된다. 나아가 서울 이외의 지역을 포함하여 지역적 포괄성을 확보하였고, 변인 간의 인과관계를 규명하는 데 있어 충분한 표본크기를 확보하였다. 패널조사와 한정

▼〈표 3〉 조사개요

조사대상	• 서울/경기/충청 거주 19세 이상 성인남녀
조사방법	• 패널 조사(총 2회) • 구조화된 설문지에 의한 인터넷 조사
표본추출	• 유의할당 추출
표본크기	• 총 446명
조사기간	• 1차 조사: 2007년 12월 5일 ~ 12월 7일 • 2차 조사: 2007년 12월 21일 ~ 12월 28일

▼ 〈표 4〉 표본특성

구분		N	비율	구분		N	비율
전체		446	100%	지지정당	대통합신당	54	12.1%
성별	남자	224	50.2%		한나라당	151	33.9%
	여자	222	49.8%		민주노동당	41	9.2%
연령	35세 미만	221	49.6%		민주당	3	0.7%
	35세 이상	225	50.4%		국민중심당	2	0.4%
지역	서울	183	41.0%		창조한국당	16	3.6%
	경기	176	39.5%		무당파	179	40.1%
	충청	87	19.5%	지지후보	이명박	163	36.5%
학력	전문대 이하	130	29.1%		정동영	71	15.9%
	대졸	249	55.8%		이회창	93	20.9%
	대학원 이상	67	15.0%		문국현	65	14.6%
소득	200만 원 이하	50	11.2%		권영길	26	5.8%
	201만 원 이상	190	42.6%		이인제	1	0.2%
	401만 원 이상	206	46.2%		없음/모름	27	6.1%

된 지역 대상조사라는 점을 고려하면 적지 않은 표본크기라고 할 수 있다. 세부적인 표본특성은 <표 4>와 같다.

3.2. 측정

3.2.1. 커뮤니케이션의 속성

우선 커뮤니케이션의 속성으로서 미디어와 대인토론에 대한 노출량 및 이견노출도의 측정방법은 다음과 같다. 본 연구에서 정치적 이견노출 효과, 특히 대인토론 네트워크를 통한 이견노출이 미치는 영향을 분석하기 위해서는 대인토론 네트워크를 통한 이견노출도를 어떻게 측정하는가가 중요한 이슈이다. 전통적인 연구에서 주로 사용해 온 소속집단을 통한 간접적인 추정방식은, 측정상 한계가 뚜렷하다. 대인네트워크를 통한 이견노출 효과를 검증함에 있어 소속집단이 아닌, 보다 직접적으로 대인네트워크의 특성을 측정할 수 있는 방법을 적용하는 것이 연구문제 해결에 있어 핵심적인 과제이다.

본 연구에서는 대인토론 네트워크의 특성을 파악하기 위해 허크펠트와 스프라그(Huckfeldt & Sprague 1987)의 대인네트워크 파악법(sociological name generators)을 이용하였다. 이 방법은 사회적 네트워크 분석을 정치행태 연구에 도입한 것으로, 특정 의견에 대한 다수파와 소수파들이 각각 대화상대방의 정치선호를 어떻게 인식하는가를 분석하는데 활용되었다. 이러한 방법은 접촉하는 상대방의 정치성향을 개인 단위로 직접적으로 확인하는 강점이 있으나, 많은 설문이 소요된다는 단점이 있다. 먼저 다음과 같은 질문을 응답자들에게 던진다.

• 선생님께서는 평소에 정치나 선거에 대해 가장 많이 대화하는 분은 누구시나요?
  그 분의 이름을 적어주세요.

• 위에서 적은 분을 제외하고 가장 많이 정치에 대해 대화하는 분은 또 누구시나요?
  대화를 자주 하시는 순서대로 최대 3명까지 적어주시기 바랍니다.

이러한 질문을 통해 최대 4명까지 응답자가 일상상황에서 정치적 대화를 가장 많이 나누는 상대방을 파악한다. 그 다음 대화상대방 각각에 대하여 '상대방과의 관계, 상대방과의 친밀도, 상대방과의 정치적 대화빈도, 상대방의 정치성향과의 동질성 정도, 상대방이 지지하는 대선후보' 등 다섯 가지 질문을 던져서 대화 상대방과의 네트워크 특성을 파악한다. 이렇게 최대 4명까지의 응답자의 대인토론 네트워크의 특성을 파악한 뒤에는, 대인토론의 양적인 측변인 '대인토론량'은 각 대화상대방과의 주당 대화량의 평균값으로 측정하였다.

다음으로, 대인토론 동질성은 대화상대방과의 정치성향과의 동질성과 더불어, 대화상대방이 지지하는 대선후보와 응답자가 지지하는 대선후보가 일치하는지 여부도 반영하여 측정하였다. 먼저 최대 4명인 대화상대방별로 대선후보의 동질성과 정치성향 동질성 점수를 산출하였다. 즉, 상대방이 지지하는 '대선후보와의 동질성'(일치: 1, 불일치: -1, 기타: 0)과 더불어, 이념·가치관·태도 등 상대방의 정치성향과 응답자의 '정치성향 간 인식된 동질성'(일치: 1, 불일치: -1, 보통:

0) 등 두 가지 동질성 점수를 산출하였다. 두 가지 동질성 점수의 평균값을 주당 대화량으로 곱하여 개별적인 대화상대방과의 동질성 점수를 산출하였다. 이렇게 대화상대방 개인별로 동질성 점수를 산출하여 합산한 뒤, 이를 대화 상대방의 수로 나눈 평균값으로 '대인토론 동질성'을 측정하였다. 대인토론 동질성 점수는 양수이면 동질성 노출(consonant view exposure)이 상대적으로 더 크고, 음수이면 이견노출이 더 크다고 할 수 있다.

다음으로, 미디어이용량을 측정하기 위해 "뉴스를 접하기 위해 다음과 같은 매체를 이용하는데, 1주일에 평균적으로 며칠이나 보십니까?"라고 질문하였다. 이를 통해 TV뉴스 이용량과 신문 이용량을 측정하였다. 그리고, '미디어이용량'은 신문이용량과 TV이용량 각각의 표준화점수를 합산한 값으로 측정하였다.

다음으로 신문동질성, 즉 주로 이용하는 신문보도가 대체로 지지하는 후보와 응답자 본인이 지지하는 후보와의 동질성을 확인하기 위해, ① 우선 "평소에 어떤 신문을 주로 보십니까?"라고 질문하여 자주 이용하는 신문을 확인하였다. ② 다음으로 "평소에 자주 보시는 신문은, 대체로 어느 대선후보를 지지한다고 생각하십니까?"라고 질문하여 신문의 정치성향에 대한 인식[3]을 확인하였다. 다음으로 신문의 정치성향과 응답자의 정치성향이 일치하면 '1'점, 불일치하면 '-1'점, 기타는 '0점'으로 처리하였고, 이를 신문의 주당 이용량과 곱하여 신문동질성을 측정하였다. 신문동질성 점수가 높을수록 신문과 응답자의 정치성향이 유사하고, 값이 양수이면 동질성 노출이 상대적으로 더 크고, 음수이면 이견노출이 더 크다고 할 수 있다.

TV동질성, 즉 주로 이용하는 방송사의 TV뉴스의 정치성향과 응답자의 정치성향의 동질성 역시 신문동질성과 동일한 방식으로 질문하여 산출하였다. 상기 방식대로 산출한 이견노출도 관련 변인의 기술값은 <표 5>와 같다.

---

3) 이러한 측정방식은 미디어의 정치성향에 대한 주관적 인식을 확인한 것으로, 이는 내용분석(contents analysis)을 이용한 객관적 분석과 차이가 있다. 객관적 성향분석도 중요한 의미를 갖지만, 이견노출의 동기적 측면을 확인한다는 점에서는 주관적 인식이 중요하다는 점에서 타당성을 가지고 있다.

▼ 〈표 5〉 이견노출도 변인의 기술값

구분	N	최소값	최대값	평균	SD
대인토론동질성	446	−5.8	7	0.79	1.49
신문동질성	446	−8	8	−0.35	4.22
TV동질성	446	−8	8	−0.59	4.21

[주] 양의 값이고 클수록 이견노출도가 낮아짐.

3.2.2. 태도강도와 정치성향

태도강도와 관련된 변인으로는 후보선호의 극단성, 정당지지 강도, 이념극단성, 이슈태도에 대한 확신도 등이 있다. 먼저, 후보선호의 극단성과 이념극단성은 태도의 극단성과 관련된 변인으로서, 선행연구(Skitka, Bauman, & Sargis 2005)에 근거하여 태도극단화는 아주 강한 찬성과 아주 강한 반대의 연장선상에서 '중립적인 평가로부터 이탈된 정도'로 정의할 수 있다. 즉, 중립성으로부터 이탈될수록 태도가 극단화되었다고 평가할 수 있다.

후보선호의 극단성은 '最選好 대선후보와 次選好 대선후보 간 호감도의 격차(절대값)'로 측정하였다. 그 이유는 태도극단화를 대통령 선거라는 맥락에 적용할 경우, 각 대선후보에 대한 호감도가 별 차이가 없는 경우를 중립적인 태도라고 정의할 수 있기 때문에, 후보 간 호감도 격차가 클수록 태도가 극단화되었다고 조작적으로 정의하는 것이 타당하기 때문이다. 우선 대선 후보에 대한 호감도를 리커트형 11점 척도문항으로 측정하여, ① 가장 선호하는 두 명의 대선후보에 대한 호감도 점수를 추출한 뒤에 ② 양 점수의 격차(절대값)로 후보선호의 극단성(후보극단성)을 측정하였다.

이념극단성 역시 후보극단성과 유사한 방식으로 측정하였다. 먼저, 이념성향은 리커트형 7점 척도문항(매우 보수 1점, 매우 진보 7점)으로 측정하였다. 그리고, 이념극단성은 '중립적인 평가로부터 이탈된 정도'라는 태도극단성의 특성에 맞추어 중위값(4점; 중도)과의 격차(절대값)로 측정하였다. 따라서 '매우 보수적'과 '매우 진보적'은 공히 3점으로 이념극단성 점수가 가장 높은 반면, 중도적은 0점으로 이념극단성 점수가 가장 낮다.

정권교체론 이슈에 대한 태도강도를 확인하기 위해 이슈의 확신도(confidence)

를 측정하였는데, 먼저 찬반 여부를 리커트형 5점 척도문항으로 측정하였다. 다음으로, "앞서 찬성한다 또는 반대한다고 선생님께서 입장을 밝히셨는데요, 그 입장에 대해 얼마나 강하게 확신을 가지고 계신지요?"라는 리커트형 4점 척도문항으로 이슈확신도를 측정하였다.

태도강도에 영향을 미치는 심리특성 변인으로 주목받고 있는 인지욕구와 평가욕구에 대해서는 다음과 같은 방식으로 측정하였다. 인지욕구 척도를 최초로 개발한 카치오포와 페티(Cacioppo & Petty 1982)와 더불어 바이저 외(Bizer et al. 2000)의 선행연구에 기반하여 다음 두 가지 항목으로 측정하였다.

① 나는 간단한 문제보다는, 복잡한 문제를 해결하는 것을 더 좋아한다.
② 나는 많은 생각을 해야만 잘 처리할 수 있는 일을 맡고 싶어한다.

평가욕구 역시 제이비스와 페티(Javis & Petty 1996)와 바이저 외(Bizer et al. 2000)의 선행연구에 기반하여 다음과 같은 세 가지 항목을 통해 측정하였다.

① 나는 각종 현안이나 후보, 그리고 상품 등에 대하여 내 나름의 선호와 입장을 가지고 있다.
② 나는 어떤 것을 좋아하거나 싫어하는 이유가 다른 사람들보다 많다.
③ 나는 다소 복잡한 사안에 대해서는 중립적인 입장을 취한다.

인지욕구와 평가욕구를 측정하는 5개 문항의 타당성과 신뢰성을 확인하기위해 탐색적 요인분석(요인추출방법: 주성분 분석)을 실시한 결과, <표 6>과 같이 두 요인이 추출되었다. 성분행렬(component matrix)의 각 수치는 요인적재량(factor loading)을 나타내고 있다. 성분행렬을 분석한 결과, <평가욕구 문항 3>을 제외한 4개 문항(인지욕구 문항 1, 2와 평가욕구 문항 1, 2)의 요인적재량이 하나의 공통적인 특성을 가지고 있다. 따라서, 인지욕구 척도는 인지욕구 문항 1과 문항 2의 표준화 점수를 각각 구해 합산한 값으로 측정하였다. 인지욕구 측정문항 간 신뢰도는 매우 양호하였다(크론바흐 알파 = .813). 한편, 평가욕구의 측정문항(문항1~문항3) 간 신뢰도가 매우 낮았고(크론바흐 알파 = .199), 탐색적 요인분석

▼ 〈표 6〉 인지욕구와 평가욕구에 대한 요인분석(component matrix)

측정문항	Component	
	요인 1	요인 2
인지욕구 문항 1	0.836	0.113
인지욕구 문항 2	0.825	0.129
평가욕구 문항 1	0.658	9.10E-02
평가욕구 문항 2	0.585	−0.356
평가욕구 문항 3	−5.59E-02	0.939

Extraction Method: Principal Component Analysis

결과에서 문항 1과 문항 2는 인지욕구 요인과 오히려 공통성이 높았으므로, 〈평가욕구 문항 3〉만으로 평가욕구를 측정하였 다(평가욕구 문항 1과 문항 2는 배제).

선거중요성 내지 대선 관심도는, "이번 대선에서 누가 대통령이 되는가가 선생님과 선생님 가족에게 얼마나 중요하다고 생각하십니까?"라는 리커트형 4점 척도문항으로 측정하였다. 정치지식은 투표연령, 국무총리의 이름, 국회의장의 이름, 대통령 임기, 국회의원 임기, 원내 다수당 등 6개 문항을 질문하여 정답개수로 사실적 지식(factual knowledge)을 측정하였다.

3.2.3. 태도변화

태도변화에 대한 가설검증을 위해 종속변인의 특성을 살펴볼 필요가 있다. 정치적 이견노출이 태도변화에 미치는 영향을 좀더 포괄적으로 분석하기 위해 종속변인으로 4개 이슈를 선정하여 태도변화 발생 여부(태도변화 = 1, 태도불변 = 0)를 확인하였다. 즉, ① 대선지지후보 변경 여부, ② 지지정당 변경 여부, 그리고 ③ 이념성향 변경 여부과 더불어, ④ 정권교체론 이슈에 대한 태도변화 등을 종속변인으로 설정하였다.

이념성향과 정권교체론 이슈는 척도변인이기 때문에, 단순히 척도점수 변화만으로는 '태도의 진정한 변경(true change)'을 확인하기 어렵기 때문에 유의미한 단위로 리코딩하여 단위 간 응답변화가 있을 경우에만 태도변화가 발생하였다고 측정하였다. 예컨대, 이념성향의 경우 7점 척도문항으로 측정하였는데, '보수(①매우 보수적~③약간 보수적)', '중도(④중도적)', '진보(④약간 진보적~⑦매우 진

▼ 〈표 7〉 태도변화/비율(평균, 4개 이슈)

지지층	N	지지후보	지지정당	이념성향	정권교체론
전체	446	0.30	0.28	0.29	0.35
이명박	163	0.18	0.25	0.29	0.26
정동영	71	0.20	0.25	0.34	0.41
이회창	93	0.42	0.33	0.31	0.33
문국현	65	0.28	0.34	0.28	0.45
권영길	26	0.42	0.31	0.15	0.42
이인제	1	1.00	0.00	1.00	0.00
유보층	27	0.89	0.30	0.30	0.41

보적)' 등 세 단위로 리코딩하여 이 단위상의 변경이 발생하였을 경우에만 이념성향 변경으로 간주하였다. 정권교체론 이슈는 5점 척도문항으로 측정하였는데, '반대(①매우 반대~②대체로 반대)', '중립적(③중립적)', '찬성(④대체로 찬성~⑤매우 찬성)' 등 세 단위로 리코딩하여 이 단위상의 변경이 발생한 경우에만 태도변화로 간주하였다. 우선 4개 이슈에 대한 태도변화 비율을 대선후보 지지층별로 살펴보연 <표 7>과 같다.

우선 가장 주목되는 바는 본 연구를 위한 패널조사가 약 20일 간격으로 매우 짧은 격차를 두고 실시되었음에도 불구하고 태도변화 비율이 '28%~35%'로 매우 크게 나타났다는 점이다. 이는 패널조사를 이용하지 않고는 확인하기 어려운 현상으로서, 유권자의 정치적 태도가 상당히 불안정하다는 점을 보여준다. 특히, 정치성향 중에서 안정적이라고 기대되는 지지정당과 이념성향마저도, 다른 이슈에 대한 태도보다는 덜 하지만 그 변경비율이 각각 28%와 29%로 단기간에 상당히 변하는 유동적인 성격을 가지고 있다는 점이 주목된다.

우리나라 유권자들의 정당지지도와 이념성향의 불안정성은 선행연구에서도 뚜렷하게 나타났다는 전에/서 본 연구를 위한 조사결과가 타당성을 지니고 있다는 점을 간접적으로 확인할 수 있다. 'EAI·중앙일보·SBS·한국리서치'가 전국 유권자를 대상으로 실시한 '2006년 지방선거에 대한 패널조사'[4]에서도 유권자들

---

4) 당해 패널조사는 국내 선거연구 분야에서 전국적 수준에서 실시된 최초의 패널조사이다. 패널조사의 장점은 오래 전부터 인정되어 왔지만 조사를 위한 복잡한 준비와 높은 비용

이 2개월도 되지 않는 기간에, 지지정당 변경비율이 33% 정도에 이르렀고 이념성향 변경비율 역시 40% 정도에 이르렀다(이내영 외 2007). 지방선거 패널조사 결과는 본 연구의 조사치보다는 변경비율이 상대적으로 높았지만 본 연구는 조사간격이 상대적으로 작다는 점에서 납득할만하다.

4. 이견노출과 태도극단화

4.1. 독립변인으로서 이견노출

방법론적으로 이견노출도와 태도극단화 간 인과관계의 방향을 규명하기 위해서는 횡단면 분석은 한계가 있으므로 패널조사를 이용하여 종단면 분석을 실시하였고, 이러한 인과관계 분석모형을 그림으로 표시하면 <그림 1>과 같다. 분석초점은 인과관계 A와 인과관계 B 중 어떤 것이 유의미한 영향을 미치는지를 확인하는 데 있다. 인과관계 B의 경우 인과관계의 방향성을 규명하기 위해 종단면 분석을 실시하였고 2기의 이견노출 변인을 종속변인으로 설정하였다. 한편, 대인토론량과 미디어노출량과 같은 양적 변인의 영향력은 통제할 필요가 있다.

먼저 미디어와 대인토론에서의 이견노출도가 정치적 태도극단화에 미치는 영향(가설1-1)을 확인하기 위해, 대선후보에 대한 선호의 극단성을 종속변인으로 중회귀분석을 실시한 결과는 <표 8>과 같다. 인구변인과 정치성향 변인은 통제변인으로 처리하였다.

분석결과, 대인토론을 통한 이견노출도가 낮을수록, 즉 대인토론 네트워크가 동질적일수록 태도극단화를 유의미하게 증대시키는 것으로 나타나 <가설 1-1>은 타당한 것으로 채택되었다($p<.001$). 한편, 미디어를 통한 이견노출도는 태도극단화에 유의미한 영향을 미치지 않았다. 태도극단화에 대하여 이견노출도가 미치는 영향은 정보원에 따라 달라질 수 있다는 점에 주목할 필요가 있다.

커뮤니케이션의 양적 측면에서 보면, 미디어이용량은 태도극단화에 유의한 영향을 미친 반면, 대인토론량은 태도극단화에 유의미한 영향을 미치지 않는 것

등의 문제로 인해 국내 선거연구에서는 2006년까지 거의 시도되지 못했다.

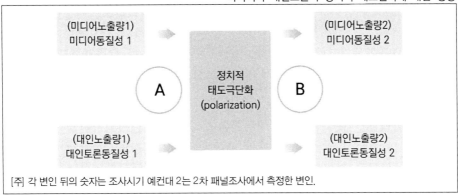

[주] 각 변인 뒤의 숫자는 조사시기 예컨대 2는 2차 패널조사에서 측정한 변인.

▲〈그림 1〉이견노출도와 태도극단화 간 인과관계 분석모형

▼〈표 8〉후보선호의 극단성에 미치는 영향

	Beta	P
(Constant)		0.289
성(남)	0.013	0.775
연령	0.038	0.446
학력	0.054	0.263
소득	−0.039	0.423
대인 동질성	0.165**	0.001
미디어동질성	−0.002	0.973
대인토론량	0.026	0.579
미디어이용량	0.181**	0.001
이념성향	−0.087	0.085
이념극단성	0.100*	0.030
정치지식	0.048	0.328
선거중요성	0.042	0.363
한나라당지지	−0.063	0.229
통합신당지지	0.195***	0.000
R²	.166	

[주] *** $p < .001$ ** $p < .01$ * $p < .05$ † $p < .10$, Beta(표준화된 회귀계수), N = 446.

으로 나타났다. 즉, 이견노출이라는 커뮤니케이션의 질적 측면에서는 대인토론이, 커뮤니케이션의 양적 측면인 이용량은 미디어가, 각각 수용자의 후보선호를 유의미하게 극단화시키는 것으로 나타났다.

이견노출도가 낮을수록 태도극단화되는 현상이 미디어에서는 안 나타나고, 대인토론에서만 나타나는 현상을 어떻게 설명할 수 있을까? 태도극단화에 대한 여러 가지 이론적 설명 중 인지반응이론에 입각하여 접근하는 것이 타당하다고 생각한다. 인지반응이론의 핵심은 외부자극의 양과 질 자체가 수용자의 태도에 직접적으로 영향을 미치는 것이라기보다는, 그러한 자극이 수용자의 인지적 반응을 얼마나 활성화시키는가를 매개로 하여 태도에 영향을 미친다는 것이다. 즉, 외부자극이 수용자의 인지적 처리를 활성화시킬수록 태도가 극단화된다는 것이다. 이러한 관점에서 보면, 정보원이 제공하는 정보가 수용자의 정치적 태도와 일치하더라도 대인토론이 갖는 직접적이고 대면적인 상호작용은, 미디어의 영향보다 수용자의 인지적 반응을 더 크게 활성화시켰기 때문에 상기한 결과가 나타났다고 해석할 수 있다. 한편 대인적 상호작용에서 상호작용의 양보다는 질, 즉 자신의 입장과 동질성 여부가 인지반응적 관점에서는 더 큰 영향을 미친다고 볼 수 있다. 왜냐하면, 정치적 동물로서 인간은 다른 사람이 자신에 대한 인식 즉, 사회적 이미지가 사회생활에서 중요하고, 대인적 상호작용은 이러한 사회적 이미지에 대해 직접적으로 영향을 미치기 때문이다.

4.2. 종속변인으로서 이견노출(종단면분석)

다음으로 정치적 태도가 극단적일수록 이견노출도가 낮을 것이라는 <가설 1-2>를 검증하고자 한다. 동 가설은 태도극단성이 정보탐색 과정에서 동질적 또는 이질적 정보를 선별하는데 동기로 작용하는가 여부, 즉 선별적 노출을 유발하는가를 확인하는데 의의가 있다. 동 가설을 검증하기 위해서는 인과관계의 방향성을 규명하기 위해 종단면 분석을 실시하였고 2기의 이견노출 변인을 종속변인으로 설정하였다. 독립변인으로는 1기의 대선후보 선호의 극단성을 설정하였고, 1기의 이견노출변인이 종속변인에 대하여 영향을 미치는 것을 통제할 필요가 있기 때문에 통제변인으로 처리하였다.

▼ 〈표 9〉 후보극단성이 정보탐색 행위에 미치는 영향(종단면분석)

	미디어동질성(2기)		대인 동질성(2기)	
	Beta	P	Beta	P
(Constant)		0.525		0.679
성(남)	-0.015	0.732	-0.023	0.573
연령	-0.011	0.822	0.061	0.169
학력	-0.082	0.078	0.086*	0.046
소득	0.046	0.329	-0.059	0.174
후보극단성(1기)	-0.010	0.838	-0.063	0.142
이념성향	-0.042	0.390	-0.046	0.303
이념극단성	-0.050	0.263	-0.001	0.990
정치지식	0.007	0.878	-0.052	0.235
선거중요성	-0.017	0.707	0.020	0.632
한나라당지지	0.196***	0.000	0.156**	0.001
통합신당지지	0.160**	0.001	0.082	0.056
미디어동질성(1기)	0.347***	0.000	0.021	0.616
대인 동질성(1기)	-0.070	0.142	0.500***	0.000
미디어이용량	-0.106*	0.039	0.000	0.997
대인토론량	0.097*	0.037	0.043	0.308
R²	.217		.338	

[주] 1. 종속변인(2기)의 1기 변인은 통제.
  2. *** $p<.001$ ** $p<.01$ * $p<.05$ † $p<.10$, Beta(표준화된 회귀계수), N = 446.

분석결과(<표 9>), 태도의 극단성은 종속변인에 대하여 유의미한 영향을 미치지 않는 것으로 나타났다(ns, <가설 1-2> 기각). 이는 태도의 극단성은 정보탐색 과정에서 정보선별의 동기로 작용하지 않는다는 것을 의미한다. 이러한 연구결과는 패널조사를 이용한 선행연구(Stroud 2007b, Binder et al. 2009)와도 동일한 결과라는 점에서 주목할 만하다. 앞 단의 논의와 종합하면, 대인네트워크가 동질적일수록 후보에 대한 선호를 극단화시키지만. 태도극단성 자체가 미디어동질성이나 대인토론 동질성을 높이는 선별적 노출을 유발시키지는 않는다고 결론지을 수 있다.

그렇다면, 태도의 극단성이 자신의 선호와 유사한 정보에 선별적으로 노출하는데 영향을 미치지 않는 현상은 어떻게 설명할 수 있을까? 이러한 현상은 극단적인 태도를 지닌 사람들의 정보탐색행위의 동기가 다양한 데 그 원인이 있다고 판단된다. 채이피와 맥클라우드(Chaffee & McLeod 1973)의 연구에서처럼, 당파적인 사람들은 자신이 속한 동질적 집단 내에서 인정욕구로 인해 동질적인 정보를 탐색할 수도 있지만, 자기 입장에 확신이 있는 사람은 반대되는 견해에 대한 노출을 그렇지 않은 사람보다 적극적으로 탐색할 수 있다는 주장이 대표적이다. 머츠(Mutz 1989)의 연구처럼 극단적인 태도를 가진 사람들은 여론분위기에 덜 민감하기 때문에 굳이 선별적 노출을 시도하지 않을 수도 있다. 이렇게 극단적인 태도를 가진 사람들의 정보탐색 동기가 다양하기 때문에 이질적인 동기에 따른 상쇄효과가 발생하여 특정 인과관계가 나타나지 않은 것으로 해석된다.

한편, 한나라당 지지 여부가 앞서 미디어동질성(p<.001)과 대인토론동질성(p<.001)에 대하여 유의미한 영향을 미치고, 대통합민주신당 지지 여부 역시 미디어동질성(p<.001)과 대인토론동질성(p<.10)에 대하여 유의미한 영향을 미치는 것으로 나타났다. 이는 당파성이 정보선별의 동기로 작용한다는 당파적 선별노출(partisan selective exposure) 가설을 지지하는 결과로 해석된다. 정리하면, 대통령 선거라는 맥락하에서 선별적 노출에 영향을 미치는 요인은 태도극단성보다는 당파성이 오히려 중요한 변인이라는 점을 시사해준다는 점에서 주목할 만하다.

5. 이견노출과 태도변화

5.1. 태도변화에 대한 직접적인 효과

이 절에서는 '정치적 이견노출도가 높을수록 태도변화 가능성이 높을 것'이라는 직접적 효과 가설(가설 2-1)을 검증하고자 한다. 아울러 '이견노출도는 태도강도를 매개변인으로 하여 태도변화에 영향을 미칠 것'이라는 <가설 2-2>와 '이견노출도는 태도 양가성을 매개변인으로 하여 태도변화에 영향을 미칠 것'이라는 <가설 2-3>을 검증하고자 한다. <가설 2-2>와 <가설 2-3>이 채택되기 위해서는 일차적으로 태도강도 변인과 태도 양가성 변인이 태도변화에 유의미한 영향을 미쳐야 한다. 양 변인의 직접적인 효과가 전제되지 않을 경우, 이견노출도가 양 변인을 매개변인으로 하여 간접적으로 태도변화에 영향을 미친다는 간접적 효과 가설 자체가 성립되지 않기 때문이다.

▼ 〈표 10〉 지지후보 변경과 정권교체론 태도변화에 대한 영향

	후보선호 변경			정권교체론 변화		
	B	S.E.	P	B	S.E.	P
성(남)	−0.134	0.234	0.567	0.083	0.221	0.708
연령	−0.009	0.012	0.456	0.003	0.012	0.826
학력	−0.033	0.129	0.800	−0.083	0.123	0.498
소득	0.012	0.063	0.849	0.055	0.061	0.371
대인 동질성	0.011	0.085	0.896	−0.035	0.077	0.652
미디어동질성	0.225	0.169	0.184	−0.036	0.157	0.818
대인토론량	−0.020	0.077	0.800	0.054	0.072	0.451
미디어이용량	−0.086	0.079	0.279	−0.086	0.076	0.257
이념성향	−0.004	0.092	0.968	0.025	0.085	0.766
이명박지지	−1.293***	0.333	0.000	−0.395	0.313	0.207
정동영지지	−0.770*	0.383	0.044	−0.177	0.337	0.599
이회창지지	0.174	0.319	0.586	−0.199	0.321	0.535
정치지식	−0.012	0.088	0.892	−0.008	0.083	0.925
인지욕구	0.003	0.048	0.945	0.067	0.045	0.139
평가욕구	−0.123	0.097	0.202	0.051	0.089	0.566
양가성	−0.032	0.054	0.552	−0.013	0.050	0.788
태도강도※	−0.222**	0.066	0.001	−0.562*	0.137	0.000
Constant	1.255	1.026	0.221	0.092	0.988	0.926
Nagelkerke R²	0.188			0.11		
판별정확도(%)	73.1			66.8		

[주] 1. 독립변인의 회귀계수가 음(−)일 경우 태도변화 확률이 낮아짐.
    2. **** $p \langle .001$ ** $p \langle .01$ * $p \langle .05$ † $p \langle .10$, B(표준화된 회귀계수), N = 446
    3. ※: 태도강도 변인은 모델별로 각각 후보선호 극단성, 정권교체론 확신도임

▼〈표 11〉지지정당과 이념성향 변경에 대한 영향 정당선호강도/이념극단성

	정당선호 변경			이념성향 변경		
	B	S.E.	P	B	S.E.	P
성(남)	-0.016	0.230	0.946	-0.088	0.233	0.705
연령	-0.003	0.012	0.794	0.004	0.012	0.758
학력	-0.095	0.124	0.445	0.132	0.128	0.299
소득	-0.063	0.061	0.302	-0.001	0.063	0.991
대인 동질성	0.086	0.082	0.291	0.042	0.081	0.605
미디어동질성	0.108	0.162	0.505	0.300[†]	0.162	0.064
대인토론량	0.005	0.078	0.950	-0.023	0.076	0.765
미디어이용량	-0.038	0.078	0.629	0.012	0.079	0.875
이념성향	0.046	0.088	0.600	0.040	0.100	0.691
이명박지지	-0.196	0.322	0.543	-0.048	0.327	0.884
정동영지지	-0.156	0.365	0.668	0.454	0.359	0.207
이회창지지	-0.033	0.332	0.922	0.270	0.342	0.429
정치지식	0.121	0.087	0.163	0.065	0.086	0.445
인지욕구	0.037	0.047	0.435	0.006	0.048	0.903
평가욕구	0.041	0.092	0.654	-0.120	0.095	0.208
양가성	0.042	0.049	0.396	0.045	0.050	0.368
태도강도※	-0.287***	0.081	0.000	-0.795***	0.146	0.000
Constant	-0.358	0.994	0.719	-0.104	1.046	0.921
Nagelkerke R²	0.081			0.13		
판별정확도(%)	71.3			72.6		

[주] 1. 독립변인의 회귀계수가 음(-)일 경우 태도변화 확률이 낮아짐.

2. **** p〈.001 ** p〈.01 * p〈.05 + p〈.10, B(표준화된 회귀계수), N = 446

3. ※: 태도강도 변인은 모델별로 각각 정당지지 강도와 이념극단성임

먼저, 직접적 효과 가설을 검증하기 위해 지지후보와 정당, 이념성향 그리고 정권교체론 이슈에 대한 태도변화 여부(태도변화 = 1. 태도불변 = 0)를 종속변인으로 설정하였다. 독립변인으로는 이견노출도와 더불어, 태도강도 변인과 지지후보에 대한 양가적 태도를 설정하였다. 태도강도 변인으로는 '후보선호의 극단성과 더불어, 정권교체론 확신도, 정당지지 강도, 그리고 이념 극단성' 등 네

▼〈표 12〉태도변화에 대한 직접적 효과: 4개 종속변인에 대한 로지스틱 회귀분석

종속변인	독립변인		통제변인		매개변인		심리특성	
태도변화	대인 동질성	미디어 동질성	대인 토론량	미디어 노출량	태도 강도*	후보 양가성	인지 욕구	평가 욕구
후보선호	-	-	-	-	○	-	-	-
정권교체론	-	-	-	-	○	-	-	-
지지정당	-	-	-	-	○	-	-	-
이념성향	-	-	-	-	○	-	-	-

[주] 1. ○은 $p<.05$, △는 $p<.10$ 수준에서 통계적으로 유의미함. 나머지는 통계적으로 유의미하지 않음
2. * 태도강도 변인은 각 모델에 대하여 후보선호의 극단성, 정권교체론 확신도, 정당선호 강도 이념극단성 등임

가지 변인을 모형에 각각 삽입하였다. 아울러 태도강도에 영향을 미치는 변인으로 주목받고 있는 인지욕구와 평가욕구를 통제변인으로 처리하였다. 기타 인구학적 변인과 정치성향 변인 등을 통제변인으로 처리하여 로지스틱 회귀분석을 실시한 결과는 <표 10>과 <표 11>과 같다. 각 컬럼은 독자적인 회귀모형을 의미한다.

상기한 4개의 로지스틱 회귀분석 결과를 간단히 정리하면 <표 12>와 같다. 분석결과, '정치적 이견노출도가 높을수록 태도변화 가능성이 높을 것'이라는 직접적 효과 가설(가설 2-1)은 기각되었다. 즉, 이견노출도는 태도변화에 직접적으로 유의미한 영향을 미치지 않았다.

또한, '이견노출도는 후보선호의 양가성을 매개변인으로 하여 태도변화에 영향을 미칠 것'이라는 <가설 2-3> 역시 기각되었다. 양가적 태도는 태도변화에 직접적으로 유의미한 영향을 미치지 않으므로, 이견노출도가 양가성을 매개변인으로 하여 태도변화에 간접적으로 영향을 미칠 것이라는 가설의 전제조건이 성립되지 않았기 때문이다.

다만, '이견노출도는 태도강도를 매개변인으로 하여 태도변화에 영향을 미칠 것'이라는 <가설 2-2>의 전제조건은 성립하였다. 즉, '후보선호의 극단성, 정권교체론 확신도, 정당지지 강도, 그리고 이념 극단성' 등 네 가지 태도강도 변인은 각각 지지후보 변경, 정권교체론 태도변경, 지지정당 변경, 이념성향 변경에 대하여 유의미한 영향을 마치는 것으로 나타났다(공히 $p<.001$). 특히, 대선

후보 지지변경은 후보선호의 극단성이, 정권교체론 태도변경은 정권교체론 확신도가, 지지정당 변경은 정당지지 강도가, 이념성향 변경은 이념극단성이 각각 유의미한 영향을 미쳤다는 점에 주목할 필요가 있다. 이러한 분석결과는 후보, 이슈, 정당, 그리고 이념성향의 변화 여부를 사전에 예측하기 위해, 횡단면 분석 시 태도강도가 태도변화에 대한 타당도가 높은 지표 역할을 할 수 있다는 점을 시사해준다는 점에서 주목할 필요가 있다. 따라서, 총 4개의 종속변인 모두에 대하여 유의미한 영향을 미친 태도강도는 정치적 이견노출이 태도변화에 영향을 미치는데 매개변인 역할을 수행할 유력한 후보라고 할 수 있다.

한편, 태도강도와 밀접한 관련을 맺고 있는 인지욕구와 평가욕구는, 태도변화와 관련된 4개 종속변인에 대하여 유의미한 영향을 미치지 않는 것으로 나타났다. 커뮤니케이션의 양적 효과와 관련된 변인인 미디어이용량과 대인토론량 역시 태도변화 관련 종속변인들에 대하여 유의미한 영향을 미치지 않는 것으로 나타났다.

5.2. 태도변화에 대한 간접적인 효과: 태도강도 변인을 중심으로

상기한 바와 같이 '정치적 이견노출도가 높을수록 태도변화 가능성이 높을 것'이라는 직접적 효과 가설(가설 2-1)은 기각되었기 때문에, 여기서는 이견노출 효과의 간접적 효과 가설을 검증하고자 한다. 한편, '이견노출도는 태도 양가성을 매개변인으로 하여 태도변화에 영향을 미칠 것'이라는 <가설 2-3> 역시 기각되었으므로, 여기에서는 '이견노출도는 태도강도를 매개변인으로 하여 태도변화에 영향을 미칠 것'이라는 <가설 2-2>를 검증하는 데 초점을 맞추었다.

<가설 2-2>를 검증하기 위해 후보선호의 극단성, 정권교체론 확신도, 정당선호 강도, 이념극단성 등 4개 종속변인에 대하여 중회귀분석을 실시하였고, 그 결과는 <표 13>과 <표 14>와 같다.

분석결과, 응답자의 '연령'과 '이념성향', 그리고 '인지욕구'가 태도강도에 유의미한 영향을 미치는 것으로 나타났다. 먼저 고연령일수록 이념극단성이 증가하며($p < .10$). 정권교체론 확신도가 유의미하게 증가($p < .001$)하는 것으로 나타났다. 둘째, 진보적일수록 이념극단성이 유의미하게 증가하는 것으로 나타났다

▼ 〈표 13〉 후보선호 극단성 및 정권교체론 확신도에 대한 영향

	후보선호 극단성		정권교체론 확신도	
	Beta	P	Beta	P
(Constant)		0.285		0.000
성(남)	0.034	0.411	0.070	0.120
연령	0.056	0.214	0.162**	0.001
학력	0.055	0.210	0.085†	0.068
소득	−0.048	0.277	−0.037	0.434
대인 동질성	0.128**	0.003	0.105*	0.024
미디어동질성	0.013	0.773	−0.111*	0.019
대인토론량	0.045	0.289	0.027	0.559
미디어노출량	0.144**	0.002	0.159**	0.001
이념성향	−0.032	0.480	−0.044	0.369
이명박지지	0.090	0.115	0.205**	0.001
정동영지지	0.176***	0.000	−0.169**	0.001
이회창지지	0.115*	0.023	0.068	0.208
정치지식	0.066	0.131	0.041	0.380
인지욕구	0.043	0.305	0.017	0.701
평가욕구	0.042	0.294	−0.019	0.651
후보양가성	−0.412***	0.000	0.062	0.152
R^2	0.331		0.237	

[주] *** $p<.001$ ** $p<.01$ * $p<.05$ † $p<.10$, Beta(표준화된 회귀계수), N = 446.

($p<.10$). 셋째, 평가욕구는 태도강도에 유의미한 영향을 미치지 않았지만, 인지욕구가 높을수록 정당지지 강도가 유의미하게 증가하는 것으로 나타났다 ($p<.01$).

다음으로 〈가설 2-2〉를 검증하기 위해 상기 회귀분석 결과를 정리하면 〈표 15〉와 같다. 분석결과, 대인네트워크를 통한 동질성(또는 이견) 노출은 후보선호의 극단성, 정당선호 강도, 정권교체론 확신도 등에 유의미한 영향을 미치는 것으로 나타났다. 한편, 미디어를 통한 동질성(또는 이견) 노출은 정권교체론 확신도를 제외하고는 유의미한 영향을 미치지 않았다는 점을 고려할 때 정치

▼ 〈표 14〉 정당지지 강도 및 이념극단성에 대한 영향

	정당지지 강도		이념극단성	
	Beta	P	Beta	P
(Constant)		0.319		0.045
성(남)	0.072	0.109	0.033	0.501
연령	0.051	0.290	0.089 †	0.091
학력	0.059	0.205	0.104*	0.043
소득	0.099*	0.035	−0.023	0.660
대인 동질성	0.087 †	0.062	0.019	0.706
미디어동질성	0.013	0.779	−0.031	0.548
대인토론량	0.144**	0.002	0.018	0.717
미디어노출량	0.082	0.101	0.043	0.429
이념성향	−0.079	0.111	0.101 †	0.063
이명박지지	0.120*	0.050	0.004	0.947
정동영지지	0.121*	0.019	−0.005	0.927
이회창지지	−0.219***	0.000	−0.043	0.470
정치지식	−0.045	0.329	0.074	0.150
인지욕구	0.126**	0.005	0.080	0.106
평가욕구	−0.007	0.870	0.051	0.280
후보양가성	0.040	0.359	0.017	0.717
R²	0.233		0.069	

[주] *** $p\langle.001$ ** $p\langle.01$ * $p\langle.05$ † $p\langle.10$, Beta(표준화된 회귀계수), N = 446.

적 이견노출을 통한 태도강도에 영향을 미치는 정보원은 미디어라기보다는 대인토론이라는 점을 시사해준다는 점에서 주목할 만하다. 그러나, 커뮤니케이션 효과의 양적 측면을 살펴보면, 미디어가 대인토론보다 주된 역할을 한다는 점을 확인할 수 있다. 정당선호 강도에만 유의미한 영향을 미친 대인토론량과 달리, 미디어노출량은 후보선호 극단성과 정권교체론 확신도에 유의한 영향을 미쳤기 때문이다.

한편, 미디어를 통한 동질성노출은 정권교체론 확신도에 유의미한 영향을 미쳤지만, 가설의 기대와 달리 음의 영향($\beta = -.111$, $p< .05$)을 미쳤다는 점에

▼〈표 15〉 태도변화에 대한 간접적효과: 9개 종속변인에 대한 중회귀분석

구 분	종속변인	독립변인		통제변인	
태도변화	태도강도	대인동질성	미디어동질성	대인토론량	미디어노출량
후보선호	후보선호 극단성	○	–	–	○
정권교체론	당해 이슈 확신도	○	○*	–	○
지지정당	정당선호 강도	△	–	○	–
이념성향	이념극단성	–	–	–	–

[주] 1. ○은 $p<.05$, △는 $p<.10$ 수준에서 통계적으로 유의미함.
2. 가설의 기대와 달리 태도강도에 음의 영향을 미침.

주의할 필요가 있다. 즉, 정권교체론 이슈의 경우 미디어를 통해 자신의 정치적 견해와 유사한 입장에 대한 노출도가 증가할수록 당해 이슈에 대한 자기확신도가 줄어든다는 것이다. 이렇게 가설의 예측과 다른 결과가 나온 이유를, 매체성향에 따라 지지후보별로 상반된 태도를 보이는데서 비롯된 것이라고 가정하고 이를 확인하기 위해 위계적 회귀분석(hierarchical regression)을 실시한 결과는 <표 16>과 같다.

먼저 매체별로 동질성 노출 효과를 확인하기 위해, 동질성 노출을 신문과 TV로 구분하여 분석한 <모델 1>의 경우 역시 가설의 예측과 상반되었는데, TV뉴스를 통한 동질성 노출도가 높을수록 정권교체론에 대한 확신도가 유의미하게 낮아지는 것으로 나타났다($\beta = -.106$. $p<.05$). 한편, 대인토론을 통한 동질성 노출도는 종속변인에 대하여 유의하게 양의 영향을 미친 반면($\beta = .080$. $p<.10$). 신문보도를 통한 동질성 노출도는 유의미한 영향을 미치지 않았다. 따라서, TV뉴스를 통한 동질성 노출의 영향을 보다 세밀하게 살펴보기 위해, TV뉴스가 상대적으로 정동영 지지층과 성향 일치도가 높다는 점을 착안하여 정동영 지지와 상호작용 변인을 만들어 통제변인으로 처리하여 위계적 회귀분석을 실시하였다(모델 2). 새로운 통제변인을 추가한 결과, 모델의 적합성이 유의미하게 증가하였다(F-change = 8.47, $p<.01$). <모델 2>의 분석결과를 살펴보면, 정동영 지지와 상호작용 변인을 통제한 결과, TV뉴스를 통한 동질성 노출은 정권교체론에 대한 확신도에 대하여 유의미한 영향을 미치지 않는 것으로 나타났다($\beta = -.042$, ns). 그리고 대인토론을 통한 동질성 노출도는 정권교체론에 대한

▼〈표 16〉정권교체론 확신도에 대한 영향(위계적 회귀분석)

	모델 1		모델 2	
	Beta	P	Beta	P
(Constant)		0.000		0.000
성(남)	0.050	0.253	0.052	0.226
연령	0.137**	0.003	0.145**	0.002
학력	0.040	0.384	0.038	0.405
소득	−0.028	0.539	−0.023	0.613
이명박지지	0.135*	0.011	0.121*	0.021
정동영지지	−0.197***	0.000	−0.199***	0.000
이념성향	−0.067	0.143	−0.070	0.125
정치지식	0.016	0.719	0.023	0.615
선거중요성	0.084†	0.060	0.087†	0.051
이슈중립성	−0.138*	0.002	−0.135**	0.002
후보강도지수	0.147*	0.006	0.141**	0.008
정당지지강도	−0.014	0.769	−0.002	0.965
이념극단성	0.110*	0.011	0.111*	0.010
대인토론량	0.010	0.815	0.007	0.875
신문이용량	0.064	0.177	0.063	0.184
TV이용량	0.088†	0.055	0.098*	0.032
대인 동질성	0.080†	0.079	0.089*	0.050
신문동질성	−0.019	0.700	−0.029	0.544
TV동질성	−0.106*	0.014	−0.042	0.384
정동영*TV일치			−0.134**	0.004
R^2	0.304		0.317	

[주] 1. 모델1과 모델2의 R^2 변화량(F−change = 8.47, p〈.01).
　　2. *** $p〈.001$ ** $p〈.01$ * $p〈.05$ + $p〈.10$, Beta(표준화된 회귀계수), N = 446.

확신도를 유의미하게 증가시키는 것($β$ = .089, $p<.05$)으로 나타나 <가설 2-2>의 예측이 타당한 것으로 나타났다.

　　태도강도에 대한 상기 분석결과를 정리하면, 태도강도에 영향을 미치는 주요 변인은 인구학적 측면에서는 연령이, 정치성향 측면에서는 이념성향이, 심리

특성 측면에서는 인지욕구가, 커뮤니케이션 환경 측면에서는 대인토론을 통한 이견노출도와 미디어노출량 등이 중요한 역할을 수행하는 것으로 나타났다. 즉, 고연령일수록, 진보성향일수록, 인지욕구가 강할수록, 대인토론을 통한 이견노출도가 낮을수록, 미디어노출량이 많을수록 태도강도가 강해지는 것으로 나타났다.

상기한 분석결과를 토대로 정치적 이견노출이 태도변화에 미치는 간접효과를 검증하기 위해 경로분석을 실시하였다. 독립변인으로는 대인토론을 통한 동질성(또는 이견) 노출을 설정하였다. 그 이유는 미디어를 통한 이견노출이 태도변화는 물론 매개변인인 태도강도 변인에 대하여 유의미한 영향을 미치지 못했기 때문이다. 매개변인으로는 후보선호의 극단성과 정권교체론 확신도 변인을 설정하였다. 정당지지 강도를 매개변인에서 배제한 이유는 '이견노출 → 태도강도 → 태도변화'로 이어지는 이견노출의 태도변화에 대한 간접적인 효과를 검증하기 위해서는, 일단 매개변인인 태도강도 변인이 태도변화에 대하여 뚜렷한 인과관계를 가지는 것이 좋기 때문이다. 대인토론을 통한 동질성 노출이 정당지지 강도에 미치는 영향(p<.10)은 신뢰수준이 높지 않아 간접효과 분석에서 배제하였다. 종속변인은 해당 매개변인과 연관된 후보선호의 변경과 정권교체론에 대한 태도변화 등 두 가지로 설정하였다.

먼저 후보선호 변경에 대하여 대인토론을 통한 이견노출이 미치는 효과를 분석한 결과(그림 2), 대인토론을 통한 이견노출이 후보선호 변경에 대하여 직접효과는 유의미하지 않았지만 간접효과(p<.05)는 유의미한 것으로 나타났다. 이때 간접적 효과의 매개변인은 후보선호의 극단성이었다. 따라서, 대인토론을 통한 이견노출은 후보선호의 극단성을 완화시킴으로써(depolarization) 후보선호 변경 가능성을 증대시킨다는 간접효과가 경험적으로 검증되었다.

다음으로, 정권교체론에 대한 태도변화에 대하여 대인토론을 통한 이견노출이 미치는 효과를 분석한 결과(그림3), 대인토론을 통한 이견노출이 정권교체론에 대한 태도변화에 대하여 직접효과는 유의미하지 않았지만 간접효과(p<.05)는 유의미한 것으로 나타났다. 이때 간접적 효과의 매개변인은 정권교체론에 대한 자기확신도였다. 따라서, 대인토론을 통한 이견노출은 정권교체론에 대한 확신도를 낮춤으로써 정권교체론에 대한 태도변화 가능성을 증대시킨다는 간접효과가 경험적으로 검증되었다.

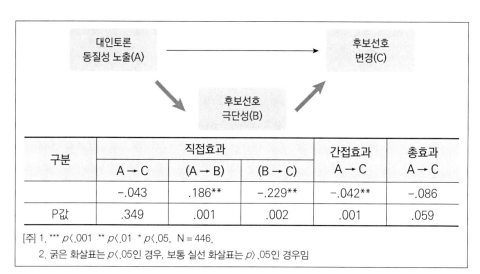

구분	직접효과			간접효과	총효과
	A → C	(A → B)	(B → C)	A → C	A → C
	-.043	.186**	-.229**	-.042**	-.086
P값	.349	.001	.002	.001	.059

[주] 1. *** $p < .001$ ** $p < .01$ * $p < .05$, N = 446.
　　2. 굵은 화살표는 $p < .05$인 경우, 보통 실선 화살표는 $p > .05$인 경우임

▲ 〈그림 2〉 후보선호 변경에 대한 간접효과(경로분석)

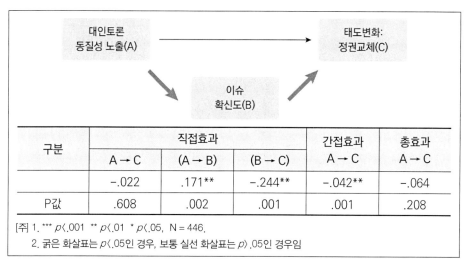

구분	직접효과			간접효과	총효과
	A → C	(A → B)	(B → C)	A → C	A → C
	-.022	.171**	-.244**	-.042**	-.064
P값	.608	.002	.001	.001	.208

[주] 1. *** $p < .001$ ** $p < .01$ * $p < .05$, N = 446.
　　2. 굵은 화살표는 $p < .05$인 경우, 보통 실선 화살표는 $p > .05$인 경우임

▲ 〈그림 3〉 정권교체론 태도변화에 대한 간접효과(경로분석)

　　이상의 논의를 정리하면, '이견노출도는 태도강도를 매개변인으로 하여 태도변화에 영향을 미칠 것'이라는 〈가설 2-2〉는 부분적으로 채택할 수 있다. 다만, 4개 종속변인 중에 2개의 종속변인에 대해서만 간접효과가 나타났다는 점이 가설검증의 한계로 지적할 수 있다.

그렇다면, 정당지지 강도와 이념 극단성은 이견노출이 태도변화에 미치는 데 유의미한 매개변인 역할을 하지 못했는가? 그 이유는 독립변인인 이견노출을 '대화 상대방의 지지하는 후보와 자신이 지지하는 후보의 일치 여부', 즉 후보선호를 기준으로 정의하여 측정한 개념으로, 정당지지나 이념성향과는 다소 거리가 있을 수 있다는 점이 작용한 것이라고 추정된다. 따라서 향후 이견노출도가 정당지지 강도와 이념성향 강도를 매개변인으로 하여 태도변화에 영향을 미칠 것이라는 가설을 검증하기 위해서는, 이견노출도를 정당지지와 이념성향을 기준으로 조작적으로 정의하여 측정할 필요가 있다. 한편, 정권교체론 이슈의 경우 대통령선거 상황에 가장 밀접하게 관련된 이슈라는 점에서 후보선호를 기준으로 설정된 독립변인과 밀접한 관련을 맺기 때문에 태도변화에 대한 간접효과가 나타난 것으로 추정된다.

또한, 이견노출은 태도변화에 직접적인 효과가 없고 태도강도를 매개로 하는 간접적인 효과만 있는가? 그 이유는 이견노출을 통한 태도변화를 위해서는 일정 수준 이상의 태도강도가 전제되어야 한다는 데 있다고 추정된다. 일반적으로 측정된 태도가 반드시 행동으로 실현되는 것은 아니라는 '태도와 행동간 괴리현상'이 발생하는데, 이는 태도가 행동으로 전환되기 위해서는 일정 수준 이상의 태도강도가 전제되어야 하기 때문이다. 따라서, 상기 연구결과는 이견노출도가 낮아져서(선별적 노출 상황) 태도변경 가능성이 낮아지기 위해서는, 낮은 이견노출도로 인해 일정 수준 이상으로 태도강도가 높아져야 한다는 점을 시사한다.

6. 결론 및 논의

정치적 이견노출이 정치적 태도의 변화과정에 영향을 미치는 주된 경로는 미디어가 아니라, 대인토론 네트워크였다. 대인토론 네트워크를 통한 이견노출은 태도극단성을 완화시키고, 태도강도를 매개로 하여 태도변화에 영향을 미치는 것으로 나타났다. 경로분석을 활용하여 분석한 결과, 대인네트워크가 동질적일수록(이견노출도가 낮을수록) 후보선호의 극단성과 정권교체론에 대한 확신도를 유의미하게 높이고, 이는 다시 지지후보 변경과 정권교체론에 대한 태도변화에 유의미한 영향을 미치는 것으로 나타났다. 즉, 정치적 이견노출도가 낮아질수록 태도가 극단화되거나, 태도강도를 증대시킴으로써 태도변화 가능성을 간접적으로 감소시킨다는 점을 확인할 수 있었다.

그러나, 이러한 연구결과가 바로 대인토론이 미디어보다 수용자에 대한 영향력이 크다고 결론을 내릴 수 있는 것은 아니다. 앞서 살펴본 바와 같이 미디어에 대한 노출량이 많을수록 후보선호가 더 극단적이게 되고, 정권교체론에 대한 확신도가 증가하는 등과 같이 태도강도에 직접적으로 유의미한 영향을 미치며, 그 영향력의 크기는 대인토론 네트워크의 동질성과도 별로 차이가 없다는 점에서 그러하다. 다만 커뮤니케이션의 질적 측면인 이견 노출이 개인의 태도와 집단여론에 대하여 영향을 미치는 경로 차원에서는 대인토론이 미디어보다 큰 영향을 미친다는 것이다.

미디어보다는 대인토론 네트워크를 통한 이견노출이 중요하다는 연구결과는 현실정치적 측면에서 어떤 함의를 가질 수 있을까? 이제까지 미디어에 비해 간과되었던 대인토론이 정치적 태도형성과 변화 과정에서 중요한 역할을 수행하고 있다는 점과 더불어, 대인토론과 같은 쌍방향적 커뮤니케이션이 작동되는 SNS를 통한 이견노출도가 낮아질 경우 태도극단화가 심화되어 사회적 합의 구축이 어려워질 수 있다는 점을 시사해준다.

한편, 향후 이견노출도가 정치적 태도에 미치는 영향을 분석함에 있어 이견노출도를 다양한 차원에서 정의할 필요가 있다. 본 연구의 대상이 대통령선거라는 선거상황이어서 이견노출을 응답자가 지지하는 후보를 기준으로 정의하여 측정하였지만, 후속연구에서는 정당지지나 이념성향은 물론 특정 사안에 대한 태도를 기준으로 이견노출을 정의하여 측정한다면 이견노출 효과를 좀더 다양한 차원에서 살펴볼 수 있을 것으로 기대한다.

[참고문헌]

김장수. 2005. "비대칭적 활성화와 정당에 대한 상충적 태도". 『한국정치학회보』 제39집 제2호.

이내영·이현우·김장수(공편). 2007. 『변화하는 한국 유권자i: 패널조사를 통해 본 5·31지방선거』. EAi. 서울.

정병은. 2005. "유권자의 사회자본과 지역주의에 대한 연구". 『한국사회학』제39집 제5호.

정효명. 2010. "정치적 이견노출 효과: 미디어와 대인토론의 개인의견과 여론에 대한 영향". 서울대학교 대학원 박사학위 논문.

Baldassare, M., & Katz, C. 1996. "Measures of attitude strength as predictors of willingness to speak to the media". Journalism & Mass Communication Quarterly, 73(1), pp. 147–158.

Binder, A. R., Dalrymple, K. E., Brossard, D., & Scheufele, D. A. 2009. "The Soul of a Polarized Democracy: Testing Theoretical Linkages Between Talk and Attitude Extremity During the 2004 Presidential Election". Communication Research. 36(3).

Bizer, G. , Krosnic & J., Petty R., Rucker D., & Wheeler C. 2000. "Need for Cognition and Need to Evaluate in the 1998 National Election Survey Pilot Study." National Election Studies Report.

Cacioppo, J. T., & Berntson, G. G. 1994. "Relationship between attitudes and evaluative space: A critical review with emphasis on the separability of positive and negative substrates". Psychological Bulletin, 115, pp. 401–423.

Cacioppo, J. T., & Petty, R. E. 1982. "The need for cognition". Journal of Personality and Social Psychology, 42, pp. 116–131.

Chaffee, S. H., & McLeod, J. M. 1973. "Individuals vs. social predictors of information seeking". Journalism Quanterly, 50, pp. 237–245.

Freedman, J. L., & Sears, D. O. 1965. "Selective exposure". In L. Berkowitz (Ed.), Advances in Experimental Social Psychology. Vol. 2, pp. 57–97. New York: Academic Press.

Fournier, P. 2004. "The Psychological Sources of Attitude Change in Vote Choice", Paper presented at the 2004 annual meeting of the American Association for Public Opinion Research, Phoenix.

Haugtvedt, C., & Petty, R. 1992. "Personality and persuasion: Need for cognition moderates the persistence and resistance of attitude changes", Journal of Personality and Social Psychology, 63, pp. 308-319.

Huckfeldt, R., Mendez, J. M., & Osborn, T. 2004. "Disagreement, ambivalence, and engagement: The political consequences of heterogeneous networks". Political Psychology, 25(1), pp. 65-95.

Huckfeldt, R., & Sprague, J. 1987. "Networks in context: The social flow of political information". American Political Science Review, 81, pp. 1197-1216.

Jarvis, B., & Petty, R. 1996. "The need to evaluate". Journal of Personality and Social Psychology, 70, pp. 172-194.

Lazarsfeld, P. F., Berelson, B. R., & Gaudet H. 1944. The People's Choice. New York: Duell, Sloane, and Pierce.

McGuire, W. J. 1968. "'personality and Susceptibility to Social Influence", in E. F. Borgatta & W. W. Lambert(eds.), Handbook of Personality Theory and Research. Chicago: Rand McNally.

Mendelsohn, M., & Nadeau, R. 1996. "The magnification and minimization of social cleavages by the broadcast and narrowcast news media". International Journal of Public Opinion Research, 8(4), pp. 374-390.

Mutz, D. C. 1989. "The influence of perceptions of media influence: Third person effects and the public expression of opinions". International Journal of Public Opinion Research, l(spring 1989), pp. 3-23.

Mutz, D. C. 2002. "Cross-cutting social networks: Testing democratic theory in practice". American Political Science Review, 96(2), pp. 111-126.

Petty, R. E., & Cacioppo, J. T. 1986. Communication and Persuasion: Central and Peripheral Routes to Attitude Change. New York: Springer-Verlag.

Petty, R. E., & Duane T. Wegener. 1998. "Attitude Change: Multiple Roles for Persuasion Variables," in The Handbook of Social Psychology(4th ed., Vol.

1), ed., D. Gilbert, S. T. Fiske, & G. Lindzey, New York: McGraw-Hill.

Skitka, L. J., Bauman, C. W., & Sargis, E. G. 2005. "Moral conviction: Another contributor to attitude strength or something more?" Journal of Personality and Social Psychology, 88(6), pp. 895-917.

Stroud, N. J. 2007a. "Revisiting the concept of selective exposure". Paper presented at the meeting of the International Communication Association, Mass Communication Division, San Francisco, CA.

Stroud, N. J. 2007b. "Polarizing effects of partisan selective exposure". Paper presented at the meeting of the International Communication Association, Political Communication Division, San Francisco, CA.

Sunstein, C. 2001. Republic.com, Princeton University Press.

Thompson, M. M., Zanna M. P., & Griffin, D. W. 1995. "Let's Not Be Indifferent About(Attitudinal) Ambivalence." In Attitude Strength: Antecedents and Consequences, ed. R. E. Petty & J. A. Krosnick. Hillsdale, N. J.: Erlbaum.

제6편

언론 보도의 편향적 인식이 공정성 평가에 미치는 영향

: 우호적, 중도적, 적대적 매체에 대한 비교 검증

이종혁 경희대학교 언론정보학과 부교수

언론 보도의 편향적 인식이 공정성 평가에 미치는 영향

: 우호적, 중도적, 적대적 매체에 대한 비교 검증[*]

1. 서론

우리나라 언론은 공정한가? 이 질문에 답하기는 꽤 어렵다. 공정성이 무엇이며 어느 언론사에 대해 물어야 하는지 애매하다. 또 누구에게 물어봐야 하는지도 결정돼야 한다. 요컨대, 언론 공정성에 대한 평가는 누가 어느 언론사에 대해 어떤 측면을 고려해 답할 것인지 결정돼야 가능하다. 특히 우리나라 언론과 수용자가 진보와 보수로 대립하는 현재 상황에서 이에 대한 답은 더욱 어려울 듯하다.

언론의 공정성에 대한 연구는 많다. 공정성 개념에 대한 논의가 지속됐으며, 언론의 보도 내용 분석(송은지·이건호, 2014; 박현식·김성해, 2014)과 언론 종사자 인식조사(박형준, 2013; 정동우·황용석, 2012)도 최근까지 계속됐다. 반면, 수용자가 평가하는 언론 공정성에 대한 연구는 적은 편이다(문종대·안차수·진현승·안순태, 2007).

언론의 공정성에 대한 접근은 수용자에 대한 깊이 있는 이해를 바탕으로 이뤄져야 한다. 언론의 불공정성에 대한 비판과 경고를 끊임없이 제기하는 주체이기 때문이다. 문종대 등(2007)의 조사에서 수용자의 68.6%가 한국 언론이 대

---

* 이 논문은 2015년 『한국언론학보』(59권 1호)에 기 출간되었으며, 저작권은 한국언론학회에게 있음. 이 논문은 2012년도 정부(교육부)의 재원으로 한국연구재단의 지원을 받아 연구되었음.(NRF-2012S1A5A8022608)

체로 불공정하다고 답했다. 매우 불공정하다는 인식도 11.4%나 됐다. 이준웅·
최영재(2005)는 '공정성 위기 가설'을 제시하며, 우리나라 신문의 불공정성을 인
지한 수용자들이 신문에 대한 신뢰와 구독률을 떨어뜨려 심각한 경고를 보내고
있다고 진단한다. 이준웅(2005)은 2000년대 초 비판적 담론 공중(critical
discursive publics)의 등장을 소개하며, 정치 권력의 분포가 변화하며 진보적 수
용자들이 보수적 언론 매체들의 불공정성을 적극적으로 비판하기 시작했다고
주장했다. 자신들의 진보적 목소리가 반영되지 않는 불만에서 언론의 공정성을
요구했다는 것이다. 한편, 보수적 수용자들도 자신의 목소리가 위축될 위협을
느끼며 언론 보도에 주목했다고 한다.

우리나라 언론과 수용자들의 이념적 성향에 따른 대립은 여전하다. 인터넷
매체들이 많아진 환경을 바탕으로 보수 매체와 진보 매체 간 대립이 증폭되며,
인터넷 커뮤니티와 소셜미디어를 바탕으로 수용자 집단의 성향에 따른 반목도
강화되고 있다. 이런 대립은 수용자의 매체 선호와 이용에도 나타난다. 자신의
정치적 성향에 따라 유사한 매체 이용을 선호하며, 반대 진영의 매체를 비판하
거나 무시하는 것이다. 이와 같은 편향적 매체 이용과 평가는 우리 언론의 공정
성에 대한 평가에도 영향을 미칠 것으로 예측된다. 수용자가 자신의 정치적 성
향과 유사한 매체 보도에 대해 긍정적으로, 반대되는 매체 보도에 대해 부정적
으로 평가할 소지가 다분하다. 언론 공정성에 대한 평가가 이런 편향적 사고에
근거한다면 문제가 아닐 수 없다.

이런 문제의식에서 본 연구는 언론의 공정성 평가에 수용자의 매체에 대한
편향적 인식이 영향을 미치는지 살펴보고자 한다. 이론적으로 적대적 매체 지각
(hostile media perception), 사회판단이론(social judgement theory). 사회정체성이
론(social identity theory), 공정성 개념이 논의될 것이다. 구체적으로, 본 연구는
2012년 대통령 선거 보도를 주제로 매체에 대한 태도(우호적/중도적/적대적 매체),
정치적 이념 강도(강/약), 정치적 성향(진보/보수)이 보도의 편향적 인식과 보도
의 공정성 평가에 영향을 미쳤는지 살펴보고자 한다. 이어 보도의 편향적 인식
이 공정성 평가로 이어지는 경로도 분석된다. 이를 통해 수용자의 매체에 대한
태도가 보도에 대한 편향적 인식을 유발하고, 결국 공정성 평가에까지 영향을
미치는지 규명하고자 한다. 본 연구 결과가 수용자 심리 측면에서 언론의 공정

성에 대한 이해를 넓히고 관련 연구 범위를 확대하는 데에 기여하길 기대한다.

2. 이론적 논의

2.1. 언론 보도의 편향적 인식

2.1. 동화 편향(assimilation bias)과 대조 편향(contrast bias)

우리 사회에는 다양한 갈등적 이슈에 대해 찬성하거나 반대하는 의견들이 넘친다. 어떤 이슈에 대해 특정 입장을 가진 개인이 관련 의견을 접했을 때, 이 의견에 대해 어떤 태도를 형성할까? 건더 등(Gunther, Miller, & Liebhart, 2009)에 따르면, 접한 의견이 자신의 기존 입장과 배치되면 실제보다 더 거리가 먼 것으로 인식하며, 기존 입장과 부합하면 실제보다 더 가까운 것으로 인식하게 된다. 전자는 대조 편향이며, 후자는 동화 편향이다. 구체적으로, 건더 등(Gunther, et al., 2009)은 동화-대조 연속모형(assimilation-contrast continuum)을 통해, 메시지가 수용자에게 우호적(congenial)-중도적(neutral)-적대적(disagreeable)인 정도에 따라 동화에서 대조의 연속선상의 효과가 발생한다고 설명한다.

이런 현상은 사회판단이론(social judgement theory, Sherif, & Hovland, 1961)의 틀에서 해석된다. 이에 따르면, 태도의 차원은 수용-비개입-거부 영역으로 구성돼 있는데, 어떤 자극이 수용 영역에 들어오면 동화가 발생하며 거부 영역에 들어오면 대조가 발생한다. 사회정체성이론(social identity theory, Tajfel. 1982)에 의하면, 개인은 집단을 자신과 가까운 내집단(ingroup)과 거리가 먼 외집단(outgroup)으로 나눈다. 이후 내집단은 자신과 유사하게, 외집단은 자신과 반대되게 인식하거나 평가한다. 내집단 동화(ingroup assimilation)와 외집단 대조(outgroup contrast)가 발생하는 것이다. 하이더(Heider, 1958)의 균형 이론(balance theory)으로도 설명 가능하다. 자신, 내집단, 외집단 사이에서 인지적 균형을 이루는 방법은 자신과 내집단을 가깝게 평가하고, 자신과 외집단을 멀게 평가하는 것이다. 이를 통해 실제보다 편향된 내집단 동화와 외집단 대조가 발생할 수 있다.

207

또, 최적차별성 이론(optimal distinctiveness theory, Brewer, 1991)에 따르면, 사람은 타인과의 연계(interpersonal affiliation)와 개인적 독특성(individual uniqueness)이라는 상반된 욕구를 가지며 이들 간 균형을 추구하려고 한다. 내집단 구성원을 자신과 유사하게 인식하고, 외집단 구성원을 자신과 다르게 인식하는 것은 이러한 욕구 간 균형을 유지하는 데에 효과적이다.

이런 편향은 뉴스 매체에 대한 인식에서도 발생한다. 잘 알려진 적대적 매체 지각(hostile media perception)은 매체에 대한 대조 편향의 결과이다. 이는 어떤 이슈에 대해 찬성이나 반대 입장을 가진 수용자가 이에 대한 언론 보도가 자신의 입장과 반대되는 방향으로 편향돼 있다고 인식하는 현상이다(오택섭·박성희, 2005: Gunther, et al., 2009; Reid, 2012). 이 이론을 처음 제시한 밸론 등(Vallone, Ross, & Lepper, 1985)은 레바논 전쟁의 텔레비전 뉴스에 대해 친이스라엘 수용자들과 친팔레스타인 수용자들이 해당 뉴스가 각각 반대편에 유리하게 구성됐다고 인식함을 밝혀냈다. 적대적 매체 지각은 실제 광범위하게 발생한다. 정치적, 종교적, 인종적으로 다른 집단들은 언론 보도가 자신의 집단에 불리하고 반대 집단에 유리하다고 인식하는 것으로 나타났다(Gunther, 1992). 미국의 공화당과 민주당 지지자들도 언론 보도가 반대 집단에 유리하게 편향됐다고 판단하고 있었다(Dalton, Beck, & Huckfeldt, 1998). 이 밖에도 적대적 매체 지각 현상은 미국의 운수 업체인 UPS의 파업사태(Christen, Kannanovakun, & Gunther, 2002), 라돈 가스와 유전자 변형식품과 같은 건강문제(Gunther, & Christen, 2002; Gunter, & Schmitt, 2004; Gunther, & Liebhart, 2006), 실험에 사용하는 영장류 문제(Gunther, Christen, Liebhart, & Chia, 2001), 국내 국가보안법(Choi, Yang, & Chang, 2009), 사학법 재개정(황치성, 2007), 인재할당제(오택섭·박성희, 2005), 대통령 후보 토론회(오택섭·박선희·이강형·민영, 2008) 등 다양한 주제에 대해 연구돼왔다.

적대적 매체 지각이 발생하는 이유에 대해서는 대체로 3가지 심리적 기제가 거론된다(Vallone, et al., 1985; Giner-Sorolla, & Chaiken, 1994). 첫째, 차별적 기준(different standards)이다. 정치적으로 편향된 수용자는 중립된 뉴스 보도를 접하고도 자신의 시각이 더 정확하다고 믿고 해당 보도가 자신에게 불공정하다고 느끼기 쉽다. 자기 의견과 일치하지 않는 정보는 평가 기준을 달리해 평가절하하는 것이다. 상대편의 열등한 주장이 자신의 월등한 주장과 동등하게 취급된다고 느끼는 데에서 반감을 갖기 때문이다. 둘째, 선택적 범주화(selective categorization) 설명에 따르면, 수용자는 자신의 입장에 일치하지 않는(중립적) 보도를 사회적 판단이론 상의 '거부 영역'에 위치시킴으로써 적대적인 것으로 판단한다. 셋째, 선택적 기억(selective recall)에 따르면, 수용자가 자신의 입장과 일치하지 않는 내용만을 특히 잘 기억해 뉴스 보도가 자신에게 불리하다는 인식을 갖게 된다고 한다.

최근 레이드(Reid, 2012)는 위 3가지 설명의 한계를 지적하며, 자기범주화이론(self-categorization theory, Turner, Hogg, Oakes, Reicher, & Wetherell, 1987)의 적용을 주장했다. 이에 따르면, 우리는 자신이 속한 집단의 특징으로부터 사회정체성(social identity)을 형성하며, 이를 통해 자신과 타인을 이해하고자 한다. 사회정체성은 자신이 속한 내집단의 특성 가운데 외집단과 비교해 가장 차이나는 것들(원형, prototype)을 기준으로 형성된다. 성, 연령대, 정치 성향 등은 흔히 사용되는 사회정체성 형성 범주들이다. 예를 들면, 20대 진보적 여성은 자신을 남성과 비교되는 여성 집단으로, 중노년 층과 비교되는 젊은 층으로, 정치적 보수 집단과 비교되는 진보적 집단으로 범주화할 수 있다. 이와 같은 사회적 비교(social comparison)를 통해 개인이 자신의 정체성을 내집단의 특성과 일치하게 형성하는 것이다. 이는 관련 집단에 대한 사회적 지각이나 판단에 영향을 미친다(Hogg & Reid, 2006; Reid, 2012; Reid, Giles, & Harwood, 2005). 레이드(Reid, 2012)에 따르면, 자기범주화 이론이 편향적 매체 지각을 설명하는 데에 있어 기존 이론과 다른 점은 메타대조 원리(meta-contrast principle)에 있다. 이는 어떤 자극물을 범주화할 때 다른 집단과의 차이점(inter-category difference)에 비해 같은 집단과의 유사성(intracategory similarity)을 극대화하는 방식이다(Campbell, 1958). 사회적판단이론이나 차별적 범주화 설명이 수용자가 기존 태도에 따라 주어진 정보를 얼마나 일치(동화) 또는 불일치(대조)하게 인식하는지에 초점을 맞췄다면, 자기범주화이론은 수용자가 주어진 정보보다 자신과 정보원(source)의 일치성을 판단해 내집단/외집단 구분을 진행한다고 본다. 메타대조에 따라 해당 정보원의 범주화가 이뤄지면, 이를 바탕으로 내집단 동화와 외집단 대조가 나타난다는 것이다. 이에 따르면 적대적 매체 지각은 정보원이 외집단에 속할 때 발생하게 된다. 동시에 정보원이 내집단에 속하면 동화를 바탕으로 우호적 매체 지각(congenial media perception)이 발생할 수도 있다.

우호적 매체 지각은 적대적 매체 지각에 비해 연구가 덜 된 편이지만, 실제 발생하는 것으로 보고되고 있다. 이는 내집단에 대한 동화효과를 이론적 바탕으로 한다. 실제, 알루왈리아(Ahluwalia, 2000)는 클린턴-르윈스키(Clinton-Lewinsky) 스캔들에 대해 클린턴 지지자들이 다른 후보 지지자에 비해 클린턴이 거짓말을 하지 않았을 것이며 르윈스키를 신뢰할 수 없다고 답하는 것을 밝혔다. 국내 오택섭·박성희(2005)의 실험연구에서도 피험자들이 주어진 갈등 이슈 관련 기사를 자신의 입장에 따라 유리하게 해석하는 동화 편향을 보였다. 그밖에 제3자 효과(third-person effect) 연구들도 메시지의 내용이 사회적으로 바람직할 경우에는 자신이 더 영향을 받는다고 생각하는 동화효과가 나타난다고 언급하고 있다(오택섭·박성희, 2005).

2.1.2. 언론 보도의 편향적 인식에 미치는 요인: 정파성과 정보원

언론 보도의 편향적 인식에 영향을 미치는 요인은 정파성(partisanship), 관여도(involvemnet), 정보원(source), 도달범위(reach), 대화망(communication network) 등 다양하다(오택섭·박성희, 2005; Eveland & Shah, 2003; Gunther, et al., 2009; Gunther & Schmitt, 2004). 본 연구는 이 가운데 정파성과 정보원에 대해 논의의 초점을 맞춘다.

편향적 매체 지각 연구에서 정파성은 집단 정체성(group identification)과 태도 극단성(attitude extremity) 등으로 구체화됐다(Gunther, et al., 2009). 집단 정체성에 대한 연구는 인종, 정치, 종교 등에서 서로 다른 집단이 언론 보도를 어떻게 인식하는지를 분석했다(Dalton et al., 1998; Gunther, 1992). 한편, 태도 극단성에 대한 연구는 특정 이슈에 대한 태도의 강도가 적대적 매체 지각에 어떤 영향을 미치는지 검증했다(Gunther & Liebhait, 2006). 건더 등(Gunther, et al., 2009)은 미국 원주민(native American) 이슈를 주제로 집단 정체성(원주민/비원주민)과 태도 극단성(이슈 관여도)이 편향적 매체 지각에 미치는 영향을 동시에 측정했다. 그 결과, 원주민 집단은 비원주민 집단에 비해 우호적 매체에 대한 동화 효과를 적게 보였다. 또, 태도 극단성이 강할수록 더 강한 동화 효과를 보였다.

사실 정파성은 편향적 인식을 논하기 위한 필수 조건이다. 어떤 이슈에 대

210

해 중도나 비관여 입장을 가진 수용자에게 동화나 대조 효과를 기대하기 어렵기 때문이다. 사회판단이론의 관점에서 이 효과들이 발생하려면 수용자가 해당 이슈에 대해 특정 입장을 견지하고 수용-비개입-거부 영역을 형성해야 한다. 갈등 이슈에 대해 입장을 정하지 못한 수용자는 이와 같은 영역 구분이 불가능하다. 한편, 갈등 이슈에 대해 정파적 입장이 강한 수용자일수록 거부 영역을 크게 가지며, 이는 적대적 매체 지각을 강화시킨다.

자기범주화이론의 관점에서도 수용자의 정파성이 전제돼야 편향적 인식에 대한 논의가 가능하다. 이 이론에 따르면, 개인이 어떤 사회정체성을 획득하려면 접근성(accessibility), 비교적 합치(comparative fit), 규범적 합치(normative fit) 등이 있어야 한다. 예를 들어, 어떤 유권자가 진보 정당 지지자라는 사회정체성을 가지기 위해서는(진보 정당 지지 집단으로 자신을 범주화하는 데에는) 선거에 대한 관심과 참여 의지가 있어야 하며(접근성), 자신과 진보 정당 지지자들 간 유사성이 보수 정당 지지자들 간 차이점 보다 매우 강해야 하며(비교적 합치), 진보 정당 지지자들 사이에 지지 활동이 규범적으로 일관되게 나타나야 한다(규범적 합치). 이 가운데 비교적 합치 기준에 따르면, 사회정체성은 자신과 내집단 간 유사성이 자신과 외집단 간 차이점에 비해 극대화될 때 가장 확실하게 발현된다(meta-contrast principle). 정파성이 강하다는 것은 이 비교치가 큼을 뜻하며, 동시에 사회정체성이 강하게 나타남을 의미한다. 사회정체성이 강할수록 탈개인화(depersonalization)와 집단동화 현상을 보이며, 이 현상이 매체에 적용되면 편향적 인식으로 이어지게 된다. 따라서 정파성이 강할수록 매체에 대한 편향적 인식이 커진다고 할 수 있다. 실제 많은 적대적 매체 지각 연구들에서 정파성 또는 내집단 소속감이 큰 경우 이러한 편향적 인식이 크게 나타남을 논의하고 있다(Ariyanto, Hornsey, & Gallois, 2007; Duck, Terry, & Hogg, 1998; Gunther & Liebhait, 2006; Matheson & Dursun, 2001).

정보원도 언론 보도의 편향적 인식에 영향을 미치는 중요한 요인이다. 오택섭·박성희(2005)는 적대적 매체 지각을 메시지 요인과 정보원(메신저) 요인으로 나눠 관찰했다. 피험자들은 메시지에 대해서는 자기 입장에서 유리하게 해석하는 동화 편향을 보였고, 정보원에 대해서는 자신에게 불리하게 인식하는 적대적 매체 지각을 보였다. 이를 통해 적대적 매체 지각이 메시지의 방향보다 정보원에 대한 태도와 더 관련됨을 검증했다. 아판과 라니(Arpan & Raney, 2003)도 자신의 고향 도시(home town) 정보원에 의한 뉴스와 비교해 중립적 도시(neutral town)의 정보원에 의한 뉴스가 더 적대적으로 인식됨을 밝혔다. 건더 등(Gunther, et al., 2009)의 연구도 자기 집단에 우호적인 정보원에 대해서는 그렇지 않은 정보원에 비해 적대적인 매체 지각이 덜 나타남을 보였다.

2.2 언론 보도의 공정성 평가

언론 보도의 공정성은 많은 선행연구에도 불구하고 개념과 평가 기준이 여전히 명확하지 않아 논란이 끊임없는 개념이다. 공정성에 관한 대부분 논의는 웨스터슈탈(Westerstahl, 1983)이 뉴스 객관성 개념의 하위 차원으로 공정성을 제시한 데에서 출발한다. 웨스트슈탈은 뉴스 객관성을 사실성(factuality)과 불편부당성(impartiality)으로 구분하고, 다시 사실성의 하위 개념으로 진실성(truth)과 관련성(relevance)을, 불편부당성의 하위 개념으로 균형성(balance)과 중립성(neutrality)을 제시했다. 많은 연구들이 이 틀을 차용한 뒤 윤리적이거나 이데올로기적 요소들을 첨가하는 방식으로 공정성을 논의했다(<표 1> 참조). 이들을 종합하면, 언론보도에 있어 공정성은 우선 갈등 이슈와 관련된 주체들의 입장을 치우침 없이 다양하게 전달함을 뜻한다고 할 수 있다. 여기에서 치우침이 없다는 것은 산술적 중립이 아니라 사회적 이데올로기적으로 정당성을 인정받는 적극적 균형성을 의미한다. 추가한다면 사실에 근거한 정확성과 관련 정보의 취사선택에 있어서의 완전성 등이 포함돼야 하겠다.

이와 같은 언론 보도의 공정성 평가 기준에 대해 수용자도 공감할까? 문종대 등(2007)은 수용자들이 느끼는 언론 불공정 사례들을 수집 분석했다. 그 결과, 수용자들은 언론의 중립성, 균형성, 진실성 등을 공정성과 의미있게 연결지었으며, 언론의 윤리성과 상업성도 공정성 관련 문제로 인식하고 있었다.

문제는 수용자의 언론 보도의 공정성 평가가 이와 같은 기준 이외에 보도에 대한 편향적 인식의 영향도 받는다는 데에 있다. 적대적 매체 지각에 따르면, 수용자들은 찬반 의견의 균형을 이룬 언론 보도에도 자신의 입장과 반대편으로 편향됐다고 인식하며, 이는 실제 균형적 중립 보도에 대해 불공정 평가를 내릴

▼ 〈표 1〉 언론의 공정성에 대한 선행연구 정리

논문	공정성에 대한 설명
이민웅·이창근·김광수(1993)	웨스터슈탈(Westerstahl, 1983)의 객관성 개념 모델을 바탕으로 공정성 개념 제시. 공정성은 사실성의 하위개념인 진실성과 적절성, 불편부당성의 하위 개념인 균형성과 중립성, 다양성의 하위 개념인 독립성과 다양성 등 6가지로 구성됨.
임태섭(1993)	선택과 관련된 적절성과 균형성을 중심으로 공정성을 정의
강명구(1994)	• 뉴스 공정성의 평가 분석틀로 사실성 검증, 윤리성 검증, 이데올로기 검증 등 3가지 차원 제시. – 사실성 검증: 정확성과 균형성 – 윤리성 검증: 합법성과 윤리성 – 이데올로기 검증: 전체성과 역사성
유종원(1995)	공정성은 우리 사회가 언론의 역할을 어떻게 보느냐에 따라 해석이 달라짐. 언론의 역할에 따라 공정한 심판으로서의 언론, 단순한 관찰자 역할을 강조하는 배심원형 언론, 옳고 그름에 대한 판별력을 필요로 하는 단독판사형 언론 등 3가지로 구분.
이민웅(1996)	• 공정성을 진실성, 적절성, 균형성, 다양성, 중립성(불편부당성), 이데올로기 등 6개 차원으로 세분화. – 진실성: 정확성과 완전성 – 적절성: 특정 아이템이 선택되느냐와 선택된 후 어떻게 처리되느냐의 2가지 측면 – 균형성: 시간 배분, 뉴스항목 제시 순서, 인터뷰 음성, 영상처리 등에서 양적 균형을 이루고 있느냐와 상반된 이해 당사자의 주장을 균형 있게 전달하느냐 하는 질적 균형을 포함 – 다양성: 사회적으로 중요한 이슈에 대해 다양한 입장이 제공되느냐와 다양한 사회 계층들의 입장이 골고루 반영되느냐의 2가지 측면 – 중립성(불편부당성): 양시양비론 입장을 취하며 최종 판단을 시청자의 몫으로 미루는 소극적 중립성과 이슈에 대한 중립적 태도를 견지한 뒤 충실한 취재를 통해 판단을 내리는 적극적 중립성 – 이데올로기: 지배계급의 견해와 일반국민의 견해가 일치하는 정도, 일반국민과 지배계급을 매개하는 중재자의 유사성 정도, 지배계급의 이익에 반하는 정보와 의견이 누락되는 정도

강태영·권영설 (2000)	• 공정성의 하위개념으로 진실성, 적절성, 균형성(양적), 다양성, 중립성 (질적), 종합성(심층성)을 제시. - 진실성: 자료의 정확성, 신뢰할만한 정보원, 추측이 아닌 사실보도 - 적절성: 아이템의 선정과 배치 - 균형성: 양적균형 - 중립성: 질적 균형을 의미 - 다양성: 공평한 입장 반영과 다양한 계층 입장 반영 - 종합성: 심층성과 같은 개념
백선기(2002)	공정성 기준으로 균등성과 불편부당성으로 구성되어 있는 균형성을 제시
이창현(2003)	공정성을 형식적 공정성과 내용적 공정성으로 구분. 형식적 공정성은 중립성을 강조하는 것이며 내용적 공정성은 시청자의 정보 욕구를 얼마나 충족시키는가의 문제
김승수(2004)	공정성의 정당성 확보 과정으로 이념, 본질, 수단, 실천기준을 갖춘다면 정당성을 충족시킴. 이러한 과정으로 정당성을 확보한 언론은 공정함..
문종대·윤영태 (2004)	기존 공정성 개념들이 다차원적으로 구성됨으로 가치의 상충과 해석의 차이로 인한 논란이 있음. 이를 해소할 개념으로 '언론의 자율성' 개념 제시
원용진(2006)	한국과 같은 역사적 맥락을 가진 사회의 공정성을 평가하기 위해서는 이데올로기성이 가장 중요한 기준.
문종대·안차수· 진현승·안순태 (2007)	수용자의 불공정 인식 연구를 통해 공정성을 진실성, 적절성, 균형성, 중립성, 다양성, 독립성, 상업성, 윤리성 등을 하위개념으로 제시.
김연식(2008)	• 공정성을 확인될 수 있는 사실 타당성, 한쪽으로 치우치지 않은 형평성, 취재방법과 태도의 취재 정당성 등 3가지 개념으로 구분. • 사실 타당성에 사실성과 맥락성, 형평성에 균형성-중립성-다양성, 취재 정당성에 자율성과 윤리성을 하위 개념으로 제시.
김민환·한진만· 윤영철·원용진· 임영호·손영준 (2008)	공정성 하위개념으로 사실성, 불편부당성, 균형성 제시 등 3가지 제시. - 사실성: 보도가 검증 가능한 사실관계에 기반. - 불편부당성: 특정 견해에 치우치지 않고 다양한 의사 표명의 기회를 부여. - 균형성: 관련 당사자나 방송 수용자의 비중이나 사회적 영향력 등을 고려해 공명정대하게 다룸.

| 이준웅·김경모 (2008) | 바람직한 뉴스(desirable news) 개념을 모형화. 이를 위한 언론의 실천 규범으로 공정성, 타당성, 진정성 제시. 공정성은 다양성, 담론적 공정성, 약자배려 등 3가지 요소로 구성됨. 다양성은 2개 이상의 관점이 제시되는 것. 담론적 공정성은 보도의 영향을 가장 많이 받을 것으로 예상되는 인물이나 조직의 목소리를 정당하게 포함시키는 것. 약자 배려는 목소리 반영이 어려운 사회적 약자를 배려하는 것. |

가능성으로 이어진다. 안차수(2009)의 실험연구는 수용자가 기존 태도와 일치하는 메시지를 공정하게 느끼며, 기존 태도와 반대되는 메시지를 불공정하게 판단함을 검증했다. 이는 수용자의 기존 태도가 메시지의 방향은 물론 평가에도 영향을 미침을 의미한다.

앞서 논의한 사회판단이론은 수용자가 자신의 기존 의견을 기준으로 메시지에 대해 지각적 편향을 느끼는 경우, 이 효과는 해당 정보에 대한 평가에도 영향을 미친다고 한다(안차수, 2009; Sherif & Sherif, 1967). 자기 의견과 유사한 정보(congruent information)에 대해서는 사실이며 공정하다는 긍정적 평가를 내리는 반면, 자신의 의견과 불일치한 정보(incongruent information)에 대해서는 거짓일 수 있으며 불공정하다는 부정적 평가를 내린다는 것이다. 사회정체성이론에 따르면, 사람은 내집단을 좋게 평가해 긍정적 사회적 정체성을 획득하고, 이를 바탕으로 개인의 정체성을 긍정적으로 유지하거나 강화하는(self-enhancemment) 경향을 가진다. 이 방식은 자기존중감(self-esteem)을 높이 유지하는 데에도 효과적이다(Sedikides & Strube, 1997; Brown, 2000). 결국, 긍정적인 사회적 정체성과 높은 자기존중감을 유지하려는 동기가 내집단을 긍정적으로 평가하는 편향(ingroup favoring bias)을 유발하는 셈이다. 또, 자기만족적 판단(self-serving judgment)에 따르면, 사람은 자신이 선호하는 결론(preferred conclusion)에 부합하는 정보를 그렇지 않은 정보에 비해 타당성이 더 높다고 인식하며 덜 비판적인 태도를 취하는 경향을 보인다(Ditto & Lopez, 1992). 자신이 선호하는 내집단 관련 정보는 타당하다고 긍정적으로 평가하고, 그렇지 않은 외집단에 대한 정보는 타당성에 문제를 제기하며 비판을 가하게 되는 이유이다. 로드 등(Lord, et al., 1979)의 연구에서 사형 제도에 대한 연구에 대해 찬성론자들은 반대론자들에 비해 연구가 잘 수행됐다고 평가했다. 수용자가 자신의 의견과 일치하지 않는 정보를 평가절하하는 현상은 인지부조화(cognitive dissonance. Festinger, 1957) 관점에서도 설명된다. 불일치 정보가 인지적 조화를 위협할 수 있다는 방어적 동기가 해당 정보를 비판적으로 보게 하고 부정적 평가를 내리게 하는 것으로 설명된다(Sherif, & Hovland, 1961). 같은 이유로 자신의 의견과 일치하는 정보에 대해서는 해당 정보의 질을 좋게 평가해 인지적 조화를 유지한다는 것이다.

지금까지 논의들은 언론 수용자가 자신의 의견과 유사한 언론 보도에 대해 긍정적 평가를 내리고, 자신의 의견과 대립되는 보도에 대해 부정적 평가를 내릴 수 있음을 시사한다. 정파적 수용자가 자신의 정치 성향과 유사한 매체의 보도를 공정하다고 평가하고, 자신의 성향과 대립되는 매체의 보도를 불공정하다고 평가할 가능성도 충분한 셈이다. 이는 앞서 논의한 편향적 매체 지각을 넘어 편향적 매체 평가가 발생할 수 있음을 뜻한다.

3. 가설과 연구문제 및 연구모형

본 연구는 앞서 논의된 언론 보도의 편향적 인식과 보도의 공정성 평가가 실제 발생하는지 관찰하고, 정치적 이념 강도와 정치 성향이 이와 관련되는지 검증하고자 한다. 더 나아가 본 연구는 편향적 인식이 공정성 평가에 영향을 미치는지 규명하고자 한다. 본 연구는 특히 2012년 대통령 선거 당시의 보수와 진보로 나뉜 수용자와 뉴스 매체를 주제로 이 문제를 풀어보고자 한다. 이를 위해 다음 가설과 연구문제를 제시한다.

우선, 언론 보도의 편향적 인식은 다양한 선행연구에서 관찰돼 왔다. 이 편향이 발생하는 심리적 기제도 사회판단이론(social judgement theory), 사회정체성이론(social identity theory), 자기범주화이론(self-categorization theory), 균형이론(balance theory), 최적차별성 이론(optimal distinctiveness theory) 등 다양한 측면에서 논의됐다. 건더 등(Gunther, et al., 2009)의 동화-대조 연속모형(assimilation-contrast continuum)에 따르면, 메시지가 수용자에게 우호적-중도적-적대적인 정도에 따라 동화에서 대조의 연속선 상의 편향이 발생한다. 이 편향은 메시지 이외에 정보원에 대한 태도와도 깊은 관련이 있다. 오택섭·박성희(2005)는 적대적 매체 지각이 메시지의 방향 보다 정보원에 대한 태도에서 유발됨을 밝히기도 했다. 다시 말하면, 우호적 매체에 대해서는 동화 편향이, 적대적 매체에 대해서는 대조 편향이 발생한다는 것이다. 물론, 중립적 매체에 대해서는 기존 적대적 매체 지각의 가정대로 대조 편향을 예상해 볼 수 있다. 이에 따라 다음 가설1을 제시한다.

> **가설 1**: 매체에 대한 수용자의 태도에 따라 보도 방향에 대한 편향적 인식이 나타날 것이다. 즉, 수용자는 우호적 매체가 자신이 지지하는 후보에 유리하게 보도했을 것이며(동화 편향), 적대적 매체가 자신이 반대하는 후보에 유리하게 보도했을 것(대조 편향)으로 인식할 것이다. 한편, 수용자는 중립적 매체가 자신이 반대하는 후보에 대해 다소 유리하게 보도했을 것으로 인식할 것이다(적대적 매체 지각).

정파성은 매체에 대한 편향적 인식에 영향을 미치는 요인으로 알려져 있다. 앞서 논의한 자기범주화이론(self-categorization theory)에 따르면, 사회적 정체성은 자신과 내집단 간 유사성이 자신과 외집단 간 차이점에 비해 극대화될 때 가장 잘 나타난다(metacontrast principle, Campbell, 1958). 정파성이 강하다는 것은 이 비교치가 커서 사회적 정체성이 강함을 의미한다. 사회적 정체성이 강하면 탈개인화(depersonalization)와 집단동화 현상이 나타난다. 매체에 대해서는 우호적 매체에 대한 동화 편향과 적대적 매체에 대한 대조 편향이 크게 나타나게 될 가능성이 크다. 즉, 정파성이 강할수록 편향적 매체 인식의 정도도 커진다고 할 수 있다. 실제 많은 적대적 매체 지각 연구들에서 정파성 또는 내집단 소속감이 큰 경우 매체에 대한 편향적 인식도 커짐을 논의하고 있다(Ariyanto, Hornsey, & Gallois, 2007; Duck, Terry, & Hogg, 1998; Gunther & Liebhait, 2006; Matheson & Dursun, 2001). 2012년 대선에서 정파성의 정도는 보수나 진보 측면에서의 정치적 이념의 강도로 정의될 수 있다. 따라서 다음과 같은 가설2가 제시됐다.

> **가설 2**: 정치적 이념의 강도가 강할수록 매체에 대한 편향적 인식이 강하게

217

나타날 것이다.

편향적 매체 인식은 수용자의 정치적 성향(보수와 진보)과 관계없이 일반적으로 나타나는 현상이라고 할 수 있다. 하지만 편향적 인식의 정도는 정치 성향에 따라 달리 나타날 수 있다. 이블랜드와 샤(Eveland & Shah, 2003)는 미국 언론에 전통적으로 '진보적 매체 편향(liberal meda bias)'이 있음을 지적하며, 보수적인 공화당 지지자가 진보적인 민주당 지지자보다 적대적 매체 지각을 더 크게 보일 것으로 가정했으며, 그 결과도 지지됐다. 반면 우리나라는 신문, 방송, 인터넷에서 보수와 진보 언론이 대립을 보이고 있는 상황이다. 이종혁(2009)은 일간 신문 5곳과 전국 방송 3곳의 보도에 대해 수용자가 평가하도록 설문조사를 실시했다. 그 결과, 대체로 보수 3곳, 진보 3곳, 중도 2곳 등으로 나뉘었다. 하지만 2012년 우리나라 대통령 선거 당시 언론의 정치적 성향에 대한 인식은 달라졌을 수 있다. 따라서 본 연구는 이 문제를 다음과 같은 연구문제로 풀어보고자 한다.

연구문제 1: 매체에 대한 편향적 인식의 정도가 정치적 성향(보수/진보)에 따라 다르게 나타날 것인가?

앞서 본 연구는 수용자의 메시지에 대한 태도가 메시지에 대한 편향적 인식뿐 아니라 질적 평가에도 영향을 미치고 있음을 논의했다. 안차수(2009)의 연구는 수용자가 기존 태도와 일치하는 메시지를 공정하게 느끼며, 기존 태도와 반대되는 메시지를 불공정하게 판단함을 보여줬다. 이처럼 자기 의견과 일치되는 정보를 긍정적으로, 불일치하거나 대조되는 정보를 부정적으로 평가하는 성향은 사회판단이론(social judgement theory), 자기만족적 판단(self-serving judgment), 인지부조화(cognitive dissonance) 등의 측면에서 설명됐다. 이에 따라 2012년 대선 언론 보도에 있어서도 보수적 수용자들은 보수적 매체의 보도를, 진보적 수용자는 진보적 매체의 보도를 더욱 공정하게 평가했을 것으로 예측된다. 이에 따라 다음 가설3이 제시됐다.

가설 3: 수용자의 매체에 대한 기존 태도에 따라 보도의 공정성 평가가 달리 나타날 것이다. 즉, 수용자는 보도의 공정성에 대해 우호적 매체, 중립적 매체, 적대적 매체 순으로 긍정적으로 평가할 것이다.

앞서 자기범주화이론(self-categorization theory)에 따르면, 정파성이 강한 수용자는 자신의 정체성을 내집단의 특성에 따라 획득하며 탈개인화와 집단 동조 현상을 강하게 나타낸다. 이 경우, 내집단의 특성을 외집단의 특성에 비해 더 우수하다고 평가하는 자기만족적 판단(self-serving judgment)이 발생하며, 이는 내집단에 속한 자신의 자아존중감(self-esteem)을 유지하는 방식이 되기도 한다. 이를 보수와 진보로 나뉜 선거 보도에 적용하면, 정치적 이념의 강도가 강한 수용자는 자신의 이념과 일치하는 매체에 대한 긍정적 평가와 반대 매체에 대한 부정적 평가를 더욱 강화할 가능성이 높다. 이에 따라 가설4가 제시됐다.

가설 4: 정치적 이념의 강도가 강할수록 매체별 보도에 대한 공정성 평가의 차이가 강하게 나타날 것이다.

다음으로 2012년 대선 당시 우리나라 보수와 진보 성향의 수용자들이 매체별 보도의 공정성 평가에 어떤 차이를 보였는지 살펴보고자 한다. 연구문제1과 같이 특정 방향의 가설이 어려우므로, 연구문제 방식으로 아래와 같이 제시한다.

연구문제 2: 수용자의 정치적 성향(보수/진보)에 따라 매체별 보도에 대한 공정성 평가에 차이가 나타날 것인가?

본 연구는 매체 보도에 대한 편향적 인식이 보도의 공정성 평가에 영향을 미친다고 가정한다. 어떤 매체가 자신에게 유리하게 보도했다고 지각하면 해당 매체의 보도를 긍정적으로 평가하고, 어떤 매체가 자신에게 불리하게 보도했다고 인식하면 해당 매체의 보도를 부정적으로 평가한다는 예측이다. 선행연구의 대부분은 편향적 매체 인식의 검증에 머물렀으며(Christen, et al., 2002; Dalton, et al., 1998; Gunther, 1992; Vallone, et al., 1985), 일부는 편향적 매체 평가를 관찰했

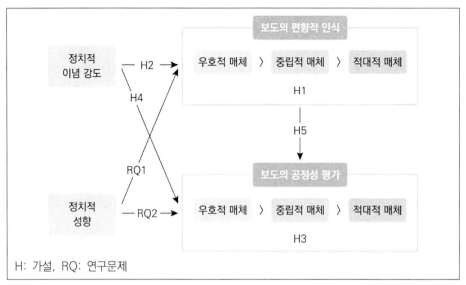

▲ 〈그림 1〉 가설과 연구문제를 포함한 연구모형

으나 인식의 선행적 영향을 고려하지 않았다(안차수, 2009). 자신의 정치 성향을 기준으로 한 우호적 매체에 대한 동화 편향과 적대적 매체에 대한 대조 편향은 우선 보도의 방향(자신에게 유리/불리)에 대한 인식 측면에서 발생한 뒤, 이를 바탕으로 보도의 질적 평가(공정 보도 수준)로 이어질 것으로 예측된다. 이에 따라 다음 가설5가 제시됐다.[1)]

가설 5: 매체 보도의 편향적 인식은 보도의 공정성 평가에 유의미한 영향을

---

1) 보도의 방향에 대한 인식과 보도 자체에 대한 질적 평가는 각각 보도의 편향적 인식과 공정성 평가에 해당한다. 본 연구는 두 개념이 같지 않음을 명확히 하고자 한다. 보도의 편향적 인식은 응답자가 자신의 태도를 기준으로 특정 매체의 보도가 얼마나 유리했는지를 지각하는 정도이다. 한편, 보도의 공정성 평가는 유(불)리 계산을 넘어 다양한 측면에서 이뤄진다. 언론의 공정성 개념은 〈표 1〉에서 보듯 매우 다양한 하위 차원의 개념들로 구성된다. 본 연구가 사용한 공정성 평가 방식은 이민웅(1996)이 제시한 공정성 개념 가운데 균형성, 다양성, 중립성에 해당하는 내용을 중심으로 했다(14쪽 참조). 구체적 측정 항목을 예로 들면 두 개념의 차이가 더 명확해진다. 특정 매체의 대선 보도가 자신이 지지하는 후보에 유리했다고 인식하는 것(편향적 인식)과 이 매체의 보도가 후보자들을 균형있게 다뤘으며, 다양한 관점을 소개했으며, 관련 정보를 충분히 전달했다고 평가하는 것(공정성 평가)은 분명히 다른 개념이다.

미칠 것이다. 즉, 매체 보도가 자기 쪽에 유리하다고 판단될수록 공정 보도에서 긍정적 평가를 받을 것이며, 매체 보도가 자기 쪽에 불리하다고 판단될수록 공정 보도에서 부정적 평가를 받을 것이다.

위에서 제시한 가설과 연구문제를 연구모형으로 종합하면 <그림 1>과 같이 표현된다.

4. 연구방법

4.1. 설문조사

본 연구는 가설과 연구문제에 답하기 위해 2012년 18대 대통령 선거에 대한 설문조사를 실시했다. 연구팀은 대선 한 달 후(2013년 1월 21일~25일) 조사 전문회사에 의뢰해 서울-경기-인천 등 수도권 거주 유권자 600명에 대해 온라인 설문조사를 실시했다. 응답자는 조사회사 패널에서 성별과 연령대에 따라 비례할당 추출 방식으로 구성됐다. 응답자 가운데 정치적 성향을 중도로 답한 197명은 분석에서 제외됐다. 정치적 성향이 진보 또는 보수이어야 편향적 매체 인식이 발생 가능하기 때문이다. 분석된 응답자 403명의 인구사회학적 분포를 보면, 남성 206명과 여성 197명이며, 평균 연령은 42세였다. 학력은 대졸 64.8%, 고졸 17.6% 대학재학 8.2%, 대학원 졸업 8.2%, 중졸 이하 1.2%로 구성됐다. 수입은 월 400~499만 원(21.1%)과 300~399만 원(19.6%)이 가장 많았다. 직업은 사무기술직이 38.2%로 가장 많았으며, 가정주부 17.4%, 자영업 12.2%, 학생 8.4%, 경영/관리직 5.2%, 전문/자유직 5.0% 등이었다.

4.2. 변인 측정

본 연구는 앞서 제시된 연구모형에 포함된 개념들을 측정하고자 다음과 같은 변인들을 설문조사에 포함시켰다.

① 정치적 성향: 응답자들에게 개인의 정치 성향을 진보와 보수 사이에서 7점 척도로 답하도록 했다. 그 결과, 중도를 제외하고 매우 진보 10명 (2.5%), 진보 40명(9.9%), 약간 진보 168명(41.7%), 약간 보수 131명 (32.5%), 보수 44명(10.9%), 매우 보수 10명(2.5%) 등으로 나타났다. 정치적 성향 변인은 매우 진보-진보-약한 진보를 모두 묶어 진보 성향으로, 매우 보수-보수-약한 보수를 모두 묶어 보수 성향으로 재코딩하는 방식으로 구성됐다.

② 정치적 이념 강도: 위 정치적 성향 관련 항목은 약간 진보와 약간 보수에 응답자가 집중되고, 매우 진보와 매우 보수에는 응답자가 매우 적은 것으로 나타났다. 불균형 분포를 보완하기 위해 약간 진보와 약간 보수를 정치적 이념 강도가 약한 것으로, 나머지를 강한 것으로 재구성했다.

③ 매체에 대한 태도: 설문 응답자들에게 자신이 생각하는 보수, 진보, 중도 언론 매체(대선 관련 보도에 대해 비교적 잘 알고 있는 매체 중심으로)를 하나씩 선택하도록 했다.[2] 보기로 조선일보, 중앙일보, 동아일보, 한겨레

---

2) 응답자가 매체를 선택하도록 한 이유는 두 가지이다. 첫째, 응답자들이 인식하는 진보-중도-보수 매체는 개인별로 다를 수 있다. 조선일보는 일반적으로 보수 매체로 알려져 있지만 응답자에 따라서는 중도 매체 또는 심지어 진보 매체로 인식될 수 있다. 본 연구에서 중요한 변인인 우호적-중도적-적대적 매체가 조작적 정의되기 위해서는 매체 성향에 대한 사회적 인식이 아니라 응답자 개인의 심리적 인식이 분석돼야 한다. 따라서 개개인이 가장 보수적으로 또는 진보적으로 인식하는 매체를 선택하도록 했다. 그 결과, 응답자들이 가장 많이 선택한 보수 매체 5곳은 조선일보(154명, 38.2%), 중앙일보(69명, 17.1%), KBS (50명, 12.4%), 동아일보(36명, 8.9%), MBC(29명, 7.2%), SBS(20명, 5.0%) 순으로 나타났다. 그밖에 한겨레신문(7명, 1.7%)과 경향신문(5명, 1.2%)이 선택된 경우도 일부 있었다. 한편, 응답자들이 가장 많이 선택한 진보 매체 5곳은 한겨레신문(189명, 46.9%), 경향신문(55명, 13.6%), YTN(40명, 9.9%), MBC(25명, 6.2%), SBS(19명, 4.7%) 순으로 나타났다. 조선일보(14명, 3.5%), 중앙일보(10명, 2.5%), 동아일보(5명, 1.2%)가 선택된 경우도 일부 있었다. 이는(극소수에 해당되는) 일부 응답자들이 사회적으로 보수 매체로 알려진 매체를 진보 매체로 인식했거나, 진보 매체로 알려진 매체를 보수 매체로 인식했음을 보여준다. 본 연구는 앞서 논의한 이유로 이 경우도 분석에 포함시키기로 했다. 다시 말하면, 본 연구에서 중요한 것은 응답자 개개인이 매체 성향을 어떻게 인식했느냐지, 사회적으로 매체 성향이 어떻게 알려졌느냐가 아니다. 응답자에게 매체를 선택하도록 한 두 번째 이유는 매체의 보도 내용에 대한 후속 질문에 대비하기 위해서였다. 응답자에게 특정 매체를 제시하면 응답자가 해당 매체의 대선 보도를 전혀 알지 못하는 경우가 발생해 이후 설문조사에 답하지 못하게 될 수 있다. 따라서 응답자가 보도 내용을 비교적 잘 알고

신문, 경향신문, 한국일보, 네이버(뉴스), 다음(뉴스), KBS, MBC, SBS, YTN 등 다양한 성향의 뉴스 매체들이 제시됐다. 이를 바탕으로 응답자의 정치적 성향과 선택한 매체의 성향이 일치할 경우는 우호적 매체, 반대할 경우는 적대적 매체로 구분했다. 중도 언론 매체로 선택된 경우에는 응답자의 성향과 관련없이 중도적 매체로 코딩됐다.

④ 보도의 편향적 인식: 설문 응답자들이 자신이 선택한 진보-중도-보수 매체의 보도 방향에 대한 인식을 측정하는 항목들에 답했다. 항목은 박근혜 문재인 양 후보의 정책 공약, 네거티브 캠페인(흑색 선전), TV 토론에 대한 보도로, 정치커뮤니케이션에서 선거 후보자들이 사용하는 주장(acclaim), 공격(attack), 방어(defense)의 분야를 골고루 포함시키고자 했다. 응답자들은 선택한 각 매체가 6항목(2후보 × 3가지 분야)에 대해 어느 후보 쪽에 유리하게 보도했는지 답했다. 응답은 박근혜 후보측에 크게 유리하게 작용(-3), 유리하게 작용(-2), 다소 유리하게 작용(-1), 양쪽에 공평하게 작용(0), 문재인 후보측에 다소 유리하게 작용(+1), 유리하게 작용(+2), 크게 유리하게 작용(+3) 방식으로 코딩됐다. 본 연구에서 보도의 편향적 인식은 응답자가 자신과 정치 성향이 같은 후보에 대해 해당 매체가 얼마나 유리하게 보도했다고 인식하는지를 뜻한다. 이를 위해 본 연구는 위 데이터를 바탕으로 진보와 보수 응답자 모두 지지 후보에 유리하게 보도했다고 답하면 점수가 +3 방향으로 높아지고, 지지 후보에 불리하게(반대 후보에 유리하게) 보도했다고 답하면 -3 방향으로 낮아지게 재구성했다. 0은 두 후보에게 공평하게 보도했음을 뜻한다. 각 매체 별로 6가지 항목의 평균 값이 사용됐다3).

있는 매체로 선택하도록 한 것이다. 이와 같은 조사 방식은 본 연구가 실험이 아닌 설문 조사 방법론을 사용했기 때문에 발생했다. 편향적 매체 지각에 대한 대부분 연구는 실험에서 메시지 조작을 통해 참여자의 의견과 일치-불일치 상황을 만들어낸다. 하지만 실제 언론 매체의 대선 보도에 대한 수용자 평가는 이와 같은 단순한 방식으로 불가능하다. 본 연구는 방법론적 어려움을 무릅쓰고 매체 보도에 대한 수용자의 편향적 인식을 가상의 실험 상황이 아닌 실제 정치와 언론 보도 상황으로 이끌어내려 노력했다.

3) 매체별로 6개 편향적 지각 문항들의 내적 신뢰도(Cronbach's Alpha)는 우호적 매체 .786, 중도적 매체 .442, 적대적 매체 .888로 나타났다. 박근혜 문재인 후보에 대한 중도적 매체에 대한 편향적 지각은 대체로 0에 가까워 응답자 간 충분한 변량을 확보하지 못했다. 중

⑤ 보도의 공정성 평가: 설문 응답자들이 자신이 선택한 진보-중도-보수 매체 보도에 대한 공정성 관련 항목들에 답했다. 이민웅(1996)의 공정성 판단 기준을 바탕으로 균형성, 다양성, 중립성 등과 관련된 6가지 항목들이 제시됐다. 구체적 문항은 '대선 후보자들에 대해 공평한 분량으로 보도했다', '대선 후보자들에 대한 긍정/부정 시각을 균형있게 전달했다', '다양한 계층의 대선 관심사를 반영했다', '대선 이슈를 다양한 관점에서 보도했다', '경쟁하는 대선 후보들을 모두 비판하며 중립을 지켰다', '대선 관련 유권자에게 필요한 정보를 충분히 전달했다' 등이었다. 응답은 7점 리커트 척도에 따라 코딩됐다. 각 매체 별로 6가지 항목의 평균 값이 사용됐다[4].

5. 연구결과

본 연구는 제시된 가설과 연구문제에 답하기 위해 3가지 분석을 실시했다. 우선 가설1, 가설2, 연구문제1을 위해 매체 태도(우호적/중도적/적대적 매체), 정치적 이념 강도(강/약), 정치적 성향(진보/보수)이 보도의 편향적 인식에 미치는 영향을 반복측정 분산분석(Repeated Measure ANOVA)으로 검증했다. 이어 가설3, 가설4, 연구문제2를 위해 보도의 공정성 평가에 대해 같은 분석이 실시됐다. 가설5는 앞서 실시된 분석의 종속변인 간 영향관계에 대한 것이었다. 본 연구는 이를 위해 구조방정식모형을 구성한 뒤 이 관계를 검증했다.

우선, 분석에 포함된 주요 변인들의 기술통계치는 <표 2>와 같이 나타났다. 첫 번째 분석 결과는 <표 3>에 나타나 있다. 가설1은 매체에 대한 태도가 보도의 편향적 인식에 영향을 미칠 것으로 가정했으며, 예상대로 매체 태도의 주효과는 유의미하게 나타났다($F(2, 780) = 245.06$, $p < .001$). 우호적 매체의 보

도적 매체 편향 지각 문항들의 내적 신뢰도가 낮은 이유이다. 그럼에도 불구하고 평균값이 중도적 매체에 대한 편향 지각의 현실성을 반영한다고 판단돼 분석에 사용됐다.

4) 매체별로 6개 편향적 평가 문항들의 내적 신뢰도(Cronbach's Alpha)는 우호적 매체 .924, 중도적 매체 .917, 적대적 매체 .954로 나타났다.

▼ 〈표 2〉 주요 변인들의 기술통계치(n = 403)

	평균	표준편차
정치적 성향	진보 : 보수 = 218 : 185	
정치적 이념 강도	약 : 강 = 299 : 104	
편향적 매체 지각(우호적 매체)	0.40	0.77
편향적 매체 지각(중도적 매체)	−0.05	0.43
편향적 매체 지각(적대적 매체)	−0.93	1.02
편향적 매체 평가(우호적 매체)	4.35	1.03
편향적 매체 평가(중도적 매체)	4.47	0.87
편향적 매체 평가(적대적 매체)	3.39	1.26

▼ 〈표 3〉 매체 태도, 정치적 이념 강도, 정치적 성향이 매체 보도의 편향적 인식(보도의 유/불리 인식)에 미치는 영향(n = 394)

변량원	제 III 유형 제곱합	자유도	평균 제곱	F	유의확률
매체 태도	288.86	2	144.43	245.06	0.00
정치적 성향	2.27	1	2.27	3.79	0.05
정치적 이념 강도	8.51	1	8.51	14.20	0.00
매체 X 정치 성향	2.19	2	1.09	1.86	0.16
매체 X 정치 강도	1.47	2	0.73	1.24	0.29
정치 성향 X 정치 강도	0.20	1	0.20	0.34	0.56
매체 X 정치 성향 X 정치 강도	1.03	2	0.51	0.87	0.42
오차(개체 간)	233.64	390	0.60		
오차(개체 내)	459.70	780	0.59		

도가 가장 유리하게(평균 = .36, 표준오차 = .04) 인식됐으며, 적대적 매체의 보도는 매우 불리한(평균 = −1.00, 표준오차 = .06) 것으로 인식됐다. 중도적 매체 보도에 대한 편향적 인식은 중앙에 가깝게(평균 = −.08, 표준오차 = .02) 위치했지만, 통계적으로 유의미하게 불리한 방향으로 인식한 것으로 검증됐다(95% 신뢰구간: −.12 ~ −.04). 중도적 메시지에 대해 자기 쪽에 불리하게 인식하는 적대적 매체 지각의 현상이 나타난 것이다. 따라서 가설1은 지지됐다.

　　가설2는 정치적 이념 강도가 강할수록 가설1의 효과를 강화시킬 것으로 예상했다. 하지만 매체 태도와 정치적 이념 강도의 상호작용 효과는 유의미하지 않았다($F(2, 780) = 1.24$　$p = .29$). 이 결과는 우호적 매체에 대한 지각이 예상과 반대로 나타난 점에 기인한다. 적대적 매체에 대해서는 정치적 이념이 강한 집단이 약한 집단에 비해 보도가 불리했다는 인식을 더 강하게 했다($t(397) = 2.77$, $p < .01$). 중도적 매체에 대해서도 같은 현상이 나타났다($t(398) = 2.97$, $p < .01$) 하지만 우호적 매체에 대해서는 집단 간 차이가 유의미하지 않았다($t(399) = 1.450$, $p = .15$). 정치적 이념이 강한 집단이 약한 집단에 비해 우호적 매체의 보도가 유리했다는 인식을 크게 하지 않은 것이다. 이 때문에 상호작용 효과는 나타나지 않았다.

　　연구문제1은 정치적 성향에 따른 매체 보도에 대한 편향적 인식의 차이를 물었다. 분석 결과, 매체 태도와 정치적 성향의 상호작용 효과는 유의미하지 않게 나타났다($F(2, 780) = 1.86$　$p = .16$). 이는 진보와 보수 성향의 수용자 사이에 가설1의 매체 편향적 인식이 유사한 형태로 나타났음을 의미한다.

　　다음 분석 결과는 <표 4>에 정리돼 있다. 가설3은 매체에 대한 태도가 보도의 공정성 평가에 영향을 미칠 것으로 예상했다. 이와 관련해 매체 태도의 주효과는 유의미하게 나타났으나($F(2, 798) = 142.42$, $p < .001$), 매체별 공정성 평가 차이는 예상과 달랐다. 중도적 매체의 보도(평균 = 4.54, 표준오차 = .05)가 우호적 매체(평균 = 4.39, 표준오차 = .06)보다 다소 더 공정하게 평가됐으며, 적대적 매체의 보도(평균 = 3.32, 표준오차 = .07)는 가장 공정하지 않은 것으로 평가됐다. 수용자들은 중도적 매체의 보도에 대해 자기 쪽에 불리하게 인식하면서도(가설1), 공정성에서 좋은 평가를 주는(가설3) 경향을 보였다.

　　가설4는 정치적 이념 강도가 매체별 보도에 대한 공정성 평가의 차이에 영향을 미칠 것으로 예상했다. 분석 결과, 매체 태도와 정치적 이념 강도의 상호작용 효과는 유의미하게 나타났으나($F(2, 798) = 11.77$, $p < .001$), 효과의 방향은 예상과 다소 차이를 보였다. 적대적 매체에 대해 정치적 이념이 강한 집단이 약한 집단에 비해 덜 공정한 것으로 평가했다($t(401) = 2.61$, $p < .01$). 하지만 중도적 매체에 대해서는 이념이 강한 집단이 약한 집단에 비해 더 공정한 것으로 평가했다($t(401) = -2.84$, $p < .01$). 우호적 매체에 대해서는 집단 간 차이를 보이지

▼〈표 4〉매체 태도, 정치적 이념 강도, 정치적 성향이 매체별 보도의 공정성 평가에 미치는 영향(n = 394)

변량원	제 III 유형 제곱합	자유도	평균 제곱	F	유의확률
매체 태도	273.02	2	136.51	142.42	0.00
정치적 성향	11.99	1	11.99	9.56	0.00
정치적 이념 강도	0.01	1	0.01	0.01	0.93
매체 X 정치 성향	38.75	2	19.38	20.22	0.00
매체 X 정치 강도	22.57	2	11.29	11.77	0.00
정치 성향 X 정치 강도	0.16	1	0.16	0.13	0.72
매체 X 정치 성향 X 정치 강도	0.64	2	0.32	0.33	0.72
오차(개체간)	500.41	399	1.25		
오차(개체내)	764.86	798	0.96		

않았다($t(401)$ = 1.46, p = .15). 정치적 이념이 강한 집단이 예상 밖으로 중도적 매체에 대한 공정성 평가에 매우 긍정적이었으며, 우호적 매체의 공정성에 대해서도 약한 집단의 평가와 유사한 수준에 머문 것이다.

　연구문제2는 정치적 성향에 따라 매체별 보도에 대한 공정성 평가에 차이를 보이는지 물었다. 이와 관련해 매체 태도와 정치적 성향의 상호작용 효과는 유의미하게 나타났다($F(2, 798)$ = 20.22 $p <$. 001). 구체적으로, 적대적 매체의 공정성에 대해 진보 집단이 보수 집단에 비해 더 인색하게 평가했으며($t(401)$ = -6.36, p < .001), 우호적 매체에 대해서는 진보 집단이 보수 집단에 비해 더 후하게 평가했다($t(401)$ = 2.51, $p <$ .05). 중도적 매체의 공정성에 대해서는 진보 집단의 평가가 보수 집단에 비해 더 인색했다($t(401)$ = -2.53, $p <$ .05).

　마지막으로 본 연구는 가설5의 검증을 위해 <그림 2>와 같은 구조방정식 모형 분석을 실시했다. 모형에는 우호적-중도적-적대적 매체에 대한 편향적 인식과 공정성 평가 요인 및 정치적 이념 강도와 정치적 성향 변인이 포함됐다. 앞서 모든 가설과 연구문제 등을 포함한 개념적 모형이 그대로 분석됐다. 분석 결과, 모형 적합도는 X^2 = 71.544, df = 31, X^2/df = 2.308, NFI = .916, IFI = .951, CFI = .945, RMSEA = .057 등으로 받아들일 수 있는 수준을 보였다.[5] 본

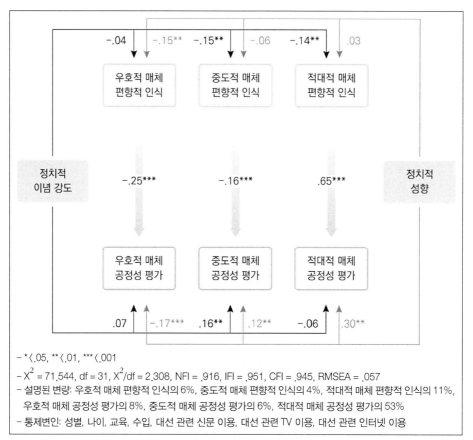

▲ 〈그림 2〉 연구모형에 대한 구조방정식 분석 결과

연구는 다양한 결과 가운데 가설5에 적합하게 매체 보도에 대한 편향적 인식이 공정성 평가로 이어지는 경로를 살펴보았다. 우선, 우호적 매체에서 이 경로는 유의미하게 부정적으로 나타났다($\beta = -.25$, $p < .001$). 이는 우호적 매체가 자기 쪽에 유리하게 보도했다고 인식하는 수용자일수록 이 매체의 보도가 공정하지 않았다고 평가함을 의미한다. 적대적 매체에 대해서는 유의미하게 긍정적인 경로계수($\beta = .65$, $p < .001$)가 산출됐다. 이는 적대적 매체가 자기 쪽에 유리하게 보도했다고 인식할수록 매체의 보도에 대해서는 공정하다고 평가하는 경향을

---

5) 적합도 지수 NFI, IFI, CFI는 보통 .90 이상이면 적합하다고 판단되며, RMSEA는 .10 이하이면 적합한 것으로 간주된다(배병렬, 2014).

뜻한다. 이 결과는 우호적 적대적 매체의 보도에 대한 편향적 인식이 보도의 공정성 평가로 그대로 이어지지 않음을 시사한다. 한편, 중도적 매체는 유의미하게 부정적인 경로계수($\beta = -.16$, $p < .001$)를 보였다. 이 역시 중도적 매체가 자기 쪽에 불리하게 보도했다고 인식할수록 매체의 보도에 대해서는 공정하다고 평가함을 시사한다. 적대적 매체 지각의 현상은 나타나지만, 이 지각이 매체 보도의 공정성 평가에는 영향을 주지 않는 것이다.

6. 논의

본 연구는 언론 매체 보도에 대한 편향적 인식과 공정성 평가를 매체에 대한 태도, 정치 이념의 강도, 정치적 성향 등에 따라 살펴보았다. 분석 결과, 본 연구는 매체별 보도의 편향적 인식이 존재함을 관찰해 기존 이론을 재검증했지만, 보도의 공정성 평가에서 예상 밖의 흥미로운 현상을 발견했다.

우선, 본 연구는 매체 태도에 의한 매체 보도의 편향적 인식 현상을 검증했다. 우호적 매체의 보도는 자기 쪽에 유리하게, 적대적 매체의 보도는 불리하게 인식한 것이다. 우호적 매체에 대해 동화 편향이, 적대적 매체에 대해 대조 편향이 발생한 것이다. 수용자의 메시지에 대한 태도에 따라 나타나는 동화–대조의 효과가(Gunther, et al., 2009) 정보원에 대한 태도에서도 명확하게 나타남이 재확인됐다(오택섭·박성희, 2005). 또, 중도적 매체의 보도도 자기 쪽에 다소 불리했다는 인식이 나타나 적대적 매체 지각의 기본적 가정도 재확인됐다.

본 연구는 앞서 제시한 가설과 연구문제의 가정과 차이나는 결과를 통해 매체 편향에 대한 흥미로운 논의를 진행하고자 한다. 첫째, 정치적 이념 성향은 당초 보도에 대한 편향적 인식과 매체별 공정성 평가의 차이를 강화시킬 것으로 예측됐다. 이 예측은 적대적 매체에 대해 적중했지만, 우호적 매체에 대해서는 빗나갔다(가설2와 가설4). 정치적 이념이 강한 집단이 약한 집단에 비해 더 큰 적대적 매체에 대한 대조 편향을 보였지만, 우호적 매체 대한 동화 편향에서는 유의미한 차이를 보이지 않은 것이다. 다시 말하면, 정치적 이념이 강할수록 적대적 매체의 보도가 불리하다는 피해 의식을 더 크게 가지지만, 우호적 매체의 보도가 유리하다는 긍정적 인식은 더 커지지 않는 것이다. 공정성 평가도 같은 방식으로 해석될 수 있다. 이념이 강한 집단이 매체에 대한 대조 효과에 민감한 반면, 동화 효과에는 둔감하다고 할 수 있다. 이 결과는 우선 사회판단이론(social judgement theory, Sherif, & Hovland, 1961)을 통해 해석 가능하다. 이념이 강한 수용자는 메시지 판단의 준거인 자신의 태도가 극단에 형성되어 있어 수용이나 비개입 영역보다 거부 영역이 훨씬 넓어져 있다고 볼 수 있다. 따라서 적대적 매체의 보도는 확실하게 거부 영역에서 판단되고, 우호적 매체의 보도도 긍정적으로 수용할 여지가 작아지는 것이다. 이는 대조 효과를 증가시키고 동화 효과를 감소시키게 된다. 최적 차별성 이론(optimal distinctiveness theory, Brewer, 1991)에 따르면, 이념이 강한 수용자는 내집단 내 포함 욕구(need for inclusion within ingroup)가 내-외집단 간 구별 욕구(need for differentiation between ingroup and outgroup)에 비해 강하게 형성된 집단으로 볼 수 있다. 이렇게 욕구 간 균형점(equilibrium)이 극단으로 이동된 경우엔 그렇지 않은 경우에 비해 구별 욕구(need for differentiation)가 더 작동되기 쉽다(Brewer & Pickett, 2002). 따라서 이념이 강한 집단이 동화 보다 대조의 방향으로 편향을 보였을 것으로 추측할 수 있다.

위 연구 결과는 동화와 대조 효과의 발생에 근본적 차이가 있음을 논의하게 한다. 매슬로의 욕구위계이론(Maslow's hierarchy of needs, 1948)에 따르면, 사람은 5단계의 욕구를 가지고 있으며 기본적 욕구를 상위 욕구 보다 먼저 충족하려 한다[6]. 적대적 집단을 구별해 내고 부정하는 것(대조)은 위협으로부터 자신의 안전을 추구하는 욕구(2단계)와 관련될 수 있고, 우호적 집단에 속하고자 하고 긍정하는(동화) 것은 소속감과 애정을 추구하는 욕구(3단계)라고 할 수 있다. 내집단 동화를 통해 긍정적 자아존중감을 유지하려는 동화 욕구는 4단계에 속한다. 따라서 하층 욕구인 외집단 대조는 상층 욕구인 내집단 동화보다 먼저 우선적으로 발생하는 경향이 있다고 할 수 있다. 정치적 이념이 강한 집단은 진보

---

6) 매슬로우는 모두 5단계의 욕구를 제시했다. 최하위부터 최상위까지 생리적 욕구(physiological needs), 안전 욕구(safety needs), 애정과 소속에 대한 욕구(love and belonging), 자아존중의 욕구(self-esteem), 자아실현의 욕구(self-actualization) 등으로 구성돼 있다.

와 보수 각 자기 진영에 대한 강한 정체성을 유지하며 자기 진영의 안전과 유지를 중요하게 여길 것이다. 이들에게 적대적 매체의 보도는 자기 진영의 안전을 위협하는 큰 요인으로 느껴질 수 있다. 반면, 정치적 이념이 강한 집단은 자기 진영에 대해 상당한 애정과 소속감을 이미 가지고 있다. 따라서 우호적 매체에 대한 동화를 통해 이런 욕구를 채우려는 여지가 크지 않을 것이다. 때문에 이념이 강한 집단에서 적대적 매체에 대한 대조 동기는 매우 강하게 나타나지만, 우호적 매체에 대한 동화 동기는 비교적 약할 것으로 추측된다. 실제 여러 실험연구들이 내집단에 대한 긍정성(ingroup positivity)의 발생이 외집단에 대한 부정성(outgroup negativity)의 발생과 비례하지 않음을 관찰하고 있다(Brewer, 1979; Kosterman & Feshbach, 1989).

또 다른 흥미로운 연구결과는 매체별 보도의 공정성 평가의 방향이 예상과 달리 나타난 점이다. 설문조사 응답자들은 우호적 매체의 공정성을 적대적 매체보다 높이 평가했으나, 중도적 매체에 대해서는 낮게 평가했다. 더욱이 매체 보도의 편향적 인식이 공정성 평가에 미치는 영향은 동화와 대조에 의한 편향과 거리가 멀게 나타났다. 우호적 매체는 자기 쪽에 불리하게, 적대적 매체는 유리하게 보도해야 공정한 것으로 평가한 것이다. 중도적 매체도 불리하게 보도해야 공정하다고 평가됐다. 앞서 사회정체성과 자기 강화(self-enhancemment)의 관점에서 내집단에 대한 긍정적 평가와 외집단에 대한 부정적 평가가 예상됐다. 편향적 지각이 평가에 앞서야 하므로 내집단 동화와 외집단 대조가 이와 같은 평가로 이어지는 것으로 가정됐다. 하지만 수용자들은 언론 보도의 공정성에 대해 이런 주관적 편향을 보이지 않고, 오히려 매체의 현실적 보도 성향에 근거한 객관적 평가 결과를 나타냈다.

사회심리학에서 자기 평가(self-evaluation)에는 자기측정 동기(self-assessment motive), 자기강화 동기(self-enhancement motive), 자기확인 동기(self-verification motive) 등 3가지 동기가 있다고 한다(Gregg, Sedikides, & Gebauer, 2011). 자기측정 동기는 정확성(accuracy)에 바탕으로 두고 거짓이 아닌 참된 자아(true self)에 대한 선호(Trope, 1986)이며, 자기강화 동기는 긍정/부정(valence)을 기준으로 긍정적 자아(positive self)에 대한 선호(Sedikides & Gregg, 2008)이며, 자기확인 동기는 일관성(consistency)을 중심으로 변치않는 자아(familiar self)에 대한 선호

231

(Swann, Rentfrow, & Guinn, 2003)이다. 지금까지 편향적 매체 지각이나 평가는 대부분 자기강화의 관점에서 연구됐다. 긍정적 자아를 위해 주관적 심리적 편향을 감행한다는 논리였다. 또 다른 동기인 자기측정 동기는 이와 반대의 예상을 가능케 한다. 자기강화 동기가 실제 자신을 자기가 생각하는 자신에 맞추고자(world-to-mind) 한다면, 자기측정 동기는 반대로 자기가 생각하는 자신을 실제 자신에 비추어 교정하는(mind-to-world) 역할을 수행한다. 자기측정 동기가 강하면 자신의 주관적 생각이나 기대하는 방향보다 현실에 기초한 객관적 평가를 중시하게 된다. 그레그 등(Gregg, et al, 2011)은 자기측정이 자기강화 동기보다 잘 발현되는 조건도 제시하고 있다. 애매한 항목보다 구체적이며 잘 정리된 항목에 대한 자기평가에서 자기측정 동기가 잘 나타난다고 한다. 구체적인 항목에서는 심리적 편향을 위해 주관적 평가가 실시될 여지가 작기 때문이다. 또 자신이 평가 항목에 대해 가진 장단점을 작성하게 되면 자신에 대한 균형적 사고(even-handed thinking)를 통해 자기편향적 판단을 줄일 수 있다고 한다. 마지막으로, 자신의 평가를 다른 사람들에게 정당화해야 하는 사회적 책임을 느끼게 하면 현실에 근거한 자기측정이 강화된다고 한다. 결국, 자기측정 동기는 냉철한 이성의 사용을 요구한다. 인지적 자원 가동이 제한될 때 자기강화 성향이 대신 나타나는 것도 이 때문이다. 2012년 대선에 대한 보도의 공정성 평가는 인지적 자원을 사용하는 이성적 작용을 동반했을 것으로 생각된다. 설문조사 응답자들이 자신이 선택한 매체를 6가지 공정성 항목에 걸쳐 판단하는 일은 선거 당시의 정치적 환경, 해당 매체의 기사, 주위 사람들의 평가, 자신의 경험 등 다양한 현실적 판단 근거를 바탕으로 하는 이성적 작업이었을 것이다. 이런 이유에서 응답자들은 보도의 공정성 평가에 대해 자기 이념과 지지 후보를 중심으로 한 주관적 자기강화 보다 현실적 정확성을 중요시하는 객관적 자기 측정을 추구했을 것으로 생각된다. 중도적 매체를 우호적 매체보다 더 공정하게 판단한 것은 자기강화 보다 자기측정의 동기가 반영된 결과일 것이다. 또, 우호적 매체가 자기 쪽에 불리하게 보도하고, 적대적 매체가 자기 쪽과 유리하게 보도함은 각각 중립을 향해 수렴되는 보도를 뜻한다. 응답자들이 이런 지각을 바탕으로 보도의 공정성을 평가했다는 것은 자기강화 동기를 억제하고 균형적이며 객관적인 평가를 시도했음을 뜻한다.[7]

　　마지막으로, 본 연구는 2012년 당시 진보와 보수 성향의 수용자 간 보도의 편향적 인식과 공정성 평가에 차이가 있었는지 관찰했다. 그 결과 우호적 매체에 대한 동화와 적대적 매체에 대한 대조는 진보와 보수 집단에서 유의미한 차이 없이 공통적으로 나타났다. 하지만 보도의 공정성 평가에서 진보 집단이 보수 집단에 비해 적대적 매체를 더 부정적으로, 우호적 매체를 더 긍정적으로 평가하는 모습을 보였다. 진보 집단이 내집단 동화와 외집단 대조를 더 강하게 드러낸 것이다. 이는 우선 국내 진보와 보수 매체의 영향력 차이에서 설명될 수 있을 것이다. 2012년 당시 발행부수가 많은 신문, 대표적 공영방송, 케이블 방송의 뉴스 프로그램 등이 대체로 보수 성향을 띠고 있었다. 편향적 매체 지각과 평가에서 중요한 조절변인 가운데는 매체의 도달범위(reach)가 있다(Gunther, et al., 2009). 매체의 수용자 도달 범위가 넓을수록 적대적 편향이 발생한다는 것이다. 매체가 더 많은 수용자에게 영향을 미친다고 인식하면 자기 쪽에 대한 방어적 동기에서 더 강한 견제가 발생하는 것이다. 적대적 매체가 많은 수용자를 가지고 있다면 이에 대한 대조 편향은 강화될 수 있다. 진보적 수용자 집단이 진보 매체보다 더 많은 영향력을 가진 적대적인 보수 매체들을 평가절하할 수밖에 없는 이유이다. 또 다른 설명은 당시 진보 진영은 야당 측으로 보수 진영에 도전하는 선거였다는 점을 들 수 있다. 진보 진영이 보수 진영에 비해 소수자 위치(minority position)에 있었던 것이다. 소수 집단 구성원들은 다수 집단에 비해 주류 매체에 의해 자신들이 주변화되고 자신의 이해가 덜 반영된다는 생각을 더 많이 한다(Gunther, et al., 2009). 이와 같은 인식이 당시 다수의 보수적 주류 매체에 대한 부정적 평가와 내집단 결집을 위한 진보 매체에 대한 긍정적 평가를 유발했을 가능성이 있다.

---

7) 설문조사 응답자들이 우호적 매체에 대해 자기 쪽에 불리하게 보도했다고 인식할수록 공정했다고 평가한 결과는 자기측정 동기 중심의 객관적 평가 시도의 흔적으로 볼 수 있다. 하지만 이들이 적대적 매체에 대해 자기 쪽에 유리하게 보도했다고 인식할수록 공정했다고 평가한 결과에 대해서는 추가 논의가 필요하다. 우선, (적대적이든 우호적이든) 매체 부두가 실제보다 지기 쪽으로 유리하게 보도했다는 인식은 자신의 입장이 옳고 좋음을 확인하려는 자기강화 동기가 개입된 것으로 볼 수 있다. 반면, 응답자들이 적대적 매체가 자기 쪽에 유리하게(반대편에 불리하게) 보도한 것이 중립을 추구하는 바람직한 보도로 판단해 공정성 점수를 후하게 주었다면, 자기강화 동기 이외의 심리적 현상이 있었다고 추측해 볼 수 있다. 매체가(적대적이든 우호적이든) 중립을 향한 보도였는지를 확인하는 심리에는 단순한 자기강화 목적이 아닌 판단의 정확성과 객관성 추구의 목적이 있었을 것으로 예상된다.

마지막으로, 외집단에 대한 부정적 평가는 집단간 유사성(intergroup similarity)이 차별적 내집단 정체성(distinctive ingroup identity)을 위협할 때 증가된다(Roccas & Schwartz, 1993). 당시 보수 진영의 박근혜 후보는 진보 진영의 정책과 유사한 경제 민주화를 핵심 공약으로 제시했고, 이에 대한 보수 매체들의 보도도 이어졌다. 진보적 수용자의 입장에서 이는 진보와 보수 집단 간 차별성을 약화시키는 위협적 상황으로 받아들여졌을 수 있다. 이런 위협이 진보적 수용자의 보수 매체에 대한 부정적 평가를 증가시켰을 수 있다.

본 연구는 2012년 대선 보도를 주제로 설문조사를 통해 편향적 매체 지각과 평가 현상을 관찰하고, 수용자의 언론 공정성 평가로 논의를 확대했다. 이 과정에서 우리 수용자들이 적대적 매체에 대한 대조 편향과 우호적 매체에 대한 동화 편향을 보이지만, 보도의 공정성에 대해서는 객관적으로 평가하려는 모습을 관찰할 수 있었다. 이는 수용자에 대한 믿음을 바탕으로 언론 공정성 회복에 대한 깊이있는 논의의 필요성을 제기한다.

본 연구는 다음과 같은 한계를 가지고 있다. 우선, 본 연구는 사회판단이론과 자기범주화이론 등 다양한 이론적 관점에서 언론 보도에 대한 편향적 인식을 논의했다. 하지만 선택적이며 편향적 지각의 근본 원인으로 사회심리학에서 광범위하게 다뤄지는 인지부조화(cognitive dissonance) 이론은 여기에서 충분히 설명되지 못했다. 다양한 이론 간 관련성에 대한 폭넓은 논의가 추후 필요하겠다. 둘째, 본 연구는 설문조사 응답자들에게 매체를 선택하게 한 뒤 해당 매체의 대선 보도에 대해 질문했다. 응답자들이 비교적 익숙한 매체를 선택하라는 지침을 받았으나, 3가지 선택 매체의 보도에 대해 잘 알지 못하고 답했을 가능성이 있다. 더욱이 응답자들이 자신의 성향과 일치하지 않은 적대적 매체를 접할 가능성이 많지 않은 점을 감안하면, 이와 같은 문제는 본 연구의 한계임이 분명하다. 셋째, 설문조사 대상이 고졸 이하 학력이 18.8%에 불과한 고학력자 중심으로 돼 있다. 이는 연구결과의 일반화를 제한하는 본 연구의 한계에 해당한다.

[참고문헌]

강명구(1994). 『한국저널리즘이론』. 서울: 나남.

강태영·권영설(2000). 『방송의 공정성에 관한 연구』. 서울: 방송위원회.

김민환·한진만·윤영철·원용진·임영호·손영준(2008). 『방송의 공정성 심의를 위한 연구』. 방송통신심의위원회보고서.

김승수(2004). 『언론산업의 정치경제학』. 서울: 개마고원.

김연식(2008). 『방송저널리스트의 공정성 인식 연구』. 연세대학교 대학원 박사학위 논문.

문종대·안차수·진현승·안순태(2007). 언론 수용자의 공정성 개념에 대한 탐색적 연구. 『한국언론정보학보』, 38호, 183-210.

문종대·윤영태(2004). 언론 공정성 개념의 재개념화. 『한국언론정보학보』, 27호, 93-122.

박현식·김성해(2014). 대통령 측근 비리에 관한 언론 보도 연구. 『언론과학연구』, 14권2호, 75-112.

박형준(2013). '공정성' 개념과 평가에 대한 기자들의 인식 연구. 『언론과학연구』, 13권1호, 262-289.

배병렬(2014). 『Amos 21 구조방정식 모델링: 원리와 실제』. 서울: 청람.

백선기(2002). 『한국 신문의 선거보도에 있어서 공정성』. 제6차 쟁점과 토론. 한국언론학회.

송은지·이건호(2014.6). 대통령의 선거개입 이슈 보도: 김영삼-이명박 대통령 시기 신문과 정권의 정파성에 따른 뉴스 분석. 『한국언론학보』, 58권3호, 228-250.

안차수(2009). 언론소비자가 갖는 이슈에 대한 태도가 언론의 공정성 판단에 미치는 영향. 『한국언론정보학보』, 46호, 323-353.

오택섭·박선희·이강형·민영(2008). 텔레비전 후보자 토론회와 적대적 매체 지각: 제17대 대통령 후보 토론회를 중심으로. 『한국방송학보』, 22권4호, 127-164.

오택섭·박성희(2005). 적대적 매체지각: 메시지인가 메신저인가. 『한국언론학보』, 49권2호, 135-166.

원용진(2006). 『PD저널리즘과 기자 저널리즘 비교를 통한 한국 방송 저널리즘 연구』. 한국방송학회 세미나 논문집.

유종원(1995). 한국에서의 공정보도의 개념과 의미에 관한 연구. 『한국언론학보』, 33호, 137-164.

이민웅(1996). 『한국 TV저널리즘의 이해』. 서울: 나남.

이민웅·이창근·김광수(1993). 보도 공정성의 한국적 기준을 위한 연구. 방송언론 인과 시청자의 인식을 중심으로. 『방송연구』, 36호, 180-213.

이종혁(2009). 『시민들은 언론의 정파성을 어떻게 보고 있나?』, 한국언론재단 '저 널리즘실행위원회' 심층연구 결과발표 세미나.

이준웅(2005). 비판적 담론 공중의 등장과 언론에 대한 공정성 요구. 『방송문화연 구』, 17권2호, 139-172.

이준웅·김경모(2008.11). '바람직한 뉴스'의 구성조건. 『방송연구』, 67호, 9-44.

이준웅·최영재(2005). 한국 신문위기의 원인. 『한국언론학보』, 49권5호, 5-35.

이창현(2003). 선거방송의 공공성에 대한 재개념화와 공정성 실현 장치의 기능과 한계. 국민대학교 사회과학연구소. 『사회과학연구』, 15권, 353-370.

임태섭(1993). 텔레비전 뉴스의 공정성에 대한 담론분석 연구. 『언론과 사회』, 1 권, 67-109.

정동우·황용석(2012). 공정성 개념에 대한 신문기자들의 인식 차이 연구: 객관주 의적·탈객관주의적 관점의 통합모형을 중심으로. 『언론과 사회』, 20권3호, 120 -158.

황치성(2007). 갈등이슈에 대한 개인 의견과 특정 신문에 대한 태도가 기사 편향 지각에 미치는 영향: 적대적 매체지각 이론을 중심으로. 『한국언론학보』, 51권3 호, 308-327.

Ahluwalia, R.(2000). Examination of psychological process underlying resistance to persuasion. *Journal of Consumer Research, 27*, 217-232.

Ariyanto, A., Hornsey, M. J., & Gallois, C.(2007). Group allegiances and perceptions of media bias: Taking into account both the perceiver and the source. *Group Processes & Intergroup Relations, 10*, 266-279.

Arpan, L. M. & Raney, A. A.(2003). An experimental investigation of news source and the hostile media effect. *Journalism and Mass Communication*

Quarterly, 80(2), 265-281.

Brewer, M. B.(1979). In-group bias in the minimal intergroup situation: A cognitive-motivational analysis. *Psychological bulletin, 86*(2), 307-324.

Brewer, M. B.(1991). The social self: On being the same and different at the same time. *Personality and social psychology bulletin, 17*(5), 475-482.

Brewer, M. B., & Pickett, C. L.(2002). The social self and group identification. In J. P. Forgas & K. D. Williams(eds.) *The social self: Cognitive, interpersonal, and intergroup perspectives(*pp. 255-271). New York: Psychology Press.

Brown, R.(2000). Social identity theory: Past achievements, current problems and future challenges. *European Journal of Social Psychology, 30*(6), 745-778.

Campbell, D. T.(1958). Common fate, similarity, and other indices of the status of aggregates of persons as social entities. *Behavioral Science, 3*(1), 14-25.

Choi, J., Yang, M., & Chang, J. J. C.(2009). Elaboration of the hostile media phenomenon: The roles of involvement, media skepticism, congruency of perceived media influence, and perceived opinion climate. *Communication Research, 36*, 54-75.

Christen, C. T., Kannaovakun, P., & Gunther, A. C.(2002). Hostile media perceptions: Partisan assessments of press and public during the 1997 UPS strike. *Political Communication, 19*, 423-436.

Dalton, R. M., Beck, P. A., & Huckfeldt, R.(1998). Partisan cues and the media: Information flows in the 1992 presidential election. *American Political Science Review, 92*, 111-126.

Ditto, P. H., & Lopez, D. F.(1992). Motivated skepticism: use of differential decision criteria for preferred and non-preferred conclusions. *Journal of Personality and Social Psychology, 63*(4), 568.

Duck, J. M., Terry, D. J., & Hogg, M. A.(1998). Perceptions of a media campaign: The role of social identity and the changing intergroup context.

Personality and Social Psychology Bulletin, 24, 3-16.

Eveland, W. P., & Shah, D. V.(2003). The impact of individual and interpersonal factors on perceived news media bias. *Political Psychology, 24*(1), 101-117.

Feldman, L.(2011). Partisan differences in opinionated news perceptions: A test of the hostile media effect. *Political Behavior, 33*(3), 407-432.

Festinger, L.(1957). A theory of cognitive dissonance. Stanford, CA: Stanford University Press.

Giner-Sorolla, R., & Chaiken, S.(1994). The causes of hostile media judgment. *Journal of Experimental Social Psychology,* 30, 165-180.

Gregg, A. P., Sedikides, C., & Gebauer, J. E.(2011). Dynamics of identity: Between self-enhancement and self-assessment. In S. J. Schwartz, K. Luyckx, V. L. Vignoles(eds.), *Handbook of identity theory and research*(pp. 305-327). New York: Springer.

Gunther, A. C.(1992). Biased press or biased public? Attitudes toward media coverage of social groups. *Public Opinion Quarterly, 56,* 147-167.

Gunther, A. C., & Chia, S. C. Y.(2001). Predicting pluralistic ignorance: The hostile media effect and its consequences. *Journalism and Mass Communication Quarterly, 78,* 689-701.

Gunther, A. C., & Christen, C. T.(2002). Projection or persuasive press? Contrary effects of personal opinion and perceived news coverage on estimates of public opinion. *Journal of Communication, 52*(1), 177-195.

Gunther, A. C., & Liebhart, J. L.(2006). Broad reach or biased source? Decomposing the hostile media effect. *Journal of Communication, 56,* 449-466.

Gunther, A. C., & Schmitt, K. M.(2004). Mapping boundaries of the hostile media effect. *Journal of Communication, 54,* 55-70.

Gunther, A. C., Christen, C. T., Liebhart, J. L., & Chia, S. C.Y.(2001). Congenial public, contrary press and biased estimates of the climate of opinion. *Public Opinion Quarterly, 65,* 295-320.

238

Gunther, A. C., Miller, N., & Liebhart, J. L.(2009). Assimilation and contrast in a test of the hostile media effect. *Communication Research, 36,* 747–764.

Heider, F.(1958). *The psychology of interpersonal relations.* New York: Wiley

Hogg, M. A., & Reid, S. A.(2006). Social identity, self-categorization, and the communication of group norms. *Communication Theory, 16*(1), 7–30.

Kosterman, R., & Feshbach, S.(1989). Toward a measure of patriotic and nationalistic attitudes. *Political Psychology, 10*(2), 257–274.

Lord, C. G., Ross, L., & Lepper, M.(1979). Biased assimilation and attitude polarization: The effects of prior theories on subsequently considered evidence. *Journal of Personality and Social Psychology, 37,* 2098–2109.

Maslow, A. H.(1948). "Higher" and "lower" needs. *The journal of psychology, 25*(2), 433–436.

Matheson, K., & Dursun, S.(2001). Social identity precursors to the hostile media phenomenon: Partisan perceptions of the Bosnia conflict. *Group Processes & Intergroup Relations, 4,* 116–125.

Pattershall–Geide, J.(2012). Motivational inequality: Prevention goals induce more effort than promotion goals. Doctoral dissertation at University of Arkansas.

Reid, S. A.(2012). A Self-Categorization Explanation for the Hostile Media Effect. *Journal of Communication, 62*(3), 381–399.

Reid, S. A., Giles, H., & Harwood, J.(2005). A self–categorization perspective on communication and intergroup relations. In J. Harwood & H. Giles(eds.) *Intergroup communication: Multiple perspectives*(pp 241–263). New York: Peter Lang Publishing.

Roccas, S., & Schwartz, S. H.(1993). Effects of intergroup similarity on intergroup relations. *European Journal of Social Psychology, 23*(6), 581–595.

Sedikides, C., & Gregg, A. P.(2008). Self-enhancement: Food for thought. *Perspectives on Psychological Science, 3,* 102–116.

Sedikides, C., & Strube, M. J.(1997). Self-evaluation: To thine own self be good, to thine own self be sure, to thine own self be true, and to thine own self be better. *Advances in experimental social psychology, 29,* 209–269.

Sherif, M., & Hovland, C. I.(1961). *Social judgment: Assimilation and contrast effects in communication and attitude change.* Oxford, England: Yale University Press.

Sherif, M., & Sherif, C. W.(1967). Attitude as the individual's own categories: The social judgement–involvement approach to attitude and attitude change. In C. W. Sherif & M. Sherif(eds.), *Attitude, ego–involvement and change*(pp. 105~139). New York: Wiley.

Swann, W. B., Jr., Rentfrow, P. J., & Guinn, J.(2003). Self–verification: The search for coherence. In M. R. Leary & J. Tangney(eds.), *Handbook of self and identity*(pp. 367–383). New York: Guilford.

Tajfel, H.(1982). Social psychology of intergroup relations. *Annual review of psychology, 33*(1), 1–39.

Trope, Y.(1986). Self–assessment and self–enhancement in achievement motivation. In R. M. Sorrentino & E. T. Higgins(Eds.), *Handbook of motivation and cognition: Foundations of social behavior*(Vol. 1, pp. 350–378). New York: Guilford Press

Turner, J. C., Hogg, M. A., Oakes, P. J., Reicher, S. D., & Wetherell, M. S.(1987). *Rediscovering the social group: A self–categorization theory.* Oxford, UK: Basil Blackwell.

Vallone, R. P., Ross, L., & Lepper, M. R.(1985). The hostile media phenomenon: Biased perception and perceptions of media bias in coverage of the Beirut massacre. *Journal of Personality and Social Psychology, 49,* 577–585.

Westerstahl, J.(1983). Objective news reporting, *Communication Research, 10*(3), 403–424.

White, J. B., Schmitt, M. T., & Langer, E. J.(2006). Horizontal hostility: Multiple minority groups and differentiation from the mainstream. *Group processes & intergroup relations, 9*(3), 339–358.

제 **7** 편

지각된 의견분위기 상황에 따른 사회자본과 침묵의 나선, 정치참여 간의 관계 연구

권혁남 전북대학교 신문방송학과 교수

지각된 의견분위기 상황에 따른 사회자본과 침묵의 나선, 정치참여 간의 관계 연구[*]

1. 머리말

침묵의 나선이론(Theory of Spiral of Silence)을 처음으로 주창한 노엘레노이만(Noelle-Neumann, 1974)은 여론이란 두 가지 방식으로 형성되는 것으로 보았다. 사람들은 자신의 의견을 형성하는 과정에서 스스로 합리적으로 판단하면서 동시에 주변 사람들과 동조(conform)하도록 압력을 받는다는 것이다. 그녀에 의하면 우리 인간의 사회적 본성은 자신의 동료들로부터 배척과 고립을 두려워하고 그들로부터 존중받거나 호감받기를 원한다는 것이다(Noelle-Neumann, 1974).

이처럼 그녀는 여론 형성에 있어서 '고립 공포감' 개념의 중요성을 강조하였는데, 침묵의 나선효과의 핵심적인 4가지 요소는 모두 이와 관련되어 있다(Spencer and Croucher, 2008). 첫째, 사람들은 자신이 갖게 되는 의견으로 인해 고립되는 것을 무서워한다. 둘째, 주변의 다른 사람들의 의견을 관찰한다. 셋째, 어떤 관점이 고립감을 일으키지 않고 표현될 수 있는지를 파악하기 위해 노력한다. 넷째, 자신의 관점이 다수의 의견과 일치하면 견해를 밝히지만 일치하지 않으면 자신의 의견을 표명하지 않는다. 다시 말해 대부분의 사람들은 자신의 의견을 표명하기 전에 다른 사람의 의견을 관찰한다는 것이다. 이처럼 주변의 의견분위기(climate of opinion)를 지각하고자 하는 본능을 준통계감각(quasi-statistical senses)이라고 한다. 사람들은 자신의 의견이 다수에 있다고 느끼면 개인적 의견을 표명

---

[*] 이 논문은 2019년도 전북대학교 연구기반 조성비 지원에 의하여 연구되었음. 이 논문은 『정치커뮤니케이션연구』 제54호(2019)에 기 출간되었으며, 저작권은 한국정치커뮤니케이션학회에게 있습니다.

하지만, 자신이 소수에 있다고 느끼면 사회적 고립을 두려워하여 침묵하게 된다는 것이다. 그 결과 다수 의견은 끊임없이 강화되는 반면 소수 의견은 점차 약하게 되는 역동적 과정이 침묵의 나선 현상을 형성한다는 것이다(Luarn and Hsieh, 2014). 침묵의 나선이론이 갖는 강점 중의 하나는 이처럼 여론현상을 미시적 과정(개인적 목소리)과 거시적 결과(의견분위기 형성)를 잘 연결시킨다는 점이다(Clemente and Roulet, 2015). 개인이 갖고 있는 목소리가 사회적으로 여론화되어 가는 과정을 설명해준다는 점이 이 이론의 강점이라 하겠다.

　　침묵의 나선이론이 등장한 지 40년이 넘었다. 그동안 많은 연구 분야에서 이 이론이 지지를 받기도 하였으나 국내외 연구들에 의하면 의견분위기에 대한 지각과 의사표명 간의 연결고리가 약한 것으로 나타났다. 글린 외(Glynn, Hayes, & Shanahan, 1997)의 메타분석연구에 의하면 지각된 의견분위기와 의견표출 의사 간의 평균 상관관계 값이 .054에 불과하였다. 또한 새나한 등(Shanahan, Glynn, & Hayes, 2007)의 메타분석에서도 의견분위기 지각이 의견표명 의사를 예측할 수 있는 변량 값은 2%에 불과하였다. 국내 연구들에서도 지각된 의견분위기와 의견표명 의사간의 관계가 제대로 검증되지 못했다(Yun, Park, & Lee, 2016; 권혁남, 2017; 김무곤 외, 2001).

　　지금까지의 연구결과들은 침묵의 나선이론의 핵심 명제에 대한 근본적인 의문을 제기하기에 충분하다. 이에 따라 많은 후속연구들이 의사표명에 영향을 미치는 또 다른 변인, 그리고 지각된 의견분위기와 의사표명 사이에서 매개하는 변인들을 찾는 데에 집중하게 되었다. 그동안의 연구에서 밝혀진 독립변인 또는 매개변인들을 살펴보면, 준거집단(Spencer et al., 2008), 미래에 자신의 의견이 다수 의견이 되리라는 확신감(변상호, 2015), 자기검열 의지(Glynn & Shanahan, 2005), 이슈 중요성(Moy, Domke, & Stamm, 2001), 태도 확실성(박선희·한혜경, 2008; Matthes, Morrison, & Schemer, 2010), 효능감(Huang, 2005), 이슈 지식(Shamir, 1997), 커뮤니케이션 불안(Neuwirth, Frederick, & Mayo, 2007), 선천적인 고립 공포감(Matthes, Hayes, & Shen, 2009), 이슈 성격(Dalisay, Hmielowski, Kushin, and Yamamoto, 2012) 등이다.

　　본질적으로 침묵의 나선이론은 인간을 사회적으로 고립되어 있는 존재로 전제하고 있다. 그러나 후속연구(Oshagan, 1996)에서 사람들은 의견분위기를 평가하기 위해 준거집단(reference groups)에 의존한다는 사실이 밝혀졌다. 사람들은 자신의 의견이 준거집단과 같을 때 의사표명을 하고 그렇지 않은 경우는 의사표명을 하지 않는다는 것이다. 그러나 간혹 사회 전체 의견과 자신이 속해 있는 준거집단의 의견이 서로 다른 경우에 사회 전체의 의견보다는 준거집단의 의견에 일치시키는 경우가 발생한다는 것이다(정일권 외, 2009). 이처럼 준거집단이 개인의 의견을 형성하고, 의견을 표명하는 과정에서 중요한 역할을 한다는 사실이 밝혀지면서 침묵의 나선이론은 일부 수정되기 시작하였다.

델리세이 등(Dalisay et al., 2012)은 의견표명 의사에 영향을 미치는 또 다른 요인으로 사회자본(social capital)을 설정하고 처음으로 사회자본의 요소들을 침묵의 나선이론에 접목시켰다. 연구자들은 사회자본은 여론에 대한 평가뿐만 아니라 의사표명 의지에 영향을 미치기 때문에 사회자본에 대한 연구가 중요하다고 말한다. 이 연구는 사회자본의 개인적 차원 요소들(시민 참여, 신뢰, 이웃과의 친밀성)이 의사표명 의지와 관련이 있는지, 사회자본의 개인적 차원 요소들이 자신의 의견을 다른 사람들이 지지한다는 지각과 관련이 있는지를 분석하였다. 연구 결과 시민참여(civic engagement)는 의사표명 의지에 직접적인 효과를 미치는 것으로 나타났다. 이웃과 친밀성(neighborliness), 지역민에 대한 신뢰(trust)는 자신의 의견에 대한 지각된 지지에 직접적인 영향을 미치며 나아가 지각된 지지는 의견표명 의사에 간접적으로 영향을 미치는 것으로 나타났다. 이 연구는 사회자본의 요소들을 동원하여 침묵의 나선현상을 처음으로 접목시켰다는 점에서 중요한 의미를 갖는다.

국내외에서 침묵의 나선효과가 제대로 검증되지 않고 있는 상황에서 본 연구는 사회자본 요소들이 의견분위기 지각과 의견표명 의사를 좀 더 잘 설명할 수 있는지를 밝혀보고자 한다. 아울러 사회자본 요소들과 지각된 의견분위기, 의견표명 의사 등의 침묵의 나선 요인들이 정치참여에 영향을 미치는지를 분석하고자 한다. 사회자본과 침묵의 나선효과를 연계시킨 연구들이 국내외적으로 거의 없는 상황에서 과연 한국적 상황에서 사회자본 요소들이 침묵의 나선에 영향을 미치는지, 나아가 그것이 정치참여로 연결되는지를 검증해 보고자 한다. 또한 이러한 과정이 지각된 의견분위기 상황(자신의 의견이 다수, 반반, 소수로 지각되는 상황)에 따라서는 어떻게 차이가 있는지를 분석해 보고자 한다. 본 연구는 아직도 명확하지 않은 지각된 의견분위기, 의견표명 의사와 관련된 이해의 폭을 넓히고, 그동안 부족한 영역으로 남아 있던 침묵의 나선효과의 행위적 효과 영역을 보다 확장시키는 데 도움이 될 것으로 기대한다.

2. 선행연구 검토와 연구문제

사람들은 자신의 의견을 표명하기 전에 준통계감각을 동원하여 주변의 다수 의견이 무엇인지, 즉 의견 분위기를 관찰하고자 하는 본능을 갖는다(Luarn and Hsieh, 2014). 노엘레노이만도 인간은 의견분위기를 관찰하기 위해 자신의 대인간 관계와 매스 미디어 두 가지 정보원을 활용한다고 하였다(Tsfati et al., 2014). 노엘레노이만은 그녀의 첫 연구에서 대인간 커뮤니케이션 상황에서 개인의 의사표명 또는 보류 의지를 분석하였다. 노엘레노이만이 처음에 생각한 침묵의 나선이론은 의견분위기 파악과 여론의 전개 과정에서 대인간 커뮤니케이션과 미디어가 어떠한 영향력을 미치는지를 설명하고자 한 것이다(Gearhart et al., 2014). 그럼에도 그동안 대부분의 연구들이 매스 미디어의 효과에 초점을 맞춘 반면에 대인간 관계(interpersonal relationships) 또는 대인간 커뮤니케이션에 대해서는 크게 주목하지 않았다(권혁남, 2017).

대인간 관계는 여론을 파악하기 위해 사람들이 이용하는 중요한 정보원이다. 모이 외(Moy et al., 2001)는 인간이 갖게 되는 고립에 대한 두려움은 주류 의견으로부터 뿐만 아니라 가족이나 가까운 친구들로부터도 일어난다는 점을 밝혔다. 모이 외(Moy et al., 2001)의 연구에 의하면 사회 전체의 의견분위기에 대한 지각보다는 가족, 친구들의 의견분위기에 대한 지각이 의견표명 의지에 더 많은 영향을 미치는 것으로 나타났다. 국내 연구(정효명, 2012)에서도 같은 결과가 나타났는데 대인커뮤니케이션의 동질성 여부가 공중의 의견분위기 지각보다는 의견표명 의지에 더 많은 영향을 미치는 것으로 밝혀졌다.

그동안 적지 않은 연구들(Dalisay et al., 2012; Glynn et al., 1997)에서 자신의 의견에 대한 지각된 지지가 의견표명 의사에 직접적인 영향을 미치는 것으로 나타나기도 하였다. 그러나 지금까지의 연구들에 의하면 대체로 지각된 의견분위기와 의견표명 의사 간의 연결고리가 약한 것으로 나타났다(Glynn et al., 1997; 정효명, 2012; 양승찬·서희정, 2013; 박영득·이정희, 2013; 권혁남, 2018; 권혁남, 2017). 결국 이러한 상이한 연구결과들은 지각된 의견분위기와 의견표명 간의 관계는 생각보다 복잡한 기제가 작동되고 있음을 시사해준다 하겠다. 따라서 이들 간의 진실된 관계는 물론이고 의견표명에 미치는 또 다른 요인들을 밝혀내는 후속연구들이 필요하다고 본다.

2.1. 사회자본의 요소

퍼트남(Putnam, 1995)은 사회자본이란 공통의 목표를 추구하기 위해 참여자들을 더욱 효과적으로 함께 행동하도록 만드는 사회생활의 특성이라고 하였다. 또한 퍼트남은 사회자본은 신뢰, 사회 연계망, 시민 참여라는 요소들로 구성되어 있다고 하였다. 사회자본은 규범(norm), 상호호혜(reciprocity), 협력 행위(cooperative actions) 등을 통해 긍정적인 효과를 생산할 수 있으며, 이를 통해 사회를 안정화시킬 수 있다고 하였다. 또한 이러한 사회 자본은 인간들 간의 상호작용을 통해 개인은 물론이고 집단적 차원에서도 영향을 미치는 것으로 밝혀졌다(이영원, 2013).

델리세이 등(Dalisay et al., 2012)은 사회자본은 개인적 차원에서 신뢰, 이웃과의 친밀성(neighborliness), 시민참여 등의 3대 요소로 구성되어 있다고 하였다. 먼저 신뢰는 일반적으로 다른 사람이 자신의 기대에 어긋나는 행위를 하거나 신념을 갖지 않을 것이라는 주관적 믿음으로 정의된다(전미리, 2018). 사회 자본의 다른 요소들이 모두 사회적 신뢰에 기초하고 있기 때문에 사회 자본의 가장 중요한 요소라 하겠다. 신뢰는 공식적, 비공식적 사회 네트워크에서의 참여를 촉진하는 절차게 여할을 수행한다. 다른 시림들을 신뢰하는 시민들은 정치, 시민 조직에 더 많이 자원봉사하거나, 후원금을 많이 내며, 참여도 많이 하는 경향이 있다(Putnam, 1995). 신뢰는 공동의 목적을 위한 집합적 행위를 촉구하는 중요한 요소이다. 신뢰에 의해 집합적으로 묶여진 정도에 따라 협동 행위에 참여하고자 하는 의지가 증가하는 경향이 있다(Dalisay et al., 2012). 조와 맥클라우드(Cho and McLeod, 2007)의 연구는 신뢰가 집단 관여(group involvement), 선거, 종교, 항의(참여의 높은 수준) 등과 관련이 있음을 발견하였다.

사회자본의 3대 요소 중 두 번째인 사회 연계망을 델리세이 등(Dalisay et al., 2012)은 이웃과의 친밀성(neighborliness)이라고 하였다. 이웃과의 친밀성은 서로 가까이 사는 사람들 간의 상호작용에서 일어나는 행위를 말한다. 이웃과의 친밀성은 이웃과 비공식적으로 접촉하는 수많은 방식들(방문, 저녁 파티 초대, 물건을 빌리거나 교환하기, 이웃 집 지켜주기 등)을 포함한다(Dalisay et al., 2012). 이웃과 친밀성은 공동체 조직과 같은 공식적 사회 집단의 참여와 관계가 있는 것으로 나타났다. 이웃과 친밀성은 어려움에 빠진 사람을 돕는 것과 같이 주민들이 서로서로 자발적으로 행동하는 비공식적 기제를 촉진한다. 또한 친밀한 이웃 간의 연대는 시민, 정치 집단에의 참여를 촉진시키고, 사람들로 하여금 의견을 공유하고 공개적으로 교환하도록 만든다(Dalisay et al., 2012).

사회자본의 세 번째 요소인 시민참여는 공식적 공동체 집단의 성원, 그리고 사회 행위 참여를 말한다. 시민참여는 민간 활동을 통해 공동체 발전 과정을 포함하며, 교회 참석, 공동체 프로젝트 참여 등과 같은 행위를 포함한다(Putnam, 1995). 퍼트남(Putnam, 1995)은 시민참여는 민주주의가 얼마나 참여적이고 활기 있는가(vibrancy)와 정적으로 관련되었다고 말한다.

2.2. 침묵의 나선에서 사회자본의 영향

사람들은 자신과 유사한 가치체계를 소유한 것으로 지각하는 집단을 형성하거나 합류하는 경향이 있다. 예를 들어 사람들은 자신의 가치와 비슷하게 설교하는 교회를 선택한다. 따라서 사람들은 자신과 가까이 지내는 다른 사람들이 자신과 비슷한 세계관을 공유하고 있는 것으로 지각한다. 사회자본의 수준이 높을수록 주변 사람들이 특정 이슈에 대해 자신의 의견과 비슷하게 생각할 것으로 지각하게 된다. 이러한 기대는 두 개의 사회자본 연구의 이론적 배경에 기초하고 있는데, 그것은 동종선호(homophily)와 사회적 통제(social control)이다(Dalisay et al., 2012).

사람들은 비슷한 사람끼리 어울리는 습성을 갖고 있다(Huckfeldt & Sprague,

1995; McPherson et al., 2001). 이러한 사회학적 현상을 동종선호라고 하는데, 인종, 연령, 성, 종교, 교육, 직업을 포함한 많은 인구통계학적 변인들과 관계없이 지지받는다(McPherson et al., 2001). 동종선호는 사회자본의 중심개념이다. 특정 집단과 어울리게 되면 비슷한 가치와 신념이 형성되며, 집단 성원들 간의 지각된 유사성(perceived similarities)을 이끌게 된다(Huckfeldt & Sprague, 1995). 예를 들어 사람들은 일반적으로 자신이 살고 있는 공동체에서 마음이 맞는 이웃과 연대를 형성하는데, 밀접한 사회적 네트워크를 만드는 동종선호 구조는 다양한 생각에 대한 노출을 최소화하고 개인의 경험과 정보 접근을 제한시킴으로써 가치와 신념 등의 유사성이 유지된다(Dalisay et al., 2012).

한편 사회자본에 의해 수행되는 기본적 기능은 사회적 통제이다. 사회적 통제는 규범을 집행하고 그 결과로서 공동의 목적에 따라 스스로 규제하는 사회적 집단의 능력으로 정의된다(Janowitz, 1975). 사회자본의 원천 중 하나는 결속된 연대(bounded solidarity)이다. 이러한 구속력은 집단을 강하게 만들고, 기대와 호혜의 규범을 이끌며, 규범에 대한 순응(compliance)과 규율(discipline)을 촉진한다. 사회자본이 사회적 통제 형식으로 기능할 때 공식적이거나 명시적인 통제들을 불필요하게 만든다. 콜맨(Coleman, 1988)은 규범들이 특정 행위들을 촉구하고 다른 행위들은 억제시킴으로써 사회자본 형식을 구성한다고 말했다. 콜맨은 여기에 딱 맞는 사례로서 사람들이 개인적 이익을 포기하고 집단 이익에 맞게 행동토록 만드는 규범을 들었다. 몇몇 연구들에 의하면 신뢰, 이웃과의 친밀성, 시민 참여를 포함한 사회자본 요소들은 공동체의 사회적 통제 능력을 증가시키고 마을의 범죄율을 감소시키는 것으로 나타났다(Bellair, 2000; Hawdon & Ryan, 2009).

타인에 대한 신뢰, 이웃과의 강한 연대, 그리고 높은 시민참여를 통해 개인들은 자신의 이익을 억제하고 집단과 일치하는 방향으로 행동하게 된다. 이러한 통합력은 사람들로 하여금 주변의 사람들과 비슷한 태도나 신념을 갖도록 순응시키게 된다(Dalisay et al., 2012). 동종선호의 원칙이 말하는 것은 "유유상종"이다. 다른 사람과 강하게 연관되어 있고 높은 사회자본을 갖고 있는 시민들은 다른 사람들도 자신의 의견과 비슷할 것으로 지각할 것으로 기대할 수 있을 것이다(Dalisay et al., 2012).

한편 사회자본 형태는 결속형(bonding)과 연계형(bridging)으로 구분할 수 있다(윤종빈·김소정, 2019). 결속형 사회자본은 혈연, 지연, 학연이나 회원 중심으로 한 폐쇄적 성향을 띤다. 반면 연계형 사회자본은 사회의 다양한 집단들과의 관계를 반영한다. 연계형은 사회적 윤활유 역할을 수행하는데, 자원봉사단체가 대표적이라 하겠다. 따라서 연계형 사회자본은 결속형 사회자본에 비해 정보의 확산이나 상호 커뮤니케이션이 더욱 활발한 특성을 갖고 있다. 연계형 사회 자본 형태는 커뮤니케이션을 양적으로 확대시키는 특성을 갖는다. 연구에 의하면 한국 사회에서는 가족, 혈연, 친구 등 결속형 사회 자본에 대한 신뢰도는 높았으나, 연계형 사회자본을 근간으로 하는 공적 영역에 대한 신뢰도가 낮게 나타났다. 이러한 현상은 연고주의에서 비롯되는 한국적 속성이라 할 수 있겠다(이영원, 2015; 김은규, 2010; 김하늬, 정낙원, 2016).

델리세이 외(Dalisay et al., 2012)는 사회자본 요소들(신뢰, 이웃과 친밀성, 시민참여)이 침묵의 나선효과에 영향을 미치는 지를 최초로 연구하였다. 이 연구에서는 흥미로운 결과들이 나타났는데, 먼저 신뢰와 이웃과 친밀성은 자신 의견에 대한 지각된 지지에 직접적인 긍정적인 효과를 갖는 것으로 나타났다. 다시 말해 강한 이웃과의 친밀성, 신뢰는 다른 사람들이 자신의 의견과 같은 의견을 공유한다고 지각한다는 것이다. 또한 시민참여는 개인의 의견표현 의사에 직접적인 영향을 미치는 반면, 신뢰와 이웃과의 친밀성은 직접적인 영향 보다는 간접적인 영향만을 미치는 것으로 나타났다.

2.3. 사회자본, 침묵의 나선효과와 정치참여

침묵의 나선효과 연구에서 침묵의 나선효과와 정치참여 간의 관계에 관한 연구는 제대로 이루어지지 않았다. 많지 않은 기존 연구들은 투표, 후보나 정당을 위해 일하는 것 등의 제도적(institutional) 정치참여에서 사회자본의 영향을 분석한 것들이 대부분이다(La Due Lake & Huckfeldt, 1998). 반면에 사회자본이 의견표명 등의 숙의적(deliberative) 정치참여에 미치는 영향에 대해서는 제대로 연구가 되지 않았다. 따라서 사회자본이 제도적 정치참여뿐만 아니라 숙의적 정치참여에도 영향을 미치는 지에 관한 연구가 필요하다 하겠다. 한 연구(Wilkins,

2000)에 의하면 사회자본의 한 요소인 시민참여는 의견표현을 촉진시킴으로써 결과적으로 정치참여를 촉진시키는 것으로 밝혀졌다. 국내에서도 이와 관련된 연구들은 소수에 지나지 않는데, 지금까지 수행된 국내 연구결과들을 살펴보자. 양승찬 외(2013) 연구에서는 다수 또는 소수에 대한 의견분위기 지각과 정치참여 간에 뚜렷한 관계가 발견되지 않았다. 그러나 다른 연구(박선희·한혜경, 2008)에 의하면 지각된 의견분위기는 다른 사람과의 의견교환이나 표현에서 뿐만 아니라 정치활동 참여에도 효과를 미치는 것으로 나타났다. 또한 이 연구에 의하면 후보자에 대한 믿음이 강할수록 공개적으로 의사표명을 할 뿐만 아니라 투표, 모금 활동 등에 있어서도 적극적인 것으로 밝혀졌다. 또 다른 연구(정일권 외, 2009)에서도 지각된 의견분위기는 여러 정치활동 참여에 효과를 미치는 것으로 나타났다. 최근에 실시된 또 다른 연구(권혁남, 2017)에 의하면 지각된 의견분위기가 투표의사에는 영향을 미치지 못하지만 선거운동 참여에는 영향을 미치는 것으로 밝혀졌다. 또한 이 연구에서는 의견표명 의사가 정치참여에 상당히 많은 영향을 미치는 것으로 나타나기도 했다. 다시 말해 의견표명 의사가 분명한 사람들은 투표뿐만 아니라 선거운동에도 적극적으로 참여하고자 하였다. 기존 연구결과들을 종합해 보면 의견분위기 지각과 의견표명 의사는 정치참여에 영향을 미치는 변인인 것으로 보인다.

지금까지의 문헌검토를 통해 다음과 같은 연구문제를 설정하였다.

연구문제 1. 사회자본(신뢰, 이웃과 친밀도, 시민참여)에 영향을 미치는 요인은 무엇인가?

연구문제 2. 사회자본(신뢰, 이웃과 친밀도, 시민참여)은 의견분위기 지각에 영향을 미치는가?

연구문제 3. 사회자본(신뢰, 이웃과 친밀도, 시민참여)은 의견표명 의사에 영향을 미치는가? 지각된 의견분위기 상황 집단(다수-반반-소수)에 따라 차이가 있는가?

연구문제 4. 지각된 의견분위기는 의견표명 의사에 영향을 미치는가? 지각된 의견분위기 상황 집단(다수-반반-소수)에 따라 차이가 있는가?

연구문제 5. 사회자본(신뢰, 이웃과 친밀도, 시민참여), 지각된 의견분위기, 의견표명 의사는 정치참여의사에 영향을 미치는가? 지각된 의견분위기 상황 집단(다수-반반-소수)에 따라 차이가 있는가?

3. 연구방법

3.1. 자료수집방법

본 연구의 조사는 2017년 8월 25일~27일에 만 19세 이상의 전라북도민들을 대상으로 이루어졌다. 성, 연령, 시군별 인구비율에 맞춰 표본수를 배정하는 할당표본추출(quota sampling method)을 통해 500명의 응답자를 선정하였고, 이들을 대상으로 면접조사를 하였다. 응답자들의 특성을 보면, 남성이 49.8%, 여성이 50.2%였다. 연령별로는 20대(19세 포함) 16.2%, 30대 15.8%, 40대 18.0%, 50대 19.4%, 60대 이상 30.6%였다. 교육수준은 중졸이하 8.6%, 고졸 32.2%, 대학이상 59.2%였다.

3.2. 주요 변인의 조작적 정의

3.2.1. 이슈선정

침묵의 나선효과를 검증함에 있어서 어떤 이슈를 조사 대상으로 하느냐에 따라 그 결과가 달라질 수 있다(Gearhart, Zhang, 2015). 본 연구에서는 도덕적 이슈는 피하고 본 연구의 성격과 관련 있는 정치적 성격을 띠는 이슈를 선정키로 하였다. 조사시점에서 가장 뜨거웠던 국가적 정치이슈는 경북 성주에 사드(THAAD)를 배치하는 문제였다. 이는 여당과 야당, 시민단체, 지역사회 등에서 첨예하게 대립되는 이슈였고, 동시에 이를 반대하는 중국과의 심한 갈등을 불러

일으킨 긴급하고도 매우 중대한 이슈였다. 응답자들의 사드 배치에 대한 의견은 찬성 29.6%, 반대 26.6%, 중립 43.8%로 찬반이 팽팽하게 맞섰다.

3.2.2. 지각된 의견분위기

기어하트와 장(Gearhart, Zhang, 2015)이 사용한 조작적 정의를 따랐다. 사드 배치에 대한 개인의 입장을 5점 척도로 물었다. 이어서 사드배치에 대한 "가족과 친구, 지인들의 입장", "전체 국민들의 입장", "10년 후 전체 국민들의 입장", "언론의 입장", "SNS에서의 입장"을 어떻게 인지하는지를 물었다. 그래서 5개 항목 각각 지배적 의견과 자신의 입장이 일치한다고 느끼면 1, 일치하지 않으면 0으로 하는 가변인(dummy variable)을 만들었다. 사드배치에 대한 '본인과 주변 사람 의견일치', '본인과 전체국민과의 의견일치', '본인과 10년 후 여론과의 의견일치', '본인과 언론과의 의견일치', '본인과 SNS와의 의견일치' 등의 5개의 가변인들을 만들었다. '지각된 의견분위기' 점수는 이러한 5개 의견일치도들을 합산한 것이다. 이 점수는 0에서 5까지 분포하게 된다(Cronbach's alpha = .760, M = 3.05, SD = 1.74).

3.2.3. 의견분위기 상황 집단

사드이슈에 있어서 '본인과 주변사람 의견일치', '본인과 전체국민과의 의견일치', '본인과 10년 후 여론과의 의견일치', '본인과 언론과의 의견일치', '본인과 SNS와의 의견일치' 등 5개 일치도에서 일치하는 것이 하나도 없거나 1개에 불과한 사람들은 자신의 의견이 '소수 의견분위기 상황 집단'으로, 5개 일치도에서 4개 또는 5개 일치하는 사람들을 '다수 의견분위기 상황 집단'으로, 2, 3개 일치하는 사람들은 '반반 의견분위기 상황 집단'으로 분류하였다. 그 결과 228명(46.7%)이 다수, 109명(22.3%)이 소수, 151명(22.3%)이 반반 상황 집단으로 분류되었다.

3.2.4. 의견표명 의사

델리세이 등(Dalisay et al., 2012)이 사용한 조작적 정의를 따랐다. 사드배치 이슈에 대한 개인의 입장을 '지역사회에서의 공중집회', 'TV인터뷰', '지인이나 친구들과의 모임', '몇몇 사람과의 식사자리', '인터넷 모바일 등의 채팅방'의 5가지 상황에서 자신의 의견을 밝힐 수 있는지를 5점 척도로 물었다. 5가지 상황에서 자신의 의견을 표명하고자 하는 의지 정도를 모두 합산하여 하나의 지수로 만들었는데, 이 지수는 최저 5점에서 25점까지 분포하게 된다(*Cronbach's alpha* = .947, *M* = 13.1, *SD* = 4.84).

3.2.5. 고립공포감

헤이스 등(Hayes et al., 2013)이 사용한 조작적 정의를 그대로 따랐다. ① 함께하는 모임의 사람들과 잘 어울리는 일의 중요성 ② 주변에 사람이 없을까 봐 걱정 ③ 알고 있는 사람들로부터 배척받는 것은 최악의 일로 인식 ④ 모임에서 소외당하는 느낌을 싫어함 ⑤아는 사람들과의 모임에 초대받지 못할지 모른다는 두려움 등을 5점 척도로 물었다. 5개 항목들에 대한 신뢰도 분석을 실시한 결과, 전체 신뢰도를 떨어뜨리는 ①번 항목을 제외하고 나머지 4개 항목들에 대한 응답을 단순 합산한 값을 개인의 고립공포감 점수(4에서 20점까지 분포)로 하였다(*Cronbach's alpha* = 0.818, *M* = 10.1, *SD* = 3.39).

3.2.6. 사회자본 요소

델리세이 등(Dalisay et al., 2012)이 사용한 조작적 정의를 사용하였다. 먼저 '신뢰'는 "내가 사는 지역의 사람들은 신뢰할 만하다"를 5점 척도로 측정하였다 (M = 3.50, SD = 0.75). '이웃과의 친밀도'는 ① "지난 1년 동안 이웃집과 음식이나 물건을 빌리거나 빌려주었다" ② "지난 1년 동안 이웃집을 방문하였다" ③ "지난 1년 동안 이웃집 일을 도와주거나 이웃으로부터 도움을 받았다" 등 3개 항목을 5점 척도로 측정하여 그 값들을 합산하여 개인의 '이웃과의 관계' 점수(3-15점 분포)로 하였다(*Cronbach's alpha* = 0.925, *M* = 9.2, *SD* = 3.6). '시민참여'는 ① "헌혈에 동참하는 일은 중요하다" ② "내가 사는 지역의 일과 관련된 주민청원이나 탄원서 등에 서명하는 일은 중요하다" ③ "내가 사는 지역의 집회나 모임에 참석하는 일은 중요하다" ④ "내가 사는 지역의 종교 행사에 참석하는 일은 중요하다" ⑤ "내가 사는 지역 공동체 조직을 위해 자원봉사하는 일은 중요하다" ⑥ "내가 사는 지역의 정치적 또는 공중이익을 위해 돈을 기부하는 일은 중요하다" 등 6개 문항을 5점 척도로 측정하여 이것들을 합산한 값을 개인의 시

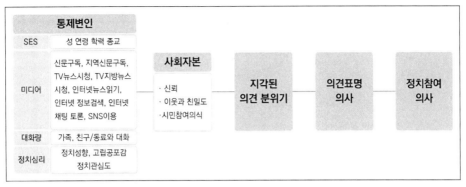

▲ 〈그림 1〉 연구 모형

민참여점수(6-30점 분포)로 하였다(*Cronbach's alpha* = 0.818, *M* = 20.7, *SD* = 4.1).

3.2.7. 정치참여 의사

정치참여의사는 '정치집회 참여', '후보나 정당을 위한 자원봉사 활동', '가족이나 주변사람들에게 특정 후보자 지지 권유와 설득', '이메일, 인터넷, SNS, 메신저 등을 통해 선거 관련 의견을 띄움', '후보자에게 후원금을 내거나 특정 정당에 회비 납부' 등 5개 문항에 대한 참여의사를 5점 척도로 측정한 후, 이들을 합산하여 개인의 정치참여 의사점수(5-25점 분포)로 하였다(*Cronbach's alpha* = 0.904, *M* = 12.28, *SD* = 4.66).

3.2.8. 미디어 이용

텔레비전 뉴스(*M* = 2.87, *SD* = 0.88)와 텔레비전지역뉴스(*M* = 2.49, *SD* = 0.91) 시청빈도, 신문구독빈도(*M* = 1.97, *SD* = 0.82)와 지역신문구독빈도(*M* = 1.83, *SD* = 0.78)를 4점 척도로 측정하였다. 인터넷 정보검색(*M* = 3.16, *SD* = 1.25), 채팅과 토론(*M* = 2.50, *SD* = 1.26), 인터넷 기사 읽기(*M* = 3.19, *SD* = 1.26), SNS 이용(*M* = 2.58, *SD* = 1.11)은 각각 5점 척도로 측정하였다.

3.2.9. 인구통계학적, 정치심리변인

통제변인으로 사용될 SES변인으로 연령, 성, 교육수준, 종교유무 등을 측정하였다. 정치성향($M = 3.42$, $SD = 0.81$)은 매우 보수 1점, 중립 3점, 매우 진보 5점으로 측정토록 하였다. 정치관심도($M = 3.72$, $SD = 0.96$)는 5점 척도로 측정하였다.

4. 연구결과

사회자본 요소들인 지역민에 대한 신뢰, 이웃과의 친밀도, 시민참여 의식 등에 영향을 미치는 요인들을 파악하는 <연구문제 1>을 분석하였다. 분석을 위한 회귀분석 결과는 <표 1>에 제시되어 있다. 먼저 지역민에 대한 신뢰에 영향을 미치는 변인들을 살펴보면 <표 1-A>에서 보는 바와 같이 연령($\beta = -.146$, $p<.05$)이 유일하게 영향을 미치는 것으로 나타났다. 다시 말해 연령이 낮을수록 지역민에 대한 신뢰도가 높아짐을 알 수 있다. 이어서 '이웃과의 친밀도'에 영향을 미치는 변인들에 대한 회귀분석 결과는 <표 1-B>에 제시되어있다. 표에서 보는 바와 같이 학력($\beta = -.151$, $p<.01$)과 종교유무($\beta = .126$, $p<.01$)가 영향을 미치는 것으로 나타났다. 즉, 학력이 낮을수록, 종교를 가지고 있을수록 이웃과 친밀하게 지내는 것으로 나타났다. 시민참여에 영향을 미치는 변인은 <표 1-C>에서 보는 바와 같이 종교유무($\beta = .154$, $p<.001$), 연령($\beta = .132$, $p<.05$), 정치관심도($\beta = .106$, $p<.05$), 정치성향($\beta = .091$, $p<.05$) 순으로 나타났다. 종교를 가지고 있을수록, 연령이 높을수록, 정치에 관심이 높을수록, 그리고 정치성향이 진보적일수록 시민참여가 높아지는 것으로 나타났다.

사회자본이 의견분위기 지각에 영향을 미치는지에 관한 <연구문제 2>를 분석해 보았다. 사회자본 요소들인 지역민에 대한 신뢰, 이웃과의 친밀도, 시민참여 의식이 주변 의견분위기를 파악하는 데 영향을 미치는 지를 분석하였다. 분석을 위해 인구통계학적 변인들과 미디어 이용변인들, 대인간 커뮤니케이션, 그리고 정치성향, 고립공포감, 정치관심도 등을 통제변인으로 하는 위계적 회귀분석(hierarchial regression)을 하였다.* 회귀분석 결과 사회자본 요인들인 신뢰,

---

* 회귀분석에서 독립변인들 간에 상관관계가 높을수록 다중공선성(multicollinearity) 문제가

▼ 〈표 1〉 사회자본 요소들에 영향을 미치는 요인-회귀분석(계수는 β값)

독립변인 종속변인	(A) 신뢰	(B)이웃과 친밀도	(C)시민참여
남성	-.012	-.032	.014
연령	**-.146***	.062	**.132***
학력	-.039	**-.151****	.061
종교유무	.009	**.126****	**.154*****
신문구독빈도	.100	.072	-.032
지역신문구독빈도	.084	.078	.078
TV뉴스시청빈도	-.110	.113	-.010
TV지방뉴스시청빈도	.062	.060	.053
인터넷 뉴스기사읽기	-.024	.051	.082
인터넷 정보검색	-.088	-.152	-.083
인터넷 채팅토론	-.043	.085	.025
SNS사용빈도	.024	.104	-.001
대화량	.061	.015	.064
정치성향	.041	-.028	**.091***
고립 공포감	-.032	-.056	.057
정치관심도	.004	.007	**.106***
전체 R^2	.052*	.155***	.107***

* $p \langle .05$ **$p \langle .01$ ***$p = .000$

이웃과 친밀성, 시민참여 등 3요인 모두 의견분위기 지각에 뚜렷한 영향을 미치지 못하는 것으로 나타났다. 통제변인으로 설정한 커뮤니케이션 변인들과 정치심리변인, 고립공포감 등도 의견분위기 지각에 전혀 영향을 미치지 않았다. 이러한 결과는 노엘레노이만의 주장과는 다른 결과라 하겠다. 그녀는 인간은 매스미디어와 주변 사람과의 커뮤니케이션이라는 두 개의 정보원을 동원하여 의견분위기를 지각한다고 하였다. 그러나 본 연구 결과 미디어와 대인간 커뮤니케이

___

발생한다. 다중공선성을 확인하기 위해서는 특정 변인의 표준오차 크기인 공차(tolerance: 1-R²), 공차를 역수로 해서 산출하는 각 변수의 상승변량(Variance Inflation Factor: VIF = 1/(1-R²), 공선성 진단통계치인 조건지수(condition index), 변량비율(Variance proportions) 등이 이용된다(양병화, 2006). 독립변인들 간의 다중공선성 문제를 진단해본 결과 위의 모든 값들에서 문제가 없었다.

션의 영향력이 작동되지 않는 것으로 나타났다.

이어서 사회자본 요소(신뢰, 이웃과 친밀도, 시민참여)들이 의견표명 의사에 영향을 미치는지에 관한 <연구문제 3>을 분석하였다. 그 결과는 <표 2-A B C D의 블록2>에 제시하였다. 표에서 보는 바와 같이 전체적(표 2-D-블록2)으로는 지역민에 대한 신뢰와 이웃과 친밀도는 의견표명 의사에 별다른 영향을 미치지 못했다. 그렇지만 시민참여 의식(β = .175, $p<$.001)은 개인의 의견표명에 많은 영향을 미치는 것으로 나타났다. 시민참여의식이 높은 사람들은 자신의 의견을 적극적으로 표명하고 있음을 알 수 있다. 통제변인군에서는 정치관심도(β = .158, $p<$.01)가 의견표명 의사에 많은 영향을 미치는 것으로 나타났다.

그러나 의견분위기 상황 집단별로 보면 많은 차이가 있었다. 자신의 의견이 '소수의견 분위기'로 인식되는 상황(표 2-A-블록2)에서는 시민참여 의식(β = .310, $p<$.001)과 지역민에 대한 신뢰(β = −.302, $p<$.01)가 매우 많은 영향을 미치고 있다. 다시 말해 비록 자신의 의견이 소수의견으로 인식되더라도 시민참여의식이 높고, 지역민에 대한 신뢰가 낮을수록 자신의 의견을 자신 있게 표명하는 것이다. 달리 말하면 지역민에 대한 신뢰가 높을수록 자신의 의견 표명을 자제하고 있음을 의미한다. 통제변인군(표 2-A-블록1)에서는 흥미로운 결과가 나타났다. 지역신문(β = .350, $p<$.05), TV지방뉴스(β = .259, $p<$.05)를 많이 시청하고, SNS(β = −.223, $p<$.05)를 적게 사용할수록, 그리고 종교(β = .190, $p<$.05)를 가지고 있을수록 자신의 의견이 소수로 인식되는 상황에서도 자기 의견을 과감하게 표명하였다. 여기서 지역성을 강조하는 지역신문과 TV지방뉴스 이용이 유독 '소수의견 분위기' 상황에서만 의견표명 의사에 영향을 미친다는 사실이 주목된다.

반면 자신의 의견이 '다수 의견분위기'로 인식되는 상황(표 2-C-블록2)에서는 시민참여 의식(β = .208, $p<$.01)만이 영향을 미치는 것으로 나타났다. 자신의 의견이 다수의견으로 인식된 경우에 오직 시민참여의식이 높을수록 자신의 의견을 자신 있게 표명하였다. 통제변인군(표 2-A-블록1)에서는 정치관심도(β = .203, $p<$.01)가 높을수록, 연령(β = .198, $p<$.05)이 높고, 남성(β = .154, $p<$.01)일수록, 그리고 정치성향(β = −.181, $p<$.01)이 보수적일수록 자신의 의견이 다수로 인식되는 상황에서 의견을 자신 있게 표명하였다. 그러나 자신의 의견이 '반반 의견분위기'로 지각되는 상황(표 2-B)에서는 의견표명 의사에 영향을 미치

▼〈표 2〉 의견분위기 상황별 사회자본과 지각된 의견분위기가 의견표명 의사에 미치는 효과-위계적 회
귀분석(계수는 β값)

독립변인 의견분위기 상황	(A)소수 의견분위기 상황	(B)반반 의견분위기 상황	(C)다수 의견분위기 상황	(D) 전체
블록1: 통제 변인군				
남성	.091	-.056	.154*	.084
연령	-.169	-.016	.198*	.068
학력	.117	.046	.122	.105*
종교유무	.190*	-.061	.042	.008
신문구독빈도	-.213	.142	-.083	.023
지역신문구독빈도	.350*	-.032	-.114	-.014
TV뉴스시청빈도	-.196	-112	-.009	-.049
TV지방뉴스시청빈도	.259*	.112	.064	.100
인터넷 뉴스기사읽기	-.017	.209	.053	.048
인터넷 정보검색	.114	.161	.012	.132
인터넷 채팅토론	.019	.099	.107	.066
SNS사용빈도	-.223*	-.093	.075	-.004
대화량	.018	-.027	.092	.041
정치성향	.091	-.009	-.181**	-.028
고립 공포감	.127	-.115	-.050	-.027
정치관심도	.094	.126	.203**	.160**
R^2 변화량	.290**	.244**	.181***	.153***
블록2: 사회자본 요인군				
신뢰	-.302**	.020	-.064	-.050
이웃과 친밀도	.008	.019	.050	.025
시민참여	.310**	.108	.208**	.175***
R^2 변화량	.091**	.019	.042*	.027***
블록3: 지각된 의견분위기		.000		
본인과 주변지인 일치	.058	.020	-.174**	-.014
본인과 언론 일치	-.061	.055	-.152*	-.009

본인과 SNS 일치	-.190	-.179	.015	-.026
본인과 전체 국민 일치	.059	-.025	.052	.039
본인과 미래 여론 일치	.059	-.133	.050	.008
R² 변화량	.025	.034	.047*	.002
전체 R²	.415**	.298**	.269**	.182***

\# 표에 제시된 계수는 위계적 회귀분석의 마지막 단계에서의 β값임.
*$p\langle.05$ **$p\langle.01$ ***$p = .000$

는 어떠한 요인도 발견되지 않았다. 지금까지의 <연구문제 3>의 분석을 정리해 보자. 사회자본 요소들 중 시민참여 의식이 의견표명 의사에 많은 영향을 미치는데, 자신의 의견이 '반반 의견분위기'로 지각되는 상황에서는 시민참여의 영향력도 작용하지 않는다. 지역민에 대한 신뢰는 자신의 의견이 소수로 지각되는 상황에서만 의견표명에 부적(-) 영향을 미치는데, 신뢰가 작을수록 자신의 의견을 과감히 말하고, 신뢰가 클수록 의견표명을 자제한다. 다시 말해 지역민 신뢰는 의견표명을 억제하는 요인으로 작용하고 있다. 그러나 이웃과 친밀도는 어떠한 상황에서도 의견표명에 영향을 미치지 못했다.

침묵의 나선이론에서 가장 기본적으로 가정하고 있는 "지각된 의견분위기에 따라 의견 표명의사가 달라진다"는 명제를 담은 <연구문제 4>를 검증해 보았다. <표 2-D-블록3>에서 보는 바와 같이 전체적으로 지각된 의견분위기는 의견표명 의사에 아무런 영향을 미치지 못하고 있는 것으로 나타났다. 그러나 지각된 의견분위기 상황별로 보면 오직 '다수 의견분위기 상황'(표 2-C-블록3)에서만 유의미한 결과가 나왔다. '본인과 가까운 지인들과의 의견일치'와 '본인과 언론과의 의견일치'여부가 의견표명 의사에 부적(-)으로 영향을 미치고 있다. 다시 말해 자신의 의견이 가까운 지인들과 같고, 언론의 의견과도 같을수록 자신의 의견을 굳이 표명할 필요가 없다고 여긴다. 반대로 가까운 사람들과 의견이 다르고, 언론과도 의견이 같지 않을수록 자신의 의견을 더 적극적으로 표명하는 것이다.

사회자본(신뢰, 이웃과 친밀도, 시민참여), 지각된 의견분위기, 의견표명 의사가 정치참여의사에 영향을 미치는지를 알아보는 <연구문제 5>를 분석하였다. 분석결과를 보면, 먼저 전체적으로는 <표 3-D>에서 보는 바와 같이 사회자본 요인에서는 시민참여 의식(β = .102, p<.05)이 유일하게 정치참여 의사에 정적 (+)으로 영향을 미치는 것으로 나타났다. 시민참여 의식이 높을수록 정치참여 의사가 강하게 나타난 반면, 지역민에 대한 신뢰와 이웃과의 친밀도는 정치참여와 무관한 것으로 밝혀졌다. 그러나 지각된 의견분위기는 정치참여에도 전혀 영향을 미치지 못하는 것으로 나타났다. 반면에 의견표명 의사는 정치참여 의사에 매우 강력한 영향(β = .359, p<.000)을 미치는 것으로 나타났다. 결국 평소 자신의 의견을 잘 표명하는 사람들은 정치적으로도 적극적으로 참여할 가능성이 높음을 알 수 있겠다. 통제변인군에서는 인터넷 정보검색(β = .186, p<.05), 인터넷 뉴스기사읽기(β = −.163, p<.05), 대화량(β = .129, p<.01), 정치관심도(β = .120, p<.01) 등이 정치참여 의사에 영향을 미쳤다. 다시 말해 인터넷 정보 검색을 자주 할수록, 인터넷 뉴스읽기를 자주 안할수록, 주변의 친구와 가족과 대화를 많이 나눌수록, 그리고 정치에 관심이 많을수록 정치참여 의사가 높아지는 것을 알 수 있다.

이러한 결과를 의견분위기 상황별로 세분하여 살펴보면 조금 달라진다. 먼저 '소수 의견분위기 상황'(표 3-A)에서는 사회자본 요소 중 시민참여 의식(β = .218, p<.05)이 유일하게 정치참여에 정적(+)으로 영향을 미쳤다. 그러나 지각된 의견분위기는 어떠한 영향력도 나타나지 않았다. 여기에서도 의견표명 의사는 정치참여 의사에 강한 영향(β = .408, p<.000)을 미쳤다. 통제변인군에서는 유일하게 정치관심도(β = .235, p<.05)가 높을수록 정치참여 의사가 높아졌다. '반반 의견분위기 상황'(표 3-B)에서는 사회자본은 정치참여에 전혀 영향을 미치지 못하며, 지각된 의견분위기 역시 영향력이 없었다. 그러나 이 집단에서 의견표명 의사가 정치참여 의사에 미치는 영향력(β = .470, p<.000)은 다른 집단(소수, 다수 의견분위기 집단)에서의 영향력보다 더 크게 나타난 점이 두드러진다. 통제변인군에서는 유일하게 정치관심도(β = .210, p<.01)가 높을수록 정치참여 의사가 높아졌다. '다수 의견분위기 상황'(표 3-C)에서는 사회자본의 3요소 모두가 정치참여에 강한 영향력을 발휘하고 있다. 다시 말해 이웃과 친밀도(β = .208, p<.01)와 시민참여 의식(β = .140, p<.05)이 높을수록, 지역민 신뢰(β = −.159, p<.05)가 낮을수록 정치참여 의사가 높아졌다. 이웃과 친밀도의 영향력이 유일하게 '다수 의견분위기 상황'에서만 발휘된 점이 주목된다. 그러나 여기

▼〈표 3〉 의견분위기 상황별 사회자본, 지각된 의견분위기, 의사표명 의사가 정치참여 의사에 미치는
효과-위계적 회귀분석(계수는 β값)

독립변인 의견분위기 상황	(A)소수 의견분위기 상황	(B)반반 의견분위기 상황	(C)다수 의견분위기 상황	(D) 전체
블록1: 통제 변인군				
남성	-.088	-.012	.100	.039
연령	.081	.155	.061	.077
학력	-.027	.175*	.105	.061
종교유무	-.064	-.015	-.011	-.020
신문구독빈도	.069	.102	-.043	.058
지역신문구독빈도	.002	-.038	.099	.010
TV뉴스시청빈도	-.110	.097	-.052	-.031
TV지방뉴스시청빈도	.124	-.008	.083	.057
인터넷 뉴스기사읽기	-.233	-.055	-.135	-.163*
인터넷 정보검색	.209	.118	.095	.186*
인터넷 채팅토론	-.029	.010	.128	.067
SNS사용빈도	.089	-.006	.058	.033
대화량	.095	.038	.209**	.129**
정치성향	.082	.039	.122	.088
고립 공포감	-.036	.061	.081	.045
정치관심도	.235*	.210**	.023	.120**
R² 변화량	.347***	.351***	.197***	.232***
블록2: 사회자본 요인군				
신뢰	-.039	.016	-.159*	-.061
이웃과 친밀도	-.036	-.041	.208**	.067
시민참여	.218*	.006	.140*	.102*
R² 변화량	.078*	.004	.068***	.032***
블록3: 지각된 의견분위기				
본인과 주변지인 일치	-.095	-.077	.031	-.025
본인과 언론 일치	-.031	-.042	-.110	-.057

본인과 SNS 일치	.103	−.091	−.008	.013
본인과 전체 국민 일치	−.018	−.081	.077	.015
본인과 미래 여론 일치	−.006	−.105	.088	.022
R² 변화량	.007	.036	.034	.004
블록4: 의견표명 의사	**.408*****	**.470*****	**.206****	**.359*****
R² 변화량	.097***	.155***	.031**	.105***
전체 R²	.530***	.546***	.330***	.373***

\# 표에 제시된 계수는 위계적 회귀분석의 마지막 단계에서의 β값임.

*$p < .05$ **$p < .01$ ***$p = < .000$

에서도 지각된 의견분위기는 어떠한 영향력도 발휘하지 못했다. 또한 이 집단
에서도 의견표명 의사가 정치참여 의사에 많은 영향($\beta = .206$, $p<.000$)을 미쳤
지만 다른 집단에 비해 그 영향력 크기가 상대적으로 작았다. 통제변인군에서
는 유일하게 주변사람과의 대화량($\beta = .235$, $p<.05$)이 많을수록 정치참여 의사
가 높아졌다.

5. 결론 및 논의

국내외 연구에서 침묵의 나선효과가 일관되게 검증되지 않고, 사회자본과
침묵의 나선효과를 연계시킨 연구들이 많지 않다. 이러한 상황에서 본 연구는
사회자본 요소들이 의견분위기 지각과 의견표명 의사를 좀 더 잘 설명할 수 있
는지를 밝혀보고자 하였다. 아울러 사회자본의 요소들과 의견분위기 지각, 의견
표명 의사가 정치참여 의사에 영향을 미치는지를 파악하고자 하였다. 동시에 이
러한 관계들이 지각된 의견분위기 상황(다수-반반-소수)에 따라 어떻게 달라지는
지를 검토하고자 하였다. 본 연구결과들을 통해 다음과 같은 결론을 내릴 수 있
겠다.

첫째, 미디어와 대인간 커뮤니케이션 요인들은 사회자본과 의견분위기 지
각에 영향을 미치지 못한다. 본 연구에서 미디어와 대인간 커뮤니케이션 요인들

은 사회자본(지역민에 대한 신뢰, 이웃과의 친밀도, 시민참여의식)과 의견분위기 지각에 아무런 인과관계를 보여주지 못했다. 특히 지역성이 강한 지역신문과 지역 TV뉴스 시청, 그리고 사적 연줄망으로 연결되어 있는 소셜미디어 이용이 사회자본과 의견분위기 지각에 영향을 미치지 못하고 있다. 또한 가까운 주변 사람들과의 대화량 역시 사회자본과 의견분위기 지각에 아무런 영향을 미치지 못하고 있는 것으로 나타났다. 한편 종교는 사회자본 중 이웃과 친밀도, 시민참여 의식에 영향을 미치는 중요한 요인으로 밝혀졌다. 종교 활동은 이웃과 어울리고, 지역 일에 직접 동참할 수 있는 기회가 많기 때문인 것으로 보인다.

둘째, 사회자본은 의견분위기를 지각하는 데 있어서 도움이 되지 않는다. 사회자본의 3요소들 중 어느 것도 의견분위기를 지각하는 데 제 역할을 하지 못한다. 또한 통제변인군에서도 의견분위기 지각에 영향을 미치는 어떠한 변인도 발견되지 않았다. 이처럼 의견분위기 지각에 영향을 미치는 어떠한 독립변인도 발견되지 않은 것은 사람들이 동원하는 준통계감각의 자원이 미디어와 대인간 요인에만 국한되어 있지 않고 다양한 또 다른 요인으로 분산되어 있음을 시사하는 것이라 하겠다.

셋째, 지각된 의견분위기와 의견표명 의사간에 연결성이 없다. 이 부분은 침묵의 나선효과에서 가장 중요한 부분임에도 불구하고 본 연구에서 이들 간의 인과관계가 발견되지 않았다. 이러한 결과는 준통계감각을 동원하여 파악한 의견분위기가 자기 의견과 일치하는지에 관계없이 의견표명 여부를 스스로 결정한다는 것을 의미하는 것이다. 본 연구결과는 기존의 연구들과도 일치하고 있다 (홍원식, 2017; 권혁남, 2017; 양승찬·서희정, 2013; 박영득·이정희, 2013; 정효명, 2012; 정일권·김지현·이연주, 2009; 김무곤 외, 2001; Porten-Cheé & Eilders, 2015; Yun, Park and Lee, 2016; Wyatt, Katz, & Kim, 2000).

넷째, 사회자본은 의견분위기 지각에 별다른 도움을 주지 못하지만 의견표명과 정치참여에는 적지 않은 영향을 미친다. 본 연구 결과 사회자본 요소 중 지역민에 대한 신뢰와 이웃과의 친밀도와는 달리 시민참여 의식은 의견표명과 정치참여에 어느 정도 영향을 행사하는 것으로 나타났다. 본 연구 결과는 델리세이 외(Dalisay et al., 2012)의 연구결과와도 일치한다. 델리세이 외의 연구에서도 지역민에 대한 신뢰와 이웃과의 친밀감은 의견표명과 간접적으로 관련되어 있는 반면에 시민참여의식은 직접적인 인과관계를 보여주었다. 이와 관련하여 퍼트남 (Putnam, 1995)은 사회자본의 시민참여 개념이 민주적 참여와 민주주의의 활력 두 가지를 갖고 있기 때문에 이 개념은 정치참여와 관련이 있다고 하였다. 사회 자본은 결속력(bonding)과 연계성(bridging) 두 가지를 동시에 갖고 있다. 지역민 에 대한 신뢰와 이웃과 연대는 내부 성원들의 집단성과 공유성을 강화하는 결속 력과 관계되어 있다. 반면에 시민참여는 사회적, 문화적 배경이 서로 다른 집단 과 계층을 만나고 상호작용하도록 만들고, 일상생활에서 정규적으로 접할 수 없 는 다른 생각이나 관점을 학습할 수 있도록 만든다는 점에서 이는 연계성과 관 계되어 있다. 따라서 시민참여는 지역민 신뢰와 이웃과 친밀도와는 달리 자신의 의견 표명을 촉구하며, 정치사회 참여를 강화한다 하겠다. 이러한 결과는 윌킨스 (Wilkins, 2000) 연구와도 일치하는데, 그의 연구에서도 시민참여는 의견표현을 촉진함으로써 결과적으로 정치참여를 촉진하는 것으로 나타났다.

다섯째. 의견표명 의사는 개인의 정치참여를 예측할 수 있는 가장 중요한 요인이다. 다시 말해 자신의 의견이 주변 여론과의 일치 여부에 상관하지 않고 서 자신의 의견을 자유롭게 표명할 수 있는 사람일수록 정치참여가 높다는 것이 다. 지각된 의견분위기 상황(다수-반반-소수)에 관계없이 의견표명의사가 정치참 여에 가장 많은 영향력을 미쳤지만, 특히 반반 의견분위기 상황에서 영향력(β = .470, R^2 = .155)이 가장 크게 작용하였다. 한편 본 연구 결과는 기존 연구와는 약간 다르게 나타났다. 권혁남(2017)의 연구에서는 의견표명 의사는 적극적인 정치참여 형태인 선거운동참여에는 영향을 미치지 않지만 상대적으로 소극적인 정치참여 형태인 투표참여 의사에는 어느 정도 영향을 미치는 것으로 나타났다. 본 연구에서는 투표참여 의사를 묻지 않고 선거운동 참여의사만 물었다. 본 연 구 결과는 권혁남(2017)의 연구와는 달리 의견표명 의사는 선거운동 참여 등의 정치참여 의사를 예측할 수 있는 가장 강력한 영향변인으로 나타났다.

여섯째, 지각된 의견분위기는 의견표명이나 정치참여에 직접적인 영향을 미치지 못하지만, 지각된 의견분위기 상황(다수-반반-소수)에 따라 사회자본이 의 견표명과 정치참여에 미치는 영향력이 달라지는 것으로 보아 간접적인 영향을 미치는 것으로 보인다. 지각된 의견분위기가 의견표명이나 정치참여에 직접적인 영향을 미치지 못한다는 본 연구 결과는 국내 연구들(정일권 외, 2009; 박선희·한혜경, 2008)과는 다른 결과를 보여주었다. 이들 연구들에서는 지각된 의견분위기가 의견표명뿐만 아니라 정치참여에도 영향을 미치는 것으로 나타났다.

　　일곱째, 사회자본이 의견표명과 정치참여에 미치는 영향력은 지각된 의견분위기 상황(다수-반반-소수)에 따라 다르다. 전반적으로 사회자본 요소들 중 시민참여 의식이 의견표명 의사에 많은 영향을 미친다. 지역민에 대한 신뢰는 자신의 의견이 소수로 지각되는 상황에서만 의견표명에 부적(-) 영향을 미친다. 신뢰가 작을수록 자신의 의견을 과감히 말하고, 신뢰가 클수록 의견표명을 자제한다. 다시 말해 지역민 신뢰는 의견표명을 억제하는 요인으로 작용하고 있다. 그러나 이웃과 친밀도는 어떠한 상황에서도 의견표명에 영향을 미치지 못했다. 정치참여에 있어서는 '다수 의견분위기 상황'에서 사회자본의 3요소 모두가 정치참여에 강한 영향력을 발휘한다. 이웃과 친밀도의 영향력이 다른 상황에서는 작용하지 않았지만 유일하게 '다수 의견분위기 상황'에서만 발휘되었다. 의견분위기가 반반으로 지각된 상황에서는 사회자본은 의견표명이나 정치참여 의사에 전혀 영향을 미치지 못한다. 또한 지각된 의견분위기들이 의견표명에 별다른 영향을 미치지 못하지만 다수 의견분위기 상황에서는 결과가 크게 달라진다. 즉 자신의 의견이 가까운 지인들과 같고, 언론의 의견과도 같을수록 자신의 의견을 굳이 표명할 필요가 없다고 여기기 때문인지 의견표명을 하지 않는다. 반대로 가까운 사람들과 의견이 다르고, 언론과도 의견이 같지 않을수록 자신의 의견을 더 적극적으로 표명하는 것으로 나타났다.

　　여덟째, 미디어의 심층 정보 추구와 대인간커뮤니케이션이 활발할수록 정치참여가 높아진다. 본 연구에서 인터넷 정보검색과 가족, 친구, 동료 등 가까운 지인들과의 대화량이 정치참여 의사에 많은 영향을 미치는 것으로 나타났다. 신문, TV, SNS 등의 미디어 변인들은 정치참여에 별다른 영향을 미치지 못했지만, 미디어를 통해 정보를 심층적으로 접촉하는 사람들은 정치참여 의사가 높아진다. 따라서 미디어 정보를 심층적으로 추구하고 가까운 지인들과의 대인간커뮤니케이션이 활발할수록 정치참여가 높아진다고 할 수 있겠다. 한편 지역신문과 TV지방뉴스의 중요성이 발견되었는데, 자신의 의견이 소수 의견분위기로 지각된 상황에서만 이것들의 영향력이 발휘되었다. 이러한 상황에서 지역신문과 지역TV뉴스를 많이 시청할수록 자기 의견을 과감하게 표명하는 것으로 밝혀졌다.

266

이러한 결과는 지역 신문을 구독하는 사람들이 지역 사회에 대한 관심도가 높으며, 지역신문 구독이 지역사회와의 연대의식을 높여 이웃이나 동료 등 대인 신뢰를 높이는 사회 자본의 확대 효과를 갖는다는 이영원(2015)의 연구결과와도 부분적으로 일치한다 하겠다.

　마지막으로 고립공포감은 의견분위기 지각이나 의견표명과 별다른 관계가 없다. 침묵의 나선이론의 가장 기본적인 전제는 고립에 대한 두려움이라는 본능이 의견표명에 영향을 미친다는 것이다. 그러나 본 연구결과에서 밝혀졌듯이 고립공포감은 더 이상 의견표명의 방아쇠 역할을 하지 못한다고 하겠다. 이러한 결과는 최근 국내 연구결과(정다은·정성은, 2018; 홍원식, 2017; 권혁남, 2017)와도 일치한다. 따라서 고립 공포감 이외에 의견표명 행위에 영향을 미치는 수많은 내재적, 상황적 요인들을 찾는 것이 바람직하다 하겠다.

　본 연구가 침묵의 나선이론에서 그동안 제대로 연구되지 못했던 사회자본과 침묵의 나선효과를 본격적으로 접목시켰고, 나아가 이것들과 정치참여의 연계성을 검토했다는 점에서 의의를 찾을 수 있겠다. 또한 본 연구는 그동안 충분히 설명되지 못했던 영역이라 할 수 있는 지각된 의견분위기, 의견표명 의사와 관련된 설명력을 높이고, 침묵의 나선효과의 행위적 효과 영역을 확장하는 데 도움이 될 것으로 기대한다. 그러나 본 연구는 응답자들의 정치적 동질성이 높은 특정 지역민들만을 대상으로 하였기 때문에 본 연구결과의 일반화에 한계가 있다 하겠다. 또한 본 연구뿐만 아니라 최근 연구들에서 지각된 의견분위기와 의견표명 의사 간의 연결고리가 제대로 검증되지 않고 있다. 이러한 연결고리의 검증실패가 혹시 이런 변인들에 대한 조작적 정의의 잘못에서 기인하는 것은 아닌지를 신중히 재검토해야 하겠다. 따라서 앞으로 연구에서는 이들 변인들에 대해 보다 정교한 조작적 정의를 만들어낼 필요가 있다고 본다. 침묵의 나선이론의 핵심인 지각된 의견분위기와 의견표명 의사간의 연결성에 관한 연구가 보다 더 다양한 상황변인들을 포함하는 종합적이고 심층적인 연구가 이루어지기를 바란다.

[참고문헌]

권혁남(2018). 이슈 특성과 지각된 의견분위기 상황에 따른 침묵의 나선효과, 『사회과학연구』, 29권 4호, 61-82.

권혁남(2017). 지각된 의견분위기와 의견표명 의사가 정치참여에 미치는 효과, 『언론과학연구』, 17권 3호, 5-36.

김무곤·안민호·양승찬(2001). 『미디어와 투표행동』. 서울: 삼성언론재단.

김은규(2010). 지역공동체의 사회자본으로서 시민미디어에 대한 고찰－컬 거버넌스, 사회자본, 참여적 커뮤니케이션 개념을 중심으로, 『정치커뮤니케이션연구』, 19호, 47-72.

김하늬·정낙원(2016). 정치적 태도 극화 및 적대감 증가 요인과 그 결과에 대한 탐색 연구: 커뮤니케이션 변인, 정치참여, 사회자본을 중심으로, 『정치커뮤니케이션연구』, 43호, 45-82.

김현주(1995). 『정·체면·연줄 그리고 한국인의 인간관계』. 서울: 한나래.

박선희·한혜경(2008). 의견, 여론지각, 지각편향이 공개적 의견표명에 미치는 영향. 『한국언론정보학보』, 42호, 168-204.

박영득·이정희(2013). 비정치적 온라인 커뮤니티에서의 정치적 의견표현. 『사이버커뮤니케이션 학보』, 30권 2호, 73-109.

변상호(2015). '침묵의 나선 이론'에서 다수의 영향력 지각에 대한 비판적 고찰: 삼자 의사표현 위축 추정과 일자 의사표현 위축 간 영향 비교를 중심으로, 『한국방송학보』, 29권 5호, 139-176

양승찬·서희정(2013). 대통령선거 후보 지지도 조사 결과에 대한 여론분위기 지각과 감정 반응이 유권자 정치참여에 미치는 효과 연구. 『언론과학연구』, 13권 2호, 227-260.

양병화(2006). 『다변량 데이터 분석법의 이해』. 서울: 커뮤니케이션북스.

윤종빈·김소정(2019). 사회적 자본과 정치참여, 『사회과학연구』, 27권 1호, 8-36.

이영원(2015). 지역 신문 구독과 보도 내용이 사회 자본 구성에 미치는 영향에 대한 연구: 전북 지역을 중심으로. 『언론과학연구』, 15권 4호, 245-270.

이영원(2013). 지역 정체성과 사회자본 구성에 대한 탐색적 연구: 대중매체와 SNS 이용 및 대인 커뮤니케이션을 중심으로. 『한국언론학보』, 57권 6호, 636-

662.

전미리(2018). 『농촌지역개발사업에서 사회적 자본(통합성, 연계성) 인식수준이 주민의 참여의도에 미치는 영향』. 서울시립대학교 대학원 박사학위논문.

정다은·정성은(2018). 우리는 언제, 누구에게 자신의 의견을 말하는가?- 논쟁 사안에 대한 의사표현 결정요인으로서의 동의 가능성 지각과 주장의 상대적 견고성. 『한국언론학보』, 62권 1호, 98-128.

정일권·김지현·이연주(2009). 여론조사 보도가 여론지각과 의견표명에 미치는 효과에 관한 연구: 성형수술을 중심으로. 『스피치와 커뮤니케이션』, 11호, 157-194.

정효명(2012). 동질적인 대인커뮤니케이션과 침묵의 나선: 2007년 대통령선거를 중심으로. 『한국언론학보』, 56권 3호, 85-109.

홍원식(2017). 소셜 네트워크서비스와 매스미디어를 통한 의사합의지각과 의사표현 행위에 대한 연구: 침묵의 나선이론을 중심으로. 『정치커뮤니케이션연구』, 45호, 129-154.

Bellair, P. E.(2000). Informal surveillance and street crime: A complex relationship. *Criminology, 38,* 137-169.

Cho, J., & McLeod, D. M.(2007). Structural antecedents to knowledge and participation: Extending the knowledge gap concept to participation. *Journal of Communication, 57,* 205-228.

Clemente, M., & Roulet, T. J.(2015). Public Opinion as a Source of Deinstitutionalization: A "Spiral of Silence" Approach, *Academy of Management Review, 40(1),* 96-114.

Coleman, J.(1990). *Foundations of Social Theory.* Cambridge, MA: Havard University Press.

Dalisay, F., Hmielowski, J.D., Kushin, M. J., and Yamamoto, M.(2012). Social Capital and the Spiral of Silence, *International Journal of Public Opinion Research, 24(3),* 325-345.

Gearhart, S,. & Zhang, W.(2014). Gay Bullying and Online Opinion Expression: Testing Spiral of Silence in the Social Media Environment. *Social Science Computer Review, 32(1),* 18-36.

Glynn, C. J., Hayes, A. F., & Shanahan, J.(1997). Perceived support for one's opinions and willingness to speak out: A meta-analysis of survey studies on the "spiral of silence." *Public Opinion Quarterly, 61,* 452-463.

Hawdon, J., & Ryan, J.(2009). Social capital, social control, and changes in victimization rates. *Crime & Delinquency, 55,* 526-549.

Huang, H.(2005). A cross-cultural test of the spiral of silence. International *Journal of Public Opinion Research, 17,* 324-345.

Huckfeldt, R., & Sprague, J.(1995). *Citizens, politics, and social communication: Information and influence in an election campaign.* New York: Cambridge University Press.

Janowitz, M.(1975). Sociological theory and social control. *American Journal of Sociology, 81,* 82-108.

La Due Lake, R., & Huckfeldt, R.(1998). Social capital, social networks, and political participation. *Political Psychology, 19,* 567-584.

Luarn, P., and Hsieh, A.(2014), Speech or silence The effect of user anonymity and member familiarity on the willingness to express opinions in virtual communities, *Online Information Review,* 38(7), 881-895.

Matthes, J., Morrison, K. R., & Schemer, C.(2010). A spiral of silence for some: Attitude certainty and the expression of political minority opinions. *Communication Research, 37,* 774-800.

Matthes, J., Hayes, A., & Shen, F.(2009). Dispositional fear of social isolation and willingness to self-censor: A cross-cultural test of spiral of silence theory. Presented at the annual conference of the International Communication Association, Chicago, IL.

McPherson, M., Smith-Lovin, L., & Cook, J. M.(2001). Birds of a feather: Homophily in social networks. *Annual Review of Sociology, 27,* 415-444.

Moy, P., Domke, D., & Stamm, K.(2001). The spiral of silence and public opinion on affirmative action. *Journalism and Mass Communication Quarterly, 78,* 7-25.

Neuwirth, K., Frederick, E., & Mayo, C.(2007). The spiral of silence and fear of isolation. *Journal of Communication, 57(3),* 450–468.

Noelle-Neumann, E.(1974). The spiral of silence a theory of public opinion. *Journal of Communication, 24(2),* 43–51.

Oshagan, H.(1996). Reference group influence on opinion expression. *International Journal of Public Opinion Research, 8,* 335–354.

Porten-Cheé, P., & Eilders, C.(2015). Spiral of silence online: How online communication affects opinion climate perception and opinion expression regarding the climate change debate. *Studies in Communication Sciences, 15,* 143–150.

Putnam, R. D.(1995). Tuning in, tuning out: The strange disappearance of social capital in America. *Political Science and Politics, 28,* 664–683.

Shamir, J.(1997). Speaking Up and Silencing Out in Face of a Changing Climate of Opinion. *Journalism and Mass Communication Quarterly 74(3),* 602–614.

Shanahan, J., Glynn, C., & Hayes, A.(2007). The spiral of silence: A meta-analysis and its impact. In R. W. Preiss, et al.(Eds.), *Mass media effects: Advances through meta-analysis*(pp. 415–427). Mahwah, NJ: Lawrence Erlbaum Associates.

Spencer, Anthony T. & Croucher, S. M.(2008). Basque Nationalism and the Spiral of Silence:An Analysis of Public Perceptions of ETA in Spain and France, *The International Communication Gazette, 70(2),* 137–153.

Tsfati,Y., Stroud, N. J., and Chotiner, A.(2014). Exposure to Ideological News and Perceived Opinion Climate: Testing the Media Effects Component of Spiral-of-Silence in a Fragmented Media Landscape, *The International Journal of Press/Politics, 19(1),* 3–23.

Wilkins, K. G.(2000). The role of media in public disengagement from political life. *Journal of Broadcasting and Electronic Media, 44,* 569–580.

Wyatt, Robert O., Elihu Katz, & Kim, J.(2000). Bridging the Spheres: Political and Personal Conversation in Public and Private Spaces. *Journal of communication, .50(1).* 71–92.

271

Yun, Gi Woong, Sung-Yeon Park, & Sooyoung Lee(2016). Inside the spiral: Hostile media, minority perception, and willingness to speak out on a weblog. *Computers in Human Behavior, 62,* 236–243.

제8편

한국언론에 비춰지는 유럽연합의 이미지에 관한 연구

: 주요일간지 및 경제지를 중심으로

정세원 고려대학교 국제학부/국제대학원 연구교수
박성훈 고려대학교 국제학부/국제대학원 교수

한국언론에 비춰지는
유럽연합의 이미지에 관한 연구
: 주요일간지 및 경제지를 중심으로[*]

1. 들어가는 말

2010년, 대한민국은 아시아 국가로서 최초로 유럽연합과 기본협정(Framework Agreement)과 자유무역협정(Free Trade Agreement)을 체결하였고, 양자간 '전략적 동반자 관계(Strategic Partner Country)'를 맺었다. 앞으로의 한-EU 관계는 정치적, 경제적 협력을 뛰어넘어, 협력의 범위가 넓어지고 심화될 것이다. 하지만, 한국 내 EU 인식의 현주소는 경제적인 측면에 편중되어 있다. 선행 연구에 따르면, 한국 언론은 일반적으로 EU를 '경제적 실세'로 인식하고 있고, EU의 경제적 상황에 지대한 관심을 보였다. 2015년 6월 그리스는 EU 트로이카(EU, ECB, IMF)와 구제금융상환 협상을 진행했지만, 그리스의 채무 불이행으로 말미암아 협상이 결렬되었고 유럽경제의 한계점과 위기가 대두되었다. 이에 한국 언론은 앞다투어 그리스 채무협상에 관한 기사를 쏟아내었다. 한-EU 관계의 확대와 심화를 살펴보기 위해서는 이러한 EU에 관한 인식의 지속적인 변화를 조사하고 관찰하는 것이 중요하다. 언론기사의 본문의 내용적 이해 및 분석 없이 EU에 관한 인식을 이해하기는 어렵다.

2015년 1월부터 12월까지, 리투아니아 PPMI의 주도하에 뉴질랜드 NCRE, 독일 베를린자유대학의 NFG의 지원을 받아 EU의 전략적 동반자 관계국가 10개

* 본 연구는 제 10회 유럽학연합학술대회(2016.5.27.)에서 발표한 내용을 수정 및 보완하여 재작성한 논문입니다. 소중한 코멘트를 해 주신 토론자 분들과 심사자 분들에게 감사드립니다. 이 논문은 2016학년도 "고려대학교에서 지원된 연구비로 수행되었음." 이 논문은 『유럽연구』 제34권 4호(2016)에 기 출간되었으며, 저작권은 한국유럽학회에게 있습니다.

국의 대표 연구자들과 함께 유럽연합과 유럽연합의 해외정책에 대한 인식분석 'Analysis of the Perception of the EU and EU's Policies Abroad'라는 프로젝트를 진행하였다.[1] 위 프로젝트의 일부로서, 본 논문은 대한민국의 신문 매체에 나타난 유럽연합의 인식을 텍스트 분석을 통해 연구를 진행하였다. 본 프로젝트는 2015년 4월부터 2015년 6월까지 3개월을 자료 분석기간으로 설정하였고, 분석대상 언론매체로 종합언론에서 조선일보와 중앙일보를 경제지로서는 매일경제신문을 선정하였다. 하지만 조선일보와 중앙일보를 보수적 성향을 가진 미디어라는 인식이 존재한다.[2] 따라서 이들이 독자들에게 주는 영향력의 범위가 상당히 제한적이라고 생각할 수도 있지만, 이러한 영향력과 신문의 정치적 성향사이의 연관성은 없어 보인다. 우선 미디어의 정치적인 성향을 판단하고 적용하는 것은 다소 오류가 있다. 촘스키(Chomsky, 2004)에 따르면, "좌익이나 우익, 이런 전통적인 정치용어는 이미 의미를 대부분 상실한 상태"이며 "차라리 그런 용어 자체를 폐기하는 편이 더 나을 듯"하다 언급했다.[3] 김세은(2010)은 이러한 국민들의 선입견이 언론매체들의 정치적 성향들을 반영할 수는 있어도, 조선-중앙-동아일보의 보수적 성향이 분야마다 다르게 나타나기 때문에 이러한 정치적 혹은 편집적 성향을 분석하는 것은 현실적으로 어렵다고 보고 있다.[4] 따라서 본 논문은 종합일간지를 선정함에 있어서 2010년과 2014년에 한국언론재단 에서

---

1) 본 연구에서 리투아니아에 위치해 공공정책과 운영을 연구하는 PPMI(Public Policy and Management Institute), 뉴질랜드에 위치한 유럽학 전문 연구기관인 NCRE(National Centre for Research on Europe) 그리고 베를린에 위치한 아시아의 유럽연합의 인식을 연구하는 NFG가 협력해 전 세계 전략적 동반자 국가들에 소속된 전문가 집단들과 함께, 동반자적 국가들의 주요언론, 엘리트집단 그리고 유럽연합과 유럽의 인식 조사를 진행하였다. 참여하는 동반자 국가는 대한민국을 비롯해 남아프리카공화국, 러시아, 멕시코, 미국, 브라질, 인도, 일본, 중국 그리고 캐나다이다.
2) 박재영, "뉴스평가지수 개발을 위한 1면 머리기사 분석," 한국언론재단(편), 『한국의 뉴스미디어 2006: 한국 저널리즘과 뉴스미디어의 대한 연차보고서』(서울: 한국언론재단, 2006), pp. 147-220; and, 황치성, 『갈등이슈보도에 새로운 접근』(서울: 한국언론재단, 2008)
3) 노암 촘스키, 『세상의 권력을 말하다 1』. 강주헌(역).(서울: 시대의창, 2004).
4) 김세은, "조선-중앙-동아 일보의 유사성과 차별성: 1면 구성과 사설의 이념성을 중심으로" 『미디어, 젠더 그리고 문화』15호(2010), pp. 37-78. 연구를 살펴보면, 조선일보는 정부에 대한 강한 비판을 정치사설에서 강하게 나타났고, 중앙일보에서는 경제, 국제관계, 교육 그리고 엔터테인먼트와 같은 다양한 분야를 다루고 있다.

발행되었던 언론수용자 인식조사를 참고 하였고, 조사항목 중 일부인 영향력과 신뢰도(2010년 기준), 구독률, 구독점유율 그리고 구독신문점유율(2014년 기준)을 고려한 후[5] 상위신문에서 두 종류(조선일보와 중앙일보) 그리고 경제지에서 한 종류(매일경제신문)를 선정하였다. 추가적으로 위의 신문들은 전국종합신문이기 때문에 국내독자에게 미치는 영향력은 상당히 크다.[6] 한국 ABC의 자료에 따르면, 2011년 기준 하루 평균 발간부수를 고려할 때 조선일보(1,353,000부), 중앙일보(944,000부) 그리고 매일경제신문(580,000부)[7]는 파급력이 상당히 큰 신문매체이다. 더불어 90년대 중후반 이러한 매체들은 다른 매체들에 비해서 인터넷판을 먼저 상용했다.[8] 따라서 위의 신문 매체의 인터넷판까지의 영향력을 고려하면 국내 독자들이 위 매체들의 신문 기사들을 접했을 가능성이 크다.

이러한 영향력 이상으로, 국내매체의 EU에 관련된 뉴스생산을 제한하는 제도적 장치가 있는지 살펴보기 위해 한국의 언론 관련 법률을 살펴보았다. 본 연구는 '신문 등의 자유와 기능 보장에 관한 법률', 통칭 신문법을 살펴보았다. 본 법률은 크게 1장 총칙, 2장 신문산업운영, 3장 한국언론진흥재단, 4장 언론진행기금, 5장 보칙 그리고 6장 벌칙으로 구성 되어 있다.[9] 신문법은 크게 신문 매체와 독자의 권익보장, 신문매체를 도와줄 수 있는 한국언론진흥재단에 관련한

---

5) 『2010 언론수용자 의식조사』(서울: 한국언론재단, 2010); 『2014 언론수용자 의식조사』(서울: 한국언론재단, 2014) *구독률: 전체 응답자 중 해당신문 구독자가 차지하는 비율, ** 구독자 점유율: 전체 신문 구독자 중 해당 신문 구독자가 차지하는 비율, *** 구독신문 점유율: 복수응답으로 나온 구독 신문 전체에서 해당 신문이 차지하는 비율

6) 이은주, 『미디어기업의 소유구조연구: 실태 및 현황』(서울:한국언론재단, 2008).

7) 한국 ABC, http://www.kabc.or.kr/about/media/100000000723(검색일: 2015. 3. 5).

8) 한국언론재단, 2009 한국의 인터넷 신문(서울: 한국언론재단, 2009); 『매일경제신문』, history, http://etc.mk.co.kr/mk/sub1_2.php(검색일: 2015. 7. 15). 한국언론재단의 연구에 따르면 조선일보의 인터넷 판인 조선닷컴은 1995년 10월에 중앙일보의 인터넷판인 조인스닷컴은 1995년 3월부터 상용화를 시작하였고, 매일경제신문의 인터넷판은 그보다 늦은 1999년 12월부터 서비스를 시작 하였다. 코리아 클릭에 따르면, 2015년 6월 기준으로 조선닷컴의 방문자는 7,727,000명이었고, 조인스닷컴은 6,429,000, 그리고 매일 경제신문은 7,025,000명의 방문자수를 기록하였다. 좀 더 자세한 정보는 다음 홈페이지에서 참고할 수 있다. http://www.koreanclick.com/information/freedata_rankings.php

9) 국가법령정보센터, http://www.law.go.kr/lsInfoP.do?lsiSeq = 142629#0000(검색일: 2016. 1. 5).

법령, 그리고 그에 따른 진행기금 조성에 관한 법률들로 구성되어 있고, 신문법이 언론매체의 권익이나 출판을 제약하는 것이 아니라 오히려 언론매체의 권익을 보호하는 성향을 띤다.

하지만 Freedom House의 발표에 따르면, 한국의 언론출판의 권리가 다소 제한적으로 보인다. Freedom House는 한국의 언론 환경을 '부분적으로 자유(partly-free)로움'으로 평가하고 있다.[10] 하지만 한국의 언론매체가 유럽연합에 관한 신문 기사를 보도 혹은 취재하는 데 북한과의 동맹 혹은 친밀한 태도를 가지고 보도하지 않기 때문에 문제되지 않는다. 한국정부는 국가안보를 위협하거나, 북한 체제를 찬양하는 내용의 출판을 감시하고 금지하는 것으로 나타났다.[11] 위 모든 사항을 고려해 볼 때, 한국 언론에 있어서 유럽연합 관련 보도는 실질적으로 자유로운 편이다.

본 논문은 한국 언론에 최근에 내재하고 있는 EU에 관한 이미지를 연구한다. 특히 한국 언론은 EU의 경제적인 이미지와 영향력에 큰 관심을 갖고 있기 때문에 이러한 관심이 지속되는지 설명할 필요가 있기 때문이다. 더불어, 국내언론의 EU이미지를 지속적으로 조사함으로써 어떻게 이러한 이미지 혹은 EU에 관한 인식이 변화되었는지 이해할 필요도 있기 때문이다. 본 연구는 유럽연합(EU) 관련 기사의 내용적 특성, 즉 1) EU 보도의 국내 중심성(focus of domesticity), 2) EU 보도의 중요도(focus of centrality), 3) EU 보도 내에서의 EU 관련 혹은 외부 행위자(EU actors), 4) EU와 관련 행위자의 주제적 프레임(상위)(Thematic Frame of the EU/its actors actions)과 주제적 프레임에 부수적인 프레임(Sub-frame), 5) EU 와 관련 행위자에 관한 평가(evaluation), 6) 개념적 은유(Conceptual Metaphor)를 분석함에 주안점을 두었다. 본 연구의 순서는 다음과 같다. 제2장에서는 한국 언론에 비쳐진 EU의 인식 관련이론들을 검토할 것이고, 제3장은 이러한 실증 분석에서 사용할 연구 질문과 방법론을 소개할 것이다. 제4장은 방법론에 의거한 결과를 제시하고자 한다. 제5장에서는 연구결과를 요약하고 결론을 도출하기로 한다.

---

10) Freedom House, Freedom of the Press, South Korea, https://freedomhouse.org/report/freedom-press/2014/south-korea#.VaXv8jcTqWo(검색일: 2015. 7. 15).

11) Ibid.

2. 관련이론

EU의 외부인식 프로젝트는 지난 10년이 넘는 기간 동안 아시아 태평양의 30개국 이상에 내재되어 있는 인식들을 조사하면서, 방대한 프로젝트로 성장해왔다. 하지만, 이론적 틀이나 고찰이 연구결과에 비해 작았기 때문에 항상 비판의 대상이 되어왔다. 루카렐리(Lucarelli, 2014)에 따르면, EU의 외부인식을 조사함에 있어서 이러한 문제점이 항상 존재해왔다고 서술했다.[12] 루카렐리(Lucarelli)는 이러한 이론적 틀을 세우기 위해서, 역할이론(Role Theory)과 사회정체성 이론(Social Identity Theory)을 바탕으로 외부인식에 대한 연구가 지속되어야 한다고 보고 있다.[13] 역할이론은 1970년 홀스티(Holsti)에 의해 소개된 이론으로, 정치적 정체성과 외교정책 연관관계와 집단의 정체성과 역할 정의에 있어서 타자의 인식의 중요함에 초점을 맞춘다.[14] 여기서의 역할들은 기대되거나 적절한 행동들의 전형을 의미하며 행위자 자신의 적절한 행위에 관한 인식과 다른 행위자의 인식과 기대치를 의미한다.[15] 사회정체성이론은 타이펠(Tajfel)에 의해서 소개된 이론으로서, 한 집단의 정체성을 이해함에 있어서 외부그룹의 평가가 중요한 참고자료로서 존재한다고 서술한다. 사회정체성 이론은 자아 정체의식을 개인 혹은 집단들이 특정한 사회의 무리에서 동일하게 느끼는 원형에 입각해 그 개념을 제시한다.[16] 또한 다른 그룹이 제시하는 특정그룹에 관련된 차이도 자아정체인식

---

12) S. Lucarelli, "Seen From the Outside: the State-of-the-Art on the External Image of the EU," *Journal of European Integration*, Vol. 39, No. 1, (2014).

13) S. Lucarelli, *Mirrors of Us: European Political Identity and the Others' Images of the EU* in: Debating political identity and legitimacy in the European Union, (LONDON, Routledge, 2011).

14) K. J. Holsti, "National Role Conceptions in the Study of Foreign Policy." *International Studies Quarterly* Vol. 14, No. 3, (1970), pp. 233-309.

15) Ibid.

16) H. Tajfel, Human groups and social categories: Studies in social psychology.(Cambridge: Cambridge University Press, 1981); J. E. Stets, and P. J. Burke, "Identity theory and social identity theory," *Social Psychology Quarterly,* Vol. 63, (2000), pp. 224-237; and, L. Huddy, "From social to political identity: A critical examination of social identity theory," *Political Psychology,* vol. 22(2001), pp. 127-156.

의 일부로 간주한다.[17] 이러한 관점에서 볼 때, 개인 혹은 집단은 그들이 속한 내부무리(the in-group)와 바깥무리(an out-group)와 비교함이 중요한 참고사항이 된다.[18] 본 이론들에 입각해 위의 언급된 비교 및 다른 요인들을 포함하면, 특정 무리의 정체성이 형성된다고 본다.[19] 위에 언급된 이론들에 근거해 EU의 관련된 외부인식이 EU의 정체성을 성립하기 위해 중요한 참고기준이기 때문에 외부인식 연구가 지속되었다.

하지만 차반(Chaban)의 최신 연구에 따르면 역할이론은 내부인식적인 측면에 치중해 있어서 외부인식을 연구하는데 어려움이 따르기 때문에 국제관계의 범주 내에서 이미지 이론이 적용가능성이 더 크다고 주장한다.[20] 헤르만(Herrmann, 1985)과 실버스타인(Silverstein, 1989)은 그 당시 세계열강이었던 미국과 소련의 외부 인식과 이미지를 연구하여 외교정책 이미지의 관련성을 밝히는 이론을 발표하였다.[21] 저비스(Jervis)는 "한 국가의 정책 결정권자들이 가진 세계에 대한 인식과 그 밖의 국가들이 세계에 대해 가지고 있는 이미지를 제외하고서는 국가적인 중요한 결정을 하거나 정책들을 설명하는 것이 대체적으로 불가능하다"고 말했다. 다시 말해서, 이러한 외부 인식들이 한 국가의 적절한 행위들에 관한 밀접한 원인이 되기 때문이다."[22] 80년대 UNESCO의 지원을 받아 이루어졌던 국가 이미지에 관한 연구에서 모바헤디(Movahedi)는 다른 국가에서 인식하고 있는 특정 국가의 이미지는 국제 관계와 갈등해소의 기본적인 틀을 제공한다고 서술하였다.[23] 국제관계의 틀에서 본 이미지 이론은 정체성을 넘어서, 국제 관계 향상에

---

17) R. Jenkins, *Social Identity*.(London: Routledge, 1996).

18) H. Tajfel, (1981), *op. cit.*

19) S. Lucarelli, (2011), *op. cit.*

20) N. Chaban and M. Holland, "Introduction: The Evolution of EU Perceptions: From Single Studies to Systematic Research," *Communicating Europe in Times of Crisis External Perceptions of the European Union*, (New York: Palgrave-McMillan, 2014).

21) R. K. Herrmann, *Perception and Behavior in Soviet Foreign Policy*.(Pittsburgh, PA: University of Pittsburgh Press, 1985); and, B. Silverstein, "Enemy images: the psychology of U.S. attitudes and cognitions regarding the Soviet Union," *American Psychologist*, Vol. 44, (1989) pp. 903-913.

22) R. Jervis. *Perception and Misperception in International Politics*.(Princeton: Princeton University Press, 1976).

큰 시사점이 될 수 있다고 보고 있다.

　이러한 특정 국제적 행위자의 외부인식을 구성하는 요인들은 다양하다고 볼 수 있다. 엔트만(Entman)은 2003년에 소개한 Cascading Activation Model에서 미디어와 사회의 연계성을 밝힘으로써, 국제 관계의 정보교환 방식을 밝혔다. 할린(Hallin, 1986)과 베넷(Bennett, 1989 and 1990)과 머민(Mermin, 1999)의 연구를 바탕으로 한 이 모델은 한 국가의 정부, 엘리트, 미디어와 뉴스 프레이밍 그리고 여론이 서로 피드백을 주면서 영향력을 행사해 국제관계의 정보를 제공받는 구조로 이루어져 있다고 밝혔다.[24] 이 모델을 간추린 도표는 <그림 1>과 같다. 이러한 연속작용을 유심히 살펴보면, 미디어, 엘리트 그리고 대중이 갖고 있는 외부 행위자의 인식은 외교정책을 수립함에 있어서 적절한 피드백을 제공함을 알 수 있다.

　<그림 1>에서 언급했다시피, 미디어 텍스트에서 특정 행위자의 이미지를 분석해 찾아내기 위해 차반(Chaban)과 홀란드(Holland)는 비평적 담론분석을 바탕으로 한 방법론을 사용하고 있다. 반다이크(Van Dijk)는 비평적 담론분석이 사회적 권력의 남용, 지배 그리고 불균형이 사회 정치적인 맥락에서의 텍스트와 대담에 의해 벌어지거나, 재생산 되거나, 혹은 표명되는 담화를 분석하는 연구의 일부라고 정의한다. [25] 비평적 담론분석은 담화의 상호 연결되어 있는 차원들 (텍스트, 반응 그리고 사회적 활동)을 분석하는 기술, 해석 그리고 설명 이 세 가지 분석의 상호단계들로 구성되어진다.[26] 첫째, 기술단계(description)에서 분석자는

---

23) S. Movahedi, "The Social Psychology of Foreign Policy and the Politics of International Images", *Human Affairs,* Vol. 8, (1985), pp. 18~37.

24) D. C. Hallin, The "Uncensored War": The Media and Vietnam(Oxford: Oxford University Press, 1986); WL. Bennett, "Marginalizing the Majority: Conditioning Public Opinion to Accept Managerial Democracy" Michael Margolis and Gary Mauser, (eds.) *Manipulating Public Opinion*, (Brooks/Cole, 1989); WL Bennett, "Toward a Theory of Press-State Relations in the U.S.," *Journal of Communication,* Vol. 40(Spring 1990), pp. 103~125; J. Mermin, *Debating War and Peace: Media Coverage of U.S. Intervention in the Post-vietnam Era.*(Princeton: Princeton University Press, 1999); and, R. M. Entman, "Cascading Activation: Contesting the White House's Frame After 9/11," *Political Communication*, Vol 20, No. 4, (2003), pp. 415~432.

25) T. van Dijk, "Critical Discourse Analysis," D. Schiffrin, D. Tannen and H. Hamilton(eds.), *The handbook of discourse analysis,* (Oxford: Blackwell Publishing Ltd., 2003), 352~371.

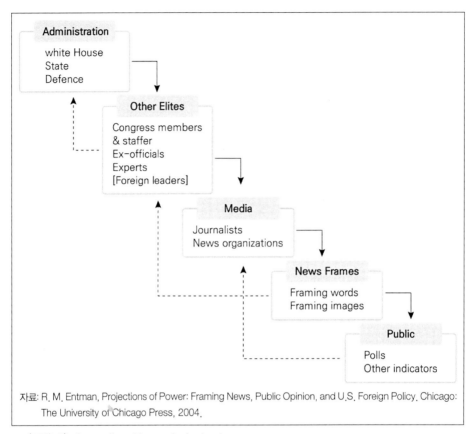

자료: R. M. Entman, Projections of Power: Framing News, Public Opinion, and U.S. Foreign Policy. Chicago: The University of Chicago Press, 2004.

▲ 〈그림 1〉 Cascading Network Activation

언어적, 시각적 그리고 언어와 시각적인 결합체에 연구 초점을 맞추고, 여기에서 텍스트의 언어학적 성질이나 특징을 묘사하는 것으로 설명되어진다. 둘째, 해석단계(interpretation)는 쓰기, 말하기와 같은 담화의 생산과정과 읽기, 듣기 그리고 보기와 같은 해석단계간의 상호작용에 초점을 맞춘다. 마지막으로, 설명단계(explanation)에서는 사회의 작용 즉 담화와 사회 현상간의 관계를 명확히 하는 것에 중점을 두고 있다.

페어클로프(Fairclough)는 뉴스미디어에서의 담화를 미디어의 힘과 사상의 언어적인 현상으로 간주한다.[27] 그에 연구에 따르면, 언론의 담화는 다양한 장르

26) N. Fairclough, *Language and power*, (UK: Longman Group Ltd, 1989); and, N. Fairclough, *Discourse and social change*, (Oxford: Polity Press, 1992).

로 구성되어 있다고 보고 있다. 뉴스 담론의 주요한 장르는 텔레비전과 라디오에
서 나타나거나 신문 혹은 잡지에 쓰인 담화를 뜻하고, 이러한 담화들이 비평적
담화 분석가들이 연구로 하는 대상이다.[28] 위의 상위 담화의 하위 개념은 뉴스
보도 텍스트,[29] 사설,[30] 인터뷰,[31] 혹은 삽화와 사진을 들 수 있다.[32] 1970년대
후반 이후 미디어 담론 분석에 대한 연구가 활발하게 진행되어 왔다. 1976년부
터 Glasgow Media Group에서는 뉴스미디어에서 생산된 갈등관련 기사들에 나
타난 담화를 분석하였고,[33] 1979년 파울러(Fowler et al.)와 그의 동료들은 미디
어 담론에 나타난 사상을 미디어 별로 비교 분석하였다.[34] 이 중의 한 예로 트루

27) N. Fairclough, *Critical Discourse Analysis*, (Boston: Addison Wesley, 1995).

28) R. Fowler et al., *Language and control*, (London: Routledge and Kegan, 1979);
Glasgow University Media Group, *Bad News; foreword by Richard Hoggart,* (London:
Routledge, 1976); and, Glasgow University Media Group, *More Bad News*, (London:
Routledge, 1980).

29) G. Smitherman-Donaldson and T. van Dijk, eds., *Discourse and Discrimination*,
(Detroit, MI: Wayne State University Press, 1988); and, N. Fairclough and C.
Holes, *Critical Discourse Analysis: The Critical Study of Language*, (London and New
York,: Longman, 1995).

30) E. Le, "Active Participation Within Written Argumentation: Metadiscourse and
Editorial's Authority," *Journal of Pragmatics* Vol. 36(2002), pp. 687-714; and, W. Lee,
"A Linguistic Analysis of Representation of Ideologies in Newspaper Editorials: The
Case of Controversy on Abolition of the 'National Security Laws," In *The
Sociolinguistic Society of Korea,* vol. 13, no. 1(2005), pp. 191-227.

31) N. Fairclough and C. Holes, (1995) *op. cit.;* C. Lorda and E. Miche, "Two Institutional
Interviews: Jose Maria Aznar and Jacques Chirac on the Iraq Conflict," *Discourse and
Society,* vol. 17, no. 4(2006), pp. 447-472.

32) O. Medubi, "Language and Ideology in Nigerian Cartoons," R. Roslyn, F. Dirven and
M. Pütz, (Eds.) *Cognitive Models in Language and Thought*, (Berlin: Mouton de
Gruyter, 2003), pp. 159-198; T. van Leeuwen and C. Jewitt(Eds.) *Handbook of Visual
Analysis*, (London: Sage, 2002); and, D. Machin, "Visual discourses of war:
Multimodal analysis of photographs of the Iraq occupation," A. Hodges and C.
Nilep(Eds.) *Discourse, War and Terrorism*, (Amsterdam: John Benjamins Publishing
Co., 2007), pp. 123-142.

33) Glasgow Media Group, *Bad News; foreword by Richard Hoggart,* (London: Routledge,
1976); Glasgow Media Group, *More Bad News*, (London: Routledge, 1980); Glasgow
Media Group, *Really Bad News*, (London: Writers and Readers Co. op., 1982); and,
Glasgow Media Group, *War and Peace News*, (London: Open University Press, 1985).

(Trew)는 왜 영국의 두 가지 신문이 같은 이슈를 다른 시각으로 보는지를 이념적 차이점을 바탕으로 비교하였다.[35] 1980년대 들어서는 홀(Hall)을 비롯한 많은 학자들이 문화학적인 시각을 가지고 미디어 담론을 분석하였다.[36] 1980년대 후반 이후로 비평적 담론 분석은 다음 다섯 명의 대표적 연구자들의 연구의 영향을 많이 받게 된다. 반다이크(Van Dijk)는 언론기사 내에서 인종차별주의에 관련된 텍스트 그리고 이념에 초점을 맞추었다.[37] 페어클로프(Fairclough)와 워닥 (Wodak)은 사회 내에서 발생하는 불평등한 권력의 담론적 그리고 사상적인 패턴에 중점을 두고 있다.[38] 크레스(Kress)와 반르우벤(van Leeuwen)은 미디어의 언어와 시각적 이미지와의 결합관계를 연구하는 사회기호학적인 접근법을 사용하였다.[39] 이러한 이론적 접근을 바탕으로, EU에 관한 인식이 이데올로기에 일종 이라고 고려해 볼 때 미디어에서 나타나는 EU에 관한 담론은 본 연구에 가장 필수적인 연구대상이라고 볼 수 있다.

---

34) R. Fowler et al., *Language and Control*, (London: Routledge and Kegan, 1979).

35) T. Trew, "Papers Say Linguistic Variation and Ideologically Different," R. Fowler et al.(Eds.) *Language and Control*, (London: Routledge and Kegan, 1979).

36) S. Hall et al., (eds.), *Culture, Media, Language,* (London: Hutchinson, 1980); H. Davis and P. Walton, (eds.), *Language, Image, Media*, (Oxford: Blackwell, 1983); and, R. Collins et al., (eds.), *Media, Culture, and Society*, (London: SAGE: 1986).

37) T. van Dijk, *News as Discourse*, (New York: Academic Press, 1988); and, T. van Dijk, *Racism and the Press*, (New York: Routledge, 1991).

38) N. Fairclough, (1989) *op. cit.*; N. Fairclough, (1992) *op. cit.*; N. Fairclough and C. Holes, (1995) *op cit.*; N. Fairclough, (1995) *op. cit.*; and, N. Fairclough, and R. Wodak, "Critical Discourse Analysis," Teun A. van Dijk(Ed.) *Discourse as Social Interaction vol. 2*, (London: SAGE, 1997).

39) T. van Leeuwen, "Genre and Field in Critical Discourse Analysis" In *Discourse and Society*, vol. 4, no. 2(1993, pp. 193-223; T. van Leeuwen, "The Representation of Social Actors," C. Caldas-Coulthard and M. Coulthard(Eds.), *Texts and Practices: Readings in Critical Discourse Analysis,* (London: Routledge, 1996); and, T. van Leeuwen, "The Representation of Social Actors," M. Toolan(Eds.) *Critical Discourse Analysis,* (London: Routledge, 2002).

3. 연구방법

본 논문은 2015년 4월부터 6월까지 3개월에 걸쳐 조선일보와 중앙일보 그리고 매일경제신문에서 나타난 유럽연합과 유럽에 관한 기사를 수집하였고, '내용적 특징'의 여섯 가지 요소들을 바탕으로 EU의 이미지를 분석하였다. 본 논문은 EU에 관련된 기사를 정독 분석하여 EU의 이미지를 묘사하기 위해 정성적 분석(qualitative analysis)을 방법론으로 설정하였다. 본 논문에서 살펴볼 여섯 가지 요소들은 위에서 언급한 "유럽연합과 유럽연합의 해외정책에 대한 인식분석" 프로젝트에서 EU의 전략적동반자 국가 연구자들 가운데 공통으로 사용된 다중 방법론적(multimethdological) 내용분석의 구성요소이다. 본 여섯 가지 분석요소들을 통해 EU의 이미지를 실증주의적으로 연구함으로써 가치 있는 프레임 분석을 보여줄 수 있을 것이라 판단하여 선정하였다.

첫 번째 요소는 EU 보도의 국내 중심성(focus of domesticity)으로, 뉴스 텍스트 내에서 EU의 맥락과 적절성을 살펴보았다. 본 개념은 기사 본문에서 EU에 관련된 행위가 대상 국가의 국내적으로, 지역적으로(한국이 속한 동북아시아), 그리고 기타지역(한국과 동북아를 제외한 제3지역)에 근거하여 보도가 되었는지 판별할 수 있다. 두 번째 요소는 EU 보도의 중요도(degree of centrality)로, EU가 뉴스 수용자들에게 얼마나 비중 있게 다루어졌는지 분석하는 개념이다. 세 번째 요소는 EU 보도 내에서의 EU 관련 혹은 외부 행위자(actor)를 분석하는 것이고, 이는 EU의 형상을 독자들에게 제시한다고 볼 수 있다. 네 번째 요소는 EU와 관련 행위자의 주제적 프레임(Thematic Frame of the EU/its actors actions), 그의 하위 개념인 부수적인 프레임(Sub-frame)과 추가적인 하위 개념인 sub-sub frame을 분석 하였다. 본 요소는 언론학에서 다루어지는 framing이론을 바탕으로 만들어진 분석방법 이다. 피스케(Fiske)와 테일러(Taylor)에 따르면 인가은 본성적으로 가급적인 생각을 석게 하려는 인식적으로 인색한 존재(cognitive misers)라고 주장한다.[40] 프레이밍은 이러한 생각을 줄여주는 인식적인 틀로서 크게 미디어와 개인

---

40) S. Fiske and S. Taylor, *Social Cognition(2nd Edition)*, (New York: McGraw-Hill, 1991).

▼〈표 1〉연구 프로젝트에 사용된 프레이밍 구조[1]

프레이밍(Framing)	하부 프레이밍(sub-frame)	추가 하부 프레이밍 (sub-sub frame)
정치(politics)	내부(internal) 외부(external)	상황에 따라 추가하부 프레이밍은 다양하게 나타났다.
경제 (economics)	무역(trade), 비즈니스 재정(business and finance), 경제상황(state of economy), 산업(industry), 농업 (agriculture)	
사회, 문화(Society and Culture)	이민(migration), 복지(welfare), 사회 입법행위(social legislation), 다양성(diversity), 교육(education), 범죄 (crime), 보건(health care), 오락 여가(entertainment), 스포츠(sports), 인구 동태(demography), 생활방식 (lifestyle)	
연구, 과학, 기술(Research, Science and Technology)	연구(research), 과학(science), 기술(technology)	
환경 (Environment)	내부(internal) 외부(external)	
에너지(Energy)	공급의 안정성(security of supply), 경쟁력 (competitiveness), 지속 가능성(sustainability)	
개발 (Development)	원조(aid), 정치적 개발(political), 경제적 개발 (economic), 사회적 개발(social), 에너지 개발 (energy), 환경 개발(environmental), 연구, 과학 기술 개발(Research, Science and Technology)	
규범적 권력(Normative Power Europe)	정치적 규범(political), 경제적 규범(economic) 그리고 사회 문화적 규범(social and cultural)	

적인 프레임으로 나눌 수 있다.[41] 미디어 프레이밍은 기사를 작성하는 주체들의 새로운 정보를 받아들이는 정신적인 필터라고 볼 수 있다. 기틀린(Gitlin)에 따르면, 미디어 프레이밍을 담화를 구성할 때 따르는 선택, 강조 그리고 삭제를 하게 하는 지속적인 패턴이라고 볼 수 있다.[42] 프라이스(Price), 툭스베리(Tewksbury)

---

41) Ibid.

42) T. Gitlin, *The Whole World Is Watching: Mass Media in the Making and Unmaking*

와 파워스(Powers)는 "미디어 프레이밍은 독자들이 어떻게 일어나는 사건들을 이해하는지에 대해 커다란 영향력을 발휘한다"고 주장한다.[43] 이러한 패턴을 찾아내기 위해서 본 프로젝트에서 분석되었던 프레이밍을 다음의 표로 간추렸다.

다섯 번째 요소는 EU와 관련 행위자에 관한 평가(evaluation)이다. 본 연구 프로젝트에서 EU뉴스 내에 있는 EU와 그와 관련된 행위자에 대한 분명한 평가를 살펴보았다. 위 요소에 근거하여서, 본 프로젝트에서 EU와 그의 행위자들에 관한 묘사의 전반적인 톤이 긍정적(positive), 부정적(negative), 혹은 중립적(neutral) 인가를 살펴보았다. 마지막으로, 개념적 은유(Conceptual Metaphor)는 EU 관련 기사 내에 나타난 개념적 은유를 구성하는 언어적 표현들을 분석하였다. 브로스트롬(Broström)에 따르면, 뉴스 텍스트에 있는 개념적 은유는 미디어 수용자의 국제적 현상을 알아차릴 수 있는 용어들을 이해함에 있어서 도움을 준다.[44] 맥글론(McGlone)에 따르면, 개념적 은유의 하위개념으로 은유법적 표현들이 간주되었다.[45] 이러한 개념적 은유를 명시하는 은유적 표현법들을 찾아내는 것이 EU에 관한 사람들의 인식을 찾아내는 데 중요한 근거가 된다. 레이코프(Lakoff)와 존슨(Johnson)은 은유법적 표현이 사물의 한 가지의 개념을 다른 개념을 통해 이해하거나 경험함을 통해서 설득력 있는 표현이 된다고 주장한다.[46] 챠터리스블랙(Charteris-Black)은 근원영역(만지거나 통제할 수 있는 것)과 목표영역(만질 수 없거나 통제가 안 되는 것) 사이에 의미론적인 긴장감이 형성됨으로,[47] 개념적 은유는 강력한 수사법 중 한 가지가 되었다고 주장한다. 레이코프(Lakoff)와 존슨

of the New Left, (Berkeley, Los Angeles and London: University of California Press, 1980).

43) V. Price, D. Tewksbury and E. Powers, "Switching Trains of Thought: The Impact of News Frames on Readers' Cognitive Responses," *Midwest Association for Public Opinion Research*, (November, 1995, Chicago, IL).

44) S. Broström, *The Role of Metaphor in Cognitive Semantics.*(Lund: Lund University Cognitive Studies, 1994), 32.

45) M. McGlone, "Conceptual Metaphors and Figurative Language Interpretation: Food for Thought?" *Journal of Memory and Language*, Vol. 35(1996), pp. 544-565.

46) G. Lakoff and M. Johnson, *Metaphors We Live By,* (Chicago: University of Chicago Press, 1980).

47) J. Charteris-Black, *Corpus Approach to Critical Metaphor Analysis,* (Basingstoke and New York: Palgrave MacMillan, 2004).

(Johnson)의 TIME IS MONEY라는 개념적 은유를 예로 들면, 이러한 개념적 은유는 언어적 실생활에 존재하지 않지만, 사람들의 생각 속에 존재해 새로운 추상적인 개념(TIME)을 통제할 수 있는 개념(MONEY)을 통해 이해 할 수 있게 된다. 레이코프(Lakoff)와 터너(Turner)는 "사람들은 이러한 과정에 주의를 기울인다 하여도, 대부분 망각하면서 살고 있다"고 주장한다.[48] 이러한 개념적 은유를 분석하기 위해서는 맥글론(McGlone)의 Conceptual Metaphor View가 도움이 될 수 있다. 맥글론(McGlone)에 따르면, 개념적 은유를 찾아내기 위해서는 우선적인 지식의 근거, 즉 언어생활에서 실제로 사용하는 은유법적인 표현을 찾아내야 한다.[49] 즉, TIME IS MONEY라는 개념적 은유를 이해하기 위해서는 풍부한 예시들이 가장 필요로 한다. 레이코프(Lakoff)와 존슨(Johnson)의 예를 들면, 너는 나의 시간을 낭비하였다.(you are wasting my time), 너는 요즘 어떻게 시간을 사용하고 있니?(how do you spend your time these days?), 이 펑크 난 타이어는 한 시간의 시간을 소모하게 한다.(that flat tyre cost me an hour), 나는 너와 보낼 충분한 시간이 없다(I don't have enough time to spare for that), 그리고 너는 시간을 다 소진하였다.(you are running out of time) 등이 대표적인 경우가 될 수 있다.[50] 한국어상의 개념적 은유와 예시적 표현들은 한국어의 언어적 특성에 따라 다르게 나타날 수 있다.

4. 결과

4.1. EU 보도의 국내 중심성(focus of domesticity)

EU 보도의 국내 중심성은 한국 신문에서 EU를 다룰 때, 어떠한 초점을 가지고 보도를 하는지 살펴볼 수 있다. <그림 2>는 한국의 세 개의 주요 신문이

---

48) Ibid.

49) M. McGlone, "Conceptual Metaphors and Figurative Language Interpretation: Food for Thought?" *Journal of Memory and Language*, Vol. 35(1996), pp. 544-565.

50) G. Lakoff and M. Johnson, (1980) *op. cit.*

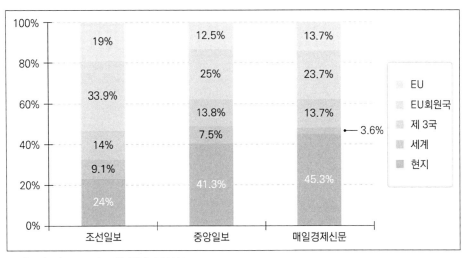

▲ 〈그림 2〉 EU 보도의 국내 중심성

각각 EU에 관하여 보도한 중심성을 비교하였다. 중앙일보와 매일경제신문의 중심성 분포는 큰 차이를 보이지 않았다. 특히 두 개의 신문들은 EU의 기사를 한국의 현지상황에 맥락을 두고 보도하는 성향이 컸다. 이러한 기사들은 주로 ECB가 그리스에게 양적완화를 시행할 때, 국내시장에 어떠한 영향을 미칠지 보도했다. 반면에 조사기간 동안 조선일보는 EU를 기사 본문의 중심주제로 놓고 보도하는 경향이 컸다. 예를 들자면 그리스 사태를 보도할 때, 국내경제상황의 여파를 다루기보다는 그리스 상황 자체에 초점을 맞추어 보도하였다.

4.2 EU 보도의 중요도(degree of centrality)

중요도는 각 신문의 EU 관련 기사에서 EU가 얼마나 큰 비중을 차지하는지 살펴보는 것이다. 차반(Chaban)과 홀란드(Holland)에 따르면 이러한 뉴스의 중심성을 통해 국내 뉴스 독자들에게 EU가 어떻게 부가되는지 알아볼 수 있다.[51] 본 논문은 이러한 중요도를 중요함(major), 부차적(secondary), 그리고 중요하지 않음(minor)으로 나누어 분류하였다. <그림 3>은 세 가지 신문의 EU 보도의

---

51) N. Chaban, J. Bain, K. Stats and P. Sutthisripok, "Mirror Reflections: The EU in print and broadcast media in the Asia-Pacific" *The European Union and the Asia-Pacific: Media, public and elite perceptions of the EU.*(London: Routledge, 2008), pp. 22-61.

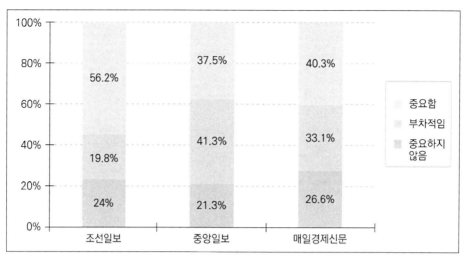

▲ 〈그림 3〉 EU 보도의 중요도

중요 분포도를 제시하고 있다. 조사 기간 동안 수집된 조선일보의 EU 관련기사수의 절반 이상이 EU를 비중 있게 다루었다. 하지만, 중앙일보와 매일경제신문의 EU 관련 기사의 대다수는 EU를 비중 있게 다루지 않았다. 결과를 살펴보면, EU에 관한 조선일보의 기사방향 혹은 논조에 영향을 받을 수 있다. 영향력을 받았을 가능성이 크다. 반면에 중앙일보와 매일경제신문에서 적힌 EU 관련 기사는 독자들의 공감을 살 수는 있어도, 독자들이 받는 EU의 영향력은 미비했을 것이다.

4.3. 행위자(actors)

본 논문에서는 EU에 관련된 행위자들을 EU 관련기사에서 다음과 같은 네 가지 기준으로 나누어 분석하였다. 첫째는 EU 기관(EU institutions), 둘째는 EU 회원국(EU Member States), 셋째는 EU 관료(EU Officials) 그리고 마지막으로 EU 회원국의 관료이다(EU MS Officials).

본 논문 에서는, EU 기관과 회원국의 언급횟수를 조사하였다. EU 기관으로는 유럽중앙은행, 유럽이사회, 유럽집행위원회, 유럽사법재판소 그리고 유럽의회 순으로 EU 관련 기사에서 언급 되었다. EU 회원국을 살펴보면 그리스, 독일,

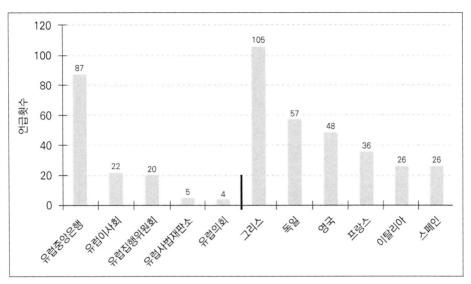

▲ 〈그림 4〉 EU 보도 관련 행위자: EU 기관과 회원국

영국, 프랑스, 이탈리아 그리고 스페인 순으로 언급이 되었다. 하지만 선행연구의 결과와 비교해보면 그리스가 많이 언급된 것이 가장 큰 차이를 보인다. 정세원(2013)의 연구에 따르면 EU 회원국에 대한 언급은 EU Big 4, 즉 유럽연합 내의 가장 큰 경제규모를 가진 네 개의 국가(프랑스, 독일, 영국, 이탈리아)가 가장 많이 언급되었다.[52] 하지만 본 실험기간 동안 EU 관련 뉴스에서 그리스 재정위기 사태를 가장 큰 이슈로 보도하고 있다. 이러한 재정위기 관련된 뉴스에서 그리스는 협상마찰의 대상으로서 독일과 같이 가장 많이 언급되었다. 위 결과에서 주는 시사점은 한국의 언론매체는 아직도 EU를 경제적인 유력자로 보고 있다는 것이다. 따라서 EU의 경제적인 상태, 특히 부정적인 상황에 한국의 신문들이 민감하게 반응한다는 것을 알 수 있다.

다음 〈그림 5〉에서는, EU와 회원국 관료들의 언급횟수를 조사하였다. EU의 관료들로 장 클로드 융커(유럽집행위원장), 마리오 드라기(유럽중앙은행장),

---

52) S. W. Chung, *External Images of the EU: Comparative Analysis of EU Representations in Three Major South Korean Newspapers and Their Internet Editions*, the University of Canterbury, 2013(PhD thesis)

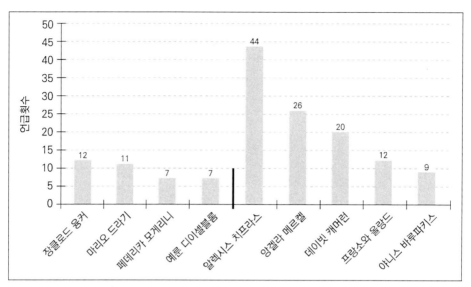

▲ 〈그림 5〉 EU 보도관련 행위자: EU관료와 EU 회원국 관료

페데리카 모게리니(유럽대외관계청 고위대표/집행위 부위원장), 그리고 예룬 디이셀블룸(유로그룹 대표)의 순으로 언급되었다. 융커와 디이셀블룸은 주로 그리스와 EU 트로이카 간의 지원협상에서 주로 언급 되었다. 드라기의 경우는 유럽중앙은행의 양적완화에 관한 뉴스에서 주로 언급되었다. 또한 그리스의 재정위기와 관련하여 드라기와 디이셀블룸은 그리스의 구제금융에 관한 이슈를 다루려 할 때 주로 나타난다. 모게리니의 경우에는 EU에 들어온 난민들에 관한 이슈, EU의 대러시아와 이란 제재에 관한 이슈, 그리고 2015년 5월 4일부터 5일까지 방한일정 에서 주로 언급되었다. EU 회원국들의 관료들을 살펴보면 치프라스(총리)와 바루파키스(전 재정부장관)와 같이 그리스의 관료들이 많이 언급되었다. 이러한 관료들을 제외하면, 앙겔라 메르켈(독일총리), 데이빗 캐머런(영국총리) 그리고 프랑수와 올랑드(프랑스 대통령) 순으로 언급되었다. EU 회원국 관료들의 결과는 <그림 5>에 나타난 EU 회원국의 언급된 순서랑 유사함을 살펴볼 수 있는데, 그리스 재정위기에 관련된 이슈를 주로 다룸을 알 수 있다. 메르켈과 올랑드에 관한 언급하고는 달리, 캐머런이 나타난 이유는 브렉시트에 관련된 이슈를 다룰 때 주로 다루어 졌다.

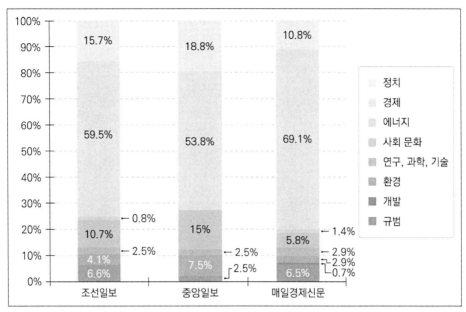

▲ 〈그림 6〉 EU에 관한 주제 프레이밍

4.4 EU에 관한 주제 프레이밍(Thematic Frames of the EU)

EU에 관한 뉴스를 다룰 때, 주제에 따른 프레이밍을 분류하여 분석하였다. 프레이밍의 자세한 사항은 〈그림 6〉에서 참고를 할 수 있다.

〈그림 6〉에서 나타났듯이, 세 개의 신문에 게재되었던 EU 관련 기사들의 상위프레이밍들을 살펴보면 경제, 정치 그리고 사회문화의 순으로 주로 나타나는 것을 알 수 있다. 위의 세 가지 주요 프레이밍을 제외한 나머지 프레이밍은 분포도가 크지 않음을 볼 수 있다. 정치 프레이밍 내에서의 하부 프레이밍과 추가하부프레이밍을 살펴보면 세 신문들에서 EU의 내부 이슈(하부 프레이밍)에서 영국 총리선거(추가하부프레이밍)를 EU의 외부 이슈(하부 프레이밍)의 미국(추가 하부프레이밍) 관련 이슈보다 더 많이 다루려고 한다. 경제 프레이밍 내에서 주로 다루어졌던 하부 프레이밍은 경제 상황(state of economy), 비즈니스/금융(business/finance)과 무역(trade)이었고, 이러한 추가하부 프레이밍을 살펴보면 세 신문들에서 주로 그리스 경제위기가 경제 상황의 하부 프레이밍에 나오게 되었다. 비즈니스 금융 하부 프레이밍 내에서 유럽중앙은행 양적완화의 추가 하부 프레이밍이

더욱 두드러지게 보였다. 무역 하부 프레이밍 내에서는 한-EU 무역관계에 관한 추가 하부 프레이밍이 두드러지게 나타나며, 사회문화 프레임내부의 하부 프레이밍을 살펴보면, 이민(migration), 보건(health care) 그리고 사회 입법(social legislation) 순으로 많이 나타났다. 이민(migration) 하부 프레이밍 내에서는 난민(refugees)이라는 추가하부 프레이밍이 나타났다. 보건(health care) 하부 프레이밍 내에서는 낙상(유럽연합 보건연구원에서 조사한 낙상에 관련된 보고)과 이명(유럽연합 내의 이명에 관한 통계)에 관련된 추가 프레이밍이 주로 나타났다. 사회 입법(social legislation)에 관한 하부 프레이밍 중에서 법과 법적 조치들이 추가 하부 프레이밍으로 주로 나타났다.

주요 프레이밍을 제외한 나머지 프레이밍은 결과가 잘 보이지는 않았지만, 살펴볼 필요가 있다. 규범(normative) 프레이밍에서 정치적 규범이 가장 큰 하부 프레이밍이었고 그중에서 평화(peace)에 관련된 추가 하부 프레이밍이 가장 두드러지게 나타났다. 환경 프레이밍에서는 외부 하부프레이밍(external)이 내부 하부프레이밍(internal)보다 더 두드러지게 나타났다. 외부 하부프레이밍 내에서는 탄소배출권에 관한 추가하부 프레이밍이 더 크게 나타났고, 내부 하부 프레이밍 내에서는 EU의 내부 규정과 조치가 주로 나타나는 추가하부 프레이밍이었다. 연구, 과학, 기술(Research, Science and Technology)프레이밍을 살펴보면, 연구와 기술 하부 프레이밍을 주로 다룸을 알 수 있다. 에너지 프레이밍을 살펴보면 세 가지 신문들에서는 공급보장(security of supply)의 하부 프레이밍이 더 잘 나타났고, 그중에서도 4세대 원자력 시스템 국제 포럼(Genereation IV International Forum)과 러시아로부터의 에너지 공급에 관련된 추가하부 프레이밍이 더 나타나는 것을 알 수 있다. 개발 프레이밍을 살펴보면 매일경제신문에서만 나타났었고, 네팔 지진 구호에 관한 이슈에 관련된 하부 프레이밍이 나타났다.

4.5. EU에 관한 평가(Evaluation)

세 개의 신문들의 EU 관련 기사 에서 EU가 어떻게 평가 되었는지를 조사하였다.

<그림 7>을 살펴보면, 세 가지 주요 신문에서는 EU에 관련된 일들에 대

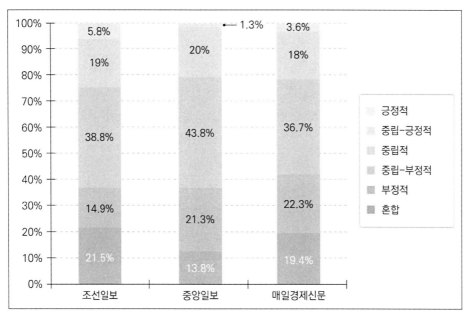

▲ 〈그림 7〉 EU에 관한 기사내의 EU에 관한 평가

한 평가가 대체로 중립적임을 알 수 있었다. 하지만 중립적 평가를 제외하면, 대부분의 신문에서는 EU에 관련된 부정적인 평가(부정적, 중립 부정적)가 긍정적인 평가보다 두드러지게 나타났다. 본 결과의 차이는 주요 프레이밍(정치, 경제, 사회문화)과 소수 프레이밍별(환경, 에너지, 개발, 연구과학기술 그리고 규범)로 비교를 해보면 확연한 차이를 알 수 있다. 주요 프레이밍내의 평가들을 살펴보면 세 신문들은 EU에 관한 부정적인 평가를 더 나타내었다. 하지만 소수 프레이밍을 살펴보면, 세 가지 신문들은 환경 프레이밍을 제외한 나머지 프레이밍에서는 부정적 평가를 거의 찾아볼 수 없었다. 위에서 언급했듯이 한국 신문에서 주로 EU에 관련된 사건은 주로 부정적인 평가를 자아내는 그리스 재정위기와 영국수상의 브렉시트(Brexit) 관련 국민투표 여부를 가장 두드러지게 다루었기 때문이다

4.6. 개념적 은유(Conceptual Metaphors)

주요 세 가지 프레이밍 내에서 본 논문은, 각각 의 프레이밍에서 두드러지는 개념적 은유를 살펴보았다. 경제 프레이밍에서 클럽(CLUB)과 전쟁(WAR)이

가장 두드러진 은유 범주이다. 클럽(CLUB)의 은유 범주에서, 세 가지 신문에서 EU는 그리스 경제 위기로 인해 회원을 잃어가는 클럽의 이미지로 비추어진다. 예를 들면 그리스가 "EU를 떠나고자 하는 것"이 한 가지의 요인으로 자리 잡고 있고, 영국이 "EU를 떠나는 것"이 새로운 요인으로 등장하게 되었다.[53) 그리스 가 디폴트상황에 직면했을 때 하나의 전환점으로, 그리스는 아마도 위기를 피하 고 "유로존에 남아 있을 것"이다.[54) 만약 그렉시트가 선행되면, 다른 회원국들 이 "EU의 회원자격을 포기할 것"이다.[55) 전쟁(WAR) 범주를 살펴보면 세 가지 신문은 이러한 은유적 표현을 사용해서 세계 경제의 상황을 묘사하는 데 사용하 였다. 러시아와 갈등이 격화 될까 봐 EU는 가즈프롬(Gazprom)의 횡포를 방관해 왔지만, 그는 과감히 "칼날을 휘둘렀다."[56) 미국과 중국에 "맞서려면," 더 강력 한 EU가 필요하다.[57) 중국은 미국과 유럽의 이 같은 행보가 중국 "포위전략"으 로 인식하고 있다[58)와 같은 은유적 표현들이 있다.

정치 프레이밍 내에서는, 불완전한 물체(MATERIAL SUBSTANCE LACKING WHOLENESS)가 가장 두드러지는 은유 범주이다. 이러한 범주는 주로 EU의 정치 갈등과 그 영향을 반영한다. 예를 들어 EU는 자체적으로 "붕괴될 수 있다."[59) Brexit의 실현에 관한 결과에도 불구하고, 국민투표를 진행하는 것이 유럽을 "뒤 흔들 수 있다."[60) 독일 등 균형재정을 지키고 있는 '모범생' 국가들과 충돌하는 유럽국가가 많아질수록, EU는 더욱 더 "분열양상으로 흘러가게 된다."[61)가 있다.

사회문화 프레이밍 내에서는, 부정적 감정(NEGATIVE EMOTION)이 가장 큰 은유범주로 나타났다. 이러한 범주는 EU의 난민관련 이슈를 둘러싼 태도, 감정

53) 『조선일보』., [마켓 Watch] "證市, 벌써식는건가?" 美 4월실업률발표에촉각, 2015.5.4.

54) 『중앙일보』., 연금감축하는대신조세감면폐지…궁지의그리스, 최후협상안마련, 2015.6.22.

55) 『매일경제신문』., 30일 IMF빚 15억유로 못갚아도 당장 디폴트처리 안돼, 2015.6.29.

56) 『조선일보』., '글로벌기업 저승사자' 베스타게르(EU의 '공정거래위원장'), 2015.5.26. Note: 본 신문에서 Vestager가 EU의 대표인사 인 것 처럼 다루어진다.

57) 『조선일보』., EU 축소냐강화냐…英 vs 獨·佛 샅바싸움, 2015.5.27.

58) 『중앙일보』., 시진핑 '민주상징' 아웅산 수지 초청한 까닭, 2015.6.11.

59) 『조선일보』., 英총선 누가 승리하든 '위기'가 온다, 2015.5.8.

60) 『매일경제신문』., 축하 대신 해명압력 시달리는 캐머런, 2015.5.11.

61) 『매일경제신문』., 스페인 좌파대반란…거세지는 反EU·反긴축물결, 2015.5.27.

그리고 인식을 주로 묘사하였다. 예를 들면, EU 회원국 간의 "감정적 갈등"이 난민관련 이슈를 둘러싸고 "증폭되었다."[62] EU는 재정적이거나 정치적인 뒷받침이 부족하기 때문에 "비관적인 태도를 보였다."[63]가 있다.

5. 논의 및 결론

본 논문은 한국 언론에 내재하는 EU의 인식을 2015년 상반기에 게재된 EU 관련 기사 분석을 통해 밝혀내고자 하였다. 연구 질문으로는 한국 언론이 EU의 경제적 이미지와 영향력에 관하여 여전히 큰 관심을 갖는지, 한국 언론의 EU에 관한 이미지 혹은 인식이 변화되었는지를 살펴보았다. 위 연구 질문을 다루기 위해 한국의

주요신문(조선일보, 중앙일보) 및 주요경제지(매일경제신문)에서 나온 EU 관련 뉴스의 내용적 특성을 분석 하였다. 국내 중심성을 살펴보면, 조선일보를 제외하면 EU에 초점을 맞추기보다 국내관련 뉴스의 맥락에 중심을 두고 EU를 보도하였다. 중요도를 살펴보면 중앙일보와 매일경제는 EU를 뉴스 내에서 부차적이고 중요하지 않은 주체로 보도하였다. EU뉴스 내에 EU 관련 행위자를 살펴보면, EU 내의 경제 이슈에 관련된 EU 기관(ECB), 회원국(그리스, 독일), 관료(드라기, 치프라스, 바루파키스) 들이 언론의 주목을 끌었다. EU 관련 뉴스의 프레이밍은 경제프레이밍이 EU 관련 뉴스의 절반을 차지하였으며, 정치 혹은 사회문화 프레이밍은 이에 비해 상당히 작았다. EU에 관련된 한국 언론의 평가는 부정적인 성향이 긍정적인 성향보다 컸으며, EU의 이러한 부정적 인식을 반영하는 개념은유를 반영하는 표현들을 뉴스텍스트 곳곳에서 찾을 수 있었다.

첫 번째 연구 질문을 살펴보면, 선행연구와 마찬가지로, 조사대상 세 가지 신문 모두가 EU에 관한 정치적, 사회문화적 뉴스보다는 경제적 뉴스를 더 공개하고 있었다. 이것은 아직도 뉴스제작자들이 EU의 경제적인 이미지와 영향력에

---

62) 『조선일보』, EU "난민 밀입국 차단 위해 군사력 동원," 2015.5.20.
63) 『중앙일보』, 내전·IS 지옥탈출…리비아난민선 전복 700명 숨진듯, 2015.4.20.

많이 관심을 기울인다고 볼 수 있다. 뉴스 편집자들이 이러한 뉴스에 관심을 갖는 것은 이러한 이슈들이 한국 독자들의 공감대를 형성할 뿐만 아니라 그들의 실생활에 영향을 미쳤을 것으로 보고 있다. 특히 EU의 경제상황이 FTA를 맺고 있는 우리나라의 입장에서 고려해볼 때 경제적인 손실로 말미암아 어떤 업체들은 피해를 볼 수도 있기 때문이다. 경제적인 관계가 비교적 다른 분야보다 밀접하기 때문에, 이러한 한국 미디어의 EU 관련 경제적 이미지에 영향을 받는 것은 자연스러운 현상이라고 볼 수 있다.

두 번째 연구 질문을 살펴보면, 한국 언론의 EU에 관한 인식이 다소 달라짐을 알 수 있다. 최근 미디어 분석 선행연구를 살펴보아도, 한국 언론의 EU에 관한 평가는 대부분 중립적 이었다(정세원 2013 & 윤성원 과 Suet-yi Lai, 2015).[64] 하지만, 2015년 그리스 부채위기로 말미암아 유럽의 경제상황이 부정적으로 돌아서자, 한국의 신문기사에서 EU에 부정적인 평가가 좀 더 눈에 띄게 나타났다. 한국 신문은 개념적 은유 표현들을 EU 관련 경제뉴스에서는 그리스가 유로존과 EU를 탈퇴할 것이라는 전망을 설명하는 데 사용하였고, 정치뉴스에서는 EU의 분열양상을 설명하는 데 사용하였으며 사회문화관련 뉴스는 EU의 난민에 관한 부정적인 태도를 설명하는 데 사용하였다. 따라서 이러한 기사를 접하게 될 독자들이 EU에 관한 부정적인 이미지를 가질 가능성이 크다고 보고 있다. 하지만, 뉴스 기자들은 비교적 EU에 관련된 여러 가지 상황을 시사하는 그리스경제 위기(경제)나, 영국의 총리선거와 BREXIT의 가능성(정치), 혹은 유럽으로 유입되는 난민(사회문화)에 관련된 이슈들에 비교적 큰 관심을 보여주었다.

2013년 한국과 EU는 수교 50주년을 맞이하여서 공동선언문을 발표하였다. 2010년 이후에는 한국은 EU의 전략적 파트너(strategic partner)의 하나로 선정되었다. 공동선언문에 따르면, "우리는 연구·고등교육 분야의 협력과 기업 간 협력을 통해 창조경제를 더욱 발전시키고 혁신을 촉진하기 위해 함께 노력해 나갈 것이며, 분야별 협력을 위한 역동적 교류가 지속되도록 할 것이다."[65] 하지만 선

---

64) S. W. Chung(2013), op cit.; and, S. Yoon and S. Lai, "Far, Yet Close Enough?: Dynamics of the EU Representations in East Asian Media," Contemporary European Studies 『유럽연구』, Vol. 33, No. 2, (2015).

65) 외교부, 한 EU 수교 50주년 기념 공동선언, http://www.mofa.go.kr/webmodule/htsboard

언문의 비전과 달리, 현재 비추어지고 있는 EU에 관한 이미지는 경제적으로 유력한 실세(economic powerhouse)이나 정치적으로 다소 불완전한 지역공동체이다. 한국의 신문이 이러한 정부의 비전을 반영한다면, 한 EU협력을 도울 수 있도록 신문에서 EU를 새로운 관점에서 다루어야 할 것이다. 또한 공동선언문에서 한 EU의 관계의 심화적 발전을 위해 다음과 같이 서술 하였다. "우리는 다음 세대를 위하여 문화 교류와 과학기술, 관광, 미디어, 학계 및 시민사회 부문에서의 네트워크를 더욱 확대해 나갈 것이다. 우리는 유럽과 아시아 사이의 유대 증진을 위해서도 함께 노력해 나갈 것이다."[66] 이러한 유대관계를 확장하기 위해서 향후 연구자들이 이러한 영향을 서로 주고받을 수 있는 의제를 많이 발굴 할 필요가 있다.

공동선언문의 후반을 살펴보면, 다음과 같은 말이 있다. "양측의 상호 이해를 더욱 제고하고 인적 교류를 확대함으로써 우리의 동반자 관계는 더욱 강화될 것이다."[67] 하지만 이러한 동반자 관계를 발전시키기 위해서는 아직도 가야 할 길이 멀다고 볼 수 있다. 후속 연구에서는 이러한 주요 신문에서 나타난 EU의 이미지를 지속적으로 연구하여 한국과 EU 간의 관계 발전을 위한 효과적인 제언을 해줄 필요가 있다.

/template/read/korboardread.jsp?typeID 6&boardid = 14610&tableName = TYPE_DATABOARD&seqno = 349046(검색일: 2016. 1. 5)

66) Ibid.
67) Ibid.

[참고문헌]

국가법령정보센터, http://www.law.go.kr/lsInfoP.do?lsiSeq = 142629#0000(검색일: 2016. 1. 5).

김세은, "조선–중앙–동아 일보의 유사성과 차별성: 1면 구성과 사설의 이념성을 중심으로"『미디어, 젠더 그리고 문화』15호(2010), pp. 37-78.

노암 촘스키, 『세상의 권력을 말하다 1』. 강주헌(역).(서울: 시대의창, 2004)

『매일경제신문』, history, http://etc.mk.co.kr/mk/sub1_2.php(검색일: 2015. 7. 15).

『매일경제신문』., 축하 대신 해명압력 시달리는 캐머런,2015년 5월 11일.

『매일경제신문』., 스페인좌파 대반란…거세지는 反EU·反긴축물결, 2015년 5월 27일

『매일경제신문』., 30일 IMF 빚 15억유로 못갚아도 당장 디폴트처리 안돼, 2015년 6월 29일.

박재영, "뉴스평가지수 개발을 위한 1면 머리기사 분석," 한국언론재단(편), 『한국의 뉴스미디어 2006: 한국 저널리즘과 뉴스미디어의 대한 연차보고서』(서울: 한국언론재단, 2006), pp. 147-220

외교부, 한 EU 수교 50주년 기념 공동선언, http://www.mofa.go.kr/webmodule/htsboard/template/read/korboardread.jsp?typeID = 6&boardid = 14610&tableName = TYPE_DATABOARD&seqno = 349046(검색일: 2016. 1. 5)

이은주, 『미디어기업의 소유구조연구: 실태 및 현황』(서울: 한국언론재단, 2008).

『조선일보』.,[마켓 Watch] "證市, 벌써 식는건가?" 美 4월 실업률발표에 촉각, 2015년 5월 4일.

『조선일보』., 英총선 누가 승리하든 '위기'가 온다, 2015년 5월 8일.

『조선일보』, EU "난민 밀입국차단 위해 군사력동원," 2015년 5월 20일.

『조선일보』., 글로벌 기업 저승사자 베스타게르(EU의 '공정거래위원장'), 2015년 5월 26일.

『조선일보』., EU 축소냐강화냐…英 vs 獨·佛 샅바싸움, 2015년 5월 27일.

『중앙일보』, 내전·IS 지옥탈출…리비아 난민선 전복 700명 숨진듯, 2015년 4월

20일.

『중앙일보』., 시진핑 '민주상징' 아웅산 수지 초청한 까닭, 2015년 6월 11일

『중앙일보』., 연금감축하는 대신 조세감면 폐지…궁지의 그리스, 최후협상안 마련, 2015년 6월 22일.

한국언론재단, 2009 한국의 인터넷 신문(서울: 한국언론재단, 2009).

한국 ABC, http://www.kabc.or.kr/about/media/100000000723(검색일: 2015. 3. 5).

황치성, 『갈등이슈보도에 새로운 접근』(서울: 한국언론재단, 2008).

『2010 언론수용자 의식조사』(서울: 한국언론재단, 2010).

『2014 언론수용자 의식조사』(서울: 한국언론재단, 2014).

Bennett, WL. "Marginalizing the Majority: Conditioning Public Opinion to Accept Managerial Democracy" Michael Margolis and Gary Mauser, (eds.) *Manipulating Public Opinion*, (Brooks/Cole, 1989).

Bennett, WL. "Toward a Theory of Press-State Relations in the U.S.," *Journal of Communication*, Vol. 40(Spring 1990), pp. 103-125.

Broström, S. *The Role of Metaphor in Cognitive Semantics.*(Lund: Lund University Cognitive Studies, 1994), 32.

Chaban, N. and Holland, M. "Introduction: The Evolution of EU Perceptions: From Single Studies to Systematic Research," *Communicating Europe in Times of Crisis External Perceptions of the European Union*, (New York: Palgrave-McMillan, 2014).

Charteris-Black, J. *Corpus Approach to CritiCal Metaphor Analysis,* (Basingstoke and New York: Palgrave MacMillan, 2004).

Chung, SW. *External Images of the EU: Comparative Analysis of EU Representations in Three Major South Korean Newspapers and Their Internet Editions*, the University of Canterbury, 2013(PhD thesis)

Collins, R. et al., (eds.), *Media, Culture, and Society*, (London: SAGE: 1986).

Davis, H and Walton, P.(eds.), *Language, Image, Media*, (Oxford: Blackwell, 1983).

Entman, RM. "Cascading Activation: Contesting the White House's Frame After

9/11," *Political Communication*, Vol 20, No. 4, (2003), pp. 415-432.

Entman, RM. Projections of Power: Framing News, Public Opinion, and U.S. Foreign Policy. Chicago: The University of Chicago Press, 2004.

Fairclough, N. *Language and power*, (UK: Longman Group Ltd, 1989)

Fairclough, N. *Discourse and social change*, (Oxford: Polity Press, 1992)

Fairclough, N. *Critical Discourse Analysis*, (Boston: Addison Wesley, 1995).

Fairclough, N. and Holes, C. Critical Discourse Analysis: The Critical Study of Language, (London and New York,: Longman, 1995).

Fairclough, N. and Wodak, R. "Critical Discourse Analysis," Teun A. van Dijk(Ed.) *Discourse as Social Interaction vol. 2*, (London: SAGE, 1997).

Fiske, S. and Taylor, S. *Social Cognition(2nd Edition)*, (New York: McGraw-Hill, 1991).

Fowler, R. et al., *Language and Control*, (London: Routledge and Kegan, 1979).

Freedom House, Freedom of the Press, South Korea, https://freedomhouse. org/report/freedom-press/2014/south-korea#.VaXv8jcTqWo(검색일: 2015. 7. 15).

Gitlin, T. The Whole World Is Watching: Mass Media in the Making and Unmaking of the New Left, (Berkeley, Los Angeles and London: University of California Press, 1980).

Glasgow University Media Group, *Bad News; foreword by Richard Hoggart,* (London: Routledge, 1976)

Glasgow University Media Group, *More Bad News*, (London: Routledge, 1980).

Glasgow Media Group, *Bad News; foreword by Richard Hoggart,* (London: Routledge, 1976);

Glasgow Media Group, *More Bad News*, (London: Routledge, 1980)

Glasgow Media Group, *Really Bad News*, (London: Writers and Readers Co. op., 1982)

Glasgow Media Group, *War and Peace News*, (London: Open University

Press, 1985).

Hall, S. et al., (eds.), *Culture, Media, Language,* (London: Hutchinson, 1980);

Hallin, DC. *The "Uncensored War": The Media and Vietnam*(Oxford: Oxford University Press, 1986);

Herrmann, RK. *Perception and Behavior in Soviet Foreign Policy.*(Pittsburgh, PA: University of Pittsburgh Press, 1985).

Holsti, KJ. "National Role Conceptions in the Study of Foreign Policy." *International Studies Quarterly* Vol. 14, No. 3, (1970), pp. 233-309.

Huddy, L. "From social to political identity: A critical examination of social identity theory," *Political Psychology,* vol. 22(2001), pp. 127-156.

Jenkins, R. *Social Identity.*(London: Routledge, 1996).

Jervis, R. *Perception and Misperception in International Politics.*(Princeton: Princeton University Press, 1976).

Lakoff, G. and Johnson, M. *Metaphors We Live By,* (Chicago: University of Chicago Press, 1980).

Le, E. "Active Participation Within Written Argumentation: Metadiscourse and Editorial's Authority," *Journal of Pragmatics* Vol. 36(2002), pp. 687-714

Lee, W. "A Linguistic Analysis of Representation of Ideologies in Newspaper Editorials: The Case of Controversy on Abolition of the 'National Security Laws," In *The Sociolinguistic Society of Korea,* vol. 13, no. 1(2005), pp. 191 -227.

Lorda, C. and Miche, E. "Two Institutional Interviews: Jose Maria Aznar and Jacques Chirac on the Iraq Conflict," *Discourse and Society,* vol. 17, no. 4(2006), pp. 447-472.

Lucarelli, S. *Mirrors of Us: European Political Identity and the Others' Images of the EU* in: Debating political identity and legitimacy in the European Union, (LONDON, Routledge, 2011).

Lucarelli, S. "Seen From the Outside: the State-of-the-Art on the External Image of the EU," *Journal of European Integration*, Vol. 39, No. 1, (2014).

Machin, D. "Visual discourses of war: Multimodal analysis of photographs of the Iraq occupation," Hodges, A. and Nilep, C.(Eds.) *Discourse, War and Terrorism*, (Amsterdam: John Benjamins Publishing Co., 2007), pp. 123-142.

McGlone, M. "Conceptual Metaphors and Figurative Language Interpretation: Food for Thought?" *Journal of Memory and Language*, Vol. 35(1996), pp. 544-565.

Medubi, O. "Language and Ideology in Nigerian Cartoons," Roslyn, R., Dirven, F. and Pütz, M.(Eds.) *Cognitive Models in Language and Thought*, (Berlin: Mouton de Gruyter, 2003), pp. 159-198.

Mermin, J. *Debating War and Peace: Media Coverage of U.S. Intervention in the Post-vietnam Era.*(Princeton: Princeton University Press, 1999);

Movahedi, S. "The Social Psychology of Foreign Policy and the Politics of International Images", *Human Affairs,* Vol. 8, (1985), pp. 18-37.

Price, V., Tewksbury, D. and Powers, E. "Switching Trains of Thought: The Impact of News Frames on Readers' Cognitive Responses," *Midwest Association for Public Opinion Research*, (November, 1995, Chicago, IL).

Silverstein, B. "Enemy images: the psychology of U.S. attitudes and cognitions regarding the Soviet Union," *American Psychologist*, Vol. 44, (1989) pp. 903-913.

Smitherman-Donaldson, G. and van Dijk, T.(eds.), *Discourse and Discrimination*, (Detroit, MI: Wayne State University Press, 1988).

Stets, JE. and Burke, PJ. "Identity theory and social identity theory," *Social Psychology Quarterly,* Vol. 63, (2000), pp. 224-237.

Tajfel, H. Human groups and social categories: Studies in social psychology. (Cambridge: Cambridge University Press, 1981)

Trew, T. "Papers Say Linguistic Variation and Ideologically Different," R. Fowler et al.(Eds.) *Language and Control*, (London: Routledge and Kegan, 1979).

van Dijk, T. *News as Discourse*, (New York: Academic Press, 1988).

van Dijk, T. *Racism and the Press*, (New York: Routledge, 1991).

van Dijk, T. "Critical Discourse Analysis," Schiffrin, D., Tannen, D. and

Hamilton, H.(eds.), *The handbook of discourse analysis,* (Oxford: Blackwell Publishing Ltd., 2003), pp. 352-371.

van Leeuwen, T. "Genre and Field in Critical Discourse Analysis" In *Discourse and Society,* vol. 4, no. 2(1993, pp. 193-223.

van Leeuwen, T "The Representation of Social Actors," C. Caldas-Coulthard and M. Coulthard(Eds.), *Texts and Practices: Readings in Critical Discourse Analysis, (*London: Routledge, 1996)

van Leeuwen, T. "The Representation of Social Actors," M. Toolan(Eds.) *Critical Discourse Analysis(*London: Routledge, 2002).

van Leeuwen, T. and Jewitt, C.(Eds.) *Handbook of Visual Analysis,* (London: Sage, 2002).

Yoon, S. and Lai, S. "'Far, Yet Close Enough?: Dynamics of the EU Representations in East Asian Media," Contemporary European Studies 『유럽연구』, Vol. 33, No. 2, (2015).

A Study on EU Images reflected on the Korean Media: Focusing on Major Dailies and Economic Paper

제 9 편

미국 공공외교의 변화와 국제평판

: 미국의 세계적 어젠더와 세계여론에 대한 인식

송태은 국립외교원 외교안보연구소 외교전략센터 연구교수

미국 공공외교의 변화와
국제평판
: 미국의 세계적 어젠더와
세계여론에 대한 인식[*]

1. 서론

　최근 공공외교는 많은 국가들이 관련 부서를 설립하고 국가예산을 투자하며 시민사회와 협업을 모색하는 등 이전의 다양한 국가 간 교류나 자국 홍보활동을 넘어서는 주요한 외교형태로 자리잡아 가고 있다. 21세기 디지털 커뮤니케이션 환경에서 더욱 다양한 매체를 통해 그 역할과 반경이 확대되고 있는 공공외교는 세계 최대의 하드파워를 보유한 미국이 가장 공격적으로 주도해왔고 중국도 막대한 예산을 투자하여 다양한 국가사업을 통해 추진해오고 있다. 미국 외교정책에서 냉전기 프로파간다 활동과는 구별되는 공공외교가 탈냉전기에 와서 중요해진 것은 9·11 테러 이후 미국의 안보정책이 근본적으로 재조정되고부터였고 공공외교는 국가안보의 중요한 한 축을 감당하게 되었다.

　일반적으로 공공외교는 자국을 우호적으로 인식하는 타국 정부와 타국 여론이 자국이 추구하는 다양한 외교정책에 대해 자발적으로 호응하거나 적어도 반대하지 않는 것을 목표로 한다. 공공외교가 전통적인 외교와 구별되는 것은 타국 시민의 여론을 통해 타국 정부의 정책에 영향을 끼치려는 것을 목표로 한다는 점이며, 그러므로 공공외교의 대상, 즉 목표청중(target audience)은 타국 정

---

[*] 이 글은 한국국제정치학회가 발간하는 『국제정치논총』 제57집 4호(2017)에 필자가 게재한 논문입니다.

309

부의 정책결정자들이 아닌 일반 시민들이다.[1] 이렇게 공공외교가 타국 여론을 염두에 두고 있다는 것은 곧 공공외교를 전개하는 국가가 해외여론 즉 세계여론 (foreign public opinion, international public opinion, world public opinion)을 자국 외교정책에 영향을 끼치는 변수로 인식함을 말해준다. 즉 자국에게 유리하게 형성된 세계여론을 통해 자국의 세계적 영향력을 증대시켜 국익을 도모하는 것이 공공외교의 궁극적인 목적이다.

그런데 공공외교의 이러한 목적을 고려할 때 제기될 수 있는 질문은 군사력과 경제력을 통해 자국이 선호하는 외교정책을 추구할 능력과 수단을 가진 초강대국 미국이 탈냉전 이후 세계 유일의 패권국 지위를 도전받지 않았는데도 왜 소프트 파워에 관심을 갖고 세계여론을 개의하느냐이다. 이 질문에 대해 답하는 것이 간단하지 않은 것은 2003년 이라크 전쟁과 같이 국제사회의 지지가 필요했던 시점에서 미국이 세계여론을 거스르며 군사정책을 전개하거나 최근 파리 기후변화협약 탈퇴를 결정한 것과 같이 미국이 과거 지지한 국제규범을 일방적으로 파기한 사례가 종종 있어왔기 때문이다. 이러한 미국의 행동은 미국의 공공외교 혹은 미국의 세계여론에 대한 인식이 미국 외교에서 어떤 수준과 범위에서 의미를 갖는 것인지에 대한 의문이 들게 한다. 즉 공공외교가 미국 외교정책을 보완하는 수준의 역할에 머무르는 것인지, 아니면 전통적인 외교와 구별되는 독립적인 목적을 수행하는가의 여부이다.

이러한 의문을 해소하기 위해서는 미국 외교정책의 변화 속에서 미국 공공외교의 기조와 접근법이 어떻게 달라졌는지 살펴보아야 한다. 즉 미국 공공외교와 외교정책의 접점이 무엇이었는지 설명하려면 미국 공공외교의 성격과 방향이 각 행정부에서 어떤 변화 혹은 지속성이 있어왔는지 탐색할 필요가 있다. 특히 미국 공공외교가 다른 국가의 공공외교 추진 동기와 대비되는 점은 9·11 테러 이후 중동지역을 포함하여 세계 각 지역에서의 반미여론을 무마하여 자국 안보에 대한 위협을 제거하려는 목적이었던 점이다. 하지만 미국의 이러한 목표와 대테러전 노력에도 불구하고 2013년 보스턴 마라톤 테러를 포함하여 이슬람 극단주의자들에 의한 테러는 오히려 9·11 테러를 기점으로 전 세계로 확산되었

---

1) The US Advisory Commission on Public Diplomacy, "Accessing U.S. Public Diplomacy: A Notional Model,"(September 2010), p 41.

고, 심지어 자국 시민에 의한 자생적 테러도 빈번하게 미국 내에서 발생하고 있다. 이러한 상황을 감안할 때 과연 미국이 그동안의 자국 공공외교를 어떻게 평가하면서 일련의 공공외교 기조를 변화시켜왔는지 추적해 보는 것은 앞으로의 미국 공공외교 행보를 예측하는 데에 중요한 통찰력을 제공할 수 있다.

이와 같은 문제의식에서 이 연구는 탈냉전기 미국 공공외교 기조와 접근법의 변화가 어떤 계기와 이유에 의한 것이었는지 탐색한다. 즉 이 글은 클린턴 행정부로부터 현재의 트럼프 행정부에 이르기까지 미국 공공외교의 초점과 양상이 어떻게 변화해왔고 왜 그러한 변화가 나타났는지 분석한다. 또한 미국 공공외교의 변화와 더불어 미국 공공외교의 직접적인 대상인 세계여론은 어떤 추이를 보였는지도 함께 살펴본다. 미국 공공외교의 성격과 기조가 변화한 기저에는 서로 다른 행정부가 추구한 외교정책이 자국에 대한 우호적인 세계여론을 필요로 했는지의 여부가 밀접한 관련을 갖고 있다. 미국 정부가 국제무대에서 제시한 세계적 차원에서의 어젠더의 성격이 타국 정부의 호응뿐만 아니라 해외대중의 광범위한 지지를 필요로 하는 종류일 경우 미국의 공공외교는 좀 더 해외대중과의 커뮤니케이션을 강조하는 양상을 보였고 미국 정부는 자국 평판에 대해 민감해했다.

먼저 이 연구의 2장은 미국 공공외교 기조가 각 행정부가 내세운 세계적 어젠더의 성격에 의해 어떤 영향을 받을 수 있는지 이론적 논의를 전개한다. 즉 2장은 초강대국인 미국이라고 할지라도 지구적 차원에서 자국이 제시한 어젠더가 각국 정부뿐만 아니라 세계여론의 호응과 지지를 필요로 할 경우 좀 더 수신자 중심의 공공외교 기조를 취하게 되는 맥락을 논의한다. 3장 각 절에서는 클린턴 행정부 시기부터 현재의 트럼프 행정부까지 미국 정부가 내세웠던 세계적 어젠더의 성격과 미국 정부의 세계여론에 대한 인식이 미국 공공외교의 성격과 기조에 어떤 영향을 끼쳤는지 탐색한다. 즉 탈냉전기 미국 공공외교가 본격화돼 9·11 이후 세계적 반미감정 차단과 민주주의 전파에 맞춰졌던 발신자 중심의 접근법이 시간이 경과하고 자국 공공외교에 대한 평가가 이루어지는 과정에서 어떻게 세계청중에 대한 관심과 함께 시민역량과 해외 파트너쉽을 강조하는 수신자 중심의 접근법으로 조정되었는지 살펴본다. 또한 3장 2절부터는 부시 행정부 시기부터 실시된 퓨리서치센터(Pew Research Center)의 미국에 대한 세계여론

조사결과를 함께 살펴보며 미국 정부가 지속적으로 참고해 온 대미 여론의 성격
도 고찰한다.

2. 미국 정부의 세계여론에 대한 인식과 공공외교

그동안 학계는 공공외교에 대한 다양한 연구를 통해 주요 선진국과 중견국
이 어떤 동기에 의해 공공외교 전략을 펼치고 있는지 설명하기 위해 각국의 공
공외교의 방식과 수단을 구체적으로 소개해왔다. 대부분의 국가가 공공외교를
추진해온 동인은 국제정치 무대에서 자국의 위치와 영향력을 고양시키고 지역
내에서 추구하는 자국 외교정책에 대해 호의적인 여론을 조성하고 자국의 가치
와 문화를 알리거나 자국에 대한 잘못된 정보나 오해를 바로잡아 자국 이미지를
교정하는 데에 초점이 맞춰져 있다. 그러므로 각 국은 해외의 자국 정부기관뿐
만 아니라 국내외 미디어를 통한 국가 홍보 및 자국 관련 뉴스보도, 각계 학술
교류, 예술과 문화의 전파, 관광, 유학생 지원 등의 교육 프로그램 등 다양한 수
단을 통해 공공외교 활동을 전개했다. 각국의 이러한 공공외교는 특히 민주국가
의 경우 정부가 주도하더라도 정부와 민간 양 차원에서 전개되며 단독의 정부
부서가 아닌 여러 부서가 함께 전 방위적 활동을 펼치고 있다.2)

공공외교는 각국 외교정책과 맞물려서 자국 외교정책의 기조를 반영하며
추진되는데 강대국이나 초강대국은 지역 수준 혹은 세계적 수준에서의 어젠더

---

2) 미국을 포함한 지역별 각국의 공공외교에 대한 다양한 연구는 아래 문헌 외에도 수많은
국내외 연구가 수행되어 왔음. Nancy Snow and Philip M. Taylor(eds.), *Routledge
Handbook of Public Diplomacy*(New York & London: Routledge, 2009); Jan Melissen,
The New Public Diplomacy: Soft Power in International Relations(New York: Palgrave
macmillan); Philip Seib, *Toward a New Public Diplomacy: Redirecting U.S. Foreign
Policy*(New York: Palgrave macmillan); Jozef Batora, "Public Diplomacy in Small and
Medium-Sized States: Norway and Canada," Clingendael Discussion Papers(The
Hague: Clingendael Institute, 2005); 김상배·이승주·배영자 편, 『중견국의 공공외교』 서
울: 사회평론(2013); 신진, "미국 공공외교의 중앙집중성과 국민참여," 『사회과학연구』 제
27권(4)호(2016); 한인택, "한국형 공공외교 모델의 모색: 정책네트워크를 활용한 맞춤형,
과학적 공공외교," *JPI Research Forum* No.1(2015).

를 제시하며 국제사회의 협력과 공조를 추구하기도 한다. 미국과 중국은 지구 기후변화 문제와 관련한 세계적 어젠더에 대해 다양한 비정부단체와 함께 거버 넌스 네트워크(governance network)의 형태로 공공외교를 추구하기도 했다.3) 냉 전기 왕성한 프로파간다 활동을 펼친 미국은 자유무역주의 확대를 위해 지구적 수준에서 자본주의 시장경제를 뒷받침할 수 있는 경제레짐을 구축하고 유지했 으며 미국의 프로파간다 활동은 그러한 자본주의 세계경제의 우월성을 선전하 는 중요한 도구였다. 또한 미국은 세계적 수준에서 핵 비확산 레짐을 선도했고 세계 각 지역에서의 민주주의와 자유의 가치를 설파하고 전파했으며 각국 인권 개선 문제에 대해서도 적극적으로 간섭했다.

　　지역을 넘어 세계적 차원에서 여전히 자국의 경제·정치·군사적 영향력을 행사할 수 있는 초강대국 미국의 경우 그러한 영향력을 끼칠 수 있는 범위 자체 가 제한되어 있는 중견국이나 약소국에 비해 공공외교의 전개 유인과 범위는 다 를 수밖에 없다. 초강대국이 공공외교를 추진하기 위해 동원할 수 있는 경제적 자원의 규모, 대상으로 삼을 수 있는 목표청중의 다양성과 범위가 중견국, 약소 국에 비해 더 클 것이기 때문이다. 특히 탈냉전 이후 가속화된 세계화와 미국이 전파하고자 한 신자유주의는 많은 국가 간에 협력뿐만 아니라 갈등과 분쟁도 발 생시켰는데 탈냉전기 패권국 미국은 스스로의 이익을 위해 GATT와 WTO, IMF 와 세계은행과 같은 세계경제 제도와 레짐을 통해 안정적이고 개방적인 자유주 의적 세계질서를 이끌어왔다.4)

　　또한 미국은 금융위기나 테러리즘와 같이 미국의 국익과 안보에 부정적 영 향을 끼치는 영역에서 강력한 정치군사적 영향력을 행사하면서 관련된 지구적 어젠더를 국제사회에 제시하며 그러한 어젠더 성취를 위해 다양한 외교적 노력 과 공공외교 활동을 펼쳐왔다. 초강대국 미국의 공공외교는 미국 외교정책이 선 호하는 세계적 어젠더를 뒷받침하는 역할을 감당할 가능성이 크며, 아울러 공공

---

3) Aimei Yang, Rong Wang & JIan Wang, "Green public diplomacy and global governance: The evolution of the US–China climate collaboration network, 2008–2014," *Public Relations Review*(August 24, 2017). https://uscpublicdiplomacy.org/tags/climate–diplomacy (검색일: 2017. 12. 8).

4) John Ikenberry, *Liberal Leviathan: The Origins, Crisis, and Transformation of the American World Order*(Princeton, New Jersey: Princeton University Press, 2011).

외교가 상위정치(high politics)로서의 외교정책이나 군사안보정책을 보완하거나 타국 혹은 타국 대중의 시각에서 부정적으로 보일 수 있는 부분을 무마하거나 상쇄시키는 역할을 할 수도 있을 것이다.

탈냉전기 미국의 공공외교는 행정부가 몇 차례 바뀌면서 기조와 접근법에 일련의 변화가 있었다. 각 행정부가 내세웠던 외교정책이나 지구적 어젠더의 성격이 세계적 차원에서 일정한 수준에서의 지지를 필요로 할 때 미국 공공외교는 좀 더 미국발 메시지의 수신자이며 목표청중인 해외대중과의 커뮤니케이션을 강화, 확대하는 성격을 가졌다. 즉 타국 정부의 미국의 어젠더에 대한 지지 여부에 영향을 끼칠 수 있는 타국 여론의 호의적인 반응이 필요한 경우 미국은 자국 정부 관료나 엘리트뿐만 아니라 미국 시민들도 시민외교관으로서 지역 사회와 소통하고 해외파트너십을 취하며 해외 지역 공동체에 기여할 것을 주문하는 수신자 강조의 접근법을 취하게 된다.

탈냉전기 미국이 공공외교를 중요한 외교영역으로 간주하며 적극 가동하게 된 동기를 제공한 테러리즘과 같이 초국가적으로 활동하는 적의 제거는 미국이 홀로 도모할 수 있는 일국 차원의 어젠더가 아니라 세계적 차원에서 타국 정부와 타국 시민들이 공감하고 협조해야 그 목표를 달성할 수 있는 지구적 어젠더이다. 외국으로부터 국내로 유입되거나 혹은 국내에서 자생적으로 생기는 테러리스트들은 대중의 일상생활 가운데 함께 활동하면서 다수의 시민을 무차별적으로 공격하려는 목적을 갖기 때문에 테러리스트 색출을 위한 정부의 정보수집과 같은 활동은 불가피하게 일반 시민의 사생활의 비밀이나 표현의 자유를 침해하는 요소가 있게 된다. 그러므로 국내와 타국 시민들의 이해와 동의, 협조 없이는 국가 기관에 의한 테러리스트 색출과 감시활동은 효과적으로 이루어지기 힘들며 미국이 테러와의 전쟁을 세계적 수준에서 전개하기 위해서 타국가의 대테러 정책도 미국과 비슷한 형태로 이루어지는 국제적 공조를 요구하고 있으므로 해외대중의 삶에도 영향을 끼치게 된다.

이와 같이 미국 외교정책이 추구하는 지구적 어젠더의 성취라는 목표가 단지 타국 정부 수준에서의 협조가 아니라 해외대중 수준에서도 공감과 설득력을 요구할 경우 미국 정부는 해외대중이 미국과 미국의 정책에 대해 어떻게 인식하는지에 주의 깊게 관찰해왔다. 즉 세계 패권이자 초강대국 미국이라도 미국 홀로 달성할 수 없는 세계적 어젠더를 추진, 성취하기 위해서는 해외여론에도 호소하는 노력을 펼치게 되는 것이다. 더군다나 한 국가에 대한 대중의 호감이나 긍정적인 평판은 그 국가의 하드파워에 대한 인정과는 별개의 사안이다. 즉 해외대중이 강대국의 영향력과 세계적 지위를 인정해도 그 국가에 대해 부정적인 감정을 가질 수 있고 강대국이 발휘하고자 하는 소프트파워를 인정하지 않을 수 있다. 반대로 세계대중은 약소국이나 중견국의 제한된 세계적 영향력에도 불구하고 그 국가의 문화나 역사, 가치에 대해서는 긍정적으로 인식할 수도 있다.

미국은 2003년 이라크 전쟁 전 미국의 이라크에 대한 선제공격을 제지하기 위해 서구유럽 국가들이 미국에 대한 일종의 외교적 세력균형 전략 즉 소프트 균형전략(soft-balancing)을 펼치고[5] 터키와 사우디아라비아도 이라크 공격을 위해 미군이 자국 영토를 사용하는 것에 반대한 상황을 경험하며 이후 자국에 대한 세계여론을 주의 깊게 관찰해왔다.[6] 미국에 대해 적대적인 타국 여론이 타국 정부의 미국의 외교정책에 대한 비협조로나 반발로 나타날 가능성에 대해 유의했고 퓨리서치센터 등이 수행하는 세계여론 조사에서 나타난 미국에 대한 해외 대중의 국가호감도나 국제평판을 상시적으로 참고해왔다.

미국 정부는 '국가 호감도(favorability)'를 미국의 상품을 선호하고 구매하는 일종의 선호 '브랜드'와 같은 피상적 차원보다 미국의 '가치'와 '문화'에 대한 호감의 차원에서 이해하고 있다. 미국 정부는 호감도의 층위가 한 국가가 추구하는 대외정책 등에 대해 타국 대중이 공감을 표현하는 수준에서부터 대상 국가가 관련된 사안에 대해 호의적인 행위를 약속하는 층위, 더 나아가 대상 국가에 도움이 되는 방식으로 행동을 취하는 층위, 그리고 가장 높은 층위로서 대상 국가가 내세우는 정책에 대해 동의하고 찬성하는 층위가 있다고 인식하고 있다.[7] 즉

---

5) Robert A. Pape, "Soft Balancing against the United States," *International Security*(Summer 2005), pp. 7–45; Stephen M. Walt, *Taming American Power: The Global Response to U.S. Primacy*(New York: W.W, Norton, 2005).

6) 세계여론(world opinion)이 미국의 경제, 군사, 정치적 행위에 어떤 영향을 끼치는지에 대한 논의는 다음을 참고. Ali S. Wyne, "Public opinion and power," Nancy Snow and Philip M. Taylor(Eds.), 2009. *Routledge Handbook of Public Diplomacy*(New York & London: Routledge, 2009),

7) US Advisory Commission on Public Diplomacy, "Assessing U.S. Public Diplomacy: A National Model"(2010). 이 보고서는 목표청중을 일반 대중, 엘리트층, 정부관료로 나누고,

대상 국가에 대한 해외대중의 호감도가 높을수록 호감이라는 감정이 대상 국가의 국익에 도움이 되는 방향으로 실제 행위를 통해 나타날 가능성이 커질 수 있다는 판단인 것이다. 요컨대 해외대중의 미국에 대한 긍정적인 인식은 미국의 지구적 어젠더 달성에서 중요한 변수가 될 수 있으므로 미국 정부는 미국에 대해 부정적이거나 적대적인 해외여론에 대해서는 이를 공공외교 활동이나 전략 커뮤니케이션 등으로 적극적으로 다룰 의지를 보일 수 있다.

사실상 미국 정부는 세계 어느 국가의 정부보다 자국에 대한 세계여론을 쉽게 파악할 수 있는 위치에 있다. 그것은 미국의 국내정치와 외교행위가 모두 각국 정부와 언론뿐만 아니라 일반 대중의 관심 대상이므로 미국에 대한 세계여론이 각종 매체와 여론조사 기관의 보도와 분석을 통해 쉽게 파악되고 있기 때문이다. 세계 각 지역의 다양한 연구소와 언론 매체는 미국에 대한 세계여론 조사결과를 지속적으로 내놓고 있으며 최근 공공외교와 관련하여 많은 연구와 논의가 전 세계적으로 진행되는 것도 미국이 본격화한 공공외교에 대한 관심과 영향에 의한 측면이 크다.

3. 미국 공공외교의 기조와 접근법의 변화

3.1. 클린턴 행정부: 세계화와 자유무역질서의 확대

미국 공공외교의 역사는 1953년 아이젠하워 행정부의 대외공보처(United States Information Agency, USIA) 설립으로 거슬러 올라간다. 아이젠하워 대통령은 앞으로의 세계가 미국의 군사력과 경제력보다 미국 사회의 가치를 전달하는 미국의 커뮤니케이션 능력에 의해 영향을 받을 것이라고 언급했다. USIA의 설립은 냉전기 미국의 대외 커뮤니케이션 능력을 발휘하기 위한 국가 전략의 일환

목표지역(target area)과 목표정책영역(target policy area)을 안보, 경제, 문화 등으로 설정하여 미국에 대한 호감도를 측정했다. 호감도는 정도와 수준을 나누어 단계별로 측정하고 호감도 층위는 다음과 같음: approving < gaining approval < promising < advantageous < consenting.

이었다.[8] 냉전의 산물이었던 USIA는 해외에서의 다양한 교육 프로그램과 타국과의 문화교류를 지원함으로써 미국 외교정책과 미국이 지향하는 세계 어젠더를 설명하고 지지하는 냉전기 '사고의 전쟁(war of ideas)'의 중심에 있었다.[9] 따라서 USIA의 활동은 실제 냉전기 미국 외교정책으로부터 벗어난 독립적인 활동을 펼치지는 못했다. USIA가 美 의회에 제출한 1974년 3월 보고서 "Telling America's Story to the World"는 USIA의 원래 정책목표가 아이젠하워 대통령이 언급한 "자유, 진보, 평화"를 증진시키는 것이었으나 당시 소련의 프로파간다에 대해 대항하는 활동만이 의회로부터 찬사를 받고 여타 활동은 심각한 비판을 받았음을 언급한 바 있다.[10] 일찍이 USIA는 정부 차원의 발신되는 정보가 중립적인 정보로 인식될 지 혹은 프로파간다 메시지로 받아들여지는지는 정보를 접하는 자의 시각에 달려 있다고 언급함으로써 정보와 프로파간다의 구분이 어려움을 논한 바 있다.[11]

소련 붕괴 후 USIA가 클린턴 행정부 2기였던 1999년 국무부 산하 '공공외교·공보 차관(The Under Secretary for Public Diplomacy and Public Affairs)' 조직으로 편입된 것은 사실상 냉전기 USIA 주요 활동이 소련에 대한 대항 프로파간다 활동에 치중되어 있었음을 시사한다. 프로파간다 활동이 주요 임무였던 냉전기 스타일의 공공외교 활동을 탈냉전기에 더 이상 추구할 유인이 없었던 클린턴 대통령은 탈냉전기 최초의 미국 대통령으로서 냉전기 시기 이전 행정부들이 경

---

8) Mercy A. Kuo. "US-China Relations: Public Diplomacy and Soft Power," December 5, 2016. http://thediplomat.com/2016/12/us-china-relations-public-diplomacy- and-soft-power(검색일: 2017. 5. 3.).

9) Joseph Duffey, "How Globalization Became U.S. Public Diplomacy at the End of the Cold War," In Nancy Snow and Philip M. Taylor(eds.), *Routledge Handbook of Public Diplomacy*(New York & London: Routledge, 2009), p.325.

10) USIA의 1974년 보고서 pp. 22-25에 걸쳐 이 고민이 상세하게 논의되어 있으며, 이 보고서는 미국 정부에 의해 공개되어 있음. United States Information Agency, "Telling America's Story to the World: Problems and Issues,"(March 25, 1974). http://www.gao.gov/assets/210/202873.pdf; 냉전기 USIA의 프로파간다 활동에 대한 자세한 연구는 다음을 참고. Nicholas Cull, *The Cold War and the United States Information Agency: American Propaganda and Public Diplomacy, 1945- 1989*(Cambridge: Cambridge University Press, 2009).

11) United States Information Agency(1974), pp. 24-26.

험했던 대외정책 환경과 완전히 다른 세계질서를 운영해야 했다. 더 이상 세계적 차원에서 체제경쟁을 추구할 이유가 제거된 국제정치 조건에서 클린턴 행정부는 국내 경제의 회복이라는 과제에 상대적으로 이전 행정부보다는 더 집중했고, 새로운 국제정치 환경에서 클린턴 행정부의 외교정책은 실험적인 성격을 띠게 되었다. 취임 후 미국 국내 경제회복을 외교정책에도 반영한 클린턴 행정부의 대아시아 정책에는 미국인의 고용기회 창출과 같은 경제적 고려가 가장 중요한 변수로 작동했고, 그만큼 당시 경제발전이 가장 역동적으로 나타났던 동아시아에 대한 정책을 이전 행정부보다 중시했다고 평가받고 있다.[12]

클린턴 행정부 1기 외교정책의 관심과 초점은 새로운 세계경제 질서를 이끄는 미국의 경제적 리더십에 있었다. 클린턴 행정부는 미국과 세계공동체의 경제적 번영을 위한 세계적 수준에서의 경제통합을 탈냉전기 미국의 지구적 어젠더로 내세웠다. 즉 클린턴 행정부는 GATT 체제하에서 진행되었던 우루과이 라운드 협상을 완결하고 멕시코와의 NAFTA를 완료하며, 더 나아가 APEC을 통해 아시아에서의 자유무역을 확대하는 기회를 만드는 어젠더를 국내외에 제시했다. 따라서 USIA의 프로그램들도 이러한 새로운 세계경제 질서를 만들어내는 데에 모든 초점이 맞춰지면서 NAFTA에 대한 지지와 러시아에서의 자유시장 개혁 등을 촉구하는 활동을 펼쳐나갔다. 요컨대 '세계화(globalization)'가 클린턴 행정부의 새로운 외교정책 목표이자 지구적 어젠더이며 공공외교 활동의 중심 개념이었던 것이다.[13]

하지만 이러한 활동을 왕성하게 펼쳤던 USIA는 클린턴 행정부 2기에 진입하면서 독립적인 기관으로서의 위치를 상실하고 USIA의 기능적 조직들과 상당한 수준의 자원과 예산은 모두 국무부로 편입되었다. 이러한 변화는 당시 미국의 세계화 기치하에 전 세계적 지지를 얻으며 왕성하게 진행된 세계화 추세 속에서 미국 공공외교 활동이 USIA와 같은 독립적인 기관을 통해서 전개되지 않아도 미국의 세계화 어젠더가 세계적 동력을 얻고 있었음을 시사한다. 당시 클린턴 행정부의 외교정책 원칙인 '관여와 확대(engagement and enlargement)'는 자

---

12) "클린턴, 대아시아 정책 경제최우선 선택,"『한국경제』1994. 12. 22. http://news.hankyung.com/article/1994122200181(검색일: 2017. 11. 16.).

13) Duffey(2009), pp. 328–331.

유주의적 세계질서를 유지하기 위해 필요한 경우에는 적극적으로 관여하지만 개입 시에는 미국의 개입이 UN의 평화유지 활동이나 NATO 차원에서 이루어지는 것임을 분명히 했다. 즉 클린턴 행정부의 외교정책은 자유주의적 국제질서 구축에 초점이 맞춰져 있었으므로 개입과 협상, 타협을 적절하게 사용하여 균형 있는 대외정책을 펼치고자 했고 이러한 외교정책이 가능했던 것은 당시 미국의 이러한 자유무역질서 구축에 호응하고 적극적으로 참여했던 세계 시장과 각국의 협력이 기여했다고 볼 수 있다.14) 하지만 미국의 군사적 우위를 외교정책 우선순위로 삼지 않았던 클린턴의 외교정책은 네오콘으로 대변되는 미국 내 보수주의자들로부터는 '원칙 없이 표류한 외교정책'이라는 비판을 받아왔다.15)

3.2. 부시 행정부: 9 · 11 테러와 반미감정의 차단

냉전 종식에 대해 자유주의의 영구 승리를 선언한 1992년 후쿠야마(Francis Fukuyama)의 '역사의 종언'은16) 탈냉전기 미국 중심의 단극체제에 의한 세계평화를 약속하는 듯 했으나 약 10년도 지나지 않아 미국은 2001년 9 · 11 테러를 겪으며 "왜 우리는 미움을 받는가?(why do they hate us?)"라는 질문에 답해야 했다. 하지만 당시 부시 행정부를 장악하고 있던 네오콘들은 중동을 포함하여 전세계에 민주주의와 자유와 같은 가치를 확산시키고 각 지역의 사회적 불만 세력이나 테러리스트들을 제거하는 적극적 군사행동을 펼치는 것이 문제의 해법이라고 판단했다.17) 결국 미국은 국제사회의 동의 없이 2003년 이라크 전쟁을 감행함으로써 본토에서 일어난 테러에 대해 무력을 통해 문제를 일방적으로 해결하려 했고, 이러한 군사우위의 정책은 반미감정이 중동과 아프리카의 이슬람권

---

14) 윤영관, 『외교의 시대』(미지북스, 2015), pp. 50-53.

15) Thomas H. Henriksen, *Clinton's Foreign Policy in Somalia, Bosnia, Haiti, and North Korea*(Stanford: Hoover Institution on War, Revolution, and Peace, 1996); Emily Goldman & Larry Berman, "Engaging the World: First Impression for the Clinton Foreign Policy Legacy," In Colin Campbell & Bert Rockman, Eds. *The Clinton Legacy*(New York: Chatham House, 2000), pp. 1-32.

16) Francis Fukuyama. *The End of History and the Last Man*(New York: Free Press, 1992).

17) 윤영관(2015), pp. 54-56.

뿐만 아니라 전 세계적으로 확산되게 하는 결과를 가져왔다.

2003년 이라크 전쟁에 대해 세계적으로 확산된 반전시위를 두고 당시 *New York Times* 紙는 "지구상에 존재하는 두 개의 초강력 세력(superpowers)은 미국과 세계여론"이라고 언급하고 전문가들도 이러한 현상을 세계적 차원에서의 반미주의 부활로 해석했다.[18] 이렇게 9·11 테러 이후 시간이 경과함에 따라 미국에 대해 더욱 적대적으로 변하고 있는 세계여론을 경험하게 된 미국은 냉전기 프로파간다 활동과 유사하지만 구별되는 외교활동으로서 공공외교에 대한 논의를 시작했다. 따라서 미국 공공외교는 세계 최고의 군사·경제패권으로서의 자국 하드파워에 대한 과잉 의존을 탈피하고 소프트파워를 통해 세계대중의 마음을 움직여 미국의 위신과 평판을 회복하는 데에 목표를 두고 있다.

그런데 미국의 공공외교가 다른 국가의 공공외교가 구별되는 부분은 미국 정부가 해외대중의 미국 호감도에 민감해하는 지점이 미국을 우호적으로 바라보는 지역이 아니라 미국에 대한 적대감이 확산되는 지역의 해외대중이며, 미국은 자국 안보의 차원에서 공공외교를 추구했다는 점이다. 미국이 미국에 대해 악화되는 해외여론을 국가 안보의 시각에서 바라보게 된 것은 9·11 테러의 공격대상이 정부 관료보다 일반 미국 시민이었던 것에서 비롯된다. 그러므로 미국 정부는 퓨리서치센터를 비롯하여 미국 내 다양한 여론조사 기관들이 정기적으로 조사, 분석하는 미국에 대한 타국 시민들의 호감도와 같은 지표를 상시적으로 참고하고 있다. 필립 자이브(Philip Seib)는 미국의 공공외교가 세계대중의 호감을 얻기 위한 차원보다는 반미감정을 차단하는 차원에서 전개되는 것임을 강조한 바 있다. 설사 타국 정부가 미국에 대해 우호적이라고 해도 그 국가 시민들이 미국에 대해 적대감(hostility)을 갖는다면 미국과의 무역이나 군사동맹 등에서의 협력이 방해받기 쉽고, 시민들의 적대감은 미국과 미국인에 대한 테러와 같이 폭력행위로 표현되는 증오(hatred)로도 발전할 수 있다는 것이다.[19]

---

18) Patrick E. Tyler, "Threats and Responses: New Analysis: A new power in the streets," *New York Times*(Feb 17, 2003). http://www.nytimes.com/2003/02/17/world/threats-and-responses-news-analysis-a-new-power-in-the-streets.html?mcubz = 0(검색일: 2016. 3. 3.).

19) Philip Seib, "Preface," *Toward a New Public Diplomacy: Redirecting U.S. Foreign Policy*(New York: Palgrave macmillan, 2009). pp. vii–viii.

9·11 테러 이후 미국이 군사적 대응 외에 공공외교에 대한 논의를 본격화한 것은 냉전 종식 과정에서 이미 입증된 민주주의에 기반을 둔 미국의 문화와 가치의 우월함이 종국적으로 세계에 확산된 반미감정을 희석시킬 것이라는 자신감에 의한 것이다. 9·11 테러 이후 공공외교에 대한 지침을 내놓은 초기 문건 중 공공외교·전략커뮤니케이션 정책조정위원회(The Policy Coordinating Committee, PCC)의 2007년 보고서 '공공외교와 전략커뮤니케이션에 대한 국가전략(National Strategy for Public Diplomacy and Strategic Communication)'은 미국의 힘과 안보가 근본적으로는 기본적 가치와 원칙에 대한 미국의 헌신(commitment)에 기반을 두고 있음을 밝혔다. 이러한 가치와 원칙에는 언론, 종교, 정치참여의 자유를 포함한 인권과 평등, 법치, 인류의 고귀함과 같은 개념이 포함된다. 미국 정부는 자국의 공공외교 활동이 이러한 가치와 원칙을 공유하거나 혹은 이러한 가치와 원칙을 위해 싸우는 자들을 지원하는 것이며, 테러리즘을 비롯한 증오를 선동하거나 정치적 압제를 지지하는 행위자들을 고립시키고 이들에 대해 반격을 가하는 활동에 우선순위를 두고 있음을 명확히 했다.[20]

부시 행정부가 추진한 미국 공공외교의 핵심 활동은 이러한 인식을 반영하여 교육프로그램과 미디어 활동에 집중되어 있다. 미국 정부는 공공외교 논의 초기부터 국내외 미국의 교육프로그램을 공공외교의 가장 중요한 핵심 자산으로 인식했다. 9·11 조사위원회(9·11 Commission)도 외국인에 대한 교육프로그램이 미국 외교정책의 가장 효과적이며 유일한 수단이라고 언급하고 교육활동이 타 지역 대중의 미국에 대한 이해를 이끌어내어 미국과의 결속을 강화하고 화해를 도모하는 가장 좋은 방법이라고 강조했다. 2007년 정책조정위원회의 보고서도 미국 공공외교의 첫 번째 우선순위로 교육 및 교류 프로그램을 꼽았고[21] 美공공외교자문위원회(The U.S. Advisory Commission on Public Diplomacy, ACPD)가 발간한 2016년 보고서도 교육·문화교류를 공공외교의 가장 중요한 분야 중 하나로 언급했다.[22]

---

20) The Policy Coordinating Committee, "US National Strategy for Public Diplomacy & Strategic Communication,"(June 2007), pp. 2–3. http://www.au.af.mil/au/awc/awcgate /state/natstrat_strat_comm.pdf(검색일: 2016. 3. 3.).

21) Policy Coordinating Committee(2007), pp. 6, 12, 23.

미디어 활동은 교육프로그램과 더불어 미국 공공외교의 가장 주요한 활동인데 국무부와 방송위원회가 2015년 공공외교 활동을 위해 운영한 총 예산 약 20억 달러 중 약 30%가 방송위원회 활동에 투입되었다.[23] 미국은 '미국의 소리(Voice of America)' 및 자유유럽라디오(Radio Free Europe), 자유아시아라디오(Radio Free Asia)와 같은 전통 매체와 인터넷과 소셜미디어를 활용한 디지털 공공외교 기반과 지원체계를 갖추고 있다. 2003년 국무부 산하 정보자원관리국(Bureau of Information & Resource Management)은 전자외교사무실(Office of e-Diplomacy)을 두어 국무부의 국내외 부서에 인터넷 기술을 지원하고 있으며[24] 정부 각 기관에서 소셜미디어를 통해 해외대중과 커뮤니케이션 활동을 전개하는 각종 디지털아웃리치(Digital Outreach) 프로그램들은 전체 예산의 절반 이상을 차지하는 경우가 대다수이다.[25]

요컨대 부시 행정부 시기 공공외교는 반미감정의 차단을 위한 발신자 중심의 내러티브와 스토리텔링 개발, 미디어와 교육프로그램을 통한 미국에 대한 올바른 정보의 전달에 초점이 맞춰져 있었던 것이다. 부시 행정부 시기 공공외교를 다양한 차원에서 분석한 김명섭·안혜경도 부시 행정부의 공공외교 정책이 실제 기획과 집행에서 선전과 홍보에 치우쳐 양방향성을 강조하는 수사(rhetoric)와는 달리 일방향적이고 엘리트 중심적 시각을 갖고 있다는 평가를 내놓았다.[26] 또한 미국은 당시 다양한 커뮤니케이션 매체와 교육프로그램을 세계 각지에서 운영하고 있었음에도 불구하고 부시 행정부 시기 공공외교는 현재와 같은 예산과 조직을 갖추지 못했다. 당시 미국 정부의 세계여론에 대한 외교를 위한 자금지원은 클린턴 행정부 이후 꾸준히 줄어들어 2001년에는 이러한 활동이 미국

---

22) US Advisory Commission on Public Diplomacy, "2016 Comprehensive Annual Report on Public Diplomacy & International Broadcasting: Focus on FY 2015 Budget Data." (2016), pp. 10-15. https://www.state.gov/documents/organization/262381.pdf(검색일: 2017. 5. 1.).

23) The US Advisory Commission on Public Diplomacy(2016), p. 17.

24) https://www.state.gov/m/irm/ediplomacy/

25) US Advisory Commission on Public Diplomacy, "2015 Comprehensive Annual Report on Public Diplomacy & International Broadcasting: Focus on FY 2014 Budget Data."(2015), pp. 123-127. https://www.state.gov/pdcommission/reports/c68558.htm(검색일: 2017. 3. 5.).

26) 김명섭·안혜경, "9·11 이후 미국 공공외교의 변화,"『세계지역연구논총』제25집(3)호(2007), pp. 311-314.

정부의 전체 외교정책 예산의 4 퍼센트에도 미치지 않게 되었고 미국 의회는 1993년 미국의 국제방송 예산을 8억 4천 4백만 달러에서 2004년 5억 6천만 달러로 삭감한 바 있다.[27] 2007년 공공외교 예산 요청액이 16억 달러로 대폭 오르기는 하였으나 인플레이션을 감안한 실질가치를 고려하고 1인당 국민소득을 감안했을 때 여전히 프랑스나 스페인의 공공외교 예산보다 적은 것으로 평가되고 있다.[28] 또한 부시 행정부 말기였던 2007년 처음으로 정책조정위원회(PCC)가 '공공외교와 전략커뮤니케이션에 대한 국가전략(National Strategy for Public Diplomacy & Strategic Communication)' 보고서를 발표했고[29] 국무부와 미국국제개발처(US Agency for International Development, USAID)가 미국 공공외교와 공공정책의 전략목표를 합동수행요지서(Joint Performance Summary)를 통해 처음 제시한 것도 그러한 상황을 말해준다.

그러면 부시 행정부 시기 미국의 국제평판은 어떠했는가? 미국의 우방이자 동맹인 영국의 여론분석 기관 YouGov가 2006년 6월 실시한 영국인을 대상으로 한 여론조사에서 응답자 대다수는 부시 행정부의 외교정책과 미국의 문화가 모두 세계를 더 위험한 곳으로 만들고 있다고 답했고 응답자의 3/4 이상이 부시 대통령을 최악의 세계 지도자로 평가했다. 또한 응답자들은 미국 외교정책이 세계 민주주의 증진을 위한 것이라는 부시 대통령의 주장을 미국 국익을 위한 수사적 발언으로 인식했다. 이러한 조사결과에 대해 영국 정치학자 앤소니 킹(Anthony King)은 미국이 역사상 이보다 더 세계적 경멸의 대상이 된 적이 없다고 언급했다.[30] 하지만 2006년 영국인의 이러한 답변은 다른 유럽 대중의 미국에 대한 평가와 비교하면 매우 우호적인 편이다.

퓨리서치센터가 공개한 부시 대통령 재임기인 2000년에서 2008년 사이 미

27) Stanley Hoffmann, "Clash of globalization," *Foreign Affairs* 81-4(2002), pp. 104-115.

28) 김명섭·안혜경(2007), pp. 314-315.

29) Policy Coordinating Committee(2007). 당시 미국 공공외교에 대한 전반적 검토가 이루어진 문건은 다음을 참고. https://fas.org/sgp/crs/row/R40989.pdf.

30) Anthony King, "Britain falls out of love with America," *The Telegraph*(June 27, 2017). http://www.telegraph.co.uk/news/uknews/1522955/Britain-falls-out-of-love-with-America.html. YouGov의 여론조사는 2006년 26일-28일 영국 전역의 1,962명의 성인남녀를 대상으로 함.

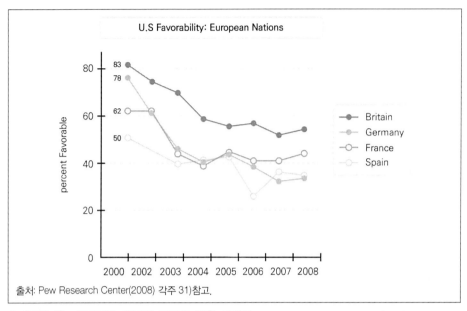

▲ 〈그림 1〉 유럽국가 대중의 미국에 대한 호감도

국에 대한 유럽대중의 호감도 변화 추이는 더욱 우려스럽다. <그림 1>이 보여 주듯 2001년 9·11 테러 이후 부시 행정부의 선제적이고 일방적인 군사정책이 2003년 이라크 전쟁으로 실행되면서 유럽인들의 미국 호감도는 부시 행정부 전 기간 동안 급격히 하락했고 낮아진 호감도는 부시 대통령 전체 임기 동안 회복 되지 않았다. 조사기간 동안 영국인들의 미국에 대한 호감도가 여타 국가에 비 해 최소 약 10%에서 최고 30% 차이의 비교적 높은 수치를 보인 반면 프랑스는 부시 행정부 초반에 급락했던 호감도가 2004년 40% 이하로 떨어진 이후 지속적 으로 40% 수준에서 유지되었다. 독일과 스페인의 경우 2005년 이후 미국에 대 한 호감도가 40%대에 머무르고 있는 프랑스에 비해 더욱 하락하여 30% 초반까 지 내려갔다.[31]

　퓨리서치센터의 여론조사에 의하면 2002년 이후 국가로서의 미국뿐 아니라 미국인에 대한 이미지도 지속적으로 나빠졌다. 미국인에 대한 호감도는 이슬람

---

31) Pew Research Center. "Global Public Opinion in the Bush Years, 2001-2008" (December 18, 2008). http://www.pewglobal.org/2008/12/18/global-public-opinion- in- the-bush-years-2001-2008(검색일: 2015.3.3.).

권에서 특히 악화되는데, 인도네시아에서는 2002년 65%에서 2007년 42%로, 요르단에서는 2002년 54%에서 2007년 36%로, 터키에서는 2002년 32%에서 2007년 13%로 호감도가 급하락했다. 하지만 아시아를 포함한 다른 조사 대상국의 경우 미국인에 대한 호감도가 미국에 대한 호감도를 앞질렀고, 다만 남미와 아프리카의 경우 미국과 미국인에 대한 호감도가 거의 비슷하게 나타났다.[32] 해외 지역에서 미국식 민주주의에 대한 호감도도 전반적으로 하락했는데 그중 가장 하락폭이 큰 국가인 베네수엘라와 터키, 인도네시아의 경우 미국식 민주주의에 대한 2002년과 2007년 호감도 차이가 무려 23~27%를 기록했다. 이러한 추세는 미국 대중의 인식에서도 나타나고 있는데, 세계에서 미국이 민주주의를 고양시키는 노력을 펼쳐야 한다고 응답한 미국인은 2002년 70%에서 2007년 60%로 줄어들었다. 반면 문화나 종교, 가치가 미국 문화와 가치와 충돌하는 방글라데시, 파키스탄, 터키, 팔레스타인과 인도를 제외한 대부분 국가의 대중은 미국의 대중문화와 기술력에 대해서는 대체로 호평했다.[33]

위와 같이 퓨리서치센터의 2007년 조사에서 미국 외교정책이나 국가로서의 미국 이미지보다 미국인과 미국 문화에 대한 호감도가 더 높게 나타난 것은 미국 소프트파워의 영향력을 보여준다. 하지만 미국 민주주의 대한 평가가 하락하고 있는 것은 부시 행정부의 미국 민주주의의 전파와 같은 공공외교 수사(rhetoric)가 설득력을 잃어가는 것으로 볼 수 있다. 퓨리서치센터의 앤드류 코헛(Andrew Kohut) 회장은 세계적 반미정서가 단순히 부시 행정부의 반테러 전쟁에 의한 것만은 아니라고 경고했다. 2007년 美 하원에서 그는 세계대중이 이제 국가로서의 미국과 미국인 모두에 대해 부정적 인식을 갖게 되었다고 언급하며 이러한 반미정서가 상당히 뿌리 깊게 형성되었음을 증언했다.[34] 그의 증언은 퓨리서치센터가 수행한 일련의 반미감정에 대한 해외 여론조사에 근거하고 있으며 퓨리서치센터는 홈페이지에서 "미국의 세계 이미지와 반미주의"에 대한 섹션을

---

32) Pew Research Center. "Views of the US and American Foreign Policy,"(June 27, 2007). http://www.pewglobal.org/2007/06/27/chapter-1-views-of-the-u-s-and-american-foreign-policy/(검색일: 2015. 3. 1.).

33) Pew Research Center(2007).

34) 재인용. Ali S. Wyne, "Public opinion and power," Nancy Snow and Philip M. Taylor(Eds.), 2009. *Routledge Handbook of Public Diplomacy*(New York & London: Routledge, 2009), p. 42.

따로 마련할 정도로 해외 반미주의를 심각하게 다루고 있다.[35]

　정리해 보면, 부시 행정부 시기 공공외교는 정부 차원에서의 예산 증액과 더불어 그 활동의 중요성이 강조되고는 있었으나 사실상 부시 행정부 전반기 외교정책이 일방적인 군사우위에 경도됨으로써 발신자 중심의 접근법에서 벗어나지 못했던 것으로 보이며, 또한 부시 대통령 재임기 세계여론도 이러한 미국의 외교정책에 대한 부정적 인식을 압도적으로 보여주고 있다.

3.3. 오바마 행정부: 미국 리더십의 재구축과 해외청중에 대한 관심

　오바마 행정부는 2008년 미국발 세계금융위기와 함께 확산된 미국 쇠퇴론을 무마하고 부시 행정부 시기 퇴조된 미국의 세계 이미지를 회복해야 하는 과제를 안고 2009년 출범했다. 2009년 9월 유엔 총회 연설에서 오바마 대통령은 핵없는 세상, 평화 추구, 기후변화 대처, 글로벌 경제의 활성화를 미국이 추구할 주요 어젠더로서 제시하며 다양한 지구적 도전에 대한 전 세계 국가들의 협력에 호소했다. 즉 오바마 행정부의 세계적 어젠더는 그야말로 다자주의와 함께 타국 정부의 적극적인 협조와 세계대중의 호응 없이는 달성할 수 없는 포괄적인 성격의 지구 문제를 포함했다. 오바마 독트린으로 표현되는 이러한 미국의 새 외교는 다자주의로의 전환을 의미했고, 오바마 행정부 1기 동안에는 지난 10년간 지속된 아프가니스탄과 이라크에서의 전쟁이 마무리되어 미국 외교정책이 중동지역을 벗어나 아시아 회귀(pivot to Asia) 전략도 추구하면서 미국의 리더십을 재구축할 수 있는 분위기가 조성되었다.

　당시 미국의 이러한 의지에 발맞추어 미국 공공외교는 예산과 프로그램, 인력자원을 갖춰나가기 시작했다. 2010년 '반테러 전략 커뮤니케이션 센터(Center for Strategic Counterterrorism Communications, CSCC)'가 설립되었고 국무부의 "Leading Through Civilian Power"의 제목으로 발표한 '제1차 4년 외교개발검토(The First Quadrennial Diplomacy & Development Review, QDDR)'는 전 세계 민주주의의 확산, 정보혁명 및 커뮤니케이션 혁명에 의한 지구적 연결의 확대가 시민사회의 요구에 부응하는 공공외교를 필요로 함을 강조했다. 2010년 QDDR

---

35) http://www.pewresearch.org/topics/u-s-global-image-and-anti-americanism/

은 공공외교를 미국 외교의 핵심 과제 중 하나로 설정하고, 해외 각지에 미디어 허브를 확장할 것과 미국을 대변하면서 세계의 모든 장소와 시점에서도 공공토론에 참여할 수 있는 커뮤니케이터의 역할을 수행할 인력을 확보할 것을 주문했다.[36]

2015년 QDDR은 국내외 미국인이 시민외교관(citizen diplomat)으로서 정부의 다양한 활동에 개입할 것을 호소하면서 미국과 뜻을 같이 하는 해외 시민사회, 시민운동, 개혁가, 해외 지역 공동체와 파트너쉽을 강화할 것을 강조하고 있는데,[37] 이러한 시민외교관 개념은 이미 2007년 공공외교·전략커뮤니케이션 정책조정위원회(PCC)가 제출한 보고서에서도 제시된 바 있었다.[38] 해외 목표청중을 적극적으로 포섭하기 위한 미국의 공공외교 전략은 해외 대중과 직접적으로 접촉할 수 있는 미국 시민들의 역량에 대한 강조로 연결되고 있다. 즉 2010년 QDDR이 정부 부처 간 협력을 강조하고 외교활동에 있어서 "모든 정부 부처를 동원하는(whole-of-government)" 접근법을 취한 반면 2015년 QDDR은 "Enduring Leadership In A Dynamic World"의 제목이 시사하듯 "모든 미국인을 동원하는(whole-of-America)" 외교 접근법을 취한 것이 그러한 기조를 시사한다. 또한 ACPD의 2016년 연례공공외교 보고서가 자원(volunteerism)과 박애의 가치를 이전에 강조해온 기업가정신(entrepreneurship) 만큼 중시한 것은 미국 공공외교가 타국 사회의 청중과 소통하며 미국의 공동체 가치가 해당 사회에서 실제적 역할을 해야 함을 강조하는 것으로 볼 수 있다.[39]

일련의 이러한 시각과 접근법은 오바마 행정부의 공공외교가 세계청중의 발신자 중심으로 재조정된 것을 보여주며, 미국의 해외청중에 대한 관심은 부시 행정부 시기에도 국무부 공공외교·전략커뮤니케이션 정책조정위원회의 2007년 보고서에 목표청중에 대한 정의 및 전략이 언급은 되었으나 오바마 행정부에 들어서서 구체적 정책이 마련된 것으로 보인다.[40] 또한 2016년 ACPD 보고서는

36) 2010년 QDDR, pp. viii, 16-17.
37) 2010년의 QDDR을 세부 전략이 결여된 다소 이상적인 것으로 평가하는 2015년 QDDR은 미국의 전략적 우선순위를 구체적으로 설정하고 있음. "Enduring leadership in a dynamic world," Quadrennial Diplomacy and Development Review(2015), pp. 9-15. 64-65.
38) The Policy Coordinating Committee(2007), p. 16.
39) The US Advisory Commission on Public Diplomacy(2016), p. 34.

그동안의 공공외교 활동 중에[41] 청중연구(audience research)와 BBG의 리더십 및 연구개혁 프로그램을 가장 성공적인 10개 프로그램의 한 사례로서 소개하기도 했다. 이렇게 청중연구를 비롯하여 공공외교의 효과를 입증하려는 미국 학계의 노력은 미국의 공공외교가 목표청중에 대한 일방적 메시지 발신을 넘어 청중과의 소통에 대해 관심을 갖게 된 것을 반증한다. ACPD가 2010년부터 공공외교 보고서를 정부에 제출하고 있는 것은 곧 9·11 테러 이후 조셉 나이(Joseph Nye)의 소프트파워에 대한 논의로부터[42] 공공외교에 관한 많은 논의가 이루어졌지만 약 10년 이후에야 미국 정부가 공공외교의 효과를 검토하기 시작했음을 말해준다.

미국의 자국 공공외교에 대한 평가는 특히 이슬람권에서의 공공외교에서 강도 높은 성찰과 비판이 이루어지고 있다. 미국이 운영하는 다양한 형태의 공공외교 기반예산은 유럽과 아시아, 남미에 집중되어 있는데 9·11 사태에 따른 이슬람권 공공외교 예산은 원래의 공공외교 기반예산에 추가펀딩이 더해지는 형식으로 구성되어 이슬람권 인구가 다수인 아프리카, 중앙아시아 및 남아시아에서의 프로그램에 투입되었다. 하지만 중동지역에 대한 미국의 공공외교 의지에도 불구하고 이 지역의 교육프로그램이나 인적 교류 및 미디어 활동은 반미감정이 확산되어 있는 중동 사회의 제약으로 매우 제한적으로 이루어졌고, 그 결과 기대한 효과를 거두지 못하는 것으로 나타났다. 이렇게 효과를 보이지 못한 중동에서의 공공외교 문제점에 대해 미국 학계는 미국이 막강한 광고 산업을 통해 이슬람권에서의 뿌리 깊은 반미감정을 간단하게 해결하려 했다고 비판했다. 이슬람권에 전파하기 위한 미디어 내용도 무슬림에 대해 설득하기보다 자기확신에 찬 가르치는듯한 교만한 태도로 인식되어 오히려 거부감을 야기했다.[43]

사례를 들어보자면, 9·11 테러 이후 미국이 아랍권 유력 매체인 Al Jazeera를 대신할 매체로서 거대 예산을 들여 아랍어를 사용하는 Al Hurra 텔레비전 채

40) Policy Coordinating Committee(2007), pp. 4-5; US Advisory Commission on Public Diplomacy(2015), pp. 44-50.
41) US Advisory Commission on Public Diplomacy(2016), pp. 14-15.
42) Joseph Nye, *Soft Power: The means to success in world politics*(New York: PublicAffairs, 2004).
43) Philip Seib, *The future of diplomacy*(Cambridge: Policy Press, 2016), p .44-46.

널과 Radio Sawa을 출범시켰으나 워싱턴 D.C.에 방송국을 둔 Al Hurra는 미국 정부가 불편해하는 중동권의 민감한 정치 이슈를 다루기 힘들었고 이렇게 제약된 콘텐츠는 원래의 목표청중인 중동권 시청자를 끌어들이거나 이들의 신뢰를 얻는데 실패했다. 이러한 이유로 미국은 이른바 '대리에 의한 공공외교(public diplomacy by proxy)' 개념을 고안해냈는데, 중동권 대중을 대상으로 한 매체를 미국이 운영하기보다 중동권 다수 대중이 신뢰하고 시청하는 Al Jazeera에 미국 관료가 출현하여 민감한 질문에 답하여 중동권 대중의 주목을 받는 편이 낫다는 것이다. 이렇게 타국 메신저를 통해 자국 이미지를 개선하는 '대리 접근법(proxy approach)'은 자국 메시지의 신용을 고양하는 데에 더 효과적일 수 있다.[44]

그러면 오바마 행정부 시기 미국에 대한 세계대중의 호감도는 달라졌을까? 퓨리서치센터의 여론조사 결과는 오바마 대통령 취임 후 미국에 대한 세계대중의 인식이 어떻게 급작스럽게 변화했는지 보여준다. 미국에 대한 호감도 상승이 가장 두드러진 지역은 유럽권으로, 프랑스와 독일의 경우 오바마 대통령 취임 후 약 30% 이상 호감도가 상승했고 영국인은 15%, 스페인은 25% 상승했다. 반면 동유럽이나 중동 지역의 호감도는 터키를 포함하여 거의 증가하지 않았거나 20% 안팎에 머무는 수준이며 2010년에 이르면 중동지역의 호감도는 다시 부시 행정부 시기 수준으로 하락한다. 한편, 한국, 일본, 인도를 포함한 대부분의 아시아 국가의 경우 미국호감도가 부시 행정부 시기 60% 이상을 상회하고 있었는데 오바마 행정부 들어 약 10% 정도 증대했다. 흥미롭게도 중국의 경우 호감도가 2008년 41%에서 2010년 58%로 약 20%가 상승하여 조사된 아시아 국가 중 오바마 대통령 취임 후 가장 크게 상승했다.[45] 요컨대 이러한 결과들은 오바마 대통령의 집권이 미국의 호감도를 회복시키는 데에 기여했으나 여전히 중동에서는 제한적임을 보여주고 있고, 9·11 테러 이후 중동에서의 미국 공공외교는 이 지역 대중의 반미감정을 약화시키는 데에는 크게 기여하지 못했음을 간접적으로 보여주고 있다.

---

44) Seib(2016), pp. 59-60.

45) Pew Research Center, "Obama more popular abroad than at home, global image of U.S. continues to benefit."(June 17, 2010). http://www.pewglobal.org/2010/06/17/obama-more-popular-abroad-than-at-home(검색일: 2016. 2. 4.).

3.4. 트럼프 행정부: 미국 우선주의와 공공외교 축소

미국의 외교정책은 트럼프 행정부의 출범과 동시에 급격하게 변화했다. 보호무역주의를 주요 외교정책 기조로 삼고 있는 트럼프 행정부는 2017년 출범 직후 오바마 행정부가 주도해온 환태평양경제동반자협정(TPP)에서 탈퇴했고 6월에는 오바마 행정부의 주요 업적 중 하나인 파리기후변화협정으로부터도 탈퇴를 선언했다. 오바마 행정부는 2016년 9월 협정의 국내 비준을 이끌어낸 바 있다. 오바마 행정부가 아시아로의 회귀를 천명하며 추진한 TPP로부터 트럼프 행정부가 탈퇴한 일은 미국 국내에서도 강한 반발을 야기했고 아시아 지역에서는 미국의 아시아 재균형 정책의 실현 가능성에 대한 의문이 제기되고 있다. 또한 2017년 11월 트럼프 대통령의 아시아 순방에서도 트럼프 대통령이 언급한 인도-태평양 전략의 구체적인 전모를 제시하지 못했었다. 신고립주의로 인식되는 트럼프 행정부의 일방적 외교행보는 가장 먼저 유럽 및 동맹국들에 대해 취해지고 있다. 트럼프 행정부는 2017년 2월 북대서양조약기구(NATO)의 방위비 분담 문제를 공식적으로 거론한 이후 현재까지 유럽에 대해 방위비증액을 압박해오고 있고, 4월 북미자유무역협정(NAFTA)을 선언하고 재협상을 추진한 결과 미국·멕시코·캐나다협정(United States－Mexico－Canada Agreement, USMCA)을 발효시켰으며, 일본에 대해서도 미일 자동차 무역의 비공정성과 일본의 국방비 증액을 주장했다. 마찬가지로 트럼프 행정부는 한국에 대해서 한미 FTA 재협상과 양국 간 균형 있는 무역, 방위비 분담 증액을 언급하는 등 미국 외교정책은 트럼프 행정부의 미국 우선주의(America First)에 근거하여 근본적으로 수정되고 있다.

트럼프 행정부의 대외정책은 부시 행정부 후반부와 오바마 행정부 기간에 미국이 전파하고자 한 공공외교 내러티브와 배치된다. 특히 트럼프 행정부의 외교정책 방향은 2010년과 2015년의 QDDR에서 공언한 미국 외교정책 기조의 전체적인 어젠더와 공공외교 전략과 완전히 상반되고 있다. 먼저 2017년 1월 새 정부 출범 이후 2주가 채 안되어 트럼프 대통령은 반이민 행정명령에 서명했고 4월에는 '미국산 제품 구입, 미국인 고용' 행정명령에 따라 예술, 과학, 교육분야의 교류를 위한 J-1 비자로 해외 청년들이 미국에서 단기로 취업하는 것을 막기 위해 J-1 비자 발급의 축소를 검토할 것도 언급했다. 오랫동안 공공외교 프로그램으로 인식되어 온 J-1비자에 대한 정부의 정책 변경에 대해 공화당과 민주당 상원위원 17명은 반대 의사를 표명하기도 했다. 미국 주류 언론들은 이러한 이민정책이 노령화 사회의 미국 내 노동력을 감소시켜 미국 경제에 타격을 줄 것으로 전망하며 이러한 정책에 대한 반대 목소리를 지속적으로 내고 있다. 하지만 트럼프 행정부는 여기서 더 나아가 2017년 8월 미국 내 합법 이민자 감축법안을 발표했는데, 법안의 핵심은 취업 기반 비자를 점수제로 바꾸어 영주권 발급 건수를 현재보다 50% 가량 줄이는 것이다.

　이렇게 달라지고 있는 트럼프 행정부의 외교정책 기조는 국가 예산의 비중을 국무부보다 국방부로 확연하게 기울게 했다. 2017년 2월 트럼프 행정부는 2018년 회계연도의 국방예산을 전년보다 10% 늘려 6천 30억 달러로 책정하는 한편 해외원조와 국무부 외교활동에 배정되는 예산을 국방비 증액분만큼 줄여 4천 620억 달러로 책정했다. 결과적으로 이후 3월에 공개된 2018년 회계연도 예산안에서 국무부 예산은 28% 삭감되었고 국무부와 국제개발처(USAID)가 사용하는 대외원조 예산도 37% 삭감되었다. 트럼프 행정부는 기후변화협정에서 탈퇴한 것과 궤를 같이하여 환경보호청(Environmental Protection Agency, EPA)의 예산을 기존의 82억 달러에서 56억 달러로 약 31% 낮게 책정하여 40년 만에 가장 낮은 수치를 기록했다. 또한 해외지역에 대한 공중보건 프로그램 지원도 약 11억 달러를 삭감하여 '에이즈 퇴치를 위한 대통령 비상계획(President's Emergency Plan for AIDS Relief, Pepfar)' 지원 대상국을 이전의 60개국에서 12개국으로 줄였다. 이러한 계획이 실제로 이행될 경우 아프리카의 전염병 사망 인구는 100만 명 이상이 될 것으로 언론들은 전하고 있다.

　세계 각 국과 세계여론의 반대에도 불구하고 2017년 12월 6일 예루살렘을 이스라엘의 수도로 선언하기를 강행한 트럼프 행정부의 일련의 일방주의적 행보는 부시 행정부 시기 학계에서 진행되었던 세계적 반미감정에 대한 논의가 다시 일어나게 하고 있다. 부시 행정부 시기 미국 학계에서는 소프트파워와 공공외교 자체에 대한 논의 외에 전 세계적으로 확산된 반미감정에 대한 다양한 토론을 진행한 바 있다. 카첸스타인과 코헤인(Peter Katzenstein & Robert Keohane)은 반미주의에 대한 논의에서 미국 정부가 세계여론을 존중하는 다자주의 외교정책을 택한다면 세계적으로 확산된 반미주의가 감소할 것이라고 주장했다. 이들은 미국의 외교행위에 대한 반대와 미국 사회 일반에 대한 부정적인 심리적 경향을 서로 다른 것으로서 구분 짓고 반미주의에 다양한 형태가 있음을 언급했다.[46] 하지만 다른 학자들은 부시 행정부의 반테러전 군사행위가 미국의 가치와 동떨어진 것인지 아니면 오히려 미국의 가치를 반영하는 것인지 국제사회가 어떻게 구분하겠느냐는 반문을 제기하기도 한다. 현재 트럼프 행정부의 공세적 외교정책은 부시 행정부 시기의 일방주의가 미국의 역사적 예외 사례가 아닐 수도 있음을 보여준다. 이미 국내외 언론은 2017년 4월 트럼프 행정부의 시리아 폭격과 9월 유엔 총회에서의 북한에 대한 '완전파괴' 발언을 부시 행정부의 2003년 이라크 침공과 2002년 1월 국정연설에서의 '악의 축' 발언과 비교하면서 현재의 상황을 당시의 상황과 유사하게 인식하고 있다.

트럼프 행정부의 외교정책이 하드파워의 군사우위 정책을 선호하고 국무부 예산도 크게 삭감됨에 따라서 앞으로 미국의 공공외교 활동의 범위와 영향력은 제약될 것으로 보인다. 트럼프 행정부 시기 미국 공공외교 활동의 불가피한 축소 및 퇴보에 대한 우려에 더해 디지털 공공외교에 대한 개념에도 혼란이 발생하고 있다. 오바마 대통령으로부터 시작하여 수많은 팔로워를 거느리는 미국 대통령의 트위터 사용을 통한 해외대중과의 직접 소통은 미국이 누릴 수 있는 디지털 공공외교의 중요한 자산이었다. 하지만 트럼프 대통령의 잦은 트위터 게시글 내용이 하드파워를 강조하거나 혹은 정부 각료들과 합의되거나 조율되지 않은 군사정책에 대한 언급이 빈번해지면서 미국 외교정책에 대한 해석에 혼선이 일어나고 있는 것이다.[47] 역설적이게도 소셜미디어가 단지 부차적인 외교정책 수단이 아님이 증명되고 있는 셈이며, 그동안 긍정적인 효과 외에 부정적 영향력이 지적되었던 디지털 외교의 위험성이 트럼프 대통령에 의해 증명되었다는 비판도 나타나고 있다. 트럼프 대통령의 트위터 메시지가 미국을 북한과의 전쟁

---

46) Peter J. Katzenstein & Robert O. Keohane, "Anti-Americanism *in World Politics*(Ithaca & London: Cornell University Press, 2007).

47) 미국 일간지 USA Today는 트럼프가 2017년 1월 20일 그의 취임 이후 4월 23일까지 총 440번의 트위커 메시지를 게시했는데, 이는 곧 하루에 약 4.68번의 트위터 메시지를 올린 것과 같다고 전하기도 했다.

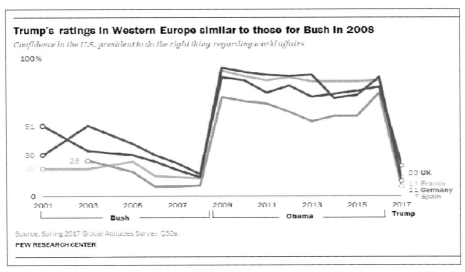

Trump's ratings in Western Europe similar to those for Bush in 2008

Confidence in the U.S. president to do the right thing regarding world affairs

▲ 〈그림 2〉 서구유럽의 트럼프 행정부 외교정책에 대한 신임도(%)

으로 내몰고 있다는 비판에서부터 사실상 e-diplomacy는 국제관계의 증진을 위한 것이 아닌 국내 정치적 지지 획득 수단에 불과하다는 우려도 일고 있다.[48]

　퓨리서치센터의 최근 여론조사는 트럼프 행정부의 행보가 얼마나 급격하게 세계여론의 변화를 야기했는지 보여준다. 〈그림2〉가 보여주듯이 영국, 프랑스, 독일, 스페인 등 유럽대중의 트럼프 행정부 외교정책에 대한 신임도(confidence)는 부시 행정부 시기의 신임도와 비슷하거나 더 하락했고, 오바마 행정부 시기 신임도에 비하면 급격한 하락세를 보여준다.[49]

　이 외에도 퓨리서치센터는 오바마 행정부 말기의 미국 외교정책에 대한 신임도와 취임한 지 6개월 된 트럼프 행정부의 외교정책에 대한 해외대중의 신임도 여론조사 결과를 발표했는데, 양 행정부에 대한 신임도 차이는 거의 모든 국가에서 크게 벌어졌다. 스웨덴, 독일, 프랑스 등에서 그 차이는 70%에서 83%로

---

48) Nick Bryant, "Digital diplomacy's downsides,"(September 13, 2017). https://www.lowyinstitute. org/the-interpreter/digital-diplomacy-s-downsides(검색일: 2017. 6. 30).

49) 2017년 6월 23일에 공개한 여론조사 결과는 다음을 참고. Pew Research Center, "US image suffers as publics around world questions Trump's leadership."(June 23. 2017) http://www.pewglobal.org/2017/06/26/u-s-image-suffers-as-publics-around-world-question-trumps-leadership(검색일: 2017. 8. 1.).

나타나 다른 어느 지역에서보다도 오바마 행정부에 대한 매우 우호적인 평가와 트럼프 행정부에 대한 극단적인 비관이 크게 대조되었다. 이 조사결과에서 주목할 것은 미국의 동맹국 대중의 트럼프 행정부 외교정책에 대한 신뢰도가 미국 입장에서 우려될 수준으로 하락한 점이다. 미국의 동맹국인 영국, 일본, 호주 모두에서 트럼프 행정부 외교정책에 대해 20%대의 낮은 신임도가 나타났고, 한국은 17%로 동맹국 중 최하위를 기록했다. 이스라엘만이 오바마 행정부 말기의 56%에서 트럼프 행정부 취임 이후 49%로 하락했고 반이민 행정명령의 여파로 멕시코의 트럼프 행정부에 대한 신임도는 무려 5%까지 하락했으며 캐나다도 서구 유럽과 마찬가지로 20%대의 매우 낮은 수준을 보여주었다.[50)]

하지만 이러한 세계여론의 추세에도 불구하고 현재의 미국 정부가 추구하는 외교정책에는 사실상 해외대중의 지지를 필요로 하는 세계적 어젠더 자체가 부재해 보이며 세계여론이 현재 트럼프 행정부가 추구하는 형태의 국익에 손해를 주고 있다고 말하기는 힘들다. 즉 트럼프 행정부의 미국 우선주의라는 어젠더 자체는 세계적 어젠더가 아닌 자국 이익에 한정된 외교정책이므로 이러한 외교정책 목표를 달성하기 위해 미국이 해외대중에게 호소할 이유는 없는 것이다. 2017년 11월 트럼프 대통령의 아시아 순방에서 트럼프 대통령은 한국, 중국, 일본뿐만 아니라 필리핀과 베트남 등 중국과의 경쟁에서 전략적 위치에 있는 국가들에서도 이들 국가와의 무역에서의 미국 무역적자와 미국 내 일자리 창출을 가장 중요하게 반복적으로 언급할 정도로 철저하게 자신의 위치를 세계의 지도자보다 미국인의 대통령으로 각인시켰고 자신의 이번 아시아 순방의 목적을 명확히 했다. 트럼프 행정부가 세계적 어젠더로 국제사회의 공조를 호소하며 해결하고자 하는 북한 핵문제의 경우도 미국은 중국의 역할과 북한에 대한 전방위적 제재에 집중하고 있으며 군사적 행동의 가능성에 대해서도 빈번하게 거론하고 있다. 요컨대 세계적 어젠더와 공공외교 어젠더가 거의 제시되지 않은 트럼프 행정부의 현재까지의 외교정책에는 미국 정부가 세계여론에 대해 민감해할 유인이 부재하다.

---

50) Pew Research Center "US image suffers as publics around world questions Trump's leadership."(June 23. 2017). http://www.pewglobal.org/2017/06/26/u-s-image- suffers- as-publics-around-world-question-trumps-leadership(검색일: 2017. 6. 28).

4. 결론

미국은 냉전 종식 후 새로운 국제정치 환경에서 세계화에 몰두하며 냉전기 프로파간다와 공공외교 활동을 담당했던 USIA를 폐지하기에 이르렀으나 2001년 9·11 테러 이후 반테러 전쟁 과정에서 전 세계에 확산된 반미감정을 무마하고 미국의 안보를 소프트파워 차원에서도 담보하고자 국가 차원에서 공공외교를 추진했다. 오바마 행정부에 들어 세계청중에 대한 관심과 고려로 기존의 공공외교를 재점검하고 재조정하면서 시민역량과 해외사회와의 파트너쉽을 강화했고 그동안 전개한 자국 공공외교의 효과를 면밀히 평가하기 시작했다. 하지만 최근 미국이 보여주고 있는 군사우위 정책으로의 회귀와 미국 우선주의, 그리고 국제규범으로부터의 이탈은 그동안 미국 정부가 막대한 예산을 투입하여 총체적으로 재정비한 공공외교의 효과를 기대하기 힘들게 하고 있다. 더군다나 우호적인 세계여론 자체를 필요로 하지 않는 현재의 트럼프 행정부의 미국 우선주의 외교정책은 긴 기간에 걸쳐 거둘 수 있는 공공외교의 소프트파워 효과를 빠르게 상쇄시킬 가능성이 있다.

세계여론은 국가의 하드파워와 소프트파워 모두로부터 영향을 받으므로 미국의 미디어와 문화, 교육 등을 통해 보여지는 국가 이미지뿐만 아니라 군사외교정책과 국내정치까지 모두 세계여론에 영향을 끼칠 수 있다. 그러므로 공공외교는 현재 국가가 펼치는 외교정책을 명분 있게 하고 설득력 있게 만들어주는 역할을 할 때 최대한의 효과를 발휘할 수 있을 것이다. 만약 실제 외교정책과 공공외교의 내용이 서로 모순되고 상반된다면 세계대중은 그러한 공공외교를 기만적인 프로파간다 전략으로 인식할 가능성이 높다. 특히 트럼프 대통령의 취임 이후 부시 대통령 시기 수준으로 미국의 국제평판이 하락한 사실을 통해 볼 때, 강대국에 대한 호감도는 강대국이 기울이는 공공외교의 노력에 비해 상당히 불안정한 기반을 갖는 것으로 보인다. 즉 강대국이 약소국이나 중견국은 펼칠 수 없는 더 넓은 범위와 강도에서의 외교정책 선택지를 가진다는 것을 누구나 인지할 수 있기 때문에 강자에 대한 평가는 더 즉각적으로 빠른 시간 동안 악화될 가능성이 있다.

이런 맥락에서 앞으로 미국에 대한 이미지와 평판은 한동안 부정적인 상태로 남을 가능성이 크다. 한 번 형성된 이미지와 평판은 쉽게 변하지 않고 지속적으로 고착화되는 경향이 있고, 이러한 경향은 미국의 중동 지역에 대한 오바마 행정부 시기 공공외교 노력에도 불구하고 이 지역에서의 반미감정이 여전히 회복될 기미를 보이지 않는 것을 통해 충분히 입증된 현상이다. 2012년 헤리티지 재단(Heritage Foundation)의 외교정책연구센터 연구진은 퓨리서치센터의 여론조사 결과를 인용하면서 미국을 포함한 서구의 소프트파워 패권이 과연 얼마나 오래 유지될 수 있을지 강한 의구심을 피력했다. 연구진은 권력의 분산(power diffusion)과 새로운 커뮤니케이션 기술에 힘입어 새로운 정치권력을 갖게 된 세계대중의 출현으로 21세기 세계정치가 근본적인 변화를 겪고 있다고 주장했다. 즉 이제 지구적 차원에서의 주요 도전은 소프트파워를 통한 해법으로 대응해야 하며 앞으로 세계정치는 누가 세계의 내러티브와 규범을 형성하고 초국가적 네트워크를 동원하여 세계여론을 장악하는지에 달려있다는 것이다.[51]

2015년 죠셉 나이(Joseph Nye)는 『미국의 세기는 끝났는가?(Is the American Century Over?)』라는 저서를 통해 현재 미국의 상대적 힘이 약화되었고 미국이 원하는 모든 방식대로 세계질서를 움직일 수는 없지만 미국이 여전히 패권적 지위를 잃지 않는 이유로서 미국의 소프트파워를 언급하며 미국 쇠퇴론을 불식시키고자 했다.[52] 하지만 현재의 트럼프 행정부의 외교정책 행보를 볼 때 나이가 주장한 미국 쇠퇴를 유보시키고 있는 미국의 소프트파워는 이미 퇴보하고 있는 것 같다. 소프트파워의 핵심은 '공유된 합의(a shared consensus)'를 이끌어내는 것으로 하드파워로써 상대에게 특정 행위를 강제하는 것보다 힘들지만 공유된 합의에 의한 효과는 훨씬 오래 지속된다. 즉 미국이 앞으로 해외대중에 대한 일방적인 일방향 커뮤니케이션이 아닌 공조에 기반을 둔 다양한 버전의 내러티브를 수용할 수 있어야 미국의 공공외교는 힘을 발휘할 수 있다. 즉 효과적인 공

---

51) Helle C. Dale, Ariel Cohen, Ariel and Janice A. Smith, "Challenging America: How Russia, China, and Other Countries Use Public Diplomacy to Compete with the U.S." *Backgrounder* No. 1698(The Heritage Foundation, June 21, 2012), p.2. http://thf_media. s3.amazonaws.com/2012/pdf/b2698.pdf(검색일: 2016. 2. 4.).

52) Joseph S. Nye, *Is the American Century Over?*(Cambridge: Polity Press, 2015), pp. 29 –39.

공외교 내러티브는 미국 혼자가 아니라 해외대중과 함께 만들 때 미국 공공외교의 정당성이 확보될 수 있다.[53]

---

53) Laura J. Roselle, "Pulbic diplomacy and strategic narratives," In Shawn Powers and Markos Kounalakis(eds.). *Can Public Diplomacy Survive the Internet?: Bots, echo chambers, and disinformation.* US Advisory Commission on Diplomacy(May 2017), pp. 77–80.

[참고문헌]

김명섭·안혜경. "9·11 이후 미국 공공외교의 변화"『세계지역연구논총』제25집 3호(2007).

김상배·이승주·배영자 편.『중견국의 공공외교』서울: 사회평론(2013).

신진. "미국 공공외교의 중앙집중성과 국민참여."『사회과학연구』제27권 4호 (2016).

윤영관.『외교의 시대』서울: 미지북스(2015).

한인택. "한국형 공공외교 모델의 모색: 정책네트워크를 활용한 맞춤형, 과학적 공공외교." *JPI Research Forum* No.1(2015).

Batora, Jozef. "Public Diplomacy in Small and Medium-Sized States: Norway and Canada," Clingendael Discussion Papers. The Hague: Clingendael Institute, 2005.

Bryant, Nick. "Digital diplomacy's downsides,"(September 13, 2017). https://www.lowyinstitute.org/the-interpreter/digital-diplomacy-s-downsides(검색일: 2017. 6. 30).

Cull, Nicholas. *The Cold War and the United States Information Agency: American Propaganda and Public Diplomacy, 1945-1989.* Cambridge: Cambridge University Press, 2009.

Dale, Helle C., Cohen, Ariel and Janice A. Smith. "Challenging America: How Russia, China, and Other Countries Use Public Diplomacy to Compete with the U.S." *Backgrounder* No. 1698. Washington D.C.: The Heritage Foundation (June 21, 2012). http://thf_media.s3.amazonaws.com/2012/pdf/b2698.pdf(검색일: 2016. 2 .4.).

Duffey, Joseph. "How Globalization Became U.S. Public Diplomacy at the End of the Cold War." In Nancy Snow and Philip M. Taylor eds. *Routledge Handbook of Public Diplomacy*. New York & London: Routledge, 2009.

Fukuyama, Francis. *The End of History and the Last Man*. New York: Free Press, 1992.

Goldman, Emily & Larry Berman, "Engaging the World: First Impression for the Clinton Foreign Policy Legacy," In Colin Campbell & Bert Rockman eds. *The Clinton Legacy*. New York: Chatham House, 2000.

Henriksen, Thomas H. *Clinton's Foreign Policy in Somalia, Bosnia, Haiti, and North Korea*. Stanford: Hoover Institution on War, Revolution, and Peace, 1996.

Hoffmann, Stanley. "Clash of globalization." *Foreign Affairs* 81-4(2002)

Ikenberry, John. *Liberal Leviathan: The Origins, Crisis, and Transformation of the American World Order*. Princeton, New Jersey: Princeton University Press, 2011.

Katzenstein, Peter J. & Robert O. Keohane, "Anti-Americanism *in World Politics*. Ithaca & London: Cornell University Press, 2007.

King, Anthony. "Britain falls out of love with America," The Telegraph(June 27, 2017). http://www.telegraph.co.uk/news/uknews/1522955/Britain-falls-out-of-love-with-America.html(검색일: 2017. 6. 30.).

Kuo, Mercy A. "US-China Relations: Public Diplomacy and Soft Power."(December 5, 2016). http://thediplomat.com/2016/12/us-china-relations-public-diplomacy-and-soft-power(검색일: 2017. 5. 3.).

Nye, Joseph, *Soft Power: The Means to Success in World Politics*. New York: PublicAffairs, 2004.

_____. *Is the American Century Over?* Cambridge: Polity Press, 2015.

Pape, Robert A. "Soft Balancing against the United States," *International Security* 30-1(2005).

Pew Research Center. "Views of the US and American Foreign Policy,"(June 27, 2007). http://www.pewglobal.org/2007/06/27/chapter-1-views-of-the-u-s-and-american-foreign-policy/(검색일: 2015. 3. 1.).

_____. "Global Public Opinion in the Bush Years, 2001-2008" (December 18, 2008). http://www.pewglobal.org/2008/12/18/global-public-opinion-in-the-bush-years-2001-2008(검색일: 2015. 3. 3.).

_____. "Obama more popular abroad than at home, global image of U.S. continues to benefit."(June 17, 2010). http://www.pewglobal.org

/2010/06/17obama–more–popular–abroad–than–at–home(검색일: 2016. 2. 5.).

_____. "US image suffers as publics around world questions Trump's leadership."(June 23. 2017) http://www.pewglobal.org/2017/06/26/u–s–image–suffers–as–publics–around–world–question–trumps–leadership(검색일: 2017. 6. 28).

Policy Coordinating Committee. *National Strategy for Public Diplomacy and Strategic Communication*(June 2007). http://www.au.af.mil/au/awc/awcgate/state/natstrat_strat_comm.pdf(검색일: 2016. 3. 3.).

Roselle, Laura J. "Pulbic diplomacy and strategic narratives," In Shawn Powers and Markos Kounalakis(eds.). Can Public Diplomacy Survive the Internet?: Bots, echo chambers, and disinformation. US Advisory Commission on Diplomacy(May 2017).

Seib, Philip. *Toward a New Public Diplomacy: Redirecting U.S. Foreign Policy.* New York: Palgrave macmillan, 2009.

_____. *The future of diplomacy.* Cambridge: Policy Press, 2016.

Tyler, Patrick E. "Threats and Responses: New Analysis: A new power in the streets." *New York Times*(Feb 17, 2003). http://www.nytimes.com/2003/02/17/world/threats-and-responses-news-analysis-a-new-power-in-the-streets.html? mcubz = 0(검색일: 2016. 3. 3.).

US Advisory Commission on Public Diplomacy. "Assessing US Public Diplomacy: A Notional Model"(2010). https://www.state.gov/documents/organization/149966.pdf(검색일: 2016. 10. 3.).

_____. "2015 Comprehensive Annual Report on Public Diplomacy & International Broadcasting: Focus on FY 2014 Budget Data."(2015), pp. 123–127. https://www.state.gov/pdcommission/reports/c68558.htm(검색일: 2017. 3. 5.).

_____. "Comprehensive Annual Report on Public Diplomacy & International Broadcasting: Focus on FY 2015 Budget Data."(2016). https://www.state.gov/documents/organization/262381.pdf(검색일: 2017. 5. 1.).

US Department of State. "Enduring leadership in a dynamic world," *Quadrennial Diplomacy and Development Review*(2015).

Walt, Stephen, M. *Taming American Power: The Global Response to U.S. Primacy.* New York: W.W. Norton, 2005.

Wyne, Ali S. "Public opinion and power," In Nancy Snow and Philip M. Taylor Eds. *Routledge Handbook of Public Diplomacy.* New York & London: Routledge, 2009.

Yang, Aimei, Rong Wang & JIan Wang, "Green public diplomacy and global governance: The evolution of the US-China climate collaboration network, 2008-2014," *Public Relations Review*(2017). https://uscpublicdiplomacy.org/tags/climate-diplomacy(Avaliable online).

제 **10** 편

성별과 노출빈도에 따른 여성혐오발언 규제 지지도의 차이

: 메시지의 반여성적 시각 및 영향력 지각을 중심으로

이은주 서울대학교 언론정보학과 교수

박준모 서울대학교 언론정보학과 석사과정

성별과 노출빈도에 따른
여성혐오발언 규제 지지도의 차이
: 메시지의 반여성적 시각 및 영향력
지각을 중심으로[*]

1. 문제제기

인터넷이 일상화되면서 시공간적 한계를 뛰어넘은 자유로운 의사표현과 상호간 소통이 가능해졌다. 이러한 변화가 사회적 현안에 대해 누구나 자유롭게 자신의 의견을 개진하고, 토론과 숙의를 통해 민주적 여론 형성과 의사 결정과정에 기여할 수 있게 해줄 것이라는 일각의 낙관적인 전망과는 반대로 우리 사회에서는 갠디(Gandy, 1994)가 예견한바 온라인상에서의 비도덕적인 행위들이 심각한 문제로 대두되어 왔는데, 특히 최근 급격히 증가하고 있는 특정 집단에 대한 혐오 및 차별적 발언 등은 그 대표적인 예라 할 수 있다.

혐오발언(hate speech)이란 국적, 인종, 종교, 성별, 성 정체성, 정치적 견해 등을 바탕으로 집단을 구분하고 특정 집단을 의도적으로 폄하하는 표현을 통칭한다(박용숙, 2014). 혐오발언이 온라인에 등장한 것은 1984년에 반유대인 단체인 '아리안 네이션(Aryan Nation)'이 유대인 암살자 명단을 유즈넷 게시판에 올리면서 시작된 것으로 보이는데, 유엔(UN) 사무총장은 2000년도에 인터넷에서 퍼져나가는 혐오 표현을 현대 기술의 발전이 가져온 인권에 대한 가장 중요한 위협

*   이 논문은 2016년 『언론정보연구』(53권 2호)에 기 출간되었으며, 저작권은 서울대학교언론정보연구소에게 있음. 본 연구는 미래창조과학부 및 정보통신기술진흥센터의 방송통신정책연구센터(CPRC) 지원사업의 연구결과로 수행되었습니다(IITP-2015-H8201-15- 1004).

들 중 하나로 꼽은 바 있다. 온라인 혐오표현은 최근 들어 그 규모가 점점 늘어
나고 있는데(김민정, 2014), 미국의 와이젠탈 센터(Wiesenthal Center)가 발간한
2013년도 '디지털상의 테러리즘과 혐오 보고서(Digital Terrorism and Hate Report)'
에 따르면, 웹 및 소셜 미디어 사이트들에서 발견되는 온라인 혐오표현이 전년도
에 비해 30% 증가했다고 한다.

　　한국사회의 혐오발언은 일간베스트[1]를 필두로 각종 소셜 미디어, 포털 댓
글을 통해 광범위하게 전파되고 있는데, 최근 들어 가장 사회적으로 주목받고
있는 유형은 여성혐오표현이다. 이미 2005년의 '된장녀'(허영심 때문에 자신의 소
득 수준에 맞지 않는 사치를 일삼는 여성을 비하하는 말)를 시작으로 '개똥녀'(공중도
덕을 무시하는 여성을 비하하는 말), '루저녀'(남자 외모를 따지는 여성을 비하하는 말),
'김치녀'(한국 여성이 서구권 여성과 비교하여 개념 없음을 통칭하는 말), '맘충'(일부
몰지각한 아이 엄마를 비하하는 말) 등에 이르기까지 그동안 여성을 대상화하고 비
하하는 다양한 표현이 있었다. 하지만 초기에는 여성비하발언들이 주로 온라인
게임이나 특정 남성 커뮤니티 내의 회원들 간에 제한적으로 공유되는 수준이었
던 데 반해, 이제는 소셜 네트워크 서비스(SNS), 포털 뉴스 댓글 등 누구나 접근
할 수 있는 온라인 공간에서도 여성혐오발언을 쉽게 발견할 수 있다. 최근의 한
조사에 따르면(조소희, 2015), 여성혐오 콘텐츠를 접해 본 경험이 있는지에 대한
질문에 "'김치녀'란 말을 들어본 적이 있다"라고 답한 응답자는 92.7%였고, 최근
1주일 이내에 대중매체 및 일상에서 여성 비하나 혐오를 접한 적이 있다고 응답
한 비율도 51.6%에 달했다.

　　이처럼 여성혐오발언이 급증하면서 정치권에서는 해당 발언의 사회적 해악
을 우려하여 혐오발언을 법적으로 규제하는 방안에 대해 논의하고 있고, 온라인
공간에서는 여성혐오발언에 맞서 '메갈리아'라는 커뮤니티를 만들어서 남성혐오
발언을 적극적으로 쏟아내고 있다(박혜림, 2015). 하지만 여성혐오발언에 대한 높
은 사회적 관심에 비해, 여성혐오발언에 대한 학술적 연구는 아직까지 제한적이
어서, 여성혐오 커뮤니티가 가지는 폭력성(강정석, 2013; 김민정, 2014; 윤보라,

---

1) www.ilbe.com. 디시인사이드(www.dcinside.com)의 일간 베스트 게시물을 모아놓은 사
　이트에서 출발해서 2011년에 독립적인 유머 사이트가 되었다. 특유의 마초적 성향, 정치
　색, 지역 및 성별에 대한 비방 등으로 사회적 이슈가 되는 대표적인 커뮤니티이다.

2013)을 구체적으로 드러내거나 한국 남성들이 한국 여성들에게 분노하는 이유 (한윤형, 2013)에 대해 논의하는 데 집중해 왔다. 예컨대 안상욱(2011)은 남성들이 여성혐오발언을 하는 이유가 여성의 권리가 신장되고 경제 불황, 취업난 등으로 인해 경쟁이 치열해지면서 남성들이 역차별을 받는다고 생각, 이를 여성혐오발언을 통해 표출하기 때문이라고 설명한다. 반면 여성혐오발언을 접하는 사람들의 시각에서 해당 현상을 체계적·실증적으로 설명하고자 하는 연구는 찾기 어렵다.

여성혐오발언은 의도적으로 여성에 대한 혐오를 노골적으로 드러내고 나아가 여성에 대한 폭력을 공공연히 부추기고 미화하는 내용을 담고 있는 메시지를 통칭하는 것으로, 대상 집단 구성원(여성)들에게 두려움, 분노, 슬픔 등의 부정적 정서를 일으키며, 사회적 통합을 심각하게 해치는(Leets & Giles, 1997) 명백히 반사회적인 메시지라 할 수 있다. 그럼에도 불구하고 여성혐오발언 규제에 대한 사회적 합의를 도출하는 것은 쉽지 않은데, 표현의 자유와 같은 상충되는 가치를 얼마나 고려해야 하는가의 판단이 서로 다르기 때문이기도 하지만, 이에 앞서 문제가 되는 현상의 심각성에 대한 진단에 있어 개인 간, 집단 간 차이가 존재하기 때문일 수 있다. 한국언론진흥재단의 조사결과에 따르면, 여성 응답자의 85.9%가 여성혐오가 한국사회에 만연한 성차별을 드러낸다고 본 반면, 남성은 62.9%만이 이에 동의했다(박아란·양정애, 2016). 또한 82.7%의 여성이 '개똥녀, 패륜녀' 등의 단어가 여성혐오와 연관이 있다고 응답한 반면, 남성은 58.6%만이 동의, 같은 단어에 대한 인식에도 적지않은 성차가 존재함을 알 수 있다(박아란·양정애, 2016). 다른 연구에서도 남성 응답자의 절반 이상(54.2%)이 여성혐오발언에 공감한다고 답한 반면, 여성 응답자들은 24.1%만이 공감을 표현함으로써(고은지, 2016) 남녀 간에 여성혐오발언에 대한 인식과 태도에 있어 뚜렷한 차이가 있음을 보여준 바 있다.

따라서 본 연구에서는 여성혐오발언에 대한 인식을 크게 (a) 여성혐오발언의 반규범적 속성에 대한 인식("여성혐오발언이 얼마나 반여성적 시각을 드러내는가?")과 (b) 여성혐오발언의 부정적 영향력("여성혐오발언이 얼마나 반여성적 시각을 확산시키고 여성에 대한 부정적 행동을 유발하는가?")에 대한 지각, 두 가지로 나누고, 이러한 인식에 영향을 미치는 변인으로 메시지 수용자의 성별과 여성혐오발언에 대한 접촉정도의 효과를 검증했다. 구체적으로 여성혐오발언이 성별에 근거하여 내집단(ingroup)과 외집단(outgroup)을 규정하고 집단 간 갈등을 조장한다는 점에서 미디어 이용자의 성별을, 그리고 여성혐오발언에 대한 지속적 노출에 따른 인식의 변화를 확인하기 위해 기존 노출 정도를 주요 변인으로 상정하고, 이러한 개인의 속성에 따라 여성혐오발언에 대한 인식이 어떻게 달라지는지, 나아가 이 같은 인식의 차이는 여성혐오발언 규제에 대한 태도에 어떤 영향을 주는지 실증적으로 탐색하고자 했다. 이 과정에서 부정적 미디어 메시지의 영향력 및 규제에 대한 태도를 설명하는 주요 이론적 개념인 '제3자 효과(the third-person effect)' 연구에 기반하여 남녀간 여성혐오발언의 사회적 영향력에 대한 인식의 차이를 설명하고, 둔감화 가설(desensitization hypothesis), 접근성과 이용가능성 휴리스틱 개념을 동원해 여성혐오발언에 대한 노출 정도에 따라 해당 메시지가 드러내는 부정적 여성관에 대한 지각이나 영향력에 대한 판단이 달라지는지를 검증했다. 이를 통해 본 연구는 주요 사회 문제로 부상한 여성혐오발언에 대한 사람들의 인식 차이를 체계적으로 이해하고 관련 규제에 대한 태도에 영향을 미치는 요인들을 탐색하는 기회를 제공하고자 한다.

2. 여성혐오발언의 반여성적 시각과 사회적 영향력 인식: 성별에 따른 차이

여성 혐오란 여성을 남성과 동등한 주체로 인정하지 않고 여성을 객체화, 타자화하고, 멸시하는 것으로 정의할 수 있다(우에노 치즈코, 2012). 이러한 관점에서 가부장제하의 성차별과 관련된 다양한 현상들이 여성 혐오라는 개념으로 연결될 수 있는데, 예컨대 포르노그래피, 카사노바, 창녀와 성녀의 구분 등이 모두 여성 혐오 개념과 관련된다(김수아·허다운, 2014). 유사한 관점에서 애덤스와 풀러(Adams & Fuller, 2006) 역시 여성 혐오란 여성에 대한 증오, 멸시를 지칭하는 것으로 정의한 바 있다. 성차별주의(sexism)와 함께 쓰이는 여성 혐오란 단어는 단지 병리적으로 여겨지는 여성에 대한 증오뿐만 아니라 "이미 몸에 깊이 밴 여성에 대한 편견"으로 의미가 확장되어 쓰이기도 한다(McLean & Maalsen, 2013).

　레브모어와 누스바움(Levmore & Nussbaum, 2012)은 온라인상의 여성혐오가 특히 여성의 대상화와 관련되어 있다고 지적했는데, 대상화는 상대를 목적을 위한 도구로 취급하여, 상대의 감정이나 자율성을 침해할 수 있는 것으로 간주하는 것이다. 누스바움이 제시한 대상화는 "도구적으로 대상을 개념화하는 것, 대상의 자율성을 부인하는 것, 대상의 활력을 부인하는 것, 대상을 대체할 수 있다고 간주하는 것, 대상을 언제든지 무너뜨리거나 침해할 수 있는 것으로 간주하는 것, 대상을 매매할 수 있는 것으로 간주하는 것, 대상의 감정이나 주체성을 거부하는 것 등을 포함하는 것"(121쪽)으로, 그녀는 온라인상의 여성혐오 발언이 주로 가십과 비방의 형태로 이뤄지고 있음을 밝혔다.

　현재 우리 사회에서 흔히 발견할 수 있는 인터넷상의 여성혐오표현은 주제에 따라 크게 4가지로 나눌 수 있다(김수아·허다운, 2014). 첫째는 외모를 소재로 한 비하발언으로 특히 비만이나 성형을 여성에 연결시킨 모욕적 표현을 지칭한다. 예를 들어 '오크녀'(오크와 비만여성을 결합)나 한국여성이 성형을 많이 한다는 것을 비꼬아서 '성괴'(성형과 괴물을 결합)로 표현하는 것이 대표적이다. 둘째로 성과 여성성을 소재로 비하발언이 이뤄지는데 구체적으로 여성의 성기 및 성적 자기 결정권과 관련된 욕설, 모욕적 표현 등을 포함한다. 대표적으로 '걸레', '김치녀'나 '보슬아치'와 같은 표현이 있는데, 이는 남성들의 돈을 목적으로 섹스나 연애를 미끼삼아 금품을 갈취하는 여성, 남성에게만 책임을 요구하고 자신은 책임지지 않으려는 여성을 주로 일컫는 말이다. 셋째로는 여성의 능력을 비하하는 혐오발언이 있는데 가령 운전능력 부족 때문에 위험한 행동을 하는 경우에 운전자의 성별과 상관없이 '김여사'라고 지칭한다. 마지막으로 여성에게 성적 폭력과 위협을 드러내는 혐오발언은 강간에 대한 위협, 물리적 폭력을 언급하기도 하고, 성폭력 피해자를 비하하거나 모욕하는 표현을 사용한다.

　이처럼 여성혐오발언은 메시지의 내용이 반규범적일 뿐 아니라, 특정 집단에 대한 공격이 이루어지는 과정에서 메시지 수용자들을 내집단과 외집단으로 구분한다는 점에서 여타 부정적 미디어 메시지와 구별된다. 사회적 정체성 이론

(social identity theory)에 따르면, 개인의 자아 정체성은 개인적 정체성(personal identity)과 사회적 정체성(social identity)으로 구성되는데, 전자는 취향, 가치, 신념 등과 같이 다른 사람과 구별되는 고유한(idiosyncratic) 속성에 따라 정의되는 반면, 후자는 개인이 소속되어 있는 집단이나 사회적 범주(예, 성별, 인종, 국적)에 따라 정의된다(Tajfel, 1978). 이 둘은 일종의 경쟁관계에 있는데, 주어진 상황에서 어떤 정체성이 더 현저한가(salient)에 따라 사람들은 본인을 특정 집단의 구성원으로 정의(self-categorization)하고 집단 정체성에 의거하여 상황을 인식하고 행동하거나 아니면 다른 사람들과 구별되는 독특한 개인으로서 자신의 고유한 성향이나 목표 등에 따라 판단하고 행동하게 된다. 특히 집단 간 갈등은 사회적 정체성을 두드러지게 만드는 대표적인 요인이라는 점에서 여성혐오 메시지를 읽는 사람들은 성별에 따라 자신을 여성 혹은 남성 집단의 일원으로 지각할 것으로 예상할 수 있다.

일단 자신을 집단의 일원으로 분류하게 되면, 사람들은 다른 내집단(in-group) 성원과의 유사성, 외집단(out-group)과의 차별성을 더 크게 평가하고 내집단 선호(in-group favoritism)를 보일 가능성이 높아진다. 사람들은 기본적으로 긍정적인 자아개념, 혹은 자존감(self-esteem)을 형성하고 유지하려는 욕구가 있는데, 이 연장선상에서 내집단을 외집단에 비해 상대적으로 높이 평가함으로써 집단의 구성원인 자신의 자존감도 유지하려는 것으로 이해할 수 있다(Tajfel & Turner, 1986). 이러한 맥락에서 본인이 속한 집단에 대해 비호의적인 미디어 메시지에 노출되는 경우, 사람들은 해당 메시지가 적대적으로 편향되었다고 인식함으로써 상징적 위협을 줄이고 본인의 집단적 자존감을 회복하려고 시도하는데 이러한 경향은 긍정적 집단 정체성을 유지해야 한다는 압력을 더 강하게 느끼는 사회적 약자들에게서 더 쉽게 발생한다(Perloff, 2015, 710쪽). 그렇다면 여성혐오발언에서 폄하 및 공격의 대상이 되는 여성들이 긍정적 집단 정체성을 회복하기 위한 노력의 일환으로 해당 발언의 반여성적 편향을 남성들보다 더 뚜렷하게 인식할 것이라 예측할 수 있다.

한편 여성혐오발언이 드러내는 반여성적 시각에 대한 지각은 자아관련성, 혹은 자아관여도의 측면에서도 고려할 수 있다. 미디어를 통해 전달되는 메시지의 논조(slant)에 대한 지각적 편향의 대표적인 사례로 적대적 미디어 지각 (hostile media perception, HMP)을 꼽을 수 있는데, 이는 특정 이슈에 대해 관여도가 높은 사람들의 경우, 그렇지 않은 사람들이 중립적이라고 판단하는 미디어 메시지조차 본인들의 입장에 적대적으로 편향되어 있다고 믿는 지각적 편향 (perceptual bias)을 지칭한다. 이러한 편향은 매스 미디어의 광범한 도달범위 (broad reach) 및 언론의 영향력에 대한 가정(persuasive press inference) 때문에 발생하는 것으로 알려져 있는데(Gunther, 1998; Gunther & Liebhart, 2006; Perloff, 2015), 특히 해당 이슈에 관여도가 높은 사람들의 경우, 미디어 메시지가 다른 사람들에게 본인의 입장과는 반대방향으로 부정적 영향을 끼칠 것을 염려한 나머지 사람들이 메시지를 자기방어적으로 처리(defensive processing)하게 되면서 해당 메시지가 본인의 입장에 더 적대적인 방향으로 편향되어 있다고 인식하게 된다는 것이다(Gunther et al, 2012 ; Lee, 2012). 실제로 선행연구들에서는 관여도가 적대적 미디어 지각이 발생하기 위한 필요조건이거나 적대적 미디어 지각을 증폭시키는 요인임을 보인 바 있다(Choi, Yang, & Jang, 2009; Gunther, Christen, Liebhart, & Chia, 2001). 물론 여성혐오발언은 기존의 적대적 미디어 지각 연구에서 주로 다룬 뉴스 기사와는 달리 특정의견을 가진 개인들의 일방적 주장을 담고 있으나, 인터넷을 통해 다수의 광범한 대중에게 동시에 전달되고 이를 바탕으로 여론에 잠재적으로 영향력을 미칠 수 있음을 고려할 때, 적대적 미디어 지각에서 논의하는 지각적 편향(대조편향)이 발생할 수 있는 조건을 갖추고 있다고 판단된다. 그렇다면 여성혐오발언의 경우 역시 공격대상자인 여성이 남성에 비해 해당 메시지에 관여도를 높게 느끼고, 여성혐오발언의 반여성적 시각을 더 분명히 지각할 것으로 예측된다.

〈연구가설 1〉 여성 혐오 발언에 노출되는 경우, 여성이 남성보다 해당 발언이 여성에 대해 더 부정적인 시각을 드러내고 있다고 평가할 것이다.

한편 여성과 남성 간 여성혐오발언 인식의 차이는 혐오 발언의 내용에 대한 본인들의 판단뿐 아니라, 해당 발언이 사회적으로 얼마나 영향력을 가지는가에 대한 인식에서도 드러날 수 있다. 미디어의 영향력에 대한 지각과 관련, 가장 많이 연구된 개념으로 제3자 효과를 들 수 있는데, 데이비슨(Davison, 1983)에 의해 명명된 제3자 효과는 첫째, 사람들은 미디어의 설득적 메시지가 자신보다 타인에게 더 큰 영향을 미칠 것으로 지각한다(지각적 요소), 둘째, 이러한 메시지의 영향력에 대한 지각은 해당 메시지에 대한 태도나 관련 행동을 변화시킬 수 있다(행동적 요소)의 두 가지 요소로 구성된다. 선행 연구에서는 다양한 종류의 매스 미디어 메시지를 대상으로 제3자 효과를 입증했는데, 제3자 효과는 특히 음란물, 폭력물 등 사회적으로 바람직하지 않은 미디어 내용을 접했을 때 두드러지게 발생하고(Davison, 1983; Gunther & Thorson, 1992; Hoffner et al., 1999; McLeod, Eveland, & Nathanson, 1997), 이는 부정적 메시지에 대한 규제를 지지하는 태도로 이어지는 것으로 나타났다(Salwen, 1998; Wu & Koo, 2001).

우선 여성혐오발언은 사회적으로 바람직하지 않은 메시지라는 점에서 이를 접하는 사람들이 본인에 비해 다른 사람들이 해당 메시지의 영향을 더 많이 받는다고 평가할 것이라 예상할 수 있다(전통적 제3자 효과). 하지만 앞서 기술한 것처럼 비난과 공격의 대상인 여성과 잠재적 가해자로 취급되는 남성 간에 제3자 효과의 크기가 달라질 가능성이 높다. 즉, 여성의 경우 본인이 속한 내집단을 공격하고 비난하는 메시지에 의해 영향을 받을 가능성이 낮고, 따라서 여성혐오발언이 본인에게 미치는 영향을 남성에 비해 낮게 평가할 것으로 예상된다. 메시지 수용자의 기존 태도와 미디어 메시지 주장이 불일치하는 경우, 일치하는 경우에 비해 해당 메시지에 영향을 받을 가능성이 낮고 그 결과, 자신에 대한 미디어의 영향력 역시 낮게 판단한다는 연구결과(정성은·이원지, 2012)는 이러한 예상을 지지한다. 따라서 남성보다는 여성이 제3자 효과를 더 크게 보일 것으로 예측할 수 있다(메시지 수용자 성별의 주효과).

한편 지각대상자의 성별에 따라 제3자 효과의 크기가 달라질 수 있다. 예컨대 인터넷 포르노그래피에 대한 남녀의 지각적 편향을 조사한 결과 남녀 응답자 모두 다른 남성들이 다른 여성들에 비해 포르노그래피의 부정적인 영향을 더 많이 받을 것이라고 답한 바 있다(Lo & Wei, 2002). 연구자들은 미디어 메시지가 수용자들의 인식, 태도 및 행동에 영향을 주기 위해서는 미디어에의 노출이 필수적이고, 남성들이 여성보다 포르노그래피에 노출될 확률이 높다는 점에서 다른 남성들이 여성들보다 더 영향을 받는다고 생각했을 것이라 해석했다. 만일 포르노그래피의 생산자가 주로 남성이고, 여성보다 더 자주 콘텐츠를 소비하기 때문에 포르노그래피로 인한 부정적인 영향을 받을 가능성이 높고 해당 콘텐츠에 상대적으로 호의적인 태도를 보일 것이라고 본다면(Greenberg et al., 1993, Malamuth, 1996), 이는 여성혐오발언에도 적용될 수 있다. 즉, 여성혐오발언의 대부분 남성에 의해 생산되는 것으로 추정되고, 남성 중심 커뮤니티에서 적극적으로 소비된다는 점에서, 남성이 여성혐오발언의 부정적인 영향에 상대적으로 취약할 것으로 추론할 수 있고, 그렇다면 지각대상자가 남성인 경우 제3자 효과가 더 크게 나타날 것으로 예상된다(지각 대상자 성별의 주효과).

하지만 남성이 여성보다 여성혐오발언에 의해 더 영향을 많이 받을 것이라는 추정은 메시지 수용자 본인의 성별에 따라 달리 나타날 수 있다. 앞서 언급한 대로 사람들은 내집단을 외집단보다 긍정적으로 평가하는 이른바 내집단 선호경향이 있다(Tajfel, 2010). 제3자 지각이 발생하는 주요 원인이 사람들이 미디어에 의해 영향을 받는 것을 부정적으로 평가하고 자기고양(self-enhancement)을 위해 본인이 받은 영향력을 과소평가하기 때문임을 감안한다면(Douglas & Sutton, 2004; Perfloff, 2002), 자신이 속한 내집단 성원들의 경우 외집단 성원들에 비해 미디어의 영향을 적게 받을 것이라고 생각함으로써 긍정적인 집단 정체성을 유지하려는 동기가 작용할 수 있다. 내집단 선호가 메시지 수용자의 동기적(motivational) 요인을 강조한 데 비해, 레이드와 호그(2005)는 자기범주화 이론(self-categorization theory)에 입각하여 메시지의 영향을 받는 것이 얼마나 소속 집단의 규범과 부합되는가에 따라 제3자 지각 편향의 정도가 달라질 수 있다고 주장했다. 이들은 "사회적 정체성이 두드러지고, 지각대상자가 외집단이며, 미디어 메시지가 외집단의 규범에 적합할 때(the media are normative for outgroup)"(131쪽) 제3자 지각이 가장 두드러지게 나타난다고 추론했는데, 본 연구에서는 여성혐오발언을 접한 여성들이(상황적 요인이 성별이라는 사회적 정체성을 현저하게 함), 해당 발언이 남성들(외집단, 여성에 대한 폄하 및 적대감은 여성보다 남성 집단의 규범에 합치)에 미치는 영향력을 평가할 때가 바로 이 경우에 해당한다. 그렇다면 여성들은 남성들을 지각대상자로 할 때 다른 여성들에 대한 영향력을 평가하는 경우에 비해 제3자 지각 편향을 더 강하게 보이지만, 남성들은 내집단인 다른 남성들이 여성들에 비해 여성혐오발언의 영향을 덜 받는다고까지는 생각하지는 않더라도, 두 집단 간에 큰 차이를 두지 않을 것("우리 남자들이 딱히 여자들보다 더 영향을 많이 받지는 않아")으로 예상된다.

  내집단 선호가 동기적 관점에서, 자기범주화 이론이 집단규범의 측면에서 남성과 여성의 지각적 편향의 차이를 설명한다면, 인지적 측면에서도 성별에 따라 미디어의 영향력을 평가함에 있어 지각대상자의 속성을 고려하는 정도가 달라질 가능성이 있다. 일례로 정일권(2006)의 연구에서 관여도가 높은 사람들은 지각대상자의 속성(해당 메시지에 대한 관여도, 본인과 지각대상자간의 사회적 거리)에 따라 제3자 효과의 크기를 다르게 추정했지만 관여도가 낮은 사람들은 그러한 차이를 보이지 않았다. 그렇다면 여성혐오발언과 직접적으로 관련되어 있는 여성들의 경우, 지각 대상자의 속성(남성 vs. 여성)을 고려하여 여성혐오발언이 이들에게 미치는 영향력을 다르게 평가하지만, 상대적으로 관여도가 낮은 남성들은 이러한 차이를 보이지 않을 것이라 예측할 수 있다. 이처럼 내집단 선호, 메시지 내용과 내/외집단 규범의 관계, 메시지 수용자의 이슈 관여도 등을 종합적으로 고려할 때, 여성은 다른 남성에 대한 영향력 판단에 있어 다른 여성을 대상으로 할 때보다 제3자 효과를 크게 보이지만, 남성들의 경우 이러한 차이가 약화될 것으로 예측할 수 있다(메시지 수용자 성별과 제삼자 성별의 상호작용).

  <연구가설 2> 여성들은 지각대상자가 남성인 경우 여성인 경우에 비해 제3자 효과를 크게 보일 것이다. 반면, 남성들은 지각대상자의 성별에 따른 제3자 효과의 차이가 상대적으로 약하게 나타날 것이다.

3. 여성혐오발언에 대한 인식과 발언 규제에 대한 태도

여성혐오발언의 반여성적 시각 및 사회적 영향력에 대한 평가는 해당발언의 규제에 대한 지지라는 제3자 효과의 행동적 차원에도 영향을 미칠 수 있다. 미디어 검열 혹은 규제에 대한 태도를 다룬 제3자 효과 연구에서는 제3자 지각과 규제지지 간의 관계를 온정적 간섭주의(paternalism)로 설명하는데(McLeod, Detenber, & Eveland, 2001), 이는 타인의 유익을 위해 그 사람의 권리를 제한하는 것을 정당화하는 것을 의미한다(오세혁, 2009). 즉, 메시지가 타인에게 부정적인 영향을 끼친다고 생각할수록 그들을 부정적 메시지로부터 보호하려는 선의에서, 메시지 규제를 지지하게 된다고 해석할 수 있다. 제3자 효과 연구에서는 메시지의 부정성(negativity) 혹은 사회적 바람직성(social desirability) 지각을 미디어 메시지의 영향력과 별도로 규제 지지를 예측하는 변인으로 독립적으로 취급하기보다는 제3자 효과를 발생시키거나 증폭시키는 요인으로 간주해왔다. 하지만 어떤 메시지가 사회적으로 바람직한지를 정의하는 합의된 기준이 존재하지 않을 뿐더러, 동일한 메시지를 접하더라도 수용자의 속성에 따라 해당 메시지에 대한 평가가 달라질 수 있다는 점(정성은·이원지, 2012)에서 개인적 수준에서 특정 여성혐오발언의 반여성적 시각에 대한 지각을 측정할 필요가 있다. 또한 대상에 대한 태도는 관련 행동의도를 예측하는 주요 요인이라는 점에서(Fishbein & Ajzen, 1975) 메시지의 부정성에 대한 평가("이 메시지는 여성에 대한 부정적 시각을 드러낸다")는 메시지의 사회적 영향력에 대한 지각("이 메시지는 사람들한테 나쁜 영향을 준다")과는 별개로 해당 메시지에 대한 규제지지("이런 부정적인 메시지는 규제해야 마땅하다")로 이어질 수 있다.

한편 메시지의 영향력에 대한 평가와 규제지지간의 관계에 대해서는 두 가지 다른 설명이 있는데, 하나는 타인에게 미치는 영향에 대한 판단이, 다른 하나는 다른 하나는 제3자 지각(다른 사람에 대한 영향력과 본인에 대한 영향력의 차이)이 규제에 대한 태도를 예측한다는 것이다. 두 가지 설명 모두 실증적으로 입증된 바 있지만, 13개의 기존 제3자 효과 연구를 재분석한 최근의 연구 결과(Chung & Moon, 2016)를 보면 제3자 지각이 규제에 대한 태도에 미치는 효과는 0에 가까웠으나 타인에 대한 영향력 지각은 일관되게 규제에 대한 태도를 예측하는 것으로 나타났다. 논리적으로도 타인과 본인에 모두에 대해 미디어가 부정적 영향을 끼친다고 생각하는 사람들과(낮은 제3자 지각), 타인과 본인 모두에 대해 미디어가 부정적 영향을 끼치지 않는다고 생각하는 사람들이(낮은 제3자 지각) 미디어 규제에 대해 유사한 태도를 보일 것이라고 믿기 어렵다(Lo & Wei, 2002)는 점에서 본인과 타인의 차이에 근거한 제3자 지각보다는 다수의 대중에게 미치는 부정적 영향력에 대한 판단이 규제 지지로 이어질 것이라는 가설이 더 타당하다(Chung & Moon, 2016). 앞서 인용한 로와 웨이(Lo & Wei, 2002)의 인터넷 포르노그래피 연구에서는, 기존의 제3자 효과 연구에서 타인(others)이라 총칭하던 것을 다른 남성들(other males)과 다른 여성들(other females)로 나누어 각각의 집단에 대한 미디어의 영향력을 추정하도록 하고 이를 규제 지지와 연결해서 살펴보았는데, 다른 남성들에게 미치는 영향에 대한 인식이 본인에게 미치는 영향보다도 미디어 규제에 대한 태도를 예측하는데 더 주요한 변수로 확인되었다. 즉, 응답자들은 본인의 성별과 관계없이 인터넷 포르노그래피가 다른 여성보다 다른 남성들에게 더 큰 부정적 영향을 미칠 것으로 인지하였고, 가장 취약하다고 생각되는 남성들이 가지게 될 부정적 인식을 차단하기 위해 미디어 규제를 지지하는 것으로 나타났다. 그렇다면 여성혐오발언에 대해서도 다른 사람들, 특히 다른 남성들이 받을 부정적 영향에 대한 지각이 여성혐오발언에 대한 규제지지를 결정하는 주요한 요인이 될 것이라 유추할 수 있다.

<**연구가설 3a-b**> 여성혐오발언이 (a) 부정적 여성관을 보인다고 지각할수록, (b) 타인(특히 다른 남성들)에게 미치는 부정적 영향이 크다고 지각할수록 여성혐오발언에 대한 규제를 지지할 것이다.

4. 여성혐오발언 노출 빈도에 따른 메시지 인식과 규제지지

메시지 수용자의 성별에 따른 집단 정체성 외에 평소 여성혐오발언에 얼마나 노출되었는가에 따라 여성혐오발언이 드러내는 반여성적 관점 및 발언의 사회적 영향력에 대한 인식, 나아가 여성혐오발언 규제에 대한 태도가 달라질 수 있다. 먼저 둔감화(desensitization)란 특정 미디어 메시지에 반복적으로 노출된 결과, 초기에는 흥분(arousal)을 일으켰던 자극에 점차 무감각해지는 현상을 지칭하는 것으로 폭력물(Hoffner et al., 1999)이나 포르노그래피(Gunther, 1995) 등 부정적 미디어 효과에 대한 연구에서 주로 활용되는 개념이다. 예컨대 TV 폭력물을 많이 접한 중시청자들은 TV 폭력물을 접했을 때 정서적 흥분(sentiment arousal)을 적게 경험했고, 해당 메시지의 부정적 영향을 낮게 평가했으며, TV 폭력물 규제에 상대적으로 부정적인 태도를 보였다(Hoffner et al., 1999). 연구자들은 이러한 결과를 둔감화 가설로 해석했는데, 이미 폭력물을 많이 시청한 사람들은 폭력적 장면에 대해 둔감해져서 폭력물을 본 후에도 해당 상황에 대한 기억이 오래 남지 않는 반면, 평소에 폭력물을 접한 경험이 적은 사람들은 TV에서 폭력물을 시청했을 때 폭력적인 장면을 더욱 생생히 기억하고 다른 시청자들도 마찬가지로 해당 장면을 또렷하게 기억할 것이라고 인식하기 때문에 폭력물 규제에 찬성하는 것으로 해석했다. 둔감화 효과는 포르노그래피에 대해서도 발견되었는데, 포르노그래피에 적게 노출된 사람들이 그 영향력에 대해 더 많이 우려하고(Fisher & Grenier, 1994) 해당 미디어 규제에 더 긍정적인 태도를 보였다(Gunther, 1995). 자살보도(김인숙, 2009)나 악성댓글(유홍식, 2010)에 대한 국내 연구에서도 역시 유사 미디어 메시지에 접한 경험이 적을수록 규제를 지지하는 경향을 보였는데, 그렇다면 평소 여성혐오발언을 접한 경험이 많을수록 이에 익숙해져서(habituation) 특정 발언을 접했을 때 그 유해성을 상대적으로 낮게 평가하고 여성혐오발언 규제에 미온적인 반응을 보일 것이라 예측할 수 있다. 반면, 여성혐오발언을 접한 경험이 적은 사람들은 여성혐오 발언이 드러내는 반여성적 시각을 더욱 생생하게 지각하기 때문에 바람직하지 않은 메시지에 대한 규제에 동의할 것이라 예상할 수 있다.

하지만 여성혐오발언에 자주 노출될 경우, 해당 발언의 사회적 영향력을 과대평가할 가능성 역시 존재한다. 계발효과이론(cultivation theory)에 따르면, 텔레비전 중시청자들이 경시청자들에 비해 상대적으로 매스 미디어가 묘사하는 세계를 더욱 현실로 받아들이는 경향이 있는데, 계발효과의 휴리스틱 처리 모형(the heuristic processing model of cultivation effects)을 주장한 슈럼(Shrum, 2004, 2009)은 이러한 결과를 사람들이 자신들이 쉽게 떠올릴 수 있는(accessible) 현상을 더 빈번하게 발생하는 것으로(prevalent) 추정하기 때문이라고 설명한다. 이 모형의 핵심주장은 첫째, TV를 시청하면 TV에서 자주 묘사하는 구체적인 사례들이 기억에 저장되는데 TV 시청이 증가할수록 이런 사례들은 더 떠올리기가 쉬워진다. 둘째, 특정 사건의 발생 빈도나 확률 등의 판단을 함에 있어 사람들은 주로 관련 사례가 얼마나 있는가(availability)와 같은 휴리스틱에 의존하는 경우가 많은데, 기억하기 쉬운 사례들일수록 더 자주 발생하는 것으로 추정한다는 것이다(Shrum, 2004, 511쪽). 예컨대 최근에 폭력물을 시청한 경험이 있는 경우, 그리고 폭력물을 더 자주 접할수록 폭력적인 사건을 더 쉽게 떠올릴 수 있고, 이는 현실에서의 폭력 발생빈도를 과대 추정하게 만든다는 주장이다. 프라이스와 툭스베리(Price & Tewksbury, 1997) 역시 미디어의 프라이밍 효과를 논의하면서 특정 자극에 노출되었을 때 이와 연관된 개념들이 활성화되는데, 이러한 과정이 장기적, 일상적으로 반복될 경우 관련 개념들이 단지 일시적으로 현저하게 되는 것(temporary accessibility)이 아니라 항상적으로 활성화될(chronic accessibility) 가능성을 제시한 바 있다. 그렇다면 평소 여성혐오발언에 많이 노출되었던 사람들은 여성혐오발언을 접했을 때, 그렇지 않은 사람들에 비해 이전에 보았던 비슷한 발언들을 상대적으로 더 쉽게 떠올릴 수 있고(accessible), 유사한 발언이 우리 사회에서 더 광범위하게 유통되고 있다고(prevalent) 생각할 수 있다. 미디어 메시지에 대한 노출이 미디어 효과의 전제 조건임을 감안할 때, 많은 사람들이 여성혐오발언에 무차별적으로 노출되고 있다고 생각하게 되면, 해당 메시지의 사회적 영향력을 막기 위해 여성혐오발언에 대한 규제를 더 적극적으로 찬성할 것이라고 유추할 수 있다.

종합하면 둔감화(desensitization) 가설은 반복된 노출이 특정 미디어 메시지의 부정적 속성에 대한 민감성을 저하시켜 규제에 대해 미온적인 태도를 취하게 만든다는 주장(즉, 빈번한 노출-메시지 부정성 지각 약화-규제 반대)인 반면, 계발효과의 휴리스틱 처리 모형과 프라이밍 효과에 따르면 반복된 노출이 유사 메시지의 실제 발생 빈도 및 사회적 영향력을 과대평가하게 만들고, 따라서 규제를 찬성하게 만든다는 예측이 가능하다(즉, 빈번한 노출-메시지 영향력 과대평가-규제 지지). 이처럼 평소 메시지 노출빈도가 해당 메시지의 규제에 대한 태도에 미치는 영향에 대한 상반된 이론적 가능성이 존재한다는 점을 고려하여, 본 연구에서는 아래와 같이 연구문제를 도출하였다. 다만, 그 대상이 포르노그래피이든 폭력물이든 간에, 평소 노출이 본인의 선호를 반영한 의도적인 것이라면, 해당 메시지를 선호하는 사람이 본인이 선호하는 메시지에 대한 규제를 반대하는 것은 당연하다고 할 수 있다. 따라서 본 연구에서는 전체 노출량과는 별도로 '의도적 노출량'을 별도로 측정하고 이를 통계적으로 통제함으로써, 미디어 노출과 특정 콘텐츠에 대한 선호의 개념적 혼동(confound)을 바로잡고자 하였다.

<연구문제 1a-b> 여성혐오발언에 대한 평소 노출 정도에 따라 (a) 특정 여성혐오발언이 드러내는 반여성적인 시각 및 (b) 해당 발언이 다른 사람들에게 미치는 부정적인 영향에 대한 판단이 어떻게 달라지는가? 나아가 이러한 판단은 여성혐오발언 규제에 대한 태도에 어떠한 영향을 미치는가?

5. 연구방법

전술한 연구가설 및 연구문제를 검증하기 위해 전국의 20~40대 남녀 성인을 대상으로 웹기반 설문조사를 실시했다. 전국 단위 응답 패널을 보유한 온라인 서베이 회사에 의뢰하여 이메일로 웹사이트 주소를 공지하고, 연령, 성별 할당이 채워질 때까지 선착순으로 접속한 사람들이 연구에 참여하였다. 최종적으로 323명(남: 161명, 여: 162명)이 참여하였는데 평균 연령은 33.4세(SD = 8.63; 20

대: 38%, 30대: 31%, 40대: 31%)였고 실험 참가자들에게는 온라인에서 쓸 수 있는 적립금이 지급되었다.

5.1. 설문 구성

응답자들이 간단한 안내문을 읽고 연구 참여에 동의하면, 인구통계학적 질문과 함께 평소 여성혐오발언 접촉 경험을 측정한 뒤, 총 4가지 유형의 여성혐오발언을 제시했다. 이는 특정 여성혐오발언을 제시할 경우 해당 발언 고유의 특수한 속성으로 인해 결과가 달라지는 것을 방지하고(case-category confounding), 연구 결과의 일반화 가능성을 높이기 위함이다. 여성혐오발언은 2014년 여성단체연합에서 발간한 <온라인상의 여성 혐오 표현 모니터링 보고서>에 나온 주요 사례를 활용하여 포털사이트 <네이버 뉴스>의 댓글형태로 제작했다. 구체적으로 <발언유형1>은 여성의 외모에 대한 발언, <발언유형2>는 연애관 및 여성성에 대한 발언, <발언유형3>은 여성의 능력에 대한 발언, <발언유형4>는 물리적 폭력을 암시하는 발언으로 구성했다[2]. 자극물 제시 순서에 의한 효과를 배제하기 위해 4가지 여성혐오발언의 순서는 무작위로 제시했다. 응답자들은 각각의 발언에 대해 해당 발언이 얼마나 부정적인 여성관을 드러내는지, 본인과 타인에게 얼마나 영향을 미칠 것으로 생각하는지 등의 질문에 답한 뒤, 인터넷상에서의 여성혐오발언 규제에 대한 태도에 관한 문항에 응답했다.

---

2) 제시한 여성혐오발언은 다음과 같다. <발언유형1> "예쁜 애가 예쁜척하면 흐뭇하고 못생긴애가 예쁜척하면 웃긴데 성괴가 예쁜척하면 쟨 진짜 자기가 예쁜줄 착각하는거 같아서 그냥 존나빡침;; 성괴주제에ㅡ", <발언유형2> "데이트 비용 반반 안내는 여자 김치녀 맞죠? 여자분들이 그러셨잖아요 요즘은 다들 반반하고 누가 더치 페이 안하냐구요. 자기들은 반반, 아니 남자보다 더 많이 내며 다들 자기 주변도 그렇다고 말입니다. 그러면 데이트 비용 반반 안내는 여자는 김치년 맞죠? 그런 여자들이 다른 여자들까지 욕먹이는 김치년 맞죠?", <발언유형3> "한국 여성의 단점을 말해줄까? '자립심'이 없다는거다. 한 평생 누군가에게 의지한체 살면서 받기만 할 줄 알지 정작 베풀줄 모르는 종족이 한국 여성이다. 사회생활 해 본 사람이면 알거다. 한국 여성들이 회사에서 어떻게 행동하는지..맨날 회사에서 카톡질이나 하다가 여차저차 힘든일 있으면 툭하면 운다. 그게 사회인이냐? 애다 '애'..또 결혼하면 내조를 잘하는 것도 아님..드라마와 현실도 구분 못해서 눈만 높음..", <발언유형 4> "성매매 금지, 음란물 금지, 불경기로 연애, 결혼 어려움. 결국 남은 건 강간ㅇㅇ. 저런 쓰레기들은 사회에서 격리하고 삼일에 한번씩 패줘야한다."

5.2. 주요변인의 측정

여성혐오발언 접촉 정도는 유홍식(2010)의 연구를 참고하여 전체 접촉 경험과 의도적 접촉을 모두 측정하였다. 전체 접촉 경험은 "귀하께서는 최근 일주일 동안 인터넷에서 얼마나 자주 여성을 비하하는 표현을 접하셨습니까?"라는 질문 ($M = 4.40$, $SD = 1.66$)으로, 의도적 접촉 경험은 "귀하께서는 최근 한 달 동안 인터넷에서 스스로 찾아서 여성비하표현을 접한 경험이 있으십니까?"라는 질문으로($M = 2.26$, $SD = 1.40$) 측정했다(1: 전혀 접한 적이 없다, 7: 자주 접했다).

여성혐오발언에 드러난 부정적 여성관에 대한 인식은 포르노에 대한 태도 (Lo & Wei, 2002) 및 온라인 루머에 대한 태도(이수민, 2013)에 관한 선행연구를 참고하여 각각의 발언에 대해 "위의 게시물이 얼마나 여성에 대한 부정적 시각을 보여준다고 생각하십니까?"를 7점 척도(1: 전혀 부정적이지 않다, 7: 매우 부정적이다)로 측정했다(발언유형1: $M=4.92$, $SD=1.72$; 발언유형2: $M=5.23$, $SD=1.94$; 발언유형3: $M=4.99$, $SD=1.85$; 발언유형4: $M=5.47$, $SD=1.72$).

여성혐오발언이 본인에게 미칠 부정적 영향에 대해서는 "이 게시물은 나의 여성에 대한 인식에 부정적인 영향을 미친다.", "이 게시물을 보고나서 내가 여성을 대하는 행동이 달라질 것 같다" 2개 문항에 대해 7점 척도에 응답하게 하고(1: 전혀 그렇지 않다, 7: 매우 그렇다), 이들 응답의 평균값을 구해 사용했다(발언유형 1: $\alpha = .69$, $M=3.11$, $SD=1.52$; 발언유형2: $\alpha = .77$, $M=3.25$, $SD=1.63$; 발언유형 3: $\alpha = .83$, $M=3.18$, $SD=1.60$; 발언유형4: $\alpha = .81$, $M=3.35$, $SD=1.53$).

타인에게 미칠 부정적 영향에 대해서는 타인의 유형을 ① 다른 사람들 ② 다른 남성들 ③ 다른 여성들의 3가지로 구분한 뒤, 이 중 한 질문에만 답하게 했는데 이는 다른 남성, 다른 여성, 그리고 타인에게 미치는 영향을 모두 물어볼 경우 평소 생각해 보지 않았던 집단간 비교를 유도할 수 있기 때문이다. 본인에게 미치는 영향을 측정할 때와 마찬가지로, 각각의 혐오발언에 대해 "이 게시물은 다른 사람/다른 남성/다른 여성들이 여성에 대해 가지는 인식에 부정적 영향을 미친다", "다른 사람/다른 남성/다른 여성들은 이 게시물을 보고 여성을 대하는 행동이 달라질 것 같다"에 대해 7점 척도(1: 전혀 그렇지 않다, 7: 매우 그렇다)에 응답하게 한 뒤, 평균을 구해 여성혐오발언이 타인에게 미치는 영향에 대한 지각 점수로 사용했다(발언1: $\alpha = .74$, $M=3.83$, $SD=1.47$; 발언2: $\alpha = .84$, $M=4.06$, $SD=1.60$; 발언3: $\alpha = .83$, $M=3.93$, $SD=1.59$; 발언4: $\alpha = .81$, $M=3.53$, $SD=1.70$).

　　온라인상의 여성혐오발언에 대한 규제지지는 기존 악성댓글 규제에 관한 연구에서 사용한 측정항목(유홍식, 2010)을 수정하여, "여성혐오발언에 대한 모니터링을 강화해야 한다", "여성혐오발언 작성자를 처벌해야 한다", "여성혐오발언을 정부에서 규제해야 한다"는 주장에 대한 동의 정도를 7점 척도로 측정하고(1: 적극 반대, 7: 적극 찬성), 응답의 평균값을 구해 사용하였다($\alpha = .91$, $M=4.82$, $SD=1.75$).

▼〈표 1-1〉 주요 변인들의 기술통계 및 상관계수: '다른 사람'에 대해 응답한 집단($n = 108$)

변인	$M(SD)$	1	2	3
1. 메시지의 부정적 여성관 인식	5.17(1.46)			
2. 본인에게 미치는 영향력 지각	3.28(1.13)	-.33**		
3. 다른 사람에게 미치는 영향력 지각	3.90(1.25)	-.06	.68**	
4. 여성혐오발언 규제 지지	4.85(1.76)	.39**	.20*	.38**

▼〈표 1-2〉 주요 변인들의 기술통계 및 상관계수: '다른 남성'에 대해 응답한 집단($n = 109$)

변인	$M(SD)$	1	2	3
1. 메시지의 부정적 여성관 인식	5.14(1.55)			
2. 본인에게 미치는 영향력 지각	3.36(1.17)	-.20*		
3. 다른 남성에게 미치는 영향력 지각	4.30(1.32)	.17	.58**	
4. 여성혐오발언 규제 지지	4.84(1.80)	.37**	.09	.45**

▼〈표 1-3〉 주요 변인들의 기술통계 및 상관계수: '다른 여성'에 대해 응답한 집단(n = 106)

변인	$M(SD)$	1	2	3
1. 메시지의 부정적 여성관 인식	5.15(1.57)			
2. 본인에게 미치는 영향력 지각	3.02(1.35)	-.42**		
3. 다른 여성에게 미치는 영향력 지각	3.30(1.37)	-.26**	.82**	
4. 여성혐오발언 규제 지지	4.75(1.71)	.29**	.08	.09

*p 〈 .05, **p 〈 .01, ***p 〈 .001

6. 연구결과

　　〈연구가설 1〉은 동일한 여성혐오발언에 대해 여성들이 남성들보다 더 부정적인 여성관을 드러내는 것으로 인식할 것이라 예측했다. 이를 위해 2(성별: 남성 vs. 여성) × 4(발언유형: 유형1 vs. 유형2 vs. 유형3 vs. 유형4) 혼합설계 분산분석을 실시했다. 분석 결과, 성별에 따라 여성혐오발언이 드러내는 부정적 여성관에 대한 인식이 유의하게 달라졌는데, $F(1, 321)$ = 44.70, p < .001, 부분에타제곱 = .12, 여성이 남성보다 해당 여성혐오발언이 더 여성에 대한 부정적 시각을 드러내는 것으로 평가했다. 하지만 성별과 발언유형의 상호작용 역시 유의하게 나타났는데, $F(3, 963)$ = 3.18, p = .02, 부분에타제곱 = .01, 4가지 발언유형 중에서 여성의 외모, 특히 성형수술을 한 여성을 비난하는 내용의 〈발언유형1〉에 대해 남녀간 인식 차이가 상대적으로 작게 나타났다(발언유형1: t = 3.91, p < .001; 발언유형2: t = 5.70, p < .001; 발언유형3: t = 6.29, p < .001; 발언유형4: t = 6.14, p < .001); 〈그림 2〉 참조). 종합하면, 발언의 종류에 따라 정도의 차이는 다소 있지만, 해당 발언의 여성관에 대한 평가가 성별에 따라 다를 것이라는 〈연구가설1〉은 지지되었다.[3]

---

3) 성별과 발언유형 간 상호작용을 성별에 따라 나누어 분석한 결과, 남성과 여성 모두 발언 유형에 따라 메시지의 부정적 여성관에 대한 지각이 달라졌다, $F(3, 480)$ = 5.83, p = .001, 부분에타제곱 = .04, (남성), $F(3, 483)$ = 13.92, p < .001, 부분에타제곱 = .08(여

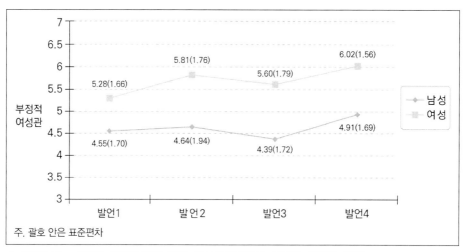

▲ 〈그림 1〉 성별과 발언유형에 따른 여성혐오발언의 부정적 여성관 인식

　　〈연구가설 2〉는 여성의 경우 다른 남성들에 대한 영향력을 평가할 경우 다른 여성들에 대한 영향력을 평가하는 경우에 비해 제3자 효과를 크게 보이지만, 남성의 경우에는 이러한 차이가 약화될 것으로 예측했다. 이를 검증하기 위해 타인에게 미치는 영향력에서 본인에게 미치는 영향력 점수를 뺀 값(제3자 지각)을 구한 뒤, 이를 종속변인으로 하여 2(성별: 남성 vs. 여성) × 3(타인유형: 다른 사람 vs. 다른 남성 vs. 다른 여성) × 4(발언유형: 유형1 vs. 유형2 vs. 유형3 vs. 유형4) 혼합설계 분산분석을 실시했다. 개체 내 요인인 발언유형을 포함한 삼원상호작용이 유의했으므로, $F(6, 951) = 4.20$, $p < .001$, 부분에타제곱 = .03, 각 발언유형에 대해, 2 × 3(성별 × 타인유형) 이원분산분석을 실시했다.

　　먼저 발언유형에 관계없이 성별과 타인유형 간에 유의한 상호작용이 나타났는데, 발언유형1, 2, 3은 거의 동일한 양상을 보였다(〈그림 2-1〉부터 〈그림 2

　　성). 남성의 경우에는 발언1과 4($p = .008$), 발언2와 3($p = .02$), 발언2와 4($p = .04$), 그리고 발언3과 4($p < .001$)의 차이가 유의했다. 여성은 발언1과 2($p < .001$), 발언1과 3($p = .02$), 발언1과 4($p < .001$), 그리고 발언3과 4($p < .001$)의 차이가 유의하게 나타났다. 상식적으로 예상할 수 있듯, 외모에 대한 비하(발언1)이나 능력에 대한 비하(발언3)은 직접적 폭력 암시(발언4)에 비해 상대적으로 여성에 대해 덜 부정적인 시각을 드러내는 것으로 평가되지만, 여성의 경우는 특히 외모(성형), 남성의 경우는 능력에 대한 폄하를 덜 부정적으로 받아들이고 있음을 알 수 있다.

-3> 참조). 구체적으로, 여성은 타인의 성별에 따라 다른 남성, 다른 사람, 다른 여성 순으로 제3자 지각을 보이는 정도가 유의하게 달라진 반면, $F = 11.85$, $p < .001$, 부분에타제곱 = .13(발언유형1); $F = 19.77$, $p < .001$, 부분에타제곱 = .20(발언유형2), $F = 20.10$, $p < .001$, 부분에타제곱 = .20(발언유형3), 남성은 지각대상자의 성별에 따른 차이를 거의 보이지 않았다, 모든 $Fs < 1.06$, $ps > .35$. 하지만 가장 극단적이고 여성에 대한 폭력을 조장하는 내용을 담은 <발언유형 4>("성매매 금지, 음란물 금지, 불경기로 연애, 결혼 어려움. 결국 남은 건 강간○○. 저런 쓰레기들은 사회에서 격리하고 삼일에 한번씩 패줘야한다")는 이와 반대 양상을 보였다(<그림 2-4> 참조). 남성들은 타인 유형에 따라 제3자 지각의 크기가 달라져서, $F = 3.55$, $p = .03$, 부분에타제곱 = .04, 특히 다른 여성들이 다른 사람들($p = .01$)이나 다른 남자들($p = .053$)에 비해 더 부정적인 영향을 받을 것이라고 인식했으나, 여성 응답자들은 지각대상자의 성별에 따른 차이를 보이지 않았다, $F = 2.03$, $p = .13$, 부분에타제곱 = .03. 종합하면, 지각대상자의 성별에 따른 제3자 지각의 차이가 여성에게서 더 두드러지게 나타날 것이라는 <연구가설 2>는 <발언유형4>를 제외하고 모두 지지되었다.[4]

---

[4] 한편 메시지 수용자의 성별, 타인 유형별 각 집단에 대해 발언유형별로 단일집단 t검증을 실시, 여성혐오발언에 대해 제3자 지각이 존재하는가(즉, 타인이 본인보다 영향을 더 받는다고 지각하는가)를 확인했다. 여성의 경우는 모든 발언유형에 대해 다른 남성($2.14 < ts < 7.54$, $ps < .04$), 다른 사람($3.89 < ts < 4.82$, $ps < .001$)들이 본인보다 영향을 많이 받는다고 응답했지만, 다른 여성들과의 비교에서는 발언유형 4($t = 4.34$, $p < .001$)를 제외하고는 제3자 지각을 보이지 않았다, $ts < 1.53$, $ps > .13$. 한편 남성의 경우는 전체적으로 제3자 효과의 크기가 여성에 비해 작았고 통계적으로 유의하지 않은 경우도 발견되었지만(다른 남성, 발언유형4, $p = .50$; 다른 사람, 발언유형4, $p = .19$; 다른 여성, 발언유형3, $p = .34$), 대체로 본인보다는 다른 사람들이 더 여성혐오발언의 부정적 영향을 받을 것이라 추정했다.

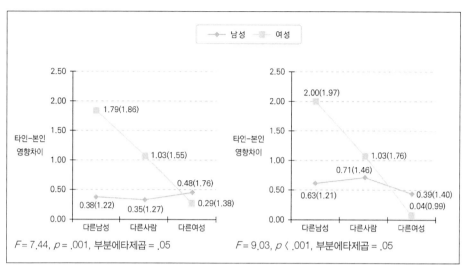

〈그림 2-1〉 발언유형 1   〈그림 2-2〉 발언유형 2

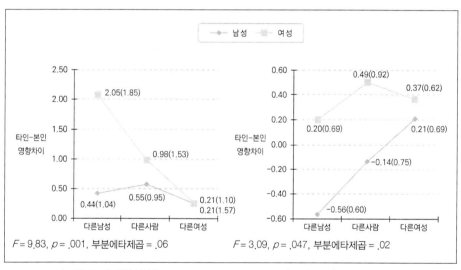

〈그림 2-3〉 발언유형 3   〈그림 2-4〉 발언유형 4

▲ 〈그림 2〉 성별과 타인 유형이 제3자 지각에 미치는 상호작용효과

<연구가설 3a-b>는 여성혐오발언을 더 부정적으로 지각할수록(3a), 타인, 특히 다른 남성들에게 미치는 부정적 영향이 크다고 지각할수록(3b) 여성혐오발언 규제를 지지할 것이라 예측했다. 이를 검증하기 위해 타인 유형별로 위계적 다중 회귀분석을 실시했다. 규제에 대한 태도에 영향을 미칠 것으로 생각되는 다른 변인들(성별, 여성혐오발언 의도적 접촉 경험, 본인에게 미치는 영향)을 먼저 투입한 뒤, 다음 단계에서 메시지의 부정적 여성관에 대한 지각 및 타인에게 미치는 영향에 대한 지각 변인을 투입했다(<표 2> 참조). 먼저, 타인 유형이 '다른 사람'일 때, 1단계에서는 여성이 남성보다, 여성혐오메시지를 의도적으로 접촉한 경험이 적은 사람일수록, 본인에게 미치는 영향력이 크다고 생각하는 사람일수록 여성혐오발언 규제에 더 호의적인 것으로 나타났다. 하지만 '다른 사람'에게 미치는 영향력 변인과 메시지의 반여성적 시각에 대한 인식을 추가로 투입했을 때 본인에게 미치는 영향은 더 이상 여성혐오발언 규제에 대한 태도를 설명하지 못했다. 가설과 관련, 메시지 지각이 부정적일수록(<연구가설 3a>), 다른 사람에게 미치는 영향력이 크다고 생각할수록(<연구가설 3b>) 규제를 지지하는 경향을 보였으나 후자는 유의수준에 미치지 못했다($p = .09$).

다음으로 타인 유형이 '다른 남성'일 때에는 성별과 더불어 메시지의 부정적 여성관 인식과 타인에게 미치는 영향에 대한 인식이 규제 지지를 예측하는 변인으로 나타났다. 즉 여성이 남성보다, 메시지가 부정적 여성관을 보인다고 생각할수록, 해당 메시지가 다른 남성들에게 부정적 영향을 줄 것으로 생각할수록 여성혐오발언 규제에 호의적인 태도를 보였다. 반면에 제3자가 '다른 여성'일 때에는 성별이 규제 지지를 예측하는 유일한 변인이었는데, 유의수준에는 미치지 못했으나 제시된 여성혐오발언이 부정적 여성관을 보인다고 인식할수록 규제를 지지하는 경향을 발견했다($p = .08$). 종합하면, 메시지를 부정적으로 평가할수록(<연구가설 3a>), 특히 다른 남성들에게 미치는 부정적 영향이 크다고 지각할수록 여성혐오발언 규제를 지지할 것이라고 예상한 <연구가설 3b>는 지지되었다. 한편, 이와는 대조적으로 본인에게 미치는 영향을 통제변인에서 제외한 뒤, 타인에 미치는 영향 대신 제3자 지각(타인영향력-본인영향력)을 예측변인으로 투입한 경우, 세 집단 모두에서 규제지지를 설명하지 못하는 것으로 드러나(모든 $t < 1.39$, $p > .17$), 제3자 지각이 미디어 규제에 대한 태도를 유발하는

▼〈표 2〉 여성혐오발언 규제 지지에 대한 위계적 회귀분석 결과

변인	여성혐오발언 규제지지					
	다른 사람(*n* = 108)		다른 남성(*n* = 109)		다른 여성(*n* = 106)	
	1	2	1	2	1	2
성별	-.56***	-.40***	-.60***	-.42***	-.59***	-.53***
여성혐오발언 의도적 접촉	-.18*	-.17*	-.09	-.02	.03	.04
본인에게 미치는 영향력 지각	.17*	.16	.11	-.02	.06	.04
타인에게 미치는 영향력 지각		.18		.24*		.10
메시지의 부정적 여성관 인식		.29**		.17*		.17
R^2	.39***	.47***	.36***	.42***	.35***	.38***
R^2변화량		.08***		.06**		.03

*p 〈 .05, **p 〈 .01, ***p 〈 .001   숫자는 표준화된 회귀계수; 성별: 여성 = 0, 남성 = 1

요인으로서 한계가 있음을 시사했다.

　마지막으로 〈연구문제 1a-b〉는 여성혐오발언에 대한 노출 정도에 따라 여성혐오발언에 드러난 여성관에 대한 인식이나 다른 사람들에게 미치는 영향에 대한 판단이 달라지는지, 나아가 이러한 판단은 여성혐오발언 규제에 대한 태도에 어떤 영향을 주는지 알아보고자 했다. 이를 위해 여성혐오발언 노출 정도를 독립변인, 규제에 대한 지지도를 종속변인, 메시지의 반여성적 시각 및 메시지가 다른 사람들에게 미치는 영향력에 대한 인식을 두 개의 매개변인으로 하는 연구모형을 프로세스 기법(Hayes, 2013)으로 분석하였다(〈그림 3〉 참조). 이때 성별은 앞서 메시지의 부정적 여성관 및 사회적 영향력에 대한 인식에 영향을 주는 것으로 나타났고, 의도적 노출은 해당 발언에 대한 선호가 개입된다는 측면에서 규제 지지도에 영향을 줄 수 있으며, 본인에게 미치는 영향력은 타인에게 미치는 영향력을 주어진 추정함에 있어 사람마다 척도를 해석, 활용하는 기준(response anchor)이 다를 수 있기 때문에 개인차를 통제하는 의미에서 통제

변인으로 활용했다. 분석결과, 둔감화 가설에서 예측한 것과 달리, 노출 정도는 여성혐오발언의 부정적 여성관에 대한 인식에 유의한 영향을 주지 않았을 뿐 아니라 규제에 대한 태도에도 직접 효과를 미치지 않는 것으로 나타났다. 이와는 달리, 여성혐오발언에 평소에 노출되었던 경험이 많을수록 해당 발언이 타인에게 미치는 영향을 높게 인식했고, 이는 여성혐오발언 규제에 대한 지지도를 높였다(<그림 3> 참조). 즉, 평소 여성혐오발언 노출 정도는 메시지의 사회적 영향력에 대한 지각을 매개로 규제에 대한 태도에 간접 효과를 미치는 것으로 나타났다(b = .02, 1000 Bootstrapping 결과, 95% 신뢰구간 LL: .0019, UL: .0454). 한편 노출 정도의 직접효과는 유의하지 않아(b = .06, t = 1.31, p = .19), 여성혐오발언에 대한 노출은 메시지의 사회적 영향력에 대한 우려를 촉발하는 경우에만 규제에 대한 지지로 이어짐을 알 수 있다.

동일한 분석을 타인 유형에 따라 집단을 구분하여 실시한 결과, 모든 집단에서 노출 정도는 여성혐오발언의 부정적 여성관에 대한 인식에 영향을 주지 않았을 뿐 아니라(ts < 1.48, ps > .14), 규제에 대한 태도에도 직접 효과를 미치지 않는 것으로 나타나(ts < 1.18, ps > .24) 둔감화가설은 지지되지 않았다. 반면, 타인에게 미치는 영향력을 매개로 한 접촉빈도의 간접 효과는 '다른 남성'을 지각대상으로 한 경우에만 유의하게 나타났다(b = .04, 1000 Bootstrapping 결과, 95% 신뢰구간 LL: .0016, UL: 1017). 즉, 여성혐오발언에 자주 노출되면, 다른 남성들에게 부정적 영향을 미칠 것이라 생각하게 되고(b = .12, t = 2.32, p = .02), 이는 규제에 대한 호의적 태도도 이어졌다(b = .32, t = 2.01, p = .047). 전체집단을 대상으로 한 경우와 마찬가지로 노출 정도의 직접효과는 유의하지 않았다(b = .03, t = .35, p = .73).

이에 비해 '다른 사람'에 대한 영향력을 추정한 경우, 평소 여성혐오 발언을 접한 경험이 많을수록 다른 사람들에게 미치는 부정적인 영향력을 높게 추정하긴 했으나(b = .13, t = 2.23, p = .03), 다른 사람에 대한 영향력을 크게 판단했다고 해서 규제를 더 지지하지는 않았다(b = .24, t = 1.56, p = .12). 한편 '다른 여성'을 비교 대상으로 한 집단의 경우, 여성혐오발언을 자주 접했다고 해서 특정 발언을 접했을 때 다른 여성들이 영향을 많이 받을 것이라 추정하지 않았고(b = .05, t = 1.05, p = .29), 다른 여성에 대한 영향력 지각이 규제에 대한 지지를

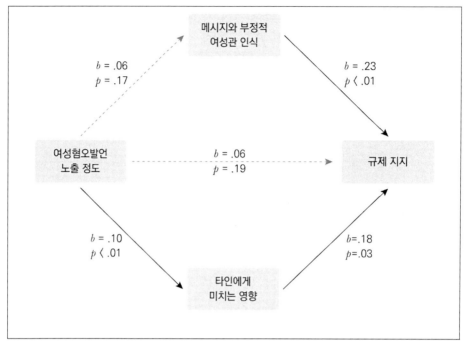

▲ 〈그림 3〉 여성혐오발언 노출 정도가 규제 지지에 미치는 간접효과(N = 323)

높이지도 않았다(b = .10, t = .58, p = .56).

7. 논의 및 결론

7.1. 연구결과 요약

본 연구는 최근 심각한 사회 문제로 부각된 인터넷 상의 여성혐오발언과 관련, 해당 발언에 대한 규제를 지지하는 정도에 개인적, 집단적 차이가 있다고 보고, 이러한 차이를 기존의 미디어 효과 연구에서 발전시킨 다양한 이론적 개념들을 동원하여 이해하고자 했다. 구체적으로 여성혐오발언 메시지 자체의 반여성적 시각에 대한 판단, 그리고 해당 메시지의 부정적인 사회적 영향력에 대한 인식에 초점을 맞추어 응답자의 성별에 따라 여성혐오발언의 논조에 대한 인식이 달라지는지(<연구가설 1>), 그리고 응답자의 성별 및 타인유형에 따라 여성혐오발언의 사회적 영향력에 대한 지각이 다르게 나타나는지(<연구가설 2>) 검증했다. 나아가 메시지의 부정성에 대한 판단 및 사회적 영향력에 대한 인식이 행동적 측면에서 여성혐오발언 규제에 대한 태도에 어떠한 영향을 미치는지를 검증하고(<연구가설 3a-b>), 마지막으로 평소 여성혐오발언 접촉경험이 어떤 인지적 경로를 거쳐 규제에 대한 태도에 영향을 주는지를 탐색했다(<연구문제 1a-b>). 연구결과를 요약하면 다음과 같다.

첫째, 응답자의 성별에 따라 여성혐오발언이 드러내는 반여성적 시각에 대한 인식과 사회적 영향력의 크기에 대한 평가가 다르게 나타났다. 사회적 정체성 이론과 적대적 미디어 지각에 근거하여 예측한 대로, 여성이 남성보다 여성혐오발언이 드러내는 반여성적 시각을 더 분명하게 인식했고, 메시지가 다른 사람들에게 미치는 부정적 영향도 더 클 것으로 평가했다. 흥미로운 것은 발언 유형에 따른 차이로, 성형수술과 관련된 혐오발언에서 성별에 따른 인식 차이가 상대적으로 작게 나타났는데, 이는 성형수술을 하지 않은 여성 응답자들의 경우 본인과 무관한, '일부'(성형 수술을 받은) 여성들에 대한 공격이라는 점에서 해당 메시지에 대해 거부반응을 덜 보인 것으로 추론할 수 있다. 하지만 적대적 미디어 지각 연구에서 주장하듯(Gunther et al., 2006; Lee, 2012) 미디어 메시지가 다른 사람에게 미칠 부정적 영향력에 대한 염려 때문에 편향적(적대적) 지각이 발생한다는 주장은 지지되지 않았다. 구체적으로 타인에게 미치는 영향에 대한 추정과 메시지의 반여성적 시각에 대한 인식 간에는 유의한 상관관계가 없거나('다른 사람'에 대해 응답한 집단: $r = -.06$, $p = .54$) 오히려 부적 상관관계('다른 여성'에 대해 응답한 집단: $r = -.26$, $p = .007$)가 나타났다. 해당 메시지가 반여성적이라고 생각할수록 '다른 여성'들이 그다지 부정적 영향을 받지 않을 것이라고 인식한다는 사실은, 여성혐오발언에 대한 여성들의 반작용, 즉 일종의 부메랑 효과(boomerang effect)를 반영한 것으로 해석된다. '다른 남성'에 대해 응답한 집단의 경우, 정적인 관계를 보이기는 했지만 통계적으로 유의한 수준에 미치지는 못했는데($r = .17$, $p = .08$), 종합하면 적대적 미디어 지각 관련 논의를 집단 정체성 관점에서 심화시킬 필요성을 시사한다.

둘째, 여성혐오발언의 사회적 영향력 지각과 규제에 대한 태도 간의 관계를 검증하면서 본 연구에서는 제3자 효과에 주목했다. 먼저 제3자 지각과 관련, 발언 유형에 따라 차이는 있었으나, 여성의 경우 대체로 '다른 남성'에 대해 제3자 효과를 가장 크게 보였고, 내집단이자 해당 메시지의 공격대상인 '다른 여성'을 대상으로는 했을 때는 제3자 효과가 거의 나타나지 않았다. 이는 여성혐오발언처럼 가해자와 피해자, 내집단과 외집단을 분명하게 특징짓는 메시지의 경우, 집단정체성이 제3자 효과를 조절하는 주요 요인이 됨을 확인한 것으로, "사회적 정체성이 두드러지고"(남녀 집단간 갈등을 부추기는 여성혐오메시지의 본질적 속성), "지각대상자가 외집단이며"(남성), "미디어 메시지가 외집단에 의해 규범적인 것으로 받아들여질 때"(남성중심 온라인 커뮤니티 등에서 여성혐오발언을 장려함), 제3자 지각이 증폭된다고 설명하는 자기범주화이론의 관점(Reid & Hogg, 2005)을 지지하는 동시에, 관여도가 높은 사람들이 메시지의 영향력을 추정함에 있어 지각대상자의 속성을 더 적극적으로 고려한다는 선행 연구결과와도 부합된다(정일권, 2006). 하지만 몇몇 연구자들이 논리적, 경험적 근거를 들어 비판하였듯(Lo & Wei, 2002; Chung & Moon, 2016), 제3자 지각(타인과 본인에 대한 영향력의 차이)은 규제에 대한 태도에는 별다른 영향을 미치지 못하는 것으로 나타나 소위 제3자 효과의 행동적 차원을 재검토할 필요성을 제기했다.

한편 발언유형에 따라 응답자의 성별과 타인 유형의 상호작용이 달리 나타났다는 점도 주목할 만하다. 본 연구에서는 발언유형을 정의함에 있어 특정한 이론적 개념을 중심으로 메시지의 속성을 체계적으로 변형시킨 것이 아니라, 흔히 인터넷에서 접하는 다양한 유형의 메시지를 제시함으로써 연구결과를 여성혐오발언 일반에 적용하고자 했기 때문에 발언유형에 따른 차이를 설명하는 데는 한계가 있다. 실제로 제3자 지각과 관련 독특한 결과를 보인 <발언유형4>의 경우, 노골적으로 성폭력을 정당화한다는 점에서 다른 발언유형들과 구분되지만, 메시지의 반여성성에 대한 지각을 공변인으로 투입한 경우에도 결과는 거의 달라지지 않았다. 이는 메시지의 반여성적 성격 혹은 극단성(extremity)으로 치환되지 않는 다른 메시지의 속성이 결과에 영향을 미쳤음을 시사하는 것으로, 다양한 여성혐오발언을 메시지의 형식과 내용 측면에서 다차원적으로 분석, 유형화한 뒤 각 유형에 따른 효과의 차이를 비교해 봄직하다.

여성혐오발언 규제에 대한 태도는 메시지의 부정적 여성관에 대한 인식, 그리고 '다른 남성'들에게 미칠 부정적 영향에 대한 지각에 따라 달라졌다. 반면 '다른 여성'에게 미칠 부정적 영향은 규제에 대한 태도와 유의한 관계를 보이지 않았다. 이는 여성혐오발언이 여성들을 불쾌하게 만들고 스스로에 대한 부정적 인식을 유발하여 행동을 위축시킬 것이라는 우려보다는 다른 남성들이 여성에 대해 그릇된 인식을 형성하는 것에 대한 염려가 여성혐오발언 규제에 대한 지지로 이어짐을 보여준다. 사실 지금까지 제3자 효과 연구에서는 '제3자'를 어떻게 정의할 것인가의 문제에는 많은 관심을 보였으나, 미디어의 '영향력'을 어떻게 정의할 것인가의 문제에는 상대적으로 소홀했던 것으로 보인다. 하지만 여성혐오메시지의 부정적 영향은 메시지 수용자의 성별에 따라 자존감 상실, 외집단 (이성)에 대한 적대적 행위 등 다양한 형태로 나타날 수 있기 때문에, 영향력의 크기 뿐 아니라 영향력의 구체적 내용에도 관심을 가질 필요가 있다. 여성에 대한 영향력 지각은 규제 지지로 이어지지 않는 반면, 남성에 대한 영향력 지각은 규제에 대한 호의적 태도와 관계를 보인 것은 어쩌면 여성에 미치는 영향은 개인내적, 심리적 수준에서 발생하지만(자존감 상실), 남성들의 경우 여성에 대한 공격적 행동을 유발할 수 있고 따라서 사회적 제재가 필요하다고 생각하기 때문인지도 모른다.

평소 여성혐오발언 접촉경험이 많을수록 응답자들은 해당 발언이 타인에게 더 큰 부정적 영향을 미칠 것이라 추정했고, 이는 발언 규제에 대한 지지로 이어졌다. 하지만 폭력물(Hoffner et al., 1999), 포르노그래피(Gunther, 1995), 자살보도(김인숙, 2009), 악성댓글(유홍식, 2010) 등 부정적 메시지에 대한 선행연구에서 접촉경험이 많을수록 해당 자극에 둔감해져서(desensitization) 메시지의 부정성을 낮게 평가한다("더한 것도 많이 봤는데, 이 정도가 무슨 문제?")고 주장한 것과 달리, 본 연구에서는 평소 노출경험이 여성혐오발언의 반여성성에 대한 인식에 별다른 영향을 미치지 않았다. 이는 여성혐오발언에 자주 노출된다고 해서 실제로 메시지 자체에 대한 해석이나 판단이 달라지지는 않음을 시사하는 것일 수 있으나, 방법론적 측면에서 본 연구는 접촉 경험을 자기보고식으로 측정했기 때문에 그 정확성과 타당성에 의문을 제기할 수 있다. 따라서 실제 노출빈도를 객관적으로 측정하거나 실험적으로 조작함으로써 접촉 경험의 효과를 보다 엄밀한 방식으로 재검증해 봄직하다.

## 7.2. 본 연구의 한계 및 향후 연구 방향

첫째, 본 연구에서는 텍스트로만 구성된 여성혐오발언을 제시하고 이에 대한 반응을 측정했기 때문에 실제 인터넷상에서 유통되는 여성혐오발언의 다양한 유형을 온전히 반영하지 못했다. 또한 남성 위주 커뮤니티 및 익명 게시판에서는 훨씬 폭력적이고 욕설을 담은 발언이 많으나 연구 윤리상 발언수위를 실험에 알맞게 순화시켜야 했다. 특히 인터넷 상에서는 만화, 사진, 동영상 등과 결합된 형태의 여성혐오발언들, 유머로 포장된 여성혐오발언들도 많이 있는데, 다른 감각 매체(modality) 및 감정요소와 결합된 여성혐오발언의 경우에는 어떠한 결과가 나타나는지 후속 연구를 통해 확인할 필요가 있다.

둘째, 본 연구는 여성혐오발언 규제에 대한 태도를 예측하는 요인들로 성별, 메시지의 부정적 여성관 인식, 본인에게 미치는 영향, 타인에게 미치는 영향 등을 고려했다. 그러나 혐오발언에 대한 규제는 인터넷상의 표현의 자유와 연관된 이슈라는 점에서 관련 변인들을 좀 더 다양하게 고려하는 것이 바람직하다. 일례로 정치적 성향이나 이슈 관여도 등도 여성혐오발언 규제에 대한 태도에 영향을 미칠 수 있으므로 향후 연구에서는 이러한 변인들을 함께 고려할 필요가 있다.

셋째, 여성은 타인의 유형에 따라 제3자 지각의 크기가 달라지지만 남성은 그렇지 않다는 결과가 남성 수용자들의 내집단 편향의 작동결과인지 아니면 관여도의 차이에 따른 것인지, 아니면 두 요인 모두의 효과인지를 엄밀히 검증할 필요가 있다. "특정한 지각대상자와 메시지의 관계가 분명할 경우 수용자의 미디어 효과 예상은 동기적 요소보다 인지적 요소에 의해 결정될 가능성이 크다"는(정일권, 2006, p. 388) 점을 감안하면 관여도의 효과로 해석할 수 있으나, 엄격한 검증을 위해서는 여성혐오발언에 대한 개인 수준의 관여도를 측정할 필요가 있다. 상식적으로 여성혐오발언의 직접적 공격 대상인 여성들이 남성보다 해당 발언에 대해 높은 관여도를 보일 것으로 예상되지만, 집단 정체성의 강도에는 개인차가 있기 때문에 여성혐오발언에 대한 관여도를 별도로 측정함으로써 제3자 효과를 증폭 혹은 억제하는 수용자 요인에 대한 이해를 높일 수 있을 것으로 기대한다.

374

넷째, 본 연구에서는 메시지가 전달되는 구체적 맥락보다는 메시지의 내용에 초점을 맞추어 사람들이 메시지 논조 및 그 사회적 영향력을 어떻게 인식하는지를 측정하였으나, 해당 메시지가 구체적으로 어떤 커뮤니케이션 채널을 통해서 전달되었는가에 따라 연구결과가 달라질 가능성이 있다. 예를 들어 페이스북을 통해 메시지를 접하는 경우 사람들이 해당 메시지를 보다 개인적인 것으로 받아들여 메시지의 대중적 영향력을 상대적으로 과소평가하는 경향이 있다면(Schweisberger, Billinson, & Chock, 2014), 해당 메시지를 뉴스 웹사이트에 달린 댓글로 제시하는 경우와 소셜 미디어 메시지로 제시하는 경우는 다른 결과를 보일 수 있다. 따라서 향후 연구에서는 메시지가 전달되는 채널을 조작함으로써 커뮤니케이션 채널이 메시지 내용과의 상호작용을 통해 제3자 효과에 어떤 영향을 미치는지 검증해 볼 만하다.

특정 집단을 공격, 비하하고 이들에 대한 차별과 혐오를 노골적으로 부추기는 혐오발언에 대한 광범한 문제의식에도 불구하고, 규제에 대한 사회적 합의를 도출하는 것은 쉽지 않다. 지금까지 혐오발언 규제는 주로 법적인 관점에서 표현의 자유 및 명예훼손에 관한 사안으로 간주되어 왔는데(박용숙, 2014), 구체적으로 '무엇을 혐오발언으로 규정할 것인가'를 정의함에 있어 혐오발언의 규제 대상 및 수위를 정하는 것은 매우 어려운 과제이다. 본 연구는 인터넷에서 흔히 접할 수 있는 여러 유형의 구체적인 여성혐오발언을 제시하고, 이에 대한 반응을 측정함으로써 동일한 혐오발언을 접하더라도 본인의 집단 정체성 및 노출 경험에 따라 해당 메시지의 논조나 본인 및 타인에게 미치는 부정적 영향에 대한 인식이 달라지고, 해당 메시지의 사회적 영향력에 대한 주관적 판단이 혐오발언의 법적 규제에 대한 태도에 영향을 미칠 수 있음을 확인했다. 전사회적으로 유통되는 집단 차별적 표현의 부작용을 최소화하기 위해서는 법적, 제도적 논의와 함께 현상에 대한 체계적 분석과 이해가 필수적이며, 본 연구는 커뮤니케이션적 관점에서 여성혐오발언의 사회적 함의를 이해하는 단초를 제공했다는 점에서 그 의의를 찾을 수 있다.

[참고문헌]

강정석(2013), 일간베스트저장소: 일베의 부상, <문학/과학>, 75호, 273-302.

고은지(2016. 3. 13), 불만 쌓인 남성들…과반이 여성비하 표현에 공감, <연합뉴스>, URL:http://www.yonhapnews.co.kr/bulletin/2016/03/12 0200000000AKR20160312029300005.HTML?input = 1195m

김민정(2014), 일베식 "욕"의 법적 규제에 대하여: 온라인상에서의 혐오표현에 대한 개념적 고찰, <언론과 법>, 13권 2호, 131-163.

김수아·허다운(2014). 온라인상의 여성 혐오 표현 모니터링 보고서.(연구보고서 2014-1-05). 서울: 한국여성단체연합.

김인숙(2009), 연예인 자살보도와 제3자 효과, <언론과학연구>, 9권 3호, 344-367.

박아란·양정애(2016), 혐오표현과 여성혐오에 대한 인식, <미디어이슈>, 2권 7호, 1-14.

박용숙(2014), 미국에서의 증오표현행위의 규제에 관한 판례경향, <강원법학>, 41권, 467-509.

박혜림(2015, 12, 22). "여자는 안돼" "남자는 잘못됐다" … 댓글창 이성혐오 전쟁, <헤럴드경제>, URL:http://news.heraldcorp.com/view.php?ud = 20151222000951

안상욱(2011), <한국사회에서 '루저문화'의 등장과 남성성의 재구성>, 서울대학교 대학원 석사학위 논문.

오세혁(2009), 판결서의 구조와 양식에 관한 비교법적 고찰, <비교사법>, 1권 3호, 631-675.

유홍식(2010), 악성 댓글에 대한 제3자 효과 연구, <한국방송학보>, 24권 5호, 238-278.

윤보라(2013), 일베와 여성 혐오: 일베는 어디에나 있고 어디에도 없다, <진보평론>, 57호. 33-56.

이수민(2013), <온라인 허위 루머와 제3자 효과: 미디어 이용, 지각적 편향, 미디어 규제와의 관계를 중심으로>, 연세대학교 대학원 석사학위 논문.

정성은·이원지(2012). 제삼자 지각 가설의 재구성. <한국언론학보>, 56권 5호, 322-349.

정일권(2006). 지각대상자에 따른 제3자 효과 지각 변화의 원인. <한국언론정보학보>, 35호, 362-393.

조소희(2015. 7. 4). 왜 2030남성은 여성을 혐오하게 되었나, <부산일보>. URL: http://news20.busan.com/controller/newsController.jsp?newsId = 20150704000030

한윤형(2013), 왜 한국 남성은 한국여성들에게 분노하는가: 여성혐오, 한국사회가 가지고 있는 어떤 특수 성, <문학/과학>, 76호, 185-201.

上野 千鶴子.(2010). 女ぎらい ニッポンのミソジニ-(1st ed.). 나일등(역)(2012). <여성혐오를 혐오한다>. 서울: 은행나무.

Adams, T. M. & Fuller, D. B.(2006). The words have changed but the ideology remains the same: misogynic lyrics in rap music, *Journal of Black Studies, 36*, 938-957.

Choi, J., Yang, M., & Chang, J. J.(2009). Elaboration of the hostile media phenomenon the roles of involvement, media skepticism, congruency of perceived media influence, and perceived opinion climate. *Communication Research, 36*, 54-75.

Chung, S., & Moon, S. I.(2016). Is the third-person effect real? A critical examination of rationales, testing methods, and previous findings of the third-person effect on censorship attitudes. *Human Communication Research, 42*, 312-337.

Davison, W. P.(1983). The third-person effect in communication, *Public Opinion Quarterly, 47*, 1-15.

Douglas, K. M., & Sutton, R. M.(2004). Right about others, wrong about ourselves? Actual and perceived self-other differences in resistance to persuasion. *British Journal of Social Psychology, 43*, 585-603.

Fishbein, M., & Ajzen, I.(1975). Belief, attitude, intention, and behavior: An introduction to theory and research. Reading, MA: Addison-Wesley.

Fisher, W. A., & Grenier, G.(1994). Violent pornography, antiwoman thoughts, and antiwoman acts: In search of reliable effects. *The Journal of Sex*

Research, 31, 23–38.

Flock, E.(2013, 5, 8). U.S. could face more attacks like Boston, report on digital terror suggests. <U.S. News & World Report>. URL:http://www.usnews.com/news/blogs/washington-whispers/2013/05/08/us-could-face-more-attacks-like-boston-report-on-digital-terror-suggests

Gandy, O. H.(1994). The information of superhighway as the yellow brick road. The National Forum, 74, 24–28.

Greenberg, B. S., Siemicki, M., Dorfman, S., Heeter, C., & Stanley, C.(1993). Sex content in R-rated films viewed by adolescents. In B. S. Greenberg, J. D. Brown, & N. L. Buerkel-Rothfuss(Eds.), Media, sex and the adolescent (pp. 45–58). Creskill, NJ: Hampton Press.

Gunther, A. C.(1995). Overrating the x-rating: The third-person perception and support for censorship of pornography, Journal of Communication, 45, 27–38.

Gunther, A. C.(1998). The persuasive press inference: Effects of mass media on perceived public opinion. Communication Research, 25, 486–504.

Gunther, A. C., Christen, C. T., Liebhart, J. L., & Chia, S. C. Y.(2001). Congenial public, contrary press, and biased estimates of the climate of opinion. Public Opinion Quarterly, 65, 295–320.

Gunther, A. C., Edgerly, S., Akin, H., & Broesch, J. A.(2012). Partisan evaluation of partisan information. Communication Research, 39, 439–457.

Gunther, A. C., & Liebhart, J. L.(2006). Broad reach or biased source? Decomposing the hostile media effect. Journal of Communication, 56, 449–466.

Gunther, A. C., & Thorson, E.(1992). Perceived persuasive effects of product commercials and public service announcements: Third-person effects in new domains. Communication Research, 19, 574–596.

Hayes, A. F.(2013). An introduction to mediation, moderation, and conditional process analysis: A regression-based approach. New York, NY: Guilford Press.

Hoffner, C., Buchanan, M., Anderson, J. D., Hubbs, L.A., Kamigaki, S. K.,

378

Kowalczyk, L., & Silberg, K. J.(1999). Support for censorship of television violence: The role of the third-person effect and news exposure, *Communication Research, 26*, 726-742.

Lee, E.-J.(2012). That's not the way it is: How user-generated comments on the news affect perceived media bias. *Journal of Computer-Mediated Communication, 18*, 32-45.

Leets, L. & Giles, H.(1997). Words as weapons: When do they wound? Investigations of harmful speech. *Human Communication Research, 24*, 260-301.

Levmore, S. & Nussbaum, M. C.(2012). The Offensive Internet(2nd ed,). 김상현(역)(2012). <불편한 인터넷>. 서울: 에이콘.

Lo, V. & Wei, R.(2002). Third-person effect, gender and pornography on the internet. *Journal of Broadcasting & Electronic Media, 46*, 13-33.

Malamuth, N. M.(1996). Sexually explicit media, gender differences, and evolutionary theory. *Journal of Communication, 46,* 8-31.

McLean, J. & Maalsen, S.(2013). Destroying the joint and dying of shame? A geography of revitalised feminism in social media and beyond. *Geographical Research, 51*, 243-256.

McLeod, D. M., Detenber, B., & Eveland, W. P.(2001). Behind the third-person effect: Differentiating perceptual processes for self and other. *Journal of Communication, 51*, 678-695.

McLeod, D. M., Eveland, W. P., & Nathanson, A. I.(1997). Support for censorship of violent and misogynic rap lyrics: An analysis of the third-person effect. *Communication Research, 24*, 153-174.

Perloff, R. M.(2015). A three-decade retrospective on the hostile media effect. *Mass Communication and Society, 18*, 701-729.

Perloff, R, M.(2002). The third-person effect. In J. Bryant & D. Zillmann(Eds.), *Media effects: Advances in theory and research,* (2nd ed,, pp. 489-506). Mahwah, NJ: Erlbaum..

Price, V., & Tewksbury, D.(1997). News values and public opinion: A theoretical account of media priming and framing. In G. A. Barnett & F. J. Boster(Eds.), *Progress in communication sciences: Advances in persuasion*(vol. 13, pp. 173– 212). Greenwich, CT: Ablex.

Reid, S. A., & Hogg, M. A.(2005). A self-categorization explanation for the third-person effect. *Human Communication Research, 31*, 129–161.

Salwen, M. B.(1998). Perceptions of media influence and support for censorship the third-person effect in the 1996 presidential election. *Communication Research, 25*, 259–285.

Schweisberger, V., Billinson, J. & Chock, T. M.(2014). Facebook, the third-person effect, and the differential impact hypothesis, *Journal of Computer-Mediated Communication, 19*, 403–413.

Shrum, L. J.(2004). Magnitude of effects of television viewing on social perceptions vary as a function of data collection method: Implications for psychological processes. In B. E. Kahn & M. F. Luce(Eds.) *Advances in Consumer Research(*vol. 31, pp. 511–513). Valdosta, GA: Associations for Consumer Research.

Shrum, L. J.(2009). Media consumption and perceptions of social reality: Effects and underlying processes. In J. Bryant & M. B. Oliver(Eds.), *Media effects: Advances in theory and research(*pp. 50–73). New York: Psychology Press.

Tajifel, H..(1978). Social categorization, social identity and social comparison: Differentiation between social groups. In H. Tajfel(Ed.), *European Monographs in Social Psychology(*pp. 61–76). London: Academic.

Tajfel, H.(2010). Social identity and intergroup behavior. In H. Tajfel(Ed.) *Towards a cognitive redefinition of the social group*(vol. 7, pp. 15–40). New York: Cambridge University Press

Tajfel, H. & Turner, J. C.(1986). The social identity theory of intergroup behavior. In S. Worchel & W.G. Austin(Eds.), *Psychology of intergroup relations(*2nd ed., pp. , 7–24). Chicago: Nelson-Hall.

United Nations General Assembly.(2000). *Globalization and its impact on the full enjoyment of all human rights*, U.N. Doc. A/55/342.

Wu, W., & Koo, S. H.(2001). Perceived effects of sexually explicit internet context: The third-person effect in Singapore, *Journalism & Mass Communication Quarterly, 78*, 260-274.

제 11 편

선거 여론조사 보도를 통한 언론의 상관조정 기능 강화

정일권 광운대학교 미디어커뮤니케이션학부 교수

선거 여론조사 보도를 통한 언론의 상관조정 기능 강화[*]

1. 문제제기

13대 대통령선거가 있던 1987년 11월에 처음 우리나라에 등장한 이후로 선거 여론조사 보도는 줄곧 조사결과의 부정확성과 보도의 비과학성과 편향성을 이유로 후보자는 물론이고 일반 유권자로부터도 거세게 비난받아 왔다(권혁남, 1991; 양승찬, 2007). 이에 따라, 통계학자, 정치학자, 그리고 언론학자들이 선거 여론조사 보도를 개선하기 위한 다양한 방안을 제시해 오고 있다. 지금까지 조사결과의 정확성을 증진하기 위한 제도 개선과 조사방법의 실천 방안, 정확하고 공정한 보도를 위한 구체적 가이드라인, 나아가서는 사회에 미치는 부정적 영향을 약화시키기 위한 방안이 중점적으로 논의되어 왔다. 이 과정에서 선거와 정치에 대한 냉소주의와 투표 참여 저하와 같은 부정적 결과를 방지하는 수동적 해결방안이 주목받았다. 그러나 언론이 이를 통해 긍정적인 결과를 이끌어 내는 능동적 해결방안은 상대적으로 경시되어 왔다.

선거 여론조사 보도 개선을 위한 지금까지의 논의가 부정적 결과를 낳는 병리적 요인을 제거하는 수동적 해결방안에 경도된 이유는 조사방법을 개선하여 선거 결과예측의 정확성을 개선하고 조사 결과를 유권자에게 정확하게 전달하여 유권자의 알권리를 충족시키는 것으로 언론사의 의무를 다할 수 있다는 믿음 때문이다. 그러나 이러한 시각은 언론의 사회적 기능을 환경 감시 기능에만 한정시킨다. 언론학의 태동기부터 뉴스가 담당하는 사회적 역할에는 사회 환경

---

[*] 이 글은 한국언론학회가 발간하는 『커뮤니케이션 이론』 제13권 4호(2017)에 필자가 게재한 논문입니다.

감시 기능 외에도 사회적 갈등에 대한 상관조정 기능과 사회화로 이어지는 문화 전수 기능이 포함되어 왔다(Lasswell, 1948). 선거 여론조사를 활용하여 지지율 변화를 감시하고 그 정보를 정확하고 공정하게 유권자들에게 전달하는 것만으로는 유권자들의 식견을 늘이거나 정치 참여를 이끌어 낼 수 없다. 또한, 언론의 사회적 가치와 뉴스의 품질이 수용자의 알 권리 충족 기여만으로 평가되는 것도 아니다. 이런 이유에서 언론학자들은 여론조사 보도의 주목적이 당선자 예측에서 유권자의 합리적 선택을 돕는 정보의 제공이어야 한다며 해석이 강화된 기사의 필요성을 오래전부터 주장해 왔다(예, 권혁남, 1991; 양승찬, 2007; 정일권·장병희·남상현, 2014; Holtz-Bacha & Strömbäck, 2012). 그럼에도 불구하고 객관성의 훼손과 수용자의 외면에 대한 우려로 인해 국내 언론사들로부터 해석적 저널리즘은 외면 받아 왔다.

이 연구는 조사방법과 보도의 부정적 측면에 매몰된 선거 여론조사 보도에 관한 지금까지의 비난이 역설적으로 민주주의의 발전에 기여한다는 언론의 사회적 역할에 대한 수용자의 관심을 약화시키는 결과를 낳았다는 주장에 주목한다(Holtz-Bacha & Strömbäck, 2012). 그리고 이런 맥락에서 선거 여론조사 보도가 사회적으로 긍정적인 결과로 이어지기 위해서는 언론의 환경 감시 기능이 아니라 상관 조정 기능에 보다 더 많은 관심을 가져야 된다는 생각을 토대로 지금까지의 선거여론조사와 관련된 비판적 논의들을 다시 고찰해 보고자 한다. 구체적으로 선거 여론조사 결과 보도를 통해 언론이 유권자에게 선거 관련 정보를 제공하는 것뿐만 아니라 사회적 의제의 형성과 논의의 장 제공을 통해 유권자의 정치 참여를 확대하고 이 과정에서 선거의제에 대한 숙의를 유도하는 구체적인 방법을 선행연구의 비판적 읽기를 통해 찾아보고자 한다.

2. 선거 여론조사 보도에 대한 비판적 논의

선거 여론조사 보도와 관련된 문제는 여론조사에 관한 부분과 보도에 관한 부분으로 나뉜다(양승찬, 2007; 정일권 외, 2014). 이것은 선거에 대해 알고자 하는 유권자의 바람을 충족시키기 위해서는 정확한 정보를 수집하여 이를 공정하게 전달하는 것이 중요하다고 보았기 때문이다. 즉 환경감시 기능의 결과에 영향을 미치는 핵심적 요인을 정보의 질과 보도 방법의 두 단계로 파악한 것이다. 수용자가 최종적으로 전달받는 정보의 품질은 정보 내용과 이를 전달하는 방식 모두에 영향을 받는다는 주장은 타당하다. 그러나 여론조사의 단계, 즉 정보의 선택은 언론의 환경 감시 기능과는 밀접하게 관련되지만 이 연구의 대상인 언론의 상관 조정 기능과는 상대적으로 관련성이 낮다. 이런 이유에서 여기에서는 선거 여론조사 보도와 관련된 비판적 논의에 한정해서 선행연구를 살펴보고자 한다.

　　선거 여론조사 보도에 대한 비판적 논의는 크게 정확성, 공정성, 그리고(사회적) 영향력의 세 분야로 나뉜다. 이 중에서 보도의 정확성을 저해한다고 지적되어 온 요인은 보도의 형식과 표현 방식이다(양승찬, 2007). 그러나 엄밀한 의미에서 보도의 형식과 표현에 따라 조사 과정과 결과가 바뀌는 것은 아니기 때문에 조사를 통해 드러난 선거 예측 결과가 부정확했다는 이유로 보도가 잘못되었다고 비난하는 것은 비논리적이다. 조사 자체의 부실함에 대한 비난은 언론사가 아니라 조사회사로 향해야 한다. 다만, 예측 정확성이라는 결과가 아니라 예측의 타당성을 검토하는 과정이 얼마나 적절했는지를 따질 필요는 있다. 조사의 품질을 판단하는 언론사의 과정이 부실했고 그 결과 유권자의 합리적 판단이 방해받았다면 이에 대해서는 언론사가 책임을 져야 한다. 즉 조사 결과가 아니라 보도할 내용을 선택하는 과정에서의 잘못에 대해서만 언론에 책임을 물을 수 있다(정일권, 2014).

　　한편, 조사 결과를 정확한 정보로 받아들일지 여부는 최종적으로 뉴스 기사의 수용자가 결정하기 때문에 잘못된 여론조사 결과가 유권자의 합리적 판단을 방해한 분에 대해서도 언론사가 전적으로 책임을 져야 하는 것은 아니라는 주장도 가능하다. 특히, 통계에 밝지 않은 일반 수용자의 경우 선거 여론조사 보도가 선거 결과 예측에 실패했을 때에 표집에 의한 추론적 조사가 지닌 근본적 한계를 무시하는 경우가 많은 점을 고려하면(김연수·김지현·정일권, 2007), 이런 주장이 일면 타당하다. 그러나 신뢰하는 언론사가 보도한 경우, 수용자들이 기사 내용에 대해 언론사가 일정 수준의 검증을 거쳤다고 추론하고 언론사에 대한 신뢰를 보도 내용에 대한 판단에 그대로 적용하는 경우는 흔하다(김용호·김경모, 2000;

Crespi, 1980; De Vreese & Semetko, 2002; Holtz-Bacha, & Strömbäck, 2012). 그리고 이것은 언론사 담당자들에게 충분히 예측 가능한 결과다. 따라서 언론사에게 여론조사가 지닌 불완전성에 대해 수용자들을 지속적으로 환기할 것을 요구하는 것은 타당하다(정일권 외, 2014). 바로 이런 이유에서 선관위는 산하에 여론조사 공정심의위원회를 두고 언론사가 선거 여론조사 결과를 보도할 때는 공직자선거법 제108조 6항에서 조사 관련 주요 정보를 공개할 것을 강제하고 있는 것이다. 그러나 이런 정보 공개가 실질적으로 수용자들의 좋은 뉴스 고르기에 활용되지 못하는 점이 이미 여러 연구를 통해 확인되어 왔기 때문에(예, 김연수 외, 2007) 책임 있는 언론사라면 이러한 수용자의 정보 처리 방식까지도 고려해야 한다.

그럼에도 불구하고 국내 언론사들은 조사 과정에 관한 정보를 공개했으니 이에 대한 판단은 수용자들의 몫이라며 조사 과정의 적절성보다는 결과의 흥미성을 기준으로 보도할 조사 결과를 선택해 왔다(정일권, 2014). 언론사 입장에서 보면, 시의성과 속보성을 좇을 수밖에 없다 보니 기존 조사결과를 검토하고 비교하는 확인적 자료 분석에 시간과 노력을 투자하지 못하게 되고 그럼에도 불구하고 독자의 시선은 끌어야하기에 튀는 조사를 무시할 수 없다(양승찬, 2002; 이준웅, 2002). 이 과정에서 언론은 과학적이지 못한 조사 결과를 걸러내지 못할 뿐만 아니라 오히려 이 부분을 강조하여 보고하기도 한다(양승찬, 2007). 구체적으로 오차범위를 제대로 고려하지 않고, 자의적이고 비과학적으로 분석하고, 수치 차이에 대해 과다하게 의미를 부여하며, 그래프와 같은 시각적 자료를 이용하여 후보자 간 차이를 강조해 왔다(양승찬, 2002; 정일권 외, 2014; Larson, 1999; Salwan, 1987). 앞서 논의한 것처럼, 언론은 조사 결과의 부정확성에 대해서는 면책될 수 있다. 그러나 수용자에게 여론조사와 선거 결과가 일치하지 않을 수 있다는 사실을 충분히 환기시키지 않은 점과 오히려 이러한 인식을 유도하는 잘못된 결과 제시 방법 그리고 비논리적 분석에 대한 책임에서 자유로울 수는 없다.

다음으로 보도의 공정성과 관련해서는 언론사가 의도했든 의도하지 않았든 선거 여론조사 보도의 내용이 결과적으로 특정 후보를 지지 혹은 반대하도록 유도하기 때문에 정치적으로 중립적이지 않다는 것이 이 비난의 핵심이다(양승찬, 2007; 정일권 외, 2014). 구체적으로 후보별 보도량의 불평등, 주관적 해석, 편향

388

을 유도하는 해석과 설명, 주관적 혹은 편향적 용어의 사용, 사진이나 인터뷰 등을 통한 질적인 불평등이 지적되어 왔다(권혁남, 1991; 김경모·김시현·송현진, 2010; 양승찬, 2002; 이Lavrakas & Traugott, 2000). 이러한 비난에 대해 우리나라 언론은 유력 후보자나 주요 정당 후보자들에 대해 보도의 양을 통일하고, 대립되는 입장들에 대해 비슷한 비율로 보도하고, 편향성 시비를 낮을 수 있는 표현 즉 특정 후보에 득 혹은 실이 되는 해석을 배제하는 방식으로 대응해 왔다(양승찬, 2007; 정일권, 2014). 이와 같이 한편으로는 외형적(기계적 혹은 산술적) 균형을 추구하고 다른 한편으로는 의견을 배제하는 객관주의 보도는 논란에 휘말리거나 특정 진영으로부터 비난 받는 것을 피하는 방어적 수단으로서 효과적이지만 많은 부작용을 낳는다. 우선, 외형적 균형을 맞추려다 보면 명백히 한 쪽을 더 비중 있게 다뤄야 하는 사건이나 이슈까지도 양쪽을 같은 선상에 놓고 대비시킴으로써 오히려 사안의 본질을 흐릴 수 있다. 또한 조사 결과라는 객관적 정보에만 갇히게 되어 결과적으로 제한적이고 피상적인 내용만 보도할 수밖에 없게 된다. 유권자에게 도움이 되는 정보가 아니라 편향의 소지가 없는 정보만 선택적으로 보도하게 되는 것이다.

마지막으로 사회적 영향력과 관련된 비난은 선거 여론조사 보도가 특정 후보자에게 도움이 되거나 피해가 되지 않더라도 사회적으로는 부정적인 결과를 낳을 수 있다는 점과 관련된다. 구체적으로 전략적 투표 행위와 정치 참여, 그리고 저널리즘 활동에 악영향을 미칠 수 있다는 것이다. 구체적으로, 선거 여론조사를 통해 유권자들이 선거결과를 사전에 인지하게 되면 투표율이 낮아지거나 전략적 투표를 강화시킬 수 있다(강미은, 2000; 권혁남, 1991; 김용호·김경모, 2000; 정일권 외, 2014). 유권자 개인의 정치적 신념을 드러내기보다는 전체 판세에 따라 투표 여부와 지지자 선택이 결정되어 '승자편승 효과(bandwagon effect)' 또는 '약자동정 효과(underdog effect)'가 나타날 수도 있다(강미은, 2000; 김용호·김경모, 2000; Price & Stroud, 2006). 둘째, 선거 여론조사를 통해 정확한 선거 결과의 예측이 가능하다고 생각하면, 다른 사람들과의 의견 교환 없이 판세를 읽을 수 있게 되기 때문에 공중담론 행위가 줄어들고(Lavrakas & Traugott, 2000) 정치 집회 참여와 같은 선거 참여 활동이 감소된다(강미은, 2000; 권혁남, 1991; 양승찬, 1998; 이강형, 2002). 셋째, 전체 선거보도에서 여론조사 보도가 차지하는 비중이 과도해지면 선거와 관련하여 필요한 다른 내용을 취재하고 보도할 수 있는 시간과 공간이 제한되어 선거 과정에서 미디어의 역할이 축소된다(Lavrakas & Traugott, 2000). 넷째, 여론조사에 편중된 기사량은 수용자로 하여금 선거 관련 뉴스 혹은 선거 캠페인에 관한 정보를 처리하는 과정에서 피로감을 증가시킨다(권혁남, 1991; Holtz-Bacha & Strömbäck, 2012; Lavrakas & Traugott, 2000). 이러한 피로감은 유권자들을 인지적 노력이 많이 요구되는 정책에 대한 판단보다는 지지율 중심의 선거 게임을 즐기도록 유도한다. 그리고 결과적으로 정치인과 정치에 대한 불신감 혹은 정치 냉소주의를 증가시킬 뿐만 아니라(이강형, 2002; Patterson, 1993) 투표율도 떨어뜨린다(De Vreese & Semetko, 2002; Holtz-Bacha & Strömbäck, 2012; Patterson, 2005).

이러한 부정적 결과는 보도 방식에 따라 가중될 수 있는데 이와 관련해서 지속적으로 비난받아 온 것이 소위 '경마(중계)보도'라고 불리는 경쟁 지향적 보도다(권혁남, 1991; 김경모 외, 2010; 박재영·안수찬·박성호, 2014; 양승찬, 2007; 이강형, 2002; 조성겸, 2002; Dunaway & Stein, 2013; Lavrakas & Traugott, 2000; Pinkleton, Austin & Fortman, 1998). 경마보도는 정당별 혹은 후보자별로 누가 앞서는지 혹은 지지율 차이가 얼마인지, 후보자가 어떤 유세활동을 하였는지를 관찰자의 입장에서 기술하는 보도를 일컫는데(권혁남, 1991), 우리나라 선거여론조사 보도에서는 기사 본문은 물론이고 헤드라인에서도 이러한 경향이 뚜렷하다(정일권 외, 2014). 한편, 경마보도는 부정적 측면이 많지만 동시에 수용자들이 가장 원하는 방식이기도 하기 때문에 치열한 시장 경쟁 환경에 놓인 언론사가 이를 포기하는 것은 쉽지 않다(정일권, 2014).

3. 선거 여론조사보도의 긍정적 함의

여론조사 보도와 관련하여 지금까지 제기되었던 정확성, 공정성, 그리고 사회적 영향력에 대한 비판은 다양한 개선 노력을 이끌어 냈다(정일권, 2014). 예를 들어, 언론사는 수치가 지닌 의미를 보다 상세하게 설명하여 수용자의 통계 리터러시를 향상시키려고 시도했고 이를 위해 담당 기자에 대한 교육을 강화해 왔다. 또한 정부 차원에서도 편향성을 방지하거나 완화하기 위해 다양한 노력을 기울여 왔는데, 중앙선거여론조사심의위원회를 설치하고 언론사들이 여론조사의 원 자료를 확인할 수 있는 링크를 제공하는 방법 등이 그러한 예다(정일권, 2014).

그러나 이러한 노력에도 불구하고 정확성과 중립성에 초점을 맞춘 선거 여론조사 보도 개선은 한계를 노출했다(박재영 외, 2014; 정일권 외, 2014). 이에 일부 언론, 학자, 유권자 단체들이 선거 여론조사 보도가 무익하다는 주장을 제기하기에 이르렀고(예 De Vreese & Semetko, 2002; Lavrakas & Traugott, 2000; Patterson, 2005), 이런 비판이 정책에 일정 부분 반영되기도 했다. 선거 임박 여론조사 보도 금지 조항이 대표적인 예다. 우리나라는 선거 6일 전부터 여론조사 결과 보도를 법으로 금지하고 있는데 이는 선거가 임박했을 때는 선거여론조사 보도가 사회적으로 이익보다는 폐해가 된다는 판단 때문이다. 여론조사 보도의 부정적 결과에 대한 우려가 결과적으로 여론조사 보도의 필요성에 대한 근본적인 회의로 이어져 '선거 여론조사 무용론'이 제기되고 있는 것이다. 그러나 한편으로는 여론조사 보도 금지 기간의 폐지를 요구하는 목소리도 존재한다(정일권, 2014).

선거여론조사 보도의 필요성에 대한 논란은 우리사회에만 한정되지는 않는다. 이미 여론조사 결과에 대한 언론사의 보도량이 본격적으로 늘어난 1980년대부터 세계 각국에서 줄기차게 제기되고 있는 문제다(Daves & Newport, 2005; De Vreese & Semetko, 2002; Dunaway & Stein, 2013). 그러나 선거 여론조사의 긍정적 측면을 포기해야 되고 선거 여론조사를 대체하는 수단이 마련되지 않았다는 점을 고려하면 전면적 폐지 방안에 대해서는 보다 신중한 검토가 요구된다.

선거 여론조사 보도가 제공하는 정보는 유권자, 후보자, 그리고 언론사에 모두 긍정적인 영향을 미친다. 우선 이 정보는 유권자들에게는 이전에 받지 못했던 새로운 유형의 정보 즉 객관화된 집합적 정치 현실(collective political reality)로 인식되기 때문에(Crespi, 1980), 이 정보를 통해 스스로 선거 판세를 읽도록 유도한다. 나아가 이러한 판세에 대한 판단은 앞으로 자신이 취할 미래의 정치적 행보를 결정하는데 영향을 미친다(Falasca, 2014; McNair, 2008, 양정애·김경보·강용철·박한철, 2016에서 재인용). 또한 유권자들은 다른 사람의 입을 통해서 전달받는 정보에 비해 선거 여론조사 결과를 더 재미있어 하고 신뢰한다(Daves & Newport, 2005; Liu, 2013; Salwen, 1987).

후보자 입장에서 보면, 선거 여론조사 보도는 적절한 캠페인 전략을 세울 수 있도록 정보를 제공한다는 점에서 긍정적이다(Lavrakas & Traugott, 2000). 그리고 지지율 변화를 자신의 발언이나 행보와 관련시켜 유권자와 상호작용할 수 있는 기회로 활용할 수 있다. 그리고 유권자나 후보자의 개인적 차원을 넘어 유권자 전체 혹은 사회 차원에서 보면, 박빙의 선거 상황에서 유권자의 관심을 고취시켜 투표율 상승에 기여하기도 한다(권혁남, 1991; Abramson, Aldrich, & Rohde, 1994; Liu, 2013).

다음으로 언론사 입장에서 보면, 선거 여론조사 결과는 다른 선거 관련 정보와 비교할 때 상대적으로 보다 객관적이기 때문에 각 후보자 진영으로부터 제기되는 공정성 시비에서 상대적으로 자유로울 수 있다(Abramson et al., 1994; Lavrakas & Traugott, 2000). 뿐만 아니라 수익성의 차원에서도 선거 여론조사 보도는 뉴스 가치가 높다(권혁남, 1991; 정일권, 2014; Lavrakas & Traugott, 2000). 자율 경쟁이 기본인 자본주의 사회에서 '성공적인 정보'는 결국 상업적 이익을 가져올 수 있는 정보를 의미하며 따라서 더 많은 사람들을 유인할 수 있는 정보를 담은 뉴스가 더 나은 뉴스가 된다(정일권, 2014; McManus, 1994).

선거 여론조사 보도가 지니는 이러한 장점 외에도 이를 대체할 대안이 없다는 점도 고려해야 한다. 지금은 미디어가 정치인, 시민과 함께 정치의 핵심이 되는 미디어화(mediatization) 시대다(Falasca, 2014). 정치의 미디어화 환경에서 유권자들은 선거 정보의 대부분을 언론의 선거보도를 통해 획득하며, 이러한 선거 정보는 정당, 후보자, 이슈에 대한 유권자의 태도와 정치적 판단의 토대로 작용한다(권혁남, 1991; Falasca, 2014; Holtz-Bacha & Strömbäck, 2012). 또한 언론의 보도 시각에 따라 선거의 전체적 국면과 세부 사안을 이해하고 해석하는 틀과 시각이 형성되며 언론 보도에 따라 유권자의 정치 지식과 정치 효능감이 높아지거나 낮아져 투표율이 변하기도 한다(양승찬, 2008; Patterson, 2005). 언론과 정치 그리고 선거의 이런 긴밀한 관계를 고려할 때, 선거 여론조사 보도를 금지하더라도 미디어가 후보자와 유권자에게 미치는 영향력이 사라지거나 줄어들 것으로 예상하기는 힘들다. 만약, 선거 여론조사 보도가 사라진다면 어떤 기사가 그

392

자리를 채울까? 선거 여론조사만큼 유권자의 관심을 불러일으키는 콘텐츠가 등장할까? 경마중계보도로 대표되는 선거 여론조사 보도의 폐해가 사라질까? 이에 대한 예상이 긍정적이지 않는 한 선거 여론조사 보도의 금지는 선택하기 어려운 방안이다. 선거 여론조사를 보도하지 않는 것이 불가능하거나 적절하지 않는 것이 현실이라면 지금보다 나은 뉴스를 만드는 방법으로 눈길을 돌려야 한다.

4. 선거여론조사 보도를 통한 상관조정 기능 수행

4.1. 보도 목적의 전환: 여론의 반영에서 여론의 형성으로

언론은 '여론을 정확하게 반영해야 하는가?' 아니면 '올바른 여론의 형성에 기여해야 하는가?'에 대한 논쟁은 아직도 끝이 나지 않았다(Elster, 1998; Holtz-Bacha & Strömbäck, 2012; Kovach & Rosenstiel, 2001). 그러나 이 논쟁은 두 가지 역할 중 어느 것이 중요한가에 대한 논쟁이지 둘 중 하나를 무시해도 된다는 의미는 아니다. 그럼에도 불구하고 선거여론조사 보도에 관한 논의에서 언론의 여론 형성 기능은 전혀 주목받지 못했다.

여론을 반영하는 것은 언론의 사회감시 기능, 그리고 여론을 형성하는 것은 언론의 상관조정 기능과 각각 관련된다. 따라서 선거 여론의 정확한 측정과 이 결과의 객관적이고 중립적인 보도에만 초점을 맞춰 온 것은 여론 반영 기능에만 한정하더라도 언론의 사회적 기능을 수행할 수 있다는 믿음 때문이라 해석된다. 그러나 여론조사를 통해 언론이 특정 시점의 여론 지형을 보이는 것에만 그 역할을 한정한다면 언론은 민주주의 체제의 유지 기관으로서의 의무를 제대로 수행할 수 없다(이준웅, 2002; Bennett, Flickinger, & Rhine, 2000; Holtz-Bacha & Strömbäck, 2012; Lavrakas & Traugott, 2000). 이는 보다 능동적인 활동인 여론 형성에 기여할 때 비로소 달성될 수 있다.

선거 여론조사를 활용하여 언론이 여론을 형성하는데 기여해야 한다는 것은 유권자들이 자신의 의견을 제시하고 조직화하며 이를 후보자 혹은 정책 당국에 전달하는데 조사결과 보도가 기여하는 것을 의미한다. 구체적으로 시민들에게 주요 사회 현안에 대한 토론의 장을 제공하고, 이를 바탕으로 시민을 위한 대안 및 행동 지침을 기사로 제시해야 한다(민영, 2008; 이준웅, 2005; Holtz-Bacha & Strömbäck, 2012; Kim, Wyatt & Katz, 1999). 또한 시민들이 선거와 공공 토론 등 중요한 정치적 과정에 참여하기 위해서는 언론이 필요한 정보를 시민에게 제공하는 것에 머무를 것이 아니라 시민들이 이를 스스로 활용할 수 있도록 이들의 능력을 증진시켜야 한다(권혁남, 1991; 박재영 외, 2014). 시민들의 의견이 후보자에게 전달되어 후보자의 공약이나 캠페인 방법의 변화를 목격하게 되면 시민들의 정치적 효능감은 상승하게 된다(정일권, 2014; Stovall & Solomon, 1984). 그리고 이런 정치 효능감의 상승은 정치참여의 증가로 이어진다(권혁남, 1991; 송종길·이호영·박상호, 2007; Kaid, McKinney & Tedesco, 2007).

　　형식적인 면에서만 봐도 지금까지의 선거 여론조사 보도는 여론의 형성 기능과는 거리가 멀었다. 가장 일반적인 선거 여론조사 보도 방식은 조사 결과의 나열과 특정 부분의 강조하는 것이다. 여기에 정치 조언가 혹은 기자들의 입을 빌어 지지율 수치를 변화시킬 수 있는 방법을 후보자들에게 훈수하는 형식이 추가되었다. 이런 보도는 선거에 대한 피상적인 모습을 단순히 전달할 뿐이며 이 과정에서 유권자는 선거의 참여자가 아니라 관람자가 된다. 로젠스틸(Ronsenstiel, 2005)은 선거 과정에서 유권자들이 관람자가 될 수 없는 이유 중 하나가 언론 보도의 피상성이라고 주장한다. 수용자가 피상적인 정보에 의존할 수밖에 없는 경우는 다음의 세 가지다. 첫째는 정보 전달자가 전달하는 정보가 불충분한 경우, 둘째는 정보의 전달 방법이 잘못되어 실제적으로 수용자가 접한 정보가 불충분한 경우, 그리고 마지막은 수용자가 능력이 없거나 관심이 낮아 정보의 일부만을 처리하는 경우다. 선거 여론조사 보도와 관련하여 지금까지 언론은 앞의 두 가지에만 대응해 왔다. 즉 더 나은 정보를 편향되지 않게 전달하는 방법을 찾기 위해 노력해 왔을 뿐이다. 세 번째 항목인 수용자의 능력과 관심에 대해서는 언론이 책임져야 할 부분이 아니라는 입장을 취해 왔다(정일권, 2014). 그러나 일반 뉴스 기사가 실제 수용자의 평균 교육 수준보다 훨씬 낮은 중학생 수준에 맞춰 작성되는 이유를 생각해 볼 때 이 입장은 적절하지 않다. 언론이 선거 여론조사 보도를 통해 제공하는 정보가 유권자들의 합리적 판단에 도움이 되고 이를 통해 언론의 사회적 기능의 수행이 가능하다고 믿는다면 언론은 '어떻게 수용자들의 주목을 끄는가?'보다는 '어떻게 하면 내용을 보다 쉬우면서도 정확하게 전달하는가?'를 고민해야 한다.

선거 관련 정보의 의미를 제대로 이해할 수 있을 때 유권자들은 식견 있는 시민(informed citizenry)이 될 수 있다. 식견 있는 시민은 '누가 당선될 것인가?'가 아니라 선거 자체에 주목하고 선거 결과 후의 자신의 삶의 변화를 고려한다. 그리고 이러한 고려는 선거를 단순히 지켜보는 것을 넘어 선거의 결과에 영향을 미치고자 하는 행동, 즉 참여로 이어진다(민영, 1998; 이준웅, 2005; Elster, 1998; Kovach & Rosenstiel, 2001; Pateman, 1970).

언론사에게 일반 수용자들이 이해할 수 있는 방식으로 수치의 의미를 설명하는 것만큼이나 중요한 것이 수용자들에게 여론조사 결과라는 정보의 한계를 명확히 이해시키는 것이다. 구체적으로 선거 여론조사의 예측 정확성에 대한 한계를 명확히 전달하고 무분별한 수용의 문제점을 강조해야 한다. BBC는 선거 여론조사를 보도할 때 수치에 과다한 의미를 부여하지 않는 것은 물론이고 개인의 주관적 견해를 객관적 평가인 양 보도하는 것을 금지하고 있다. 그러나 우리나라의 일부 언론은 문제가 명확한 조사 결과를 거르지 않고 보도하는 것은 물론이고 심지어 문제가 되는 부분을 강조하기도 한다. 예를 들어, '오차범위 내에서 1, 2를 차지했다.', '오차범위 내에서 … 누르고 2위 탈환' 등의 표현은 수치에 과도한 의미를 부여하여 수용자들의 합리적 판단을 방해한다(양승찬, 2007). 이와 같은 언론의 보도 관행은 기자의 낮은 통계 리터러시에 기인하는 면도 있지만 상당 부분은 수용자로부터 주목받고자 하는 동기 때문이다(양승찬, 2007). 언론사와 조사회사 담당자들과의 심층 인터뷰 내용을 정리한 정일권(2014)에 따르면, 일부 기자들은 조사의 품질과 관계없이 조사 결과가 흥미로우면 어차피 누군가는 보도할 것이기에 차라리 좀 더 정제된 형태로 자신이 보도하는 것이 낫다고 생각하는데 이것이 이들의 그릇된 보도 행위를 합리화하고 있다.

여론조사 결과를 과학적으로 해석하는 과정은 신중함을 요구하고 이 원칙을 따른다면 지금보다 훨씬 자주 '후보자 간 차이를 말할 수 없다.'라는 말이 기사에 등장해야 한다. 이는 기자들에게는 껄끄러운 요구다. 여론조사의 결과가 후보자 간 차이가 없거나 변화가 없다는 것을 이야기 하는 것은 뉴스로서 가치가 떨어진다고 생각하기 때문이다. 게다가 기자는 다른 언론사와의 경쟁을 고려하여 확신이 없음에도 불구하고 관찰된 결과의 원인을 특정하여 단정적으로 보도해야 한다는 심리적 압박감을 느낀다(Falasca, 2014). 이런 맥락에서 인과관계가 명확하지 않음에도 이를 통계에 근거한 진실인양 해석해서 보도하고자 하는 충동이 생기는 것이다(양승찬, 2007).

4.2. 조사 항목 확대: 정보의 완결성 강화

여론 형성에 기여하는 뉴스를 위한 첫 번째 전제 조건이 정보에 대한 수용자의 비판적 수용 능력이라면, 언론이 다음으로 고려해야 할 것은 제공하는 정보가 정확한지 그리고 충분한지의 여부다. 선거 여론조사 보도에서 언론이 궁극적으로 전달하고자 하는 것은 여론조사의 결과 자체가 아니라 선거 관련 여론이다. 따라서 수용자들이 언론이 보도한 선거 여론조사 보도를 통해 선거 관련 여론을 정확하고 충분하게 이해할 때 언론이 제대로 역할을 했다고 할 수 있다. 앞에서 정리한 것처럼 지금까지 선거 여론조사 보도를 통해 전달되는 지지율 관련 정보의 정확성을 개선하기 위한 많은 노력이 이뤄져 왔고 이는 지속적으로 요구되는 사항이다. 그러나 이제는 개선의 여지가 거의 한계에 이르렀다는 점을 받아들일 필요도 있다. 이제는 언론이 지지율 정보의 정확성이 아니라 여론을 추론하는 데 필요한 정보를 보다 충분하게 확보하는 방법에 주목해야 한다. 구체적으로 정확한 지지율 조사와 더불어 그러한 지지율이 나타나는 이유에 대한 정보를 제공해야 하고 이를 위해 선거 관련 여론을 보다 입체적으로 보여줄 수 있는 내용이 조사항목에 추가되어야 한다(양승찬, 2007; 이준웅, 2002; 정일권 외, 2014).

조사항목의 교체가 아니라 추가를 주장하는 것은 후보자별 지지율이 경마보도를 이끄는 핵심 요인이지만 동시에 수용자들이 가장 알고 싶어 하는 정보이기 때문이다. 그러나 수용자가 원하기 때문에 이를 보도하는 것이 당연히 정당화되는 것은 물론 아니다. 그러나 이런 보도를 위해 선거와 관련된 중요한 내용을 덜 보도하게 되었다면 결과적으로 언론은 사회적 기능의 수행에 소홀하게 되기 때문에 문제가 된다(Patterson, 2005). 이 경우라면 수용자의 요구에 호응한다는 미명하에 경마보도를 통해 언론사들이 자사의 이익을 추구한 것이라는 비난에서도 자유로울 수 없다(정일권, 2014). 그럼에도 불구하고, 경마보도 자체를 없애는 것은 다음의 두 가지 이유에서 적절하지 않다. 첫째, 수용자의 높은 관심은 언론사의 경제적 이익 그리고 사회적 영향력과 직접적으로 관련된다. 따라서 언론사 입장에서는 뉴스로서의 가치와 무관하게 이를 뉴스화하지 않기는 어렵다. 둘째, 개별적으로 평가하면 경마 중계식 보도의 품질이 나쁘지는 않다. 다만, 전체 선거보도에서 차지하는 비율이 높을 경우에만 부정적 결과가 나타난다. 후보들 간의 순위는 선거 시기에 유권자들이 가장 알고 싶어 하는 정보이지만 이것에만 초점을 맞출 경우 선거보도에서 차지하는 비중이 커져 부정적인 결과로 이어지게 되는 것이다. 이런 점을 고려한다면, 언론은 경마 보도 요소가 최대한 덜 강조되도록, 즉 지지율이 여러 보도 내용 중 하나에 불과하도록 기사를 구성해야 한다.

　지지율 외에 선거 여론조사에 추가되어야 하는 항목은 선거 여론조사 보도를 통해 후보자가 유권자와 소통하도록 혹은 유권자의 요구와 바람에 호응하는 데 도움이 된다는 내용이다. 후보자와 유권자 사이의 정치적 가교 역할을 하는 이와 같은 보도를 통해 유권자는 정치적 관람자에서 참여자로 신분이 변하게 된다. 이것은 정치참여 수단으로서 여론조사가 활용될 때, 여론조사의 수치가 후보자에게 유권자들의 바람으로 해석되며 동시에 이러한 바람에 맞춘 공약 혹은 실현 정책을 제시해야 하는 정치적 압력으로 작용하기 때문이다. 이러한 수용자 중심의 저널리즘 실천행위는 이미 시민 저널리즘(public journalism, Citizen Based Journalism, or civic journalism) 주창자들에 의해 오래전부터 논의되어 왔고 실제로 이의 효과에 관한 실험연구가 진행되기도 했다. 예를 들어, 메이어와 포터(Meyer & Potter, 2000)의 연구에서는 조사 문항을 추가함으로써 유권자들이 정치에 더 많이 관여하고 참여하는 것으로 나타났다. 이 연구 결과는 선거 여론조사 결과가 민의(民意)를 직접적으로 드러내 대의민주제가 지닌 한계를 보완할 수 있고, 후보자가 유권자의 바람을 청취할 수 있는 경로로 활용될 가능성을 보여준다(Lavrakas & Traugott, 2000). 또한 일반 유권자들이 타운홀 미팅(town hall meeting)에 참여하여 자신의 의견을 표하고 다른 사람들의 의견을 듣는 것과 같은 효과를 여론조사를 통해 실현할 수 있다는 희망을 보여준 것으로 해석된다.

　한편 조사항목 추가는 유권자에 의한 선거 의제 설정에 기여하기도 한다.

언론이 유권자들의 판단에 영향을 미칠만한 중요한 선거 의제를 누락하면 유권자들은 지엽적 이슈를 중심으로 후보자를 판단할 수밖에 없다(송종길 외, 2007). 사실 지금까지 후보자가 제시해 온 많은 선거 의제들은 유권자 입장에서 보면 단순히 정쟁의 소산인 것이 많았다. 선거를 통해 실질적으로 유권자가 이익을 얻기 위해서는 선거 의제 생성 주체가 후보자가 아니라 유권자가 되어야 한다(Lavrakas & Traugott, 2000). 그런데 여론조사 보도를 활용하는 방법은 특정 이슈에 대한 보도량을 늘이는 전통적인 언론의 의제 설정 기능 수행 방법에 비해 상대적으로 효과를 발휘하는 데 요구되는 시간이 짧다(선우동훈 · 윤석홍, 1999). 그리고 이를 통해 후보자에 대한 유권자의 불만사항을 즉각적으로 후보자에게 전달할 수 있다. 따라서 후보자 입장에서 보면, 선거 여론조사를 통해 유권자에게 호응할 수 있는 공약을 찾을 수 있는 정보로 해석될 수 있다(선우동훈 · 윤석홍, 1999).

선거 여론조사에 항목을 추가함으로써 기대되는 다른 이익은 일상생활에서의 정치적 참여에 필요한 재료가 추가되어 정치적 토론이 활성화되는 것이다. 구체적으로 후보자의 청렴성과 도덕성, 올바른 정책적 판단을 내리고 추진하는 데 필요한 경험과 능력, 사회를 향해 품고 있는 비전과 이념이 추가될 수 있다. 또 현직자가 후보로 나선 경우 임기 중 쟁점 사항을 어떻게 다뤘는지와 함께 안보, 경제, 복지, 에너지, 환경, 보건, 세금 등 이슈별로 후보자 간 차이와 이에 대한 상호간의 토론 내용에 대한 유권자의 평가를 여론조사 항목에 추가할 수 있다(Falasca, 2014; Farnsworth & Lichter, 2011). 그리고 이런 항목에 대한 조사 결과는 선거와 관련한 일상적 대화의 화젯거리가 될 수 있을뿐더러 유권자 스스로 지지율 변화의 맥락을 이해하고 선거 여론조사 결과에서 의미를 추출해내는 데 도움이 된다.

4.3. 보도 내용의 전환: 객관주의에서 해석주의로

요리에 빗대어 볼 때, 조사항목을 확대하는 것은 더 많은 재료를 써서 음식의 맛을 향상시키는 것이라면, 해석을 강화하는 것은 준비된 재료를 잘 요리하여 맛을 더하는 것이라 할 수 있다. 어떤 음식 재료는 날 것 그대로 먹을 때 재료의 풍미를 제대로 느낄 수 있다. 그러나 선거여론조사 결과를 다룬 기사는 이런 음식 재료와는 거리가 멀다. 우선, 평균적으로 일반 수용자들의 통계 리터러시는 높지 않으며, 때때로 수용자들은 조사의 품질과 무관하게 자기 의견과 일치하는 여론조사의 결과를 더 신뢰한다(김연수 외, 2007; 조성겸, 2002; Lavrakas & Traugott, 2000; Salwen, 1987). 이와 같은 수용자의 낮은 통계 리터러시와 자기중심적 이해 성향을 고려할 때, 여론조사 결과를 설명 없이 그대로를 보도하는 것은 무책임하다(이준웅, 2002; 정일권 외, 2014).

설명 없이 조사 결과 수치만을 나열하는 것이 가장 객관적인 보도일 수는 있다. 그러나 객관적인 것이 반드시 좋은 것은 아니다. 정치적 중립성과 객관성을 지키는 관행을 상대적으로 더 철저하게 준수하는 미국 언론의 정치 뉴스가 이탈리아, 영국, 스웨덴, 독일과 비교했을 때 콘텐츠의 다양성과 깊이가 가장 부족한 것으로 나타났다(Donsbach & Patterson, 2004). 이런 연구 결과를 고려하여 미국기자협회(Society for Professional Journalists)는 1996년에 기자 윤리 규정에서 객관성 항목을 제외했다. 또한 BBC는 여론조사 보도 편집 가이드라인에서 '단순히 선거 여론조사의 결과만 가지고 뉴스 방송이나 프로그램을 이끌어 가지 않는다.'라고 천명하고 있다. 이는 수용자들이 실질적으로 선거 여론조사 뉴스를 정보로 활용하기 위해서는 뉴스에 대한 이해력이 필요하고 따라서 기자는 수용자들이 쉽게 이해할 수 있도록 조사 결과에 설명과 맥락을 추가해야 한다는 점을 인정한 탓이다. 이상의 연구 결과와 보도 지침의 변화가 의미하는 바는 언론이 수용자에게 필요한 정보를 제대로 전달하기 위해서 필요한 것은 철저히 객관주의 원칙을 준수하여 정보를 나열하는 것이 아니라 다소간의 주관성이 개입될지라도 정보의 분석과 설명을 곁들여야 한다는 점이다.

해석을 강화한 저널리즘(interpretive journalism)의 필요성은 이미 1930년대에 제기되었다. 월터 리프먼(Walter Lippmann), 데이비드 로렌스(David, Lawrence), 프랭크 켄트(Frank Kent), 마크 설리반(Mark Sullivan)과 같은 정치 칼럼니스트들은 이를 실천에 옮겼는데, 이들은 언론은 독자들이 알 수 있도록 도와주는 것뿐만 아니라 이해할 수 있도록 도와줄 의무를 지닌다고 믿었다(양정애 외, 2016). 그리고 1970년대에 들어서는 공공 저널리즘(public journalism) 주창자들을 중심으로 해석적 저널리즘이 다양한 방식으로 실천되기도 했다(Meyer, 1998; Meyer & Potter, 2000). 국내에서도 1990년대 후반부터 여러 학자들이 결과의 단순 기술을 넘어 분석과 해석을 추가한 보도의 필요성을 제기해 왔다(양승찬, 2007; 이준웅, 2002).

한 가지 주의해야 할 점은 해석적 저널리즘의 목적은 수용자에게 옳은 방향을 제시하여 이를 따르게 하는 것이 아니라는 점이다. 정보에 대한 해석을 통해 수용자가 스스로 문제를 인식하고 이에 대한 해결 방안을 찾도록 능동적으로 돕는 것이 목적이다. 선거 보도에 초점을 맞춰 말하면, 언론이 유권자에게 여러 길을 제시하고 선택의 과정에서 고려할 기준을 제시하지만 실제 선택은 유권자 스스로 하도록 유도하는 것을 의미한다. 즉, 유권자들이 정치 과정에 스스로 참여하여 정치 주체로서 자신의 가치를 실현할 수 있도록 언론이 돕는 것이 해석적 저널리즘의 목적이 되어야 한다.

지금까지 국내외 많은 학자들이 선거여론조사 보도에서 해석이 강화되어야 한다고 주장했지만 국내 언론사들은 이를 실천하는 것을 회피해 왔다(정일권 외, 2014). 이들이 내세우는 첫 번째 이유는 이런 형식의 보도가 독자들에게 재미없다는 평가를 받을 것이고 둘째는 객관적이지 않다는 비판에서 자유롭지 않다는 것이다(권혁남, 1991; 이준웅, 2005; 양승찬, 2007; Holtz-Bacha & Strömbäck, 2012). 그러나 수용자들이 사실 위주의 객관적인 기사보다는 사건의 배경과 전후 맥락을 짚어주는 이야기 형태의 기사를 더 재미있어 한다는 연구 결과도 있다(Fink & Schudson, 2013). 그리고 설령 독자들이 재미없어 하더라도 민주주의의 근간인 선거와 같이 사회적으로 중요한 이슈에 대해 수용자들의 이해를 돕는 해석은 반드시 필요하기에 이를 보도하는 것은 언론의 사회적 의무로 봐야 한다(Schudson, 2003). 다음으로 객관성의 훼손 우려와 관련해서는 해석적 보도가 반드시 객관성을 저해하는 것은 아니며 설령 그러한 측면이 있더라는 이는 더 큰 이익을 얻기 위해 치러야 할 대가이기에 합리화 될 수 있다(Meyer, 1998; Stephens, 2014/2015, 양정애 외, 2006에서 재인용). 해석의 근거가 정치 전문가 혹은 전문 기자의 직관, 가치관, 혹은 당파성에 의하지 않고 다른 조사의 결과 등으로 드러나는 객관적 자료라면 해석적 기사는 유권자들에게 객관성을 인정받을 수 있다(Stephens, 2014/2015, 양정애 외, 2006에서 재인용). 그리고 장기적으로 언론사의 신뢰도 향상에도 기여한다. 이런 점을 고려할 때, 선거 여론조사 보도와 관련해서 이제는 객관주의의 굴레를 과감하게 벗어던질 필요가 있다.

선거 여론조사 결과를 적극적으로 해석해서 보도한다는 것은 사회과학적 지식 획득 과정을 적용하여 기자가 지지율 변화와 다른 요인들 간의 인과관계를 추론해서 이를 수용자들이 이해할 수 있는 방식으로 설명하는 것을 의미한다 (Larson, 1999; Falasca, 2014). 이를 위해 기자는 '왜 특정 후보의 지지율이 상승 또는 하락했는가?' 혹은 '왜 특정 이슈가 유권자에게 중요한가?'에 대한 답을 조사 이전에 발생한 사건에서 찾아야 한다(Falasca, 2014; Lavrakas & Traugott, 2000). 이 답은 기자가 직접 찾을 수도 있고, 각 후보자 진영의 대변인, 여론조사 전문가, 혹은 관련 학자들의 취재를 통해 얻은 정보를 제시하는 방법을 취할 수도 있다(Bauman & Lavrakas, 2000). 그리고 해석적 기사에는 지지율 변화를 보인 후보자가 내세운 공약이 어떤 의미를 지니는지, 실현 가능성은 있는지, 어떤 유권자들에게 소구하는지, 혹은 어떤 공약이 지지율의 변화를 실제 이끌어냈는지에 관한 정보가 담기게 된다(Larson, 1999; Falasca, 2014). 이런 해석 내용이 뉴스에 담겨 있을 때 유권자들은 선거 캠페인을 보다 잘 이해할 수 있고 정치적 효능감을 높일 수 있다. 예를 들어, A 후보가 대학등록금 무상지원 공약을 내세운 후 오히려 대학생 유권자들의 지지율이 떨어졌다면 단순히 지지율이 몇 %가 하락했다고 보도하는 것이 아니라 A 후보의 공약에 대한 관련 유권자 집단의 평가가 반영되었음을 보도하고, 보도 후에 후보자가 공약이 수정되었다는 사실을 알릴 때 유권자들은 자신의 정치 참여가 구체적인 결과로 이어졌다고 느낄 것이다. 자신이 원하는 결과를 스스로 이끌어 내는 경험을 하게 되는 것이다.

한편, 해석적 저널리즘의 실천 과정에서 모든 조사 결과가 해석 가능한 것은 아니라는 점도 고려되어야 한다. 선거여론조사 결과 중에는 명쾌한 인관관계가 아니라 단순한 추론만 가능한 경우도 많다. 이와 같이 선거 여론조사 결과에 대한 적절한 해석이 어려운 경우에는 해석을 배제한 채 결과만을 보도할 것이 아니라 보도 자체를 삼가는 것이 옳다(Riordan, 2014/2015; Stovall & Solomon, 1984). 조사방법상으로 완전무결하기도 힘들고 설령 완전무결하게 취합된 자료라고 하더라도 여론조사 결과를 요약하는 수치 자체가 뉴스 가치를 지니는 것은 아니다. 여론조사가 뉴스 가치를 지니는 것은 수치를 통해 여론을 추론하는 것이 가능할 것이라는 기대 때문이다. 이런 기대에 부합하지 못하는 결과를 보도할 필요가 없다. 단순히 발생한 사건이기에 보도한다는 논리는 적절하지 않다.

발생한 사건은 여론이 아니라 여론조사일 뿐이기 때문이다. 트렌드 맥락에서 투표 의사 여론조사의 결과를 주로 보도하는데 BBC가 납득할 수 있는 설명을 찾을 수 없는 트렌드라고 판단될 경우에는 보도하지 않는 것을 원칙으로 두고 있는 것도 같은 이유에서다.

4.4. 형식 변화: 스트레이트 뉴스에서 기획기사로

저널리즘은 신속성을 중요시한다. 이슈가 발생하면 바로 취재해서 보도해야 한다. 이 목표를 달성하는 데 유리한 형식이 스트레이트 뉴스다. 특히, 급히 전달해야 하는 내용일 때 더욱 요구된다. 그런데 여론조사의 대상인 여론은 갑자기 발생하는 것이 아니라 늘 유동적으로 존재하기 때문에 긴급한 사안이 아니다. 단발성 사건이 아닌 오랜 기간 동안 진행되면서 진화하는 이슈의 경우 단순 사실 위주의 뉴스만 봐서는 사건의 의미는커녕 대략적인 윤곽조차 파악하기 쉽지 않다. 사건이나 이슈의 맥락을 짚어내고 그것이 자신과 사회에 어떤 의미를 지니는지 파악하기 위해서는 전문가의 분석과 해설이 필요하다. 또한 요즘의 미디어 환경에서 단순 사실 정보는 언론사 기사가 아니더라도 각종 웹 사이트 등에서 쉽게 얻을 수 있다. 따라서 직업 언론인은 사실 정보를 수집하고 정리하는 작업보다는 파편화된 정보들을 엮어 맥락을 파악하고 사건과 이슈의 본질과 이면의 모습까지를 분석하고 해석하는 데서 전문성을 인정받을 수 있다(양정애 외, 2016).

앞에서 선거 여론조사 보도를 개선하기 위해 지지율 이외 문항을 추가해서 조사·분석하고 이에 대한 해석을 강화하여 여론 형성에 기여하는 보도가 필요하다고 주장했다. 이를 실천하기 위해서는 스트레이트 뉴스 형식을 버리고 기획 뉴스의 형식을 취하는 것이 불가피하다. 이미 10여 년 전 이준웅(2007)은 기획 뉴스를 통해 한국 유권자의 정치적 태도 형성 및 행동 선택에 나타나는 특징적 현상을 설명할 수 있는 모형을 제시하고 이를 자료적으로 뒷받침할 수 있게 될 것이라는 기대를 표명하기도 했다. 이 외에도 신속성이라는 굴레를 벗어버림으로써 조사방법과 절차가 부적절한 질 낮은 조사 결과를 보도하는 경우가 줄어들게 되는 것도 기대할 수 있다. 이런 모든 점을 고려할 때 이제는 선거 여론조사 보도의 기본 형식을 기획 기사로 두고 보조적으로 필요성이 인정될 때에만 스트레이트 뉴스 형식을 활용해야 한다.

그리고 선거 여론조사 결과를 기획 뉴스 보도 형식으로 다룰 때는 추가된 질문 문항과 호응할 수 있도록 지지율 관련 결과는 주변화하고 결과의 원인, 즉 "왜"가 중심이 되도록 구성해야 한다. 이런 구성을 통해 언론은 조사 결과에 드러난 판세 정보를 수용자에게 전달하는 것이 아니라 여론 조사자를 활용하여 정치인과 유권자에게 전달할 메시지를 생산하는 역할을 수행할 수 있다. 구체적으로, 여론조사 결과를 해석하여 특정 주장을 내세우는 것이 아니라 주장을 내세우고 그 주장의 타당성을 구성하는 하나의 근거로서 여론조사 결과를 활용하는 방법을 생각해 볼 수 있다. 'A후보가 B 후보에게 3.8% 앞서고 있습니다.' 식의 보도가 아니라 '출산 장려 정책과 관련 A 후보는 입장은 이렇고 B 후보는 입장은 또 이렇습니다. 그런데 유권자들은 A 후보의 정책을 더 선호하는 것으로 보입니다. 여론조사 결과를 보면 관련된 공약을 발표한 후 A 후보의 지지율이 상승하고 있습니다.'라는 식으로 보도함으로써 지지율에 대한 여론조사 결과가 아니라 유권자의 태도나 의견 자체가 뉴스의 핵심이 되게 할 수 있다. 물론 이런 기사를 위해서는 기획 단계에서부터 여론조사 결과와 함께 유권자와의 인터뷰, 이전의 다른 기사에 드러난 우리 사회의 문제점에 관한 자료의 수집과 분석 작업이 포함되어야 한다. 다행스럽게도 2017년 대통령 선거에서부터 일부 언론에서 이론 분석적 기사가 늘어나고 있다. 그러나 여전히 단순 지지율 보도 기사의 비중이 더 많고 더군다나 선거가 임박해질수록 이 비중은 더 늘어난다. 그리고 공약과 지지율 변화를 연관시키는 분석적 보도의 경우에도 분석의 엄밀성과 과학성이라는 측면에서는 개선의 여지가 많다.

5. 결론을 갈음하여: 해석적 저널리즘의 구체적 실천 방안

이 연구는 선거 여론조사 보도 품질의 개선과 관련한 지금까지의 비판적 논의가 주로 조사 과정상의 오류와 보도의 편향 두 가지를 중심으로 문제의 소지를 없애는 소극적인 개선 방법에만 치우친 한계를 보인다는 문제의식에서 시작했다. 이 개선 방법은 여론조사 보도의 목적이 수용자의 알 권리 충족, 즉 특정 시점에서 지지도 현황을 정확하게 조사해서 객관적으로 보도하여 유권자들이 선거결과를 예측할 수 있도록 돕는 것이라고 한정할 때는 적절하다. 그러나 언론의 다른 중요한 기능인 상관조정 기능을 경시하는 결과를 낳는다. 이런 이유에서 이 연구에서는 갈등 당사자들 간의 상관조정 기능에 초점을 맞춰 선거 여론조사 보도를 활용할 수 있는 구체적인 방안을 탐색했다. 선행 연구를 비판적으로 검토한 결과, 지지율 이외의 문항을 추가하고, 분석과 해석을 강화하여 여론 형성에 기여하는 보도를 추구해야 하며 이를 위해 형식적으로는 스트레이트 뉴스를 지양하고 기획 뉴스가 중심이 되어야 한다는 결론에 도달했다.

사실, 해석적 선거여론 조사의 필요성은 이미 오래 전부터 제기되어 왔다. 그럼에도 불구하고 우리나라에서 실천되지 않았던 가장 큰 이유는 특정 후보나 정당에게 유리 혹은 불리한 보도는 공정하지 않다는 인식 때문이었다. 불공정하다는 비판을 피하기 위해 언론은 특정 후보에게 유·불리할 수 있는 내용은 보도를 하지 않거나 상대진영도 동일한 분량의 유·불리한 내용을 보도하여 양적으로 균형을 맞춰왔다. 그러나 공정성은 단순히 산술적 균형을 확보함으로써 성취될 수 있는 것이 아니다. 합리적 근거가 있다면 산술적인 차별이 형평성의 원칙에 반하는 것이 아니라 오히려 부합할 수 있다. 뉴스보도의 산술적 비중은 뉴스편집자의 자율적 판단에 따라 달라질 수 있으며, 이러한 비중의 차이가 충분한 근거를 바탕으로 한 것이라면 정당하다고 볼 수 있기 때문이다. 예컨대, 경쟁 관계에 있는 두 후보 중 한 후보는 거짓 주장만을 반복하고, 다른 후보는 사실을 바탕으로 자신의 진심을 표명하고 있다면 두 후보에게 시간과 지면의 양을 동일하게 할애하는 보도가 공정하다고 말하기는 어렵다. 유권자들이 원하는 보도도, 이들에게 도움이 되는 보도도 아니다.

다음으로 공정함에 대한 평가는 각자가 처한 입장에 따라 다를 수 있다는 점도 고려되어야 한다. 예를 들어, 후보자나 특정 정치 세력에게는 불공정한 보도가 유권자나 전체 사회의 입장에서는 공정한 보도가 될 수 있다. 약자의 입장을 더 대변한다든가, 부정을 저지른 쪽보다는 사회 정의를 위해 애쓰는 쪽의 입장을 알리는 데 조금 더 힘쓰는 것은 특정 정치 세력에게는 불리할지라도 공익에는 부합한다. 설사 어느 쪽으로 조금 치우쳐 있다 하더라도 이를 정파적이라거나 불공정하다고 평하는 것은 적절하지 않다(양정애 외, 2016). 이해관계를 위한 의도적 정파성이 아닌, 공익을 위한 편향성은 공정성을 위배했다기보다는 오히려 '공공성'을 갖췄다고 평가되어야 한다. 이런 맥락에서 선거 여론조사 결과에 대한 해석이 적절한지의 여부는 특정 정당이나 후보자에게 유리 혹은 불리한지의 여부가 아니라, 유권자가 합리적 판단을 내리는 데 도움이 되는지에 따라 평가돼야 한다(정일권 외, 2014). 이 연구는 해석적 저널리즘의 필요성에 대해 지금까지 제시되었던 논거를 정리한 후 구체적인 실천 방안을 제시했다는 점에서 의의를 찾을 수 있다.

이러한 연구 의의에도 불구하고 선거 여론조사 보도의 품질 개선을 위해 제안한 구체적인 실천 방안 중 조사 결과의 해석 강화에 대해서는 업계와 학계로부터 상당한 저항이 예상되는바 이에 대한 보완적 설명이 필요하다. 조사 결과를 적극적으로 해석하는 보도가 저널리즘의 객관주의 원칙을 거스르고 이는 언론사의 공정성 혹은 정파적 중립성(partisan neutrality)에 관한 평판을 해칠 수 있다는 주장은 일면 타당하다(Falasca, 2014). 그러나 객관성은 언론이 절대적으로 수용해야 할 원칙은 아니다. 오히려 상업적 의례에 불과한 객관주의를 추구하다가 언론이 사실 나열에만 경도되었고, 이 때문에 사회적 책무에서 멀어지게 되었다는 비판을 받기도 한다(Reese, 1997; Tuchman, 1972). 또한 근본적으로 무엇이 객관적인지, 어떤 보도를 객관적이라고 평가할지에 대한 합의를 도출하는 일도 쉽지 않다(Reese, 1997; Tuchman, 1972). 이런 이유에서 실제로 엄격한 객관적 보도 원칙의 준수가 결과적으로는 여론조사 결과에 대한 분석과 해석을 주저하게 만들어 피상적 뉴스로 귀결되는 경우가 많다(Holtz-Bacha & Strömbäck, 2012).

객관주의 저널리즘 원칙의 한계를 인식한 다수의 유럽과 남미 국가 기자들은 자신의 견해를 좀 더 적극적으로 드러내는 방식으로 기사를 작성한다. 이들은 관점이나 견해를 완전히 배제한 채 뉴스를 만들기는 불가능하다고 생각하기 때문에 객관성·공정성을 갖춘 것처럼 보이기 위해 불필요한 노력을 들일 필요가 없다고 본다(Steven, 2010/2011). 그리고 객관주의 저널리즘의 산실인 미국에서마저도 '주창 저널리즘(advocacy journalism)'이라 불리는 정파적이고 의견이 일상적으로 드러나는 보도 형태가 비록 지배적이지는 않지만 꾸준히 이어져 오고 왔다(Capella, & Jamieson, 1997). 게다가 온라인 미디어 환경에서는 자신의 생각이나 의견에 대한 확신을 얻으려는 목적으로 뉴스를 보는 사람이 많고 이들은 자기 입장에 대한 확신을 높여 주는 의견이 가미된 기사를 선호한다((Stephens, 2014/2015, 양정애 외, 2016에서 재인용). 이런 환경에서 엄격히 객관주의를 고집하는 뉴스는 수용자로부터 외면받기 쉽고 결과적으로 이를 고수하는 언론사는 사회적 영향력이 약화된다(Riordan, 2014/2015). 그러나 선거 여론조사 보도에서 해석을 강화하자는 주장을 객관주의 원칙을 전면적으로 포기하는 것으로 해석해서는 안 된다. 객관주의는 여전히 저널리즘이 추구해야 할 지향점임에는 틀림없다. 다만 이 때문에 공정성과 다양성 등 저널리즘이 추구해야 할 다른 목표의 달성이 저해되어서는 안 된다. 따라서 전통적 객관주의 원칙의 훼손 가능성을 최소화하면서 해석적 저널리즘을 실천하기 위한 방안이 마련되어야 한다. 이에 다음과 같은 구체적인 실천 방안을 제안한다.

첫째, 객관주의 저널리즘의 핵심인 '의견과 사실의 분리' 원칙은 지켜져야 하지만 이를 실천하는 방식은 바뀌어야 한다. 의견과 사실을 분리하는 객관주의 저널리즘 관행은 전통적으로 사설, 칼럼과 같이 의견 글을 별도로 구성하는 란을 두는 방식으로 실천되어 왔다. 그러나 하나의 기사 안에서 사실과 의견을 병행해서 게시한다고 객관주의 원칙이 훼손되는 것은 아니다. 그렇다고 최근의 종편에서 방영되고 있는 정치 분석가들의 해석이 가미된 보도까지 바람직한 해석적 보도로 볼 수는 없다. 이들 프로그램에서는 주관적 의견이 사실과 명확히 구분되지 않기 때문이다. 종편의 선거여론조사 분석 보도는 소위 정치 분석가라는 패널들을 불러놓고 이들에게 여론조사에서 '왜 이런 변화가 일어났는가?'에 대한 의견을 듣는 방식이 대부분이다. 여기에서 패널로 출연한 인사들은 객관적인 근거 없이 주로 자신의 정치적 식견과 감각에 의존하여 결과를 자의적으로 해석한다. 그런데도 마치 이것이 객관적인 조사 결과에 대한 설명인 듯이 묘사되고 있기 때문에 이는 시청자를 기만하는 행위다. 여론조사는 객관적인 방법이라고 말하면서 정작 그 결과의 해석 과정은 주관적으로 이뤄지고 있는 것이다. 해석의 신뢰도를 높이기 위해서는 유권자들이 무엇을 생각하며 후보자를 비교했는지 그리고 왜 특정 후보를 지지하는지에 대한 정보가 필요하며 이는 전문가의 식견이 아니라 지지율 외 다른 정보를 병합하여 분석함으로써 확보될 수 있다(Bauman & Lavrakas, 2000; Falasca, 2014). 그리고 이 과정에서 무엇이 사실이고 무엇이 의견인지는 명확히 구분될 때에만 수용 가능한 해석 보도가 된다.

둘째, 자료 분석 과정에서의 중립적 입장 고수가 반드시 결과의 중립성으로 이어지는 것은 아니라는 점을 인식해야 한다. 결과와 이에 이르는 과정을 분리해서 본다면, 결과에 대한 편향적 서술을 과정이 객관적이지 않은 탓으로 돌릴 수는 없다. 오히려 객관적 과정은 대부분 비중립적인 결과로 이어진다. 선거 여론조사의 결과를 보면 앞서는 사람과 뒤처진 사람의 구분이 명확하다. 이를 중립적이어야 한다는 의무감에 그 차이를 드러내지 않도록 보도하는 것은 중립적 보도일지는 모르지만 유권자를 혼란케 하는 보도다. 후보자가 아니라 유권자를 우선적으로 고려한다면, 결과의 차이를 설명하는 과정에서 특정 후보의 공약이 유권자들에게 더 좋게 평가되었다고 말하는 것은 허용되어야 한다. 사실을 검증하고 객관적인 절차로 분석한 결과를 바탕으로 특정 후보자와 정당, 공약에 대한 선호를 밝히는 것은 후보자에게는 편파적이라고 비난 받을지 모르나 유권자에게는 객관적이며 공정하다고 평가받을 수 있다(박재영 외, 2014; 이준웅, 2002). 다만, 이러한 평가를 얻기 위해서는 분석의 주체, 분석 과정, 분석의 틀, 분석에 활용된 자료와 그 출처 등의 투명한 공개가 전제되어야 한다. 또한 정확하고 근거 있는 정보의 수집 및 활용, 다수의 투명 취재원, 다양한 이해 당사자, 그리고 복합적 관점이 포함되도록 노력해야 한다.

셋째, 객관성을 대체할 수 있는 개념으로 사회과학 분야 학자들이 활용하고 있는 '간주관성(inter-subjectivity)', 즉 동료 집단에서 '합의'된 주관성을 적극적으로 활용할 것을 제안한다. 저널리즘 분야의 객관성은 실제 달성 가능한 현실적 목표라기보다는 공익이 아닌 사적 이해관계에 근거한 정파성을 지양하기 위한 규범적이고 이상적인 목표다(Steven, 2010/2011, 양정애 외, 2016에서 재인용). 미첼 스티븐스(Stephens, 2014/2015, 양정애 외, 2016에서 재인용)은 미래 저널리즘이 나아가야 할 지향점으로 간주관성이 확보된 해석적 보도를 제안하며 이를 '지혜의 저널리즘'이라고 칭하고 있다. 사회과학자들에게 간주관성은 각자가 연구를 수행할 때 어느 정도의 주관성이 개입될 여지에 대해서는 인정하면서도, 주관성에 오롯이 기대는 것이 아니라 같은 학문 분야의 연구자들이 받아들일 수 있는지를 기준으로 삼아 일정 수준의 객관성을 담보하는 방법을 의미한다. 완벽하게 객관 적이지는 않더라도 미리 제시된 절차적 엄밀성을 준수하고(Lavrakas & Traugott, 2000) 의도적인 편향을 방지하려 노력했다면(Patterson, 1993) 결과의 타당성에 대해 연구자 집단이 '합의'에 이를 수 있다. 간주관성의 개념에 따르면, 해석이 부분적으로 포함돼 있는 뉴스도 객관주의의 원칙에 위배되지 않는 것으로 볼 수 있다(Ward, 2008/2015). 이것은 저널리즘의 객관성을 보도 자체를 사실로 가득 채우거나 해석을 모두 제거함으로써가 아니라, 합의된 일정한 기준에 따라 사실 에 대한 해석으로 달성하는 것으로 보기 때문이다.

넷째, 해석적 보도는 조사과정과 결과를 검증하는 기자 혹은 언론사의 자질 이 충분히 확보된 뒤에만 비로소 시작되어야 한다. 기자가 여론조사 결과의 의 미를 파악할 능력이 부족하거나, 자료를 편향적으로 해석하면 유권자에게 전달 되는 정보 역시 편향될 수밖에 없다(Bauman & Lavrakas, 2000; Daves & Newport, 2005; De Vreese & Semetko, 2002). 이런 편향성을 극복하기 위해서 기자는 명확 하지 않은 상태에서는 인과관계를 주장하지 말아야 하며 꼭 필요한 경우라면, 배경에 대한 충분한 취재 후에 기자 자신보다는 전문성을 지닌 제3자에게 취재 한 내용과 여론조사 결과의 관계에 대한 해석을 위탁하는 방법을 활용해야 한다 (Falasca, 2014). 그런데 이 과정에서도 전문가의 성실한 분석을 이끌어 내기 위 해 최소한 전문가의 해석에 부적절한 부분이 있다면 기자가 이를 지적할 수 있 는 수준의 지식은 갖춰야 한다.

마지막으로, 후속 연구를 위해 이 연구에서 제안한 선거 여론조사 보도의 개선 방안을 구체적으로 실천한 기사와 그렇지 못한 기사에 대해 유권자들의 반 응을 조사할 것을 제안한다. 이는 이 연구에서 제안한 개선 방안이 연구자의 편 향 혹은 특수한 경험에 경도되어 전체 유권자의 바람과는 상치될 수도 있기 때 문이다.

[참고문헌]

강미은(2000). 선거 여론조사 결과 발표가 투표의향에 미치는 영향에 관한 연구: 개인의 정보처리 동기와 능력을 중심으로.『한국언론학보』, 44권 2호, 5-39.

권혁남(1991). 선거 여론조사 보도의 문제점과 새로운 방향: 13대 대통령선거와 국회선거 보도를 중심으로.『한국언론학보』, 26호, 5-43.

김경모·김시현·송현진(2010). 선거 여론조사 보도에서 방법론 문제와 부정적 보도 경향의 관계: 주요 일간지의 16-18대 국회의원 선거기사 내용분석.『언론과 학연구』, 10권 3호, 81-124.

김연수·김지현·정일권(2007). 2007 대선 여론조사 보도의 문제점과 특성: 신문과 방송 보도의 내용분석과 응답자 서베이 조사를 중심으로.『정치커뮤니케이션 연구』, 7호, 83-120.

김용호·김경모(2000). 유권자의 선거관련 매체이용이 선거판세 인식과 전략적 투표행위에 미치는 효과에 관한 조사연구.『한국언론학보』, 45권 1호, 91-120.

김현정(2013). 선거 여론조사 보도에 대한 제삼자 인식이 정치적 참여 의향에 미치는 영향: 한국과 미국 비교 연구.『한국언론학보』, 57권 4호, 72-95.

민영(2008). 뉴스미디어, 캠페인 미디어, 그리고 정치 대화가 후보자 이미지와 정치적 의사결정에 미치는 영향: 제17대 대통령 선거를 중심으로.『한국언론정보 학보』, 44호, 108-143.

박재영·안수찬·박성호(2014). 대통령 선거 보도의 기사품질, 심층성, 공공성의 변화: 1992~2012년 국내 주요 신문의 경우.『방송문화연구』, 26권 2호, 33-66.

송종길·이호영·박상호(2007). 선거보도 이용 동기가 유권자 정치행태에 미치는 영향에 관한 연구: 이용과 충족 접근을 중심으로.『정치커뮤니케이션 연구』, 7호, 157-198.

선우동훈·윤석홍(1999). <여론조사>. 서울: 커뮤니케이션북스.

양승찬(1998). <미디어 정치시내 선거보도>. 서울: 한국언론연구원.

양승찬(2002). 여론조사 보도의 문제점과 개선을 위한 제언. 한국언론학회 <선거 보도 가이드라인 제정을 위하여> 세미나 발제문.

양승찬(2007). 한국의 선거 여론조사와 그 보도에 대한 이슈 고찰.『커뮤니케이션 이론』, 3권 1호, 83-119.

양정애·김경보·강용철·박한철(2016). 『뉴스리터러시 교육II』, 서울: 한국언론진흥재단.

이강형(2002). 유권자의 정치후보에 대한 감정이 정치참여에 미치는 영향에 관한 연구. 『한국언론학보』, 46권 5호, 73-104.

이준웅(2002). <캠페인 보도의 문제점과 개선을 위한 제언>. 2002년 한국언론학회 세미나, 43-84.

이준웅(2005). 비판적 담론 공중의 등장과 언론에 대한 공정성 요구: 공정한 담론 규범 형성을 위하여. 『방송문화연구』, 17권 2호, 139-172.

이준웅(2007). <2007년 대선 선거 여론조사의 개선방안: 신뢰받는 여론조사를 위하여>. '대통령선거방송특별위원회 제1차 세미나' 한국방송학회 세미나.

정일권(2014). 선거 여론조사 개선 방법에 대한 보도자와 조사자의 의견 차이에 관한 연구. 『조사연구』, 15권 4호, 61-94.

정일권·장병희·남상현(2014). 선거 여론조사 방송보도의 문제점과 개선 방안에 관한 연구: 지상파와 종편채널의 제18대 대선 방송뉴스를 중심으로. 『한국방송학보』, 28-5호, 150-196.

조성겸(2002). 선거여론조사 보도의 개선방안. 『관훈저널』, 83호, 97-105.

Abramson, P. R., Aldrich, J. H., & Rohde, D. W.(1994). *Change and continuity in the 1992 elections*. Washington, DC: CQ Press.

Bauman, S. L., & Lavrakas, P. J.(2000). Reporters' Use of Causal Explanation in Interpreting Election Polls. In P. J. Lavrakas & M. W. Traugott(Eds.), *Polls, the New Media and Democracy*(pp. 162-184). New York: Chatham House.

Bennett, S. E., Flickinger, R. S., & Rhine, S. L.(2000). Political talk over here, over there, over time. *British Journal of Political Science, 30(1)*, 99-119.

Capella, J. & Jamieson, K. H.(1997). *Spiral of Cynicism: The Press and the Public Good.* New York: Oxford University Press.

Crespi, I.(1980). Polls as journalism. *Public Opinion Quarterly, 44(4)*, 462-476.

Daves, R. P., & Newport, F.(2005). Pollsters under attack: 2004 election incivility and its consequences. *Public Opinion Quarterly, 69(5)*, 670-681.

De Vreese, C. H., & Semetko, H. A.(2002). Public perception of polls and support for restrictions on the publication of polls: Denmark's 2000 Euro referendum. *International Journal of Public Opinion Research, 14(4)*, 367–390.

Dunaway, J. & Stein, R. M.(2013). Early voting and campaign news coverage. *Political Communication, 30,* 278–296.

Elster, J.(1998). *Deliberative Democracy(Cambridge Studies in the Theory of Democracy).* Cambridge University Press.

Falasca, K.(2014). Political news journalism: Mediatization across three news reporting contexts. *European Journal Of Communication, 29(5),* 583.

Farnsworth, S. J. & Lichter, S. R.(2011). Network television's coverage of the 2008 presidential election. *American Behavioral Scientist, 55(4),* 354–370.

Fink, K., & Schudson, M.(2014). the rise of contextual journalism, 1950s–2000s. *Journalism, 15*(1), 3–20.

Holtz-Bacha, C., & Strömbäck, J.(2012). *Opinion polls and the media: reflecting and shaping public opinion.* New York: Palgrave Macmillan.

Kaid, L. L., McKinney, M. S., & Tedesco, J. C.(2007). Introduction political information efficacy and young voters. *American Behavioral Scientist, 50(9),* 1093–1111.

Kim, J., Wyatt, R. O., & Katz, E.(1999). News, talk, opinion, participation: The part played by conversation in deliberative democracy. *Political communication, 16(4),* 361–385.

Kovach, B. & Rosenstiel, T.(2001). *The Elements of Journalism: What Newspeople Should Know and the Public Should Expect.* Crown/Archetype.

Larson, S. G.(1999). Public opinion in television election news: Beyond polls. *Political Communication, 16,* 133–145.

Lasswell, H.(1948). *The Structure and Function of Communication in Society.* In L. Bryson(Ed.), The communication of ideas(pp. 202–243). New York: Harper.

Lavrakas, P. J. & Traugott, M. W.(2000). Election Polling in the Twenty first

Century: Challenges and Opportunities. In P. J. Lavrakas and M. W. Traugott(Eds.). *Polls, the News Media, and Democracy(pp. 162–181)*. New York: Chatham House.

Liu, N-H.(2013). Forecasting Taiwan's presidential elections(2—8 to 2012) form pre-election media polls: A "coverage forecasting model" considered. *GSTF International Journal on Media & Communications, 1(1)*, 9–24.

McManus, J. H.(1994). *Market-Driven Journalism: Let the Citizen Beware*. Thousand Oaks, CA: Sage.

Meyer, P.(1998). 'If It Works, How Will We Know?'. In E. Lambeth, P. Meyer, & E. Thorson(Eds.), *Assessing Public Journalism*(pp. 251–273). Columbia, MO: University of Missouri Press.

Meyer, P., & Potter, D.(2000). Hidden Value: Polls and Public Journalism. In P. J. Lavrakas and M. W. Traugott(Eds.), *Polls, the News Media, and Democracy*(pp. 113–141). New York: Chatham House.

Pateman, C.(1970), *Participation and Democratic Theory*. Cambridge: Cambridge University Press.

Patterson, T. E.(1993). *Out of order: An incisive and boldly original critique of the news media's domination of America's political process*. New York: Vintage.

Patterson, T. E.(2005). Of polls, mountains: U.S. journalist and their use of election surveys. *Public opinion Quarterly, 69(5)*, 716–724.

Pinkleton, B. E., Austin, E. W., & Fortman, K. K.(1998). Relationships of media use and political disaffection to political efficacy and voting behavior. *Journal of Broadcasting & Electronic Media, 42(1)*, 34–49.

Price, V. & Stroud N. F.(2006). Public attitudes toward polls: Evidence from the 2000 U.S. presidential election. *International Journal of Public Opinion Research, 18(4)*, 393–421.

Reese, S. D.(1997). The news paradigm and the ideology of objectivity. In D. Berkowitz(Ed.), *Social meaning of news: A text-reader*(pp. 420–440). Thousand Oaks: Sage.

Riordan, K.(2014/2015). *How legacy media and digital natives approach standards in the digital age*, 양정애·김선호·박대민(역), 『디지털 시대의 저널리즘 원칙』, 서울: 한국언론진흥재단.

Rosenstiel, T.(2005). Political polling and the new media culture: a case of more being less. *Public Opinion Quarterly, 69(5)*, 698–713.

Salwen, M. B.(1987). Credibility of Newspaper Opinion Polls: Source, Source Intent and Precision. *Journalism & Mass Communication Quarterly, 64(4)*, 813–819.

Schudson, M.(2003). *The Sociology of News*(2nd ed.), New York: W.W. Norton.

Stovall, J. G. & Solomon, J. H.(1984). The poll as a news event in the 1980 presidential campaign. *Public Opinion Quarterly, 48*, 615–623.

Tuchman, G.(1972). Objectivity as strategic ritual: an examination of newsmen's notion of objectivity. *The American Journal of Sociology, 77(4)*, 660–679.

제 **12** 편

외주민주주의 시대의 여론조사
: 여론조사가 투표선택에 미친 영향

정한울 한국리서치 여론분석 전문위원

외주민주주의 시대의 여론조사
:여론조사가 투표선택에 미친 영향[*]

1. 문제제기: 외주민주주의 시대의 여론조사

　　본 논문은 여론조사가 한국유권자들의 투표선택에 미치는 영향을 경험적으로 분석하는 것을 목적으로 한다. 2002년 대선에서 노무현·정몽준 후보의 후보단일화의 방법으로 여론조사를 채택한 이래 한국선거정치에서 여론조사의 영향력은 갈수록 커지고 있다. 정치에서 여론조사의 영향력이 커지는 것은 한국만의 현상은 아니다. 서구 선진 민주주의 국가들에서는 이미 여론조사가 각종 선거에서 공직에 도전하는 후보자 및 정당의 타깃팅 및 메시지 전략 수립에 필수적인 도구로 자리잡았다(Baines et al. 2002, Burton and shea 2010). 또한 선거 여론조사는 매스미디어의 선거관련 보도나 학계의 핵심 연구주제로 자리 잡았고, 특히 선거 시기에는 언론의 핵심 콘텐츠로 자리잡았다(Hardy and Jamieson 2005; Heij and Franse 2011; 강미은 2000; 권혁남 1991; 김경모외 2010; 양승찬 2007).

　　여론조사는 선거 공직자 선출 및 정책추진 과정에서 민의를 대변(representation)하고 유권자의 이익을 책임성 있게 실현(accountability)하는 데 매우 유용한 수단이다. 특히 정부, 정당, 언론 등 민의를 수렴해야 하는 민주주의의 핵심 제도들이 유권자와 괴리되어 있을 때 전체 유권사의 의사를 효과적으로 파악하는 데 도움을 주기 때문이다. 반면, 민주적 의사결정과 미디어의 공론형성 기능이 서베이에 의해 좌우되는 "서베이 민주주의(survey democracy)"의 우려도 커지고 있다(강원

---

[*]　이 논문은 『한국정당학회보』(2016, 15권 1호)에 기 출간되었으며, 저작권은 한국정당학회에게 있음.

택 2009; 윤종빈 2008; 이현우 2006; 지병근 2010). 여론조사에 대한 과도한 의존은 결과적으로 민주적 정치과정을 담당하는 정부, 정당, 미디어의 정치 및 정책결정 역할을 대체하며, 정치과정과 정책결정의 질을 조사기관의 기술력과 분석력이 결정하는 소위 "정치과정의 외주화", "외주민주주의(outsourcing democracy)"에 대한 우려로 이어지고 있는 것이다. 서구 민주주의 국가들에서의 정치 외주화 현상은 주로 전자투표(e-voting) 등 선거 및 투표 관리(electoral management)에서 정치적으로 통제되지 않는 기술적 의존 현상이라는 의미로 좁게 사용된다. 한국의 경우 이러한 행정 관리 차원의 기술적 외주가 아닌 의사결정과정의 외주화, 언론보도 내용의 외주화 경향을 강화한다는 차이가 있다(Cordella and Willcocks 2010; Daniels 2010; Moynihan 2004; Oostveen 2010; 정한울 2015).

여론조사 영향력이 커짐에 따라 여론조사 방법에 대한 학계나 언론에서의 논의도 활성화되고 있다. 그러나 기존 논의는 우선 여론조사의 신뢰성과 관련한 방법론적 논쟁 및 여론조사 결과의 보도 형식과 절차적 규제방안에 집중되어 왔다. 실제로 여론조사방법의 신뢰성을 훼손하는 방법론적인 문제들과 조사방법의 개선방안에 대한 논의에 집중해왔다. 다음으로, 정치적 차원에서 여론에 영향을 미치는 미디어 효과가 얼마나 큰지, 민의 형성에 기여하는지 아니면 왜곡하는지에 대한 논쟁이다(Kinder 2003; 이철한·현경보 2007). 또한 정치 행위자(대통령, 정당, 정치인)나 정책(policy)이 얼마나 여론을 반영(responsive)하는지에 대한 연구도 활발하다(Burstein 2003; Erikson et al. 2002; Jacobs and Shapiro 2002; 2005).

한국에서 여론조사의 영향력이 계속 커지고 있음에도 불구하고, 여론조사 보도가 유권자의 '정치적 태도'나 '투표행태'에 미치는 영향력에 대한 경험적 연구는 찾아보기 힘들다. 언론학계를 중심으로 "편승(bandwagoning effect)"과 "열패자 효과(underdog effect)", "침묵의 나선(spirals of silence)" 이론 등 여론조사보도의 유권자의 합리적인 투표를 방해하는 효과에 대한 경험적 연구들이 부분적으로 진행되어 왔다(양승찬 2007). 그러나 선거여론조사 보도가 전 유권자들에게 얼마나 유권자들에게 영향을 미치는지, 그 영향이 실제 투표행태에 어떠한 영향을 미치는지에 대해서는 거의 알려진 바가 없다. 특히 한국에서 여론조사 보도를 통해 전달되는 정보가 투표선택에 미치는 영향에 대한 경험적 연구를 찾아보기 힘들다(강미은 2000, 6-7; 양승찬 2007; 지병근 2010).

이러한 문제의식에서 본 연구는 동아시아연구원(EAI)·SBS·중앙일보·한국리서치가 공개한 "2007 대선패널조사(Korean Election Panel Studies, 이하 KEPS 2007)" 및 "2012 총선·대선패널조사(KEPS 2012)" 데이터 분석을 통해 여론조사가 누구한테 영향을 미치고, 유권자들의 투표 선택에 어떠한 영향을 미치는지 경험적으로 검증하는 것을 목표로 한다. 이를 위해 2장에서는, 한국정치과정에서 여론조사가 차지하는 역할의 변화과정을 정리하고 여론조사 영향력에 대한 경험적 연구의 중요성을 강조한다. 3장에서는 기존 선행 연구에 대한 검토를 통해 본 연구에서 검증할 이론적 가설을 제시한다. 4장에서는 투표선택 시 영향을 받았다고 응답한 유권자와 영향을 받지 않았다고 응답한 유권자들이 누구이고, 이들의 투표행태 비교를 통해 여론조사가 투표 행태에 미친 영향을 추론한다. 마지막 장에서는 본 연구의 주요 결과와 정치적 함의를 요약하고, 향후 연구 과제를 정리한다.

2. 정치과정의 외주화 현황과 여론조사 영향력의 변화

2.1. 여론조사와 정치과정의 외주화

여론조사는 민주적 정치과정에 적지 않은 기여를 하고 있다. 첫째, 소수 활동가의 발언권이 과대 대표되는 정당 상황에서 여론조사는 적은 사회적 비용으로 민주적 대표성을 강화하는 데 기여할 수 있다. 둘째, 개방형 참여를 통해 각 정당 후보의 경쟁력을 제고하고 지방토호세력의 영향력을 억제하는 역할도 가능하다. 셋째, 연합을 통한 협력정치 강화에도 기여할 수 있다는 점도 긍정적인 평가의 근거다(박명호 2007; 조진만 2011).

그러나 정치과정이 갈수록 여론조사에 고도하게 의존하면서 적지 않은 우려를 낳고 있는 것도 사실이다. 첫째, 한국의 경우 여론조사를 선거전략 수립 및 정당의 공직후보 선출을 위한 평가 자료로 활용하는 수준을 넘어 "공직 후보를 결정하는 경선수단"으로 활용되고 있으며, 정당 간 "후보단일화의 기제"로까지 활용되고 있기 때문이다(지병근 2010). 여론조사 경선은 자발적 참여의사를 가진 유권자들을 정치참여과정에서 배제하고, 정치적 조정과 타협을 통해 이루어야 할 민주적 의사결정과정이 다수의 외부 기제에 맡겨짐으로써 정당의 책임정치를 약화시킨다(강원택 2009; 지병근 2010).

둘째, 낮은 응답율과 응답자 정보에 대한 검증이 불가능한 저비용의 조사방법(대표적인 예가 ARS조사) 공직후보 경선의 수단으로 채택되고 있다는 점이다. 심지어 그 약점을 악용하여 선거캠프들이 대규모로 전화회선 확보하여, 운동원들의 거짓응답으로 중복 참여를 조직함으로써 후보선정 경선여론조사 결과를 오염시키는 상황에 이르렀다(이현우 2016; 구자홍 2016). 관련자들의 사법적 처벌 사례도 늘고 있다(국민일보 2014. 04. 15). 2012년 총선당시 ARS 야권 단일화 조사에 통진당 선거운동원들이 조직적으로 개입하여 이정희 후보의 지지율을 끌어올려 단일후보로 당선된 사건이 발각되어 후보가 중도 사퇴한 사건이 대표적이다.

셋째, 정치적 조정 및 타협을 통해 해결해야 할 국가적 의제나 심지어 권력구조 개편과 같은 개헌 사안에 대해서조차 여론조사를 통해 결정하자는 주장이 당 고위층이나 정부부처 장관들이 공공연하게 제기되고 있다. 정부, 정당 등 행위자들이 갈등의 조정과 정치 활동을 통해 해결해야 할 사안을 여론조사 방법에 맡김으로써 정치적 이슈가 방법론 이슈로 대체되는 상황이다. 새누리당에서는 2010년 세종시 이전 수정안, 2011년 이원집정부제 등 권력구조개편을 위한 개헌을 여론조사 결과로 결정하자는 주장이 제기되었다(MBC 2011. 02. 05)[1]. 2014년에는 새정치민주연합이 지방선거를 앞두고 기초단체장 공천폐지 여부를 결정하는 데 여론조사 결과를 활용하기도 했다(경향신문 2014. 04. 12).

한편 미디어보도에서의 외주화 현상도 심각해지고 있다. 미디어가 자체 기획과 관리하에 여론조사 콘텐츠를 보도하기보다 조사기관에서 배포하는 보도자료에 의존하는 관행이 그것이다. 미디어의 전문성 부족으로 조사 기획 및 해석에서 외부 조사기관에 의존한 결과이다(김동규 1996; 이준웅 2002). 최근 ARS 조사나 표본 대표성에 문제가 심각한 조사, 낮은 응답률 조사, 과도하거나 자의적인 가중치 보정한 결과(예 성향 가중), 오차범위를 고려하지 않은 경주마식 보도

---

1) 한편 이재오 당시 특임장관은 "2011년 신년좌담회에서 권력구조 개편과 관련해서는 이원집정부제 등 모든 안을 논의한 뒤 여론조사를 통해 국민의 뜻을 따르자"고 제안한 바 있다.

관행은 개선되지 못하고 있다. 문제는 이러한 콘텐츠들이 미디어 내의 검토나 점검 없이 방송과 지면에 여과 없이 소개된다는 점이다(Curtin et al. 2005; Jacobs and Shapiro 2005; Worcester 1996; 김경모 외 2010; 정한울 2015).[2]

2000년대 초반까지만 해도 한국의 선거관련 여론조사는 언론의 기획보도의 형식으로 간헐적으로 진행되었지만, 2010년을 전후로 매월 정기조사보도가 활성화되었다. 2012년 대선 이후로는 매일 2–300명씩 조사하여 2–3일치를 평균하여 매일 발표하는 트래킹 조사(tracking survey)결과가 거의 매일 언론을 통해 보도된다. 이러한 조사들은 국민들의 알권리를 충족시키고, 여론의 변화를 제 때에 전달함으로써 정치의 반응성을 제고하는 순기능도 있다. 그러나 여론조사의 범람이 24시간 뉴스 수요, 2차 자료의 가공, 뉴스룸 축소라는 새로운 미디어 환경과 맞물리면서 오히려 선거 및 여론에 대한 심층적인 이해를 약화시키고 피상적인 정보에 불과한 경주마식 보도를 강화시키고 있다는 비판이 일찍부터 제기된 바 있다(Rosentiel 2005).[3]

이에 따라 선거관리위원회 및 학계를 중심으로 선거여론조사방법 및 언론보도에 대한 규제논란이 커져왔다. 중앙선거관리위원회의 선거여론조사에 대한 규제 과정을 살펴보면, 1987년 이후 1990년대 민주화 초기에는 주로 여론조사의 편파적, 불공정한 활용을 억제하는 데 초점을 맞추었다. 1992년 이전까지는

---

2) 중앙선거여론조사공정심의위원회(이하 공심위)가 발간한 <제6회 전국동시지방선거 선거여론조사 심의백서, 이하 심의 백서>를 보면 등록된 전체 조사 816건 중 조사방법 13개 유형 중 유선ARS조사 방법이 50.7%로 압도적이었다. 응답율이 10%미만인 비율은 유선ARS조사의 81.8%인 반면 전통적인 유선전화면접조사에서는 8.3%에 불과했다. 10% 이상 응답율 조사의 경우 유선ARS조사의 17.2%에 불과했지만 유선전화면접조사는 91.7%로 차이가 났다. 20대 세대가중치의 경우 유선ARS조사의 15.3%만이 0.5–2.0 사이였고, 나머지 84.7%는 2.00–6.00의 가중치를 부여한 반면, 유선전화면접조사는 80.0%가 0.5–2.0 가중치를 주었고, 나머지 20%만이 2.00–4.00의 가중치를 부여한 것으로 나타났다. 자세한 내용은 <심의백서>를 참조할 것.

3) 미국에서는 이미 1990년대 초반부터 이러한 트래킹 조사가 ABC 등 주요 방송에서 소개되었고 점차 증가해왔다. 한국에서도 2012년 대선을 거치며 한국갤럽, 리얼미터 등이 순환평균조사(rolling average method)라는 이름으로 진행하고 있는 데일리 조사들이 대표적인 예라고 할 수 있다. 한국갤럽이 휴대전화 면접조사를 활용한 반면, 리얼미터는 ARS 조사를 활용한 유무선 혼합방식을 채택한다. 최근 이들 기관이 발표하는 조사 인용보도가 언론사가 기획한 조사보도를 크게 넘어서고 있다.

▼ 〈표 1〉 선거여론조사 보도 및 방법론의 쟁점 및 선관위 규제의 변화

문제점	1987-1990년대: 불공정성 공정성/편파성/조사정보 누락	2000년대: 부정확성 조사 방법론/선정성에 집중	2010년대: 외주화 콘텐츠의 외부 의존
선거 조사 보도 특징	1. 여론조사의 자의적 활용 (후보지지도 미공개) 2. 자의적 해석/왜곡과장 3. 특정 정치목적 조사 보도 4. 표집오차 고려하지 않은 순위 보도(선정성) 5. 비과학적 용어 및 외부조사기관 의존-여론조사 전문성의 부재	1. 후보 지지도 집중, 과장 표현 2. 여론조사 보도 건수 급증 여러 조사기관 결과의 비교 (워딩효과, 하우스 효과의 무시) 3. 표집오차 고려하지 않은 순위보도, 오차범위 내 순위 4. 총선 여론조사, 출구조사의 부정확성	1. ARS 조사 보도의 급증(저비용, 중소미디어의 여론조사 보도 확대) 2. 선정적 보도 관행 유지 (표본 오차 범위 무시, 왜곡과장) 3. 언론사 여론조사 전문 기자제 축소(자체 검증 부재) 4. 조사기관의 보도 자료에 대한 과도한 의존
조사 방법론	1. 설문작성의 중립성-질문순서, 응답유도 2. 표집 대표성 문제 • 할당표집 문제 • 전화 미보급가구 대표성 3. 높은 무응답자	1. 대표성(전화여론조사의 문제) • KT 표집틀의 포괄(coverage) 범위의 문제점 • 미등재가구 2. 낮은 응답률	1. RDD 방식으로 전환 (커버리지의 문제 해결) 2. 유선(가구전화) 대 휴대전화 혼합 비율 3. 낮은 응답율(ARS 10%미만, 전화면접 10~20% 내외) 4. ARS조사의 고연령층 표본 편중 현상(젊은 세대의 과도한 쿼터 가중치, 성향 가중치 부여)
선거 보도 규제	제108조 여론조사의 결과공표 금지 등 1. 1992년 이전 〈국회의원선거법〉, 〈대통령선거법〉 여론조사 전면 금지 2. 1992.11.11. 제한적 여론조사 공표 금지(구 대통령선거법 개정): 선거공고일~선거일까지 금지 3. 1994 〈공직선거 및 선거부정방지법〉으로 통합 4. 1997.11.14. 제6항 신설 • 조사 시 조사기관, 대표성 있는 표본추출 • 편향 질문 금지 • 조사관련 정보 공개 (AAPOR의 8대 권고사항)	1. 〈공직선거법〉으로 개칭 (2005. 8.14) 2. 제108조 1항 공표금지기간 축소 (D-6 이후조사 공표불가, 2005.8.1 4개정) 3. 제6항 정보공개 조항 집행 강화	1. 제8조의 8 선거여론조사공정심의위원회 신설(2014.2.13.) 2. 제108조 3항 여론조사 서면신고 (2010.1.25. 신설) 3. 6항 강화: 조사기관/단체명, • 피조사자의 선정방법, 표본 크기(연령대, 성별 크기), 조사지역, 조사일시, 조사방법, 표본오차율, 응답률, 질문내용, 오차보정방법 등 (2010.1.25, 2012.2.29, 2014.2.13. 개정) 4. 108조 7항 공표자료 〈공심위 홈페이지〉 등록(2014.2.13.개정) 조사설계, 피조사자선정, 표본추출, 질문지, 결과분석 • 안심번호제 활용 • 가중치 범위 규제 방안

주: 본 표는 법제처 〈공직선거법〉(2014.2.13.개정안), 김동규(1996), 김춘석·정한울(2010), 양승찬(2007), 이준웅(2002), 지병근(2010), 조진만(2011), 최현철(1996), 허명회·김영원(2008)을 참조하여 필자가 정리.

여론조사 결과 공표금지가 전면 금지되었지만, 1992년 11월 11일 구 「국회의원 선거법」, 「대통령선거법」 개정을 통해 선거공고일 이전까지는 여론조사 공표가 허용되었다. 조사 방법과 관련해서는 설문작성의 중립성, 편파성을 규제하여 공정성을 확보하는 데 초점을 맞추었고, 방법론상으로는 전화미보급가구로 인한 표본 대표성(sampling method) 문제 등이 지적되었다. 2005년 8월 14일 개정 「공직선거법」에서 여론조사공표 금지기간을 선거일 6일전으로 축소하고, 이 기간을 제외한 선거운동 기간 중 여론조사 공표가 허용되면서 여론조사 관련 보도가 크게 증가하였다(양승찬 2007; 조성겸·김영원 2007).[4]

그러나 총선, 지선 등의 출구조사 및 여론조사의 예측이 빈번하게 틀리고, 워딩 효과나 조사기관 효과(house effect)를 고려하지 않은 보도들이 늘면서 여론조사의 신뢰성 문제가 대두되었다. 방법론적으로는 휴대폰의 보급과 함께, 여론조사회사들의 표집틀(sampling frame)로 활용하는 KT 가구전화리스트에 등재되지 않은 가구가 절반을 넘어서면서 표집틀의 대표성 문제(coverage)가 큰 논점이었다. 2010년 지방선거에서 여론조사 신뢰성 문제가 다시 부각되면서 휴대전화(무선) 조사비중을 높이고, 임의번호걸기(RDD) 방식을 통해 기존 KT등재리스트에 등재되지 않은 대상을 샘플링하는 방법이 도입되었다. 또한 낮은 응답률과 재접촉(callbacks) 부재로 인한 랜덤샘플링(random sampling) 원칙이 훼손되고 있는 것도 큰 논쟁거리였다(Daves and Newport 2005; Green and Gerber 2007; Frankovic 2005; 조성겸·김영원 2007). 최근에는 휴대전화 RDD 방식의 경우 대선과 같은 전국조사와 달리, 총선, 지방선거 등 지역구, 선거구별 표본을 추출하는 데 비효율적이기 때문에 소유자의 지역 정보를 조사회사에 익명으로 제공하는 '안심번호제'와 같은 대안이 적용될 전망이다. 선관위는 20대 총선을 앞두고 마련되고 있으며, 앞서의 문제들에 대한 제도적 보완책을 제시할 예정이다.

---

4) 이 시기에는 현재처럼 정기적으로 여론조사 결과를 공표하는 기관이 드물었다. 상대적으로 고비용인 전통적인 전화면접조사방법을 채택했기 때문에 방송3사나 중앙 메이저 신문사 정도 자체비용으로 선거 및 정치여론조사를 기획 보도하는 경향이 강했다.

2.2. 여론조사 체감 영향력의 약화

객관적인 차원에서 여론조사가 정치과정 및 선거에 미치는 영향력은 급격하게 커지고 있는 데 반해 유권자 인식, 즉 주관적 차원에서 여론조사의 영향력에 대한 평가는 그렇지 못하다. <그림 1>에서 2006년 지방선거로부터 2012년 대선에 이르기까지 5차례의 선거패널조사 사후조사에서 "○○님께서는 지지할 후보를 선택하시는 데 언론에 보도된 여론조사에 얼마나 영향을 받으셨습니까?"라는 질문에 대해 부정(1. 전혀 받지 않았다 + 2. 별로 영향을 받지 않았다)응답 및 긍정(3. 대체로 영향을 받았다+4. 매우 영향을 받았다)과 비율의 변화를 보여준다.[5]

주요한 특징을 살펴보면, 첫째, 2006년 제4회 지방선거에서 투표결정에 여론조사 보도의 영향을 받았다는 응답이 44.6%에 달했지만, 2007년 대선에서 41.5%, 2008년 총선에서는 38.0%로 감소했고, 특히 2010년도 제5회 지방선거에서는 27.5%까지 떨어졌다. 다만, 2012년 대선 직후 조사에서 34.2%(12월 선거 전 6차 조사)로 다시 높아졌다. 동종 선거인 2007년 대선 시기와 비교하면 이전 수준에 미치지 못하고 있지만, 무시할 만한 수준은 아니다.

<그림 2>에서 볼 수 있듯이 여론조사가 개인의 투표선택에 미치는 영향력은 여론조사 보도의 신뢰도와 비례한다.[6] 따라서 최근 여론조사의 투표선택에 미치는 영향력의 하락은 신뢰도의 하락에서 비롯되었을 가능성이 커 보인다. 둘째, 주관적 응답결과를 기준으로 볼 때, 지지후보를 선택할 때 여론조사 보도에 영향을 받는 응답층과 그렇지 않은 응답층이 구분되며, 그 규모가 달라지고 있다. 이는 여론조사 보도가 전체 유권자에 균질적으로 영향을 미치지 않고, 특정 유권자 층에 차별적으로 작용하고 있음을 의미한다.

또한, 여론조사 보도는 지지후보별로도 상이한 영향을 미치고 있다. <그림

---

5) 2007년 패널조사를 제외하면 본 문항은 선거 직후 최종 웨이브에서 질문한 결과이며, 2007년 조사결과만 총 6웨이브 중 5차 조사(투표일 일주일 전)에서 실시한 조사결과이다. 선거패널조사의 규모 방법론에 대해서는 동아시아연구원 홈페이지를 참조할 것.

6) KEPS 패널조사에서 여론조사의 투표영향력에 대한 질문은 계속 유지된 반면 여론조사 보도에 대한 신뢰도 조사 문항은 2006년 지방선거 KEPS 조사 이래로 진행하지 않아 추가적인 분석은 어렵다. 여기서는 ANOVA Test를 통해 여론조사 신뢰도별 투표영향력 평가에 대한 예측평균(predicted mean)과 표준편차(standard deviation)를 그래프로 나타낸 것이다.

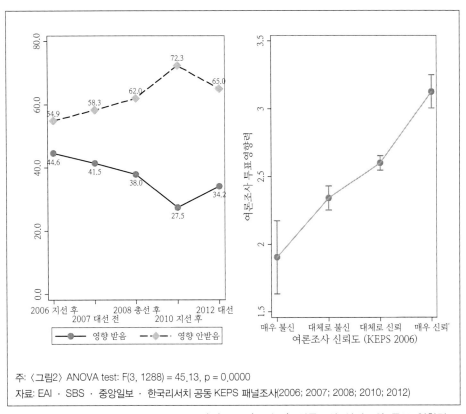

주: 〈그림2〉 ANOVA test: F(3, 1288) = 45.13, p = 0.0000
자료: EAI · SBS · 중앙일보 · 한국리서치 공동 KEPS 패널조사(2006; 2007; 2008; 2010; 2012)

▲ 〈그림 1〉 여론조사의 투표결정 영향력(%) ▲ 〈그림 2〉 여론조사 신뢰도와 투표 영향력

3>은 그 대표적인 사례로서 18대 대선에서 박근혜, 문재인, 안철수 후보 지지
자 중 후보 선택 시 여론조사 보도에 영향을 받았다고 답한 응답자 분포이다.
박 후보 지지자의 경우 39.3%나 영향을 받았다고 답한 반면, 문 후보 지지자의
경우 27.3%만이 영향을 받았다고 답했다. 안철수 후보 지지자 중에서는 33.4%
가 후보선택 시 여론조사 보도의 영향을 받았다고 답했다(카이제곱 검정 $p<0.01$).
이러한 결과는 여론조사 보도의 영향이 실제 투표결과에 적지 않은 변수가 될
수 있음을 시사한다. 선거결과 및 유권자들의 투표행태에 미치는 여론조사 보도
의 영향력에 대한 면밀한 검토가 필요한 이유이다.

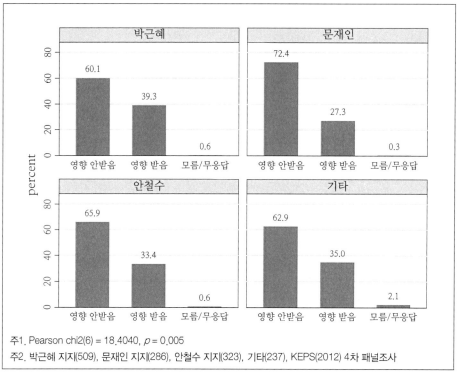

주1. Pearson chi2(6) = 18.4040, *p* = 0.005
주2. 박근혜 지지(509), 문재인 지지(286), 안철수 지지(323), 기타(237), KEPS(2012) 4차 패널조사

▲ 〈그림 3〉 후보 지지자별 여론조사 투표 영향력 비율(%)

3. 이론적 논의

본 연구에서는 크게 (1) 누가, 왜 여론조사에 영향을 받는지 (2) 여론조사가 투표행태에 어떻게 영향을 미치는지에 대한 이론적 가설을 제기하고 검증할 것이다. 이러한 주제에 대한 선행연구들을 정리하면 다음과 같다.

3.1. 누가 여론조사의 영향을 받는가?

여론조사의 투표선택 영향력이 차별적으로 작동한다면 무엇보다 누가 여론조사 결과에 영향을 받는지 규명하는 작업이 중요하다. 여론조사 정보가 어떻게 활용되는지에 영향을 받는다. (1) 여론조사 정보를 수용하는 유권자들의 동기

(motivation) (2) 정보를 처리하는 유권자들의 정보력과 인지능력(cognitive ability)이 중요한 변수로 논의되어 왔다. 그러나 정보취득 동기나 능력이 강한 사람들이 여론조사에 영향을 받는지, 아니면 약한 사람이 영향을 받는지에 대해서는 상반된 가설이 존재해왔다(Mondak 1993).

우선, 선거 시기의 정보, 특히 경주 보도(horse race information)가 선거과정에 대한 관심과 참여를 유발하며, 유권자들의 합리적 선택을 돕는 기능을 한다는 긍정론이 제기된다(합리성 가설: Mutz 1992; Lau and Redlawsk 2001, 953-54; 양승찬 2007). 특히 여론조사 정보는 자신이 지지하는 후보의 당선 가능성이 미약할 경우 차선의 선택을 찾는 전략적 투표(strategic voting)에 필수적인 정보로 이해된다(Meffert & Gschwend 2011). 반대로 여론조사 정보가 자기이익(self-interest)에 대한 합리적 평가나 후보, 정당, 정책에 대한 정확한 이해보다는 "편향된 학습(biased learning)"을 통해 기존의 당파적 입장을 "강화(reinforcement)"하며 민의를 왜곡한다는 비판도 제기된다(당파성 가설, Gerber and Green 1999; Kinder 1998; 김경모 외 2010).

여론조사 활용 목적은 정보 취득 및 수용의 "동기"에 영향을 미친다. 여론조사 정보를 합리적 선택 및 정치적으로 세련된 선택의 관점에서 보면 정치지식의 수준이 높고, 정치적 이해관계(political interest), 정치적 관심(attention), 효능감(efficacy) 등 정치적 관여도(political involvement)가 높은 유권자들일수록 정보취득의 동기(motivation)가 강한 것으로 이해된다(Delli Carprini and Keeter 1996; Zaller 1992; 이소영 2009). 그러나 정치지식의 수준이 낮고 정치적 동기가 약한 사람이 선거에 대한 고도의 정보를 갖고 있지 못하지만, 올바른 투표선택을 위해 필요한 정보에 대해서 정보 취득의 수요(cognitive needs)가 크다는 반론도 제기된다(Mondak 1993, 강미은 2000).

인지능력(cognitive ability) 차원에서 보면 우선, 인지능력을 갖춘 유권자(sophisticated voter)들일수록 여론조사 정보를 적절하게 활용할 수 있으며, 고도의 전략적 투표의 필요성을 느끼게 된다는 주장이다(Meffert & Gschwend 2011). 반대로 정보 수준이 낮고 인지역량이 낮은 유권자라도 최소한의 인지적 휴리스틱(heuristic)을 활용하여 자신의 성향이나 이익에 부합하는 올바른 투표를 추론(reasoning)해낼 수 있다는 반론도 제기된다(Popkin 1994). 이에 대해 충분한 정치적 지식과 정보가 아닌 인지적 휴리스틱스를 인지적 단축키(cognitive shortcut)로 활용하는 데 유능한 유권자들도 결국 세련된 인식능력을 갖춘 유권자들이라는 재반론도 제기되어 왔다(Sniderman et al. 1991).[7]

잴러(Zaller)는 정보의 노출(reception)과 정보의 수용(acception)을 구별한다. 정보수준이 낮고 인지능력이 낮은 유권자들이 여론조사 정보의 취득할 가능성은 낮지만 이를 수용(acception)할 가능성을 크다는 것이다. 반대로 정치적 정보가 많고 인지능력을 갖춘 유권자들일수록 선거 정보를 잘 취득하지만 자신의 정치적 성향(predisposition)에 부합하는 정보를 선별적으로 취득하기 때문에 새 정보를 수용하지 않는다고 한다. 오히려 중간수준의 정치지식과 중간수준의 정보 노출이 이루어진 집단에서 태도변화 가능성이 높다고 주장한다(RAS 모델, Zaller 1992).

요약하면, 기존 연구들은 정치적으로 세련된 고관여-고인지 능력의 유권자들이 여론조사 정보의 취득 및 수용에 적극적이라는 가설과 저관여-저인지능력의 유권자(잴러는 정치정보 중간수준인 유권자)들이 여론조사 정보 취득 동기 및 수용성이 높다는 가설이 대립한다. 여기서는 고관여-고인지 능력자의 적극적 수용가설을 기준 가설로 하여 경험적 검증을 시도한다.

(1) 가설1: 정보취득 동기 차원에서 보면 높은 정당지지, 이념적 당파성이 강한 유권자층일수록 여론조사 정보 취득 동기가 강해 여론조사 정보에 영향을 많이 받을 것이다.

(2) 가설 2: 합리적 선택의 관점에서 보면 인지능력 차원에서 고인지 능력(높은 교육수준)을 가진 유권자들이 여론조사 정보의 활용에 적극적일 것이다. 반면 RAS모델의 관점에서보면 인지능력이 높고 정치적으로 세련된 유권자일수록 여론조사 정보를 수용하지 않을 것이다.

---

7) 인지적 휴리스틱에 대한 개념과 개괄적인 설명은 이소영(2009)을 참조할 것.

3.2. 한국 선거에서 여론조사는 유권자 투표행태에 어떠한 영향을 미쳤을까?

한편, 미디어를 통해 전파되는 선거관련 정보가 유권자들의 투표선택에 미치는 영향력은 크게 (1) 강화 효과(reinforcement effect) (2) 개종 효과(conversion effect) (3) 활성화 효과(activation effect)로 개념화할 수 있다. 강화효과가 기존의 선호를 더욱 공고화하는 효과를 의미한다면, 개종효과는 미디어가 전달한 정보를 취득함으로써 기존의 선호를 교체하는 현상으로 정의된다. 활성화 효과는 선호를 갖고 있지 못한 유권자들이 외부정보의 영향으로 자신의 정치적 성향에 부합하는 선호를 갖게 되는 현상이다(Feldman et al. 2014; Kaplan et al. 2012). 강화 효과가 미디어를 통해 전달된 정보가 기존의 선호와 태도를 공고히 하고 유지 (persistence)시키는 당파적 편향(partisan bias) 혹은 편향된 학습(biased learning) 의 결과이다. 반면, 활성화 및 개종 효과는 태도 및 선호의 변경을 가져오는 설득 효과(persuasion)를 의미한다. 학계에서는 선거 캠페인 과정에서 미디어가 노출하는 정보가 유권자들의 태도를 유지시키고 강화하는 데 그친다는 "최소주의적 입장"과 정치적 설득과 태도변화 효과에 주목하는 "최대주의적 입장"이 대립해왔다(Gerber and Green 1999; Gunther et al. 2001; Kinder 1998; Zaller 1992). 한국의 유권자들은 어떠한가? 본 논문에서는 여론조사 정보의 수용이 투표행태에 미친 영향을 크게 "지지후보의 변경 빈도(frequencies)", "후보 지지의 강도(support strength)", "지지후보의 변경 방향(direction)" 세 차원에서 검증하고자 한다. 여기서는 18대 대선 패널조사를 활용하여 유권자의 태도 변화에 여론조사 보도 정보가 미친 영향을 다음과 같은 가설로 요약하여 경험적으로 검토한다.[8]

(1) 가설 3: 설득효과를 전제하면 여론조사 정보에 영향받은 사람일수록 대선기간 중 투표선택 변경 빈도가 클 것이다. 반대로 여론조사 정

---

8) 18대 대선은 17대 대선과 달리 여야 후보 간 경합도가 매우 강한 상태에서 치러진 선거이며, 역대 선거 중 여론조사 보도가 가장 활발했던 선거로서 여론조사 영향력을 측정하는 데 최적이다. 여론조사에서 강세를 보인 안철수 후보가 선거 정국을 주도했고, 단일화 이후 선거 막바지까지 박-문 후보 지지율이 오차범위에서 경합을 하는 등 선거경합도가 강했다(뉴시스 2012/12/17).

보의 효과가 강화효과라면 여론조사에 영향을 받은 응답자들일
수록 투표 선호를 변경한 횟수가 적을 것이다.

(2) 가설 4: 여론조사가 후보에 대한 "지지 강도의 변화"에 미친 영향을 호감
도 변화를 통해 살펴본다. 강화효과 가설에 따르면 여론조사에서
앞서고 있는 후보의 지지자들일수록 여론조사 보도가 후보의 호
감도 상승효과가 있을 것이다.

(3) 가설 5: 강화효과의 입장에서 보면 여론조사의 영향을 받은 유권자들일수
록 4차 때 지지후보와 7자 최종 투표에서 지지후보가 "유지"될
것이고, 개종효과라면 지지후보 "이탈"에 영향을 미쳤을 것이다.

4. 경험적 검증: 여론조사의 보도와 투표선택

4.1. 분석틀과 측정

본 연구에서는 크게 누가 여론조사 정보에 영향을 받는지, 여론조사 보도가
투표선택에 어떠한 영향을 미치는 지 경험적 데이터 분석을 통해 검증한다. 선
거과정에서 정보의 영향은 앞서 이론적 논의에서 살펴본 바와 같이 정보취득 동
기와 인지 능력 차원에 의해 결정된다. 따라서 본 연구에서는 인구사회학적 변
인과 정치적 태도변인 중 정보취득 동기와 인지능력을 구별 짓는 변수들을 설명
변수들로 하는 공통의 분석틀을 제시한다(표2 참조).

우선, 종속변수 중 가설1(정보취득 동기)과 가설2(인지능력)의 여론조사 정보
에 누가 영향을 받는지를 측정하기 위한 변수로 "이번 선거에서 후보 선택 시
여론조사 보도에 영향을 받았는가"라는 질문에 대해 "1. 매우 영향을 받았다 ~
4.전혀 받지 않았다"는 4점 척도의 질문을 사용한다.[9] 척도가 서열척도(ordinal

---

9) 실제 분석 모델에는 영향력의 방향을 일치시키기 위해 역순으로 코딩하고 방정식에 포함
   시켰다. 다만 여론조사의 영향력을 측정하는 질문척도로 본 질문의 한계는 짚고 넘어갈

scale)이기 때문에 본 연구에서는 순서로짓분석(ordinal logistic regression) 분석을 진행하다. 이러한 여론조사 보도에 의한 영향이 실제 투표 선택에 어떠한 변화를 초래하는지 (1) 지지후보 변경 횟수 (2) 지지 강도(호감도) 변화 (3) 지지후보의 방향 변화 차원에서 살펴보기 위해서 다음과 같은 종속변수를 활용한다. 지지후보 변경에 미치는 영향을 보기 위해 지지후보 횟수는 본 패널조사의 2차 조사(4월 총선 직후)부터 7차 조사(대선 직후)까지 최대 6회의 지지후보 변경이 가능하며, 최소 수치는 한 번도 지지후보 변경이 없었음을 의미하는 0이다.[10] 지지 강도의 변화는 역시 7차 조사 시점에 박근혜, 문재인 후보에 대한 호감도 0(매우 싫어함)~5점(중간)~10점(매우 호감)의 점수에서 4차 조사 시점(10월 후보등록 직전)의 호감도 점수의 차이로 측정한다. 최대 10점에서 최소 −10점으로 측정되며(+)일수록 호감도 상승을, (−)일수록 호감도 하락을 의미한다. 한편 지지후보 변경은 4차 조사에서 박근혜 지지후보 중 7차 조사에서 박근혜 후보 지지가 유지되면 1, 그렇지 않으면 0으로, 문재인 후보에 대해서도 4차 조사에서 지지한 사람 중 7차 조사에서도 문재인 후보 지지가 유지되면 1, 그렇지 않으면 0으로 코딩하였다.

    설명변수로는 인구사회학적 변수 중 기존 연구들에 따르면 성별, 연령, 교육수준, 소득수준 등이 정보취득동기와 처리능력에 영향을 미치는 변수들로 알려져 있으며 이들 변수를 분석모델에 포함한다. 즉, 여성보다는 남성이, 젊은 세대보다는 나이 든 세대가, 저학력층보다 고학력층이, 저소득층보다 고소득층이 정치적 관여도(정치적 관심, 효능감, 참여) 및 정치정보 취득에 대한 동기가 강하

필요가 있다. 여론조사 정보의 영향은 잴러의 주장처럼 정보취득에 노출(receive) 차원과 취득한 정보에 기초하여 정보를 수용(accept)하는 양 차원으로 구성된다. 정보취득 동기가 전자에 영향을 미친다면, 인지능력은 후자에 영향이 크다는 점에서 양 개념은 별도의 변수로 측정해야 정밀한 분석이 될 것이다. 그러나 본 연구가 활용하는 KEPS 패널조사의 경우 양 개념이 혼합된 여론조사 보도의 영향유무 설문으로서 개념의 내포가 다의적인 것이 사실이다. 본 연구의 경우 시론적 차원에서 본 질문을 핵심 변인으로 활용하였으나 이후 추가 연구과정에서는 보다 엄격한 개념 정의 및 지표 활용이 필요할 것이다.

10) 1-3차 조사까지는 경선이 완료된 시점이 아니라 군소후보들이 많이 포함되어 있다. 간결한 분류를 위해 매 문항마다 1. 박근혜 2. 문재인 3. 안철수 4. 기타로 재분류한 후 매 조사마다 이전 조사와 응답이 같으면 지지유지(0), 다르면 변경(1)으로 코딩하여 총 변경횟수를 산출하였다.

▼ 〈표 2〉 경험적 통계분석 모델

분류	지표	변수	코딩	분석기법 기대가설
종속12) (독립)	여론조사 영향 여부	투표선택 시 여론조사 보도 영향	0. 전혀 안 받음 1. 별로 안받음 2. 약간 받음　3. 매우 받음	순서로짓 (+)
종속 변수	투표선택 변화	1) 지지 후보 변경 회수	0~6회	(음이항) 회귀
		2) 호감강도 변화(7차~4차)	–10~10점	회귀분석
		3) 선호방향 변화(7차~4차)	박후보 지지 교체　= 1/기타 = 0 문후보 지지 교체　= 1/기타 = 0	로짓분석
독립 변수	성	성별	0 = 여성, 1 = 남성	+
	연령	10세 단위 코호트	1. 19~29세 2. 30대 3. 40대 4. 50대 5. 60대+	+
	소득	월 가구소득	1. 199만 이하 2. 200~299만 3. 300~499만 4. 500~599만 5. 600만 이상	+
	거주지 기준 = 호남	서울	1 = 서울/0 = 호남	–
		경인	1 = 경인/0 = 호남	–
		충청	1 = 대전충청/0 = 호남	–
		강원제주	1 = 강원제주/0 = 호남	–
		대구경북	1 = 대구경북/0 = 호남	–
		부산경남	1 = 부산경남/0 = 호남	–
	학력	교육수준	1 = 중졸이하, 2 = 고졸, 3 = 대재+	+
	선거관심	선거관심도	1. 전혀 없다　2. 별로 없다 3. 약간 있다　4. 매우 많다	+
	내적 효능감	"대정부 발언 능력/자격 없다" 주장에 동의여부	1. 전혀 동의안함　2. 별로 안함 3. 대체로 동의함　4. 매우 동의	+
	이념 기준 = 중도	진보	1 = 진보/0 = 중도	+(-)
		보수	1 = 보수/0 = 중도	+(-)
	정당지지 기준 = 무당파	새누리당	1 = 새누리당 지지/0 = 무당파	+(-)
		민주당 지지	1 = 민주당 지지/0 = 무당파	+(-)
		제3당지지	1 = 제3당 지지/0 = 무당파	+(-)

다. 인지능력과 정치적 세련됨도 이들 집단이 우위에 있는 것으로 알려져 있다 (Brickman and Peterson 2006, 103-6; Kinder 1998, 174-186; 문우진 2009; 이소영 2009). 또한 정치적 변수들 중에서는 선거 관심도, 내적 효능감(정치과정과 결과에 영향을 미칠 응답자 자신의 자신감) 등 정치적 관여도를 측정하는 변수를 포함했고, 정치정보에 대한 동기 차원에서는 당파성이 강한 유권자들일수록 여론조사에 영향을 받는 것으로 가정한다. 그러나 반대로 당파성이 강한 유권자들의 경우 실제 투표행태에서는 당파성이 강할수록 기존의 선호를 유지하고 이탈하지 않는 방향으로 영향을 미칠 것으로 가정한다(Delli Carprini and Keeter 1996; Kinder 1998; 강미은 2000).[11]

4.2. 누가 여론조사 정보에 영향을 받나? 17대 대선과 18대 대선 사례

한국의 유권자들은 어떠한 가설에 더 부합할까? 17대 대선 시기와 18대 대선 시기인 2012년 대선패널조사에서 누가 후보선택에 여론조사 보도에 얼마나 영향을 받았는지에 대한 분석결과를 살펴보자.[13] 다른 변수들의 영향력을 통제하면서 투표선택 시 여론조사 보도에 누가 영향을 받을지 살펴보기 위해 투표영향력을 종속변수로 하고, 앞장에서 설명한 인구사회학적 변수와 정치적 관여도 및 정치태도를 설명변수로 하는 분석모델을 적용한다. 종속변수의 척도가 서열척도(ordinal variable)이기 때문이 순서회귀분석(ordinal logit regression)을 진행했

---

11) <표 2>에서 이념 및 정당지지 등 당파성 측정 지표들의 경우 동기 차원에서는 여론조사 정보취득에 적극적이라는 의미에서(+) 방향을 가정하지만, 실제 투표행태에 미친 영향은 설득효과보다는 강화효과를 가정한다는 점에서 지지 이탈이 낮은(−) 방향을 가정한다.

12) 투표결정 시 여론조사 영향여부에 대한 질문은 투표선택변화를 측정하는 세 가지 모델에 대해서는 독립변수로 포함됨.

13) 동아시아연구원 패널조사는 총 7차례 조사 중 총선 직전 1차 조사부터 내일이 투표일이라면 누구에게 투표하겠는지에 대한 질문을 7차 최종 조사까지 7차례 반복하여 질문하였다. 패널조사는 3월 30일-4월 1일 1차 조사(2000명), 4월 12-15일 실시한 2차 조사(1666명), 8월 20-24일 실시한 3차 조사(1450명), 10월 11-14일 실시한 4차 조사(1527명), 안철수 후보 사퇴 직후 실시한 11월 25-27일 5차 조사(1416명), 12월 11-13일 실시한 6차 조사(1412명), 12월 20-22일 실시한 7차 조사(1355명)로 구성된다.

다. <표 3>은 2007년, 2012년 패널 데이터를 동일한 모델로 비교분석한 결과다. 순서회귀분석 결과를 살펴보면 대체로 기존 서구학계의 연구결과들이 한국에서도 적용가능하다. 즉 정보취득 동기가 강할수록 중 성, 교육수준, 내적 효능감, 정당 지지요인은 두 데이터 셋 모두에서 유의한 것으로 나타났다.[14]

4.2.1. 가설 1 검증: 정치적 동기의 영향력

영향의 방향을 보면 당파적 유권자들처럼 정치적 동기가 강한 집단일수록 투표결정 시 여론조사 보도에 영향을 받는 경향이 확인되었다. 무당파에 비해 정당 지지의 당파성이 뚜렷한 사람일수록(새누리당 지지자 2012년 회귀계수 B = 0.459 $p<0.01$, 2007년 B = 0.518 $p<0.01$, 민주당 지지자 2012년 B = 0.405 $p<0.01$, 2007년 B = 0.121 $p<0.05$)로 여론조사 정보에 영향을 받을 확률이 큰 것(계수 B의 부호가 +)으로 나타났다. 정당지지에서 민주당 지지자들에 비해 새누리당 지지자들이 여론조사 보도에 더 영향을 미치고 있다는 점은 주목할 만하다. 이는 여론조사 보도가 특정 후보나 특정 정파에 보다 유리하거나 불리하게 작용할 수 있다는 것을 의미한다.

4.2.2. 가설2 검증: 인지역량/정치적 세련됨의 영향

그러나 정치적 세련됨과 인지역량의 차원에서 보면 정치적 세련도와 인지역량이 큰 집단일수록 여론조사 정보에 영향을 받지 않음이 확인된다. 즉 여성에 비해 남성일수록(2012년 B = −0.239 $p<0.01$, 2007년 B = −0.247 $p<0.01$), 학력이 높을수록(2012년 B = −0.284 $p<0.05$, 2007년 B = −0.284 $p<0.01$), "우리 같은 사람은 정부가 하는 일에 대해 말할 자격이나 능력이 없다"는 주장에 동의하지 않을수록, 다시 말해 내적 효능감이 클수록(2012년 B = −0.265 $p<0.01$, 2007년 B = −0.154 $p<0.01$) 여론조사 관련 정보에 영향을 받지 않는다는 것을 의미한다. 즉 정치관여도가 높은 집단일수록 조사의 영향을 받지 않는다고 답할 확률이 높다.

한편, 월 가구소득, 강원/제주지역 거주자에 미친 영향력은 2012년 데이터

---

14) * 90%는 신뢰수준(p<0.1), ** 95% 신뢰수준(p<0.05), *** 99% 신뢰수준(p<0.01)에서 유의한 결과(significant). 각 변수별 여론조사 영향력에 대한 교차분석 결과는 <부록 1>, <부록 2>에서 확인할 수 있다.

▼ 〈표 3〉 18대 대선 투표선택 시 여론조사 영향력 결정모델(순서로짓 분석)[1]

		종속변수: 투표영향력(척도1–4)			
		18대 대선 B(SE)		17대 대선 B(SE)	
임계값	[여론조사영향 = 1]	-2.970***	(0.548)	-2.600***	(0.360)
	[여론조사영향 = 2]	-0.894*	(0.540)	-0.115	(0.355)
	[여론조사영향 = 3]	1.547***	(0.550)	2.237***	(0.362)
성 기준 = 여성	성별	-0.239**	(0.120)	-0.247***	(0.086)
연령	10세 단위 세대	0.002	(0.053)	0.028	(0.039)
소득	월 가구소득	-0.087*	(0.050)	-0.035	(0.040)
거주지 기준 = 호남	서울	-0.264	(0.225)	0.021	(0.168)
	경인	0.034	(0.214)	-0.179	(0.163)
	충청	-0.261	(0.259)	-0.196	(0.195)
	강원제주	0.315	(0.358)	-0.079	(0.256)
	대구경북	-0.023	(0.267)	0.033	(0.196)
	부산경남	-0.182	(0.240)	0.093	(0.178)
학력	교육수준	-0.284**	(0.111)	-0.284***	(0.080)
선거관심	선거관심도	-0.001	(0.112)	0.161**	(0.067)
내적 효능감	대정부 발언 능력/자격	-0.265***	(0.060)	-0.154***	(0.047)
이념 기준 = 중도	진보	0.200	(0.154)	-0.110	(0.115)
	보수	0.187	(0.137)	-0.132	(0.102)
정당지지 기준 = 무당파	새누리당	0.459***	(0.159)	0.518***	(0.113)
	민주당 지지	0.405***	(0.153)	0.305**	(0.144)
	제3당지지	-0.092	(0.300)	0.146	(0.146)
n		1068		2058	
Cox and Snell's Pseudo R^2		0.079		0.054	

* $p<0.1$, **$p<0.05$, *** $p<0.01$ 자료: KEPS 패널조사 데이터(2012 7차; 2007 5차)

세트에서는 유의한 것으로 나타났지만, 2007년 데이터 분석에서는 유의한 변수가 아니었다(p>0.1). 반대로 선거 관심도는 2007년 데이터 세트에서만 유의한 결과가 나타났다(p<0.05). 사례가 적어 일반화할 수는 없지만, 선거 경합도 요인이 작용한 결과에 주목할 필요가 있다. 선거경합도가 높은 선거(hard-fought campaign)일수록 유권자들의 정보 취득 동기가 강해지고, 선거정보의 양도 증가하는 데 반해 경합도가 낮은 선거(low intensity election)에서는 선거관련 정보 취득 동기가 약화될 수 있기 때문이다.[15) 연령과 주관적 이념성향의 경우는 양 데이터 세트 모두에서 종속변수에 영향을 미치는 변수로 유의하지 않았다.[16) 고연령층은 앞서 언급한 대로 정치적 고관여층 특성보다 저학력층으로서의 저관여층 특성이 더 크게 작용한 결과일 수 있다. 즉 교육수준을 통제한 조건에서 세대 효과가 사라진 것으로 볼 수 있다.

종합하면, 한국의 유권자들은 대체로 교육수준과 내적 역량에 대한 효능감 및 정치적 관여도가 높고, 인지능력이 세련된 응답자일수록 선거 시기에 언론을 통해 제공되는 여론조사 정보를 수용하지 않고 거부하는 경향이 경험적으로 확인되었다. 반대로 관여도와 인지능력이 결핍된 층과 당파성이 강한 층에서 여론조사 결과를 투표선택에 활용하고 있음을 알 수 있다.

4.3. 여론조사 보도가 투표행태에 미친 영향: 18대 대선 사례

4.3.1. 가설 3 검증: 투표선호 변경 빈도와 여론조사 영향력

우선 <그림 4>에서 여론조사가 투표행태에 미친 영향 중 우선 지지후보 변경횟수에 미친 영향을 살펴보자. 최종 7차 패널조사 응답패널 1355명 중에서 총 7차례 패널조사에서 한 번도 안 바꾸고 일관된 지지를 한 응답자가 19.8%, 1회 변경한 응답자가 24.0%, 2회 변경한 응답자가 27.0% 3회 변경한 사람이 17.6%였

---

15) 이에 대한 자세한 논의는 베이싱어와 래바인의 논의를 참조(Basinger and Lavine 2005, 170)

16) 이념의 경우 교차분석 결과에서는 카이제곱 검정결과 통계적으로 유의한 차이였지만 회귀분석에서는 유의하지 않은 것으로 나타났다. 정당지지와 같은 보다 강한 당파적 요인을 통제한 결과로 추측된다.

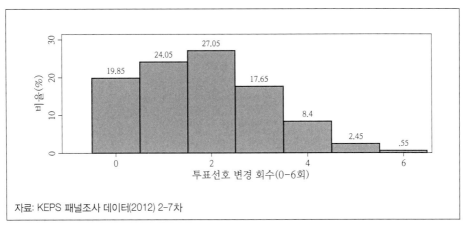

자료: KEPS 패널조사 데이터(2012) 2-7차

▲〈그림 4〉18대 대선 지지후보 변경 횟수분포

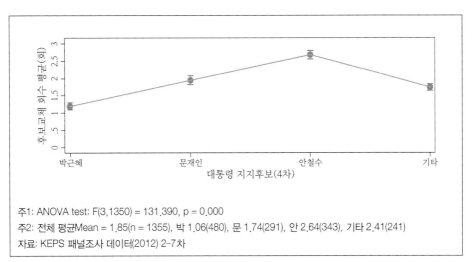

주1: ANOVA test: F(3,1350) = 131,390, p = 0,000
주2: 전체 평균Mean = 1,85(n = 1355), 박 1,06(480), 문 1,74(291), 안 2,64(343), 기타 2,41(241)
자료: KEPS 패널조사 데이터(2012) 2-7차

▲〈그림 5〉후보지지별 투표선호 변경 횟수 예측평균(predicted mean)[17]

고, 4회 변경자는 8.4%, 5회 변경자는 2.45%, 6회 변경자는 5.5%였다(그림 4).

<그림 5>에서 각 후보 지지자별(각 후보 지지자 분류는 박, 문, 안 세 후보가 공식 출마선언을 한 직후인 10월 4차 조사의 대선 지지후보 문항 답변 기준임)로 지지후보 교체 횟수를 보면 총 1355명의 패널응답자 중 후보교체 회수는 1.85회로 나타났다. 박근혜 후보 지지자는 최종 투표까지 평균 1.06회, 문재인 후보 지지

---

17) 안철수 후보는 1차에서 단일화 이전인 4차 조사까지만 후보 선택지에 포함되었다.

자는 최종투표까지 1.74회, 안철수 후보 지지자는 2.64회 교체한 것으로 나타
났다.

흥미로운 점은 <그림 3>에서 본 바와 같이 새누리당 후보인 박근혜 후보
지지층에서 여론조사의 영향을 받았다는 응답이 많았는데 오히려 이들 집단에
서 투표선호 변경횟수가 적다는 점이다. 상대적으로 여론조사 보도를 수용하지
않는 지지자가 상대적으로 많은 문재인 후보, 안철수 후보 지지층에서 지지후보
교체 빈도가 높았다. 이러한 현상을 설명하는 논리로서 두 가지 이론적 가설이
가능하다. 여론조사의 영향이 일관되게 지지후보의 변경보다 유지 강화하는 힘
으로 작용했거나, 당파적 성향에 따라 여론조사의 영향력이 다르게 작용하는 조
건부 효과가 작용했을 가능성이 제기된다. 즉 보수적 정치성향의 유권자들에게
는 지지변경을 약화시키는 힘으로, 진보/야당 성향의 유권자들에게는 지지이탈
을 강화하는 힘으로 작용했다는 것이다. 즉 여론조사 보도와 정당지지 사이의
교호작용(interaction effect) 가능성을 검증할 필요가 있음을 보여준다.

한편 통계 검정을 위해 투표선택 변경의 평균 회수를 종속변수로 하고, 자
신의 투표선택에서 여론조사 보도의 영향을 받았는지 여부를 포함한 분석모델
결과를 살펴보자. <표 4>에서 종속변수는 과분산된 횟수 분포(over-dispersed
count distribution)를 보여주기 때문에 일반적인 선형회귀분석 대신 음이항 회귀
분석 모델(negative binomial regression)결과를 제시한다.[18] 설명변수(영향 받음 =
1, 영향 안받음 = 0)로 만들어 교호작용 변수를 포함하지 않은 모델(표 5의 모델1)
과 포함한 모델(표 5의 모델2)의 회귀분석 결과를 비교한다. 주 효과를 측정하는
여론조사 정보수용 여부 변수 및 정당지지 변수, 여론조사 영향여부와 정당지지
교호작용 변수를 더미변수로 포함한 것이 모델2이다.[19]

---

[18] 본 분석은 일반선형회귀분석(OLS) 모델을 적용하였으나 회수변수가 종속변수일 경우 정
규분포가 아닌 푸아송 분포(Poisson distribution)를 따르고, 평균과 분산이 불일치할 경우
음이항회귀분석(negative binomial regression)의 적용을 권고하였다. 여기서는 음이항 회
귀분석 결과를 제시하지만, 선형회귀분석 결과와 본 음이항회귀분석 결과에서 각 변수의
유의성 여부에는 차이가 없었다. 다만 모델1에서 여론조사 영향력 변수와 모델2의 여론조
사*새누리당지지 교호작용변수의 경우 선형회귀분석에서는 95%신뢰수준에서 통계적으로
유의한 것으로 나타나 선형회귀분석결과가 신뢰수준이 높은 장점이 있었다. 그 외의 변수
는 신뢰수준도 동일하게 나타났다.
[19] 정당지지는 6차 조사결과이며, 코딩은 1. 제3정당/무당파 2. 민주당 지지 3. 새누리당 지

▼〈표 4〉 투표선택 변경회수에 대한 여론조사 영향력 모델(Negative Binomial Regression)

독립변수		투표선택 변경회수(0-6)			
		모델1		모델2	
		B	(SE)	B	(SE)
여론조사	여론조사 정보수용(= 1)	0.088*	(0.052)	0.157**	(0.074)
성 기준 = 여성	성별	−0.009	(0.051)	−0.011	(0.051)
연령	10세 단위 코호트	−0.102***	(0.023)	−0.103***	(0.023)
소득	월 가구소득	−0.018	(0.021)	−0.020	(0.022)
거주지 기준 = 호남	서울	−0.081	(0.091)	−0.072	(0.091)
	경인	−0.015	(0.085)	−0.010	(0.085)
	충청	−0.251**	(0.111)	−0.243**	(0.111)
	강원제주	−0.389**	(0.164)	−0.377**	(0.165)
	대구경북	−0.338***	(0.118)	−0.322***	(0.119)
	부산경남	−0.129	(0.101)	−0.124	(0.101)
학력	교육수준	−0.044	(0.047)	−0.047	(0.047)
선거관심	선거관심도	−0.176***	(0.044)	−0.168***	(0.045)
내적 효능감	대정부 발언 능력/자격	−0.066***	(0.025)	−0.066***	(0.025)
이념 기준 = 중도	진보	−0.177***	(0.065)	−0.176***	(0.065)
	보수	−0.116**	(0.058)	−0.117**	(0.058)
정당지지 기준 = 무당파	새누리당	−0.628***	(0.071)	−0.535***	(0.086)
	민주당 지지	−0.125**	(0.060)	−0.111	(0.076)
	제3당 지지	−0.156	(0.127)	−0.153	(0.127)
교호작용 여론*정당	여론조사*새누리당 지지	–	–	−0.247*	(0.130)
	여론조사*민주당 지지	–	–	−0.043	(0.119)
상수		2.025***	0.243	1.914	(0.253)
n			1068		1068
Pseudo R-squared			0.0757		0.0767

* p〈0.1, **p〈0.05, *** p〈0.01　　　　　　　　　자료: KEPS 패널조사 데이터(2012) 1차-7차

지 순으로 리코딩 후 '제3정당/무당파'를 기준변수로 하여 민주당지지 더미변수(지지 = 1, 기타 = 0), 새누리당 지지 더미변수(지지 = 1, 기타 = 0)인 변수를 생성했다. 따라서 여론조사 지지여부변수와 곱한 교호작용변수인　여론조사영향*새누리당 지지항, 여론조사영향*민주당 지지항도 방정식에 포함된다.

　　모델1의 분석 결과 투표선택 시 여론조사에 영향을 받는다는 여론조사 정보의 수용 여부가 투표선택 변경 회수에 유의한 변수임이 확인된다(90% 신뢰수준, 회귀계수 $B = +0.088$). 여론조사 정보는 기존 투표성향을 강화하기 보다는 이탈하여 투표선호를 변경시키는 역할을 하고 있음을 의미한다. 교육수준이 투표선호 변경 빈도에 미친 영향은 통계적으로 유의하지 않은 것으로 나타났다($p > 0.1$). 세대 및 지역은 유의한 설명력을 보여준다. 나이든 세대일수록, 지역변수에서는 호남대비 충청, 강원, 대구경북 거주자일수록 투표선택 변경 빈도가 적었다(**$p < 0.05$, ***$p < 0.01$). 회귀계수의 부호가 모두 음(−)의 부호로서 호남일수록 변경회수가 많았음을 의미한다. 정권교체 및 반새누리당 정서가 강한 호남 지역 유권자의 경우 안철수, 문재인 후보 단일화 등으로 지지후보 변경 계기가 많았던 것으로 보인다.[20]

　　정치적 변수들은 투표선택 변경횟수에 미치는 영향력이 뚜렷했다. 당파적 태도가 분명하고, 정치적 관여/세련됨이 강한 집단은 대체로 투표 선택을 변경하지 않는 경향을 보여주었다. 새누리당 지지 기반인 고연령층, 대구경북 유권자, 새누리당 지지층, 이념적 보수층일수록 투표선택에서 유지/강화하는 경향이 일관되게 나타났다(** $p < 0.05$, *** $p < 0.01$). 반면 야당 지지층에서도 진보이념, 민주당 지지층은 지지를 유지하는 경향이 강했던 것으로 볼 수 있다(계수 B 부호 −). 그러나 야당 지지기반이면서도 젊은층, 호남 유권자는 투표선택 변경 확률이 높은 것으로 나타나 새누리당 지지층에 비해서는 야당 지지층에서 후보교체 압력이 컸다.

　　한편, 여론조사의 효과가 정당 지지성향에 따라 교호작용을 하는지 모델2의 분석결과를 확인해 보자. 여론조사 정보의 영향력이 미치는 주 효과는 모델1과 마찬가지로 정(+)의 방향으로 영향을 미치고 신뢰수준도 높아진다($B = +0.157$, $p < 0.01$). 또한 본 연구에서 가정한 대로 새누리당 지지자 중 여론조사에 영향을 받은 경우에는 지지선호의 교체빈도를 줄이는 교호작용 효과를 확인할 수 있다($B = -0.247$, $p < 0.1$). 민주당지지층에서는 주 효과나 교호작용 효과

---

20) 야당 지지층의 투표변동 빈도를 높인 외적인 요인으로 여당의 박근혜 후보처럼 대세론이라 불릴 만한 선두주자(front runner)가 없었고, 당 외 인사인 안철수 후보와의 단일화 요인이 있었다는 점을 감안해야 할 것이다.

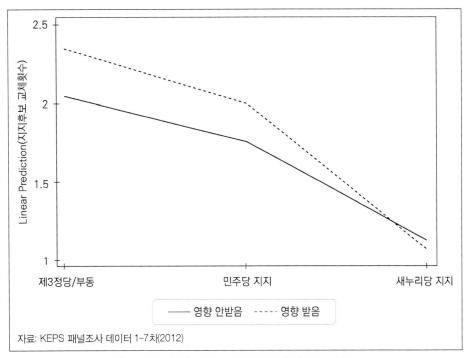

▲ 〈그림 6〉 후보교체횟수 예측: 여론조사와 정당지지의 교호작용 효과

모두 통계적으로 유의하지 않았다. 이를 시각적으로 확인하기 위해 교호작용 변수만을 가지고 회귀분석을 한 후 여론조사 영향 여부에 따라 정당지지별 지지후보 교체 예측값(adjusted prediction)의 그래프(margins plot)가 〈그림 6〉이다. 제3후보 지지층/무당파층, 민주당 지지층에서는 여론조사의 영향이 지지후보 교체 빈도를 높이는 효과가 있지만, 반대로 새누리당 지지층에서는 여론조사 영향을 받은 층에서 지지후보 교체회수가 여론조사 영향을 받은 응답층 보다 낮을 것으로 추정됨으로써 교호작용이 발생하고 있음을 보여준다.

4.3.2. 가설 4 검증: 지지강도 변화와 여론조사 영향력

한편, 여론조사 보도가 후보에 대한 지지강도 변화에 미친 영향력을 살펴보자. 〈그림 7〉의 좌상단 그림은 18대 대선의 주요 후보인 박근혜, 문재인, 안철수 후보에 대한 호감도 점수 평균 변화를 보여준다. 2011년 "안풍"의 등장 이전까지 박근혜 후보는 소위 "대세론"을 앞세워 독주하였지만 후보 확정 이후 "과

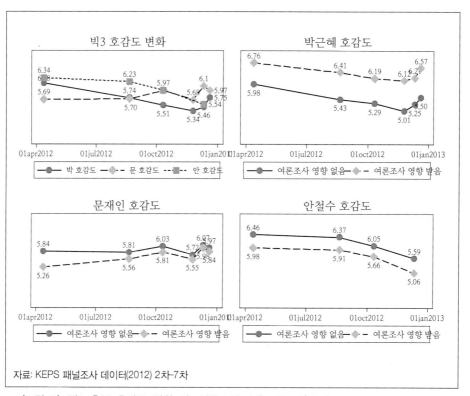

▲ 〈그림 7〉 빅3 후보 호감도 변화 및 여론조사 수용 여부별(평균)

거사 문제" 및 "총선 비례공천 문제"가 불거지고, 안철수 후보가 대선참여를 선언한 2012년 8월을 전후로 박근혜 후보 지지율이 하락했다. 안철수 후보는 대선 후보군으로 등장하면서 차기대선 지지율 및 후보 호감도에서 박근혜 후보와 선두다툼을 벌였다. 반면 문재인 후보는 총선까지만 해도 지지율 경쟁에서 밀렸지만, 민주당 후보로 선정된 후 박근혜 후보 지지율이 급락했다. 그러나 경선 참여 선언 이후 단일화에 대한 뚜렷한 입장을 정하지 못하고 안철수 후보의 선거운동이 지지부진한 10월 전후로는 3자대결 및 양자 대결 구도에서 선두권으로 올라섰다(＜EAI 여론브리핑＞ 제125호, 2012).

지지율 변동과 연동하여 후보 호감도도 변동했다. 박근혜 후보는 4월 2차 패널조사에서 6.18점을 기록한 이래 단일화가 성사된 11월 5차 조사까지 지속적으로 호감도 하락을 기록했고, 선거 막바지가 되어서야 다소 회복하여, 최종 7

차 조사에서는 5.75점으로 마감했다. 반면 안철수 후보는 2차 조사에서 6.34점, 8월 3차 조사에서 6.23, 10월 4차 조사에서 5.97로 선두를 유지했지만 지속적인 하락세를 보였고, 후보사퇴 후 12월 선거 일주일 실시한 조사에서는 5.54까지 떨어졌다. 반면 문재인 후보는 4월~8월 2-3차 조사까지만 해도 5.69, 5.70으로 선두 후보에 뒤처졌지만 10월 조사에서 5.97로 선두권에 진입했다. 이후 단일화 난항을 겪었던 11월 말 조사 및 선거 직전에는 네거티브 논란에 휩싸이며 상승과 하락을 반복했다. 그러나 최종 호감도 점수는 5.97로 4월 조사에 비해서는 큰 상승을 확인할 수 있다.

각 후보별 호감도 점수를 여론조사 정보의 수용 여부별로 비교해 보면, 박근혜 후보의 경우 여론조사의 영향을 받았다는 층에서의 호감도 점수가 여론조사 영향을 받지 않았다는 층에서보다 일관되게 높은 평가를 받았다. 여론조사 보도의 수용이 지지강도를 유지시킨 효과가 있었던 것으로 볼 수 있다. 반면 문재인 후보나 안철수 후보의 경우 공히 여론조사에 영향을 받지 않았다고 답한 층에서 호감도 점수가 상대적으로 높게 나타났다. 다만 문재인 후보 호감도의 경우 선거에 임박하면서 여론조사 영향을 받은 층에서 호감도 상승 추세가 발견된다.

통계검증을 위해 각 응답자가 각 후보에 대해 평가한 7차 호감도 점수와 2차 호감도 점수의 차이를 종속변수로 하여 회귀분석을 수행한 결과가 <표 5>이다. 각 호감도 점수는 0(매우 미호감-10점(매우 호감)으로 측정하였고, 7차 조사에서 2차 조사 결과를 뺄 경우 최대 10점에서 최소 -10점의 변화량을 가지며 (+)일수록 호감도가 개선된 것을 의미한다. <표 5>에서 각 후보 호감도 변화에 미친 여론조사의 영향력은 박근혜 후보의 경우만 90% 신뢰수준에서 호감도 상승을 설명하는 변수로 유의미했다. 박 후보의 호감도 상승은 그 외에도 나이든 세대, 무당파 대비 정당 지지성향이 상승요인으로 작용했다. 주목할 점은 경인지역, 부산경남 지역 유권자늘일수록 호감도가 하락했다는 점인데, 특히 부산경남의 경우 새누리당의 전통적인 지지기반이었다는 점에서 흥미롭다. 반면 문재인 후보의 경우도 무당파층에 비해 양 정당 지지층에서 상대적으로 호감도 상승이 있었고, 호남대비 부산경남 지역에서 호감도 하락 현상이 통계적으로 유의한 것으로 나타났다. 한 가지 특징적인 것은 박근혜 후보 및 문재인 후보 개인

▼ 〈표 5〉 박근혜, 문재인 후보 호감도 변화의 설명모델(OLS 회귀분석)

독립변수		호감도 변화(-10-10)(B/SE)			
		박근혜 후보(7차-2차)		문재인 후보(7차-2차)	
여론조사	여론조사 정보수용(= 1)	0.245*	(0.141)	0.153	(0.155)
성 기준 = 여성	성별	0.089	(0.137)	0.282*	(0.150)
연령	10세 단위 코호트	0.131**	(0.061)	0.064	(0.067)
소득	월 가구소득	0.033	(0.057)	-0.024	(0.063)
거주지 기준 = 호남	서울	-0.212	(0.265)	-0.371	(0.288)
	경인	-0.535**	(0.253)	-0.271	(0.275)
	충청	-0.478	(0.302)	-0.353	(0.330)
	강원제주	-0.297	(0.405)	-0.129	(0.445)
	대구경북	-0.354	(0.309)	-0.273	(0.337)
	부산경남	-0.745***	(0.284)	-0.630**	(0.310)
학력	교육수준	0.046	(0.124)	-0.092	(0.137)
선거관심	선거관심도	-0.121	(0.129)	-0.004	(0.142)
내적 효능감	대정부 발언 능력/자격	0.078	(0.068)	-0.062	(0.074)
이념 기준 = 중도	진보	-0.206	(0.180)	-0.238	(0.197)
	보수	0.119	(0.155)	0.152	(0.170)
정당지지 기준 = 무당파	새누리당	0.534***	(0.178)	0.790***	(0.194)
	민주당 지지	0.371**	(0.177)	0.538**	(0.192)
	제3당지지	0.459	(0.339)	0.308	(0.366)
상수		-0.779	(0.633)	0.278	(0.694)
n		1006		985	
R-squared		0.04		0.05	

* $p \langle 0.1$, ** $p \langle 0.05$, *** $p \langle 0.01$
자료: KEPS 패널조사 데이터 2차, 7차 조사(2012)

호감도의 경우 무당파 대비 지지정당 층에서 뿐만 아니라 경쟁하는 정당의 지지 층에서도 호감도 상승이 나타난다는 점이다. 인물 호감도에서는 반대정당 성향 이 당파적인 영향을 미치지 않는다는 것을 의미한다. 특히 앞의 지지후보 변경 빈도와 달리 각 인물 호감도에서 여론조사 영향력과 정당지지 사이의 교호작용도 나타나지 않았다.[21] 결과적으로 후보 지지강도에 있어서는 여론조사 보도가 박근혜 후보에 대한 호감도 하락을 막는 유지 효과로 나타났지만, 문재인 후보의 경우 호감 변화를 설명하는 유의한 변수가 아니었다.

4.3.3. 가설 5 검증: 투표선호의 방향에 미친 영향

마지막으로 여론조사가 기존 지지후보와 최종 투표에서 지지하는 후보의 선택의 방향에 미친 영향을 검증한다. 지지후보를 일관되게 유지하는 방향으로 영향을 미쳤는지, 교체하는 방향으로 영향을 미쳤는지 살펴보기로 한다. 2012년 10월 안철수 후보가 출마를 선언하여 3자대결 구도가 형성되었던 시점에 조사한 제4차 패널조사 결과와 2012년 12월 대선 직후 12월 20~22일까지 조사를 진행한 최종 7차 패널조사 결과에서 지지후보 변경 방향에 미친 영향을 검토한다.

이를 검증하기 위해 10월 제4차 조사에서 박근혜, 문재인 후보를 지지했다고 답한 각 후보 지지층을 대상으로 최종 투표에서도 일관되게 지지를 유지했는지(1로 코딩), 이탈했는지(0으로 코딩)를 종속변수(더미변수)로서 분석한다. 이와 함께 앞서의 회귀분석 모델과 동일한 통제변수군과 여론조사 보도 영향력 변수를 독립변수에 포함하였다. 종속변수가 범주형 변수인 점을 고려하여 로지스틱 회귀분석(logistic regression)을 진행했다. 분석의 결과는 <표 6>에서 확인할 수 있다.[22]

분석결과를 보면 우선 언론의 여론조사 정보의 수용 여부가 박근혜 후보에 대한 지지 유지나 이탈 여부에 유의하지 않았다. 즉 다른 후보들의 지지자들에 비해 여론조사 정보에 영향을 받았다는 지지가 많은 박근혜 후보이지만, 이러한 영향이 투표 선호의 방향에 영향을 미치는 것은 아니었다. 이는 그 외 나이든 세대일수록(B = +0.398), 고소득층일수록(B = +0.383) 박근혜 후보 지지층의 강화유지 효과에 영향을 미치는 것으로 나타났다. 이념적 보수층일수록 강화효과($B = 1.415$, $p < 0.05$), 정당지지에서는 민주당 지지층($B = -2.219$, $p < 0.01$)일수록

---

21) 여론조사 수용여부*정당지지 교호작용 변수를 포함시킨 모델의 결과에서 모두 유의하지 않았다.

22) 안철수 후보의 경우 후보 사퇴로 최종 투표까지의 지지 유지 여부를 확인할 수 없기 때문에 분석 대상에서 제외했다.

▼ 〈표 6〉 지지후보별 투표 선택 유지 강화에 여론조사 영향력 검증: 로짓분석

독립변수		4-7차 지지 유지(= 1)/이탈(= 0) B/(SE)			
		박근혜 지지자(4차)		문재인 지지자(4차)	
여론조사	여론조사 정보수용(= 1)	0.207	(0.509)	−1.141**	(0.558)
성 기준 = 여성	성별	0.011	(0.506)	−0.347	(0.531)
연령	10세 단위 코호트	0.398*	(0.215)	0.433	(0.277)
소득	월 가구소득	0.383*	(0.219)	−0.175	(0.224)
거주지 기준 = 호남	서울	0.074	(1.046)	−1.607	(1.179)
	경인	0.989	(1.075)	−1.820*	(1.100)
	충청	0.129	(1.185)	0.021	(1.593)
	강원제주	1.353	(1.792)	0.744	(2.100)
	영남	0.773	(1.053)	−0.146	(1.242)
학력	교육수준	0.244	(0.436)	0.491	(0.550)
선거관심	선거관심도	0.496	(0.423)	0.482	(0.537)
내적 효능감	대정부 발언 능력/자격	0.411*	(0.244)	0.077	(0.254)
이념 기준 = 중도	진보	−0.930	(0.580)	2.086**	(0.762)
	보수	1.415**	(0.579)	−0.085	(0.572)
정당지지 기준 = 무당파	새누리당	0.887	(0.575)	−2.553**	(1.041)
	민주당 지지	−2.198***	(0.732)	1.363**	(0.567)
	제3당 지지	−0.983	(1.155)	0.613	(1.253)
상수		−4.482*	(2.488)	0.235	(2.716)
n		415		286	
Nagelkerke R^2		0.302		0.441	

* $p<0.1$, **$p<0.05$, *** $p<0.01$
자료: KEPS 패널조사 데이터(2012)

박근혜 후보에 대한 지지 이탈할 확률이 커지는 현상이 통계적으로 유의했다.

반면 문재인 후보의 지지층에서는 뚜렷한 이탈효과를 확인할 수 있다($B = -1.141$, $p<0.05$). 앞의 분석에서 여론조사의 수용이 주로 야당 후보지지층에서 지지선호 변경 빈도를 높이는 영향을 미쳤다. 또한 문재인 후보의 지지이탈의 방향에도 영향을 행사했던 것으로 볼 수 있는 결과다. 진보적이거나($B = +2.086$, $p<0.05$), 민주당 지지층일수록($B = +1.363$, $p<0.05$) 문재인 후보 지지를 유지시키는 설명변수로 유의했고, 문재인 지지자 중 새누리당 지지자는 최종 투표에서 문재인 후보 지지를 철회($B = -2.553$, $p<0.05$)시키는 요인임이 확인되었다.

5. 맺으며

본 연구는 여론조사가 한국 정치과정과 선거에 미치는 영향력이 커지고 있는 외주민주주의의 시대에 선거 시기에 발표되는 여론조사 결과가 유권자들의 선거행태에 미치는 영향을 실증적으로 분석한 시론적 연구이다.

본 연구는 우선, 민주화 이후 정치과정과 선거보도 과정에서 여론조사를 둘러싼 학술적, 정책적 논의 과정 및 이에 대한 제도적 대응 과정을 정리하면서 여론조사에 대한 의존 현상을 정리하였다. 한국에서는 선거전략 및 정책수립의 자료로 활용하는 단계를 넘어 공직자 선출, 정치연합의 수단, 국정 과제의 결정까지 여론조사에 의존하는 외주화 경향이 강화되고 있으며, 미디어 보도에서도 급증하는 여론조사 관련 정보를 여과 없이 활용하고 있다. 특히 아젠다 세팅 및 보도 내용에서 자료를 배포하는 조사 기관에 좌우되는 문제점을 지적했다.

이어서 패널조사 데이터를 활용하여 언론을 통해 보도되는 여론조사 정보에 누가 영향을 받는지 분석했다. 유권자의 정치적 동기 차원에서 보면, 당파적 입장이 강하고 정치적 관여도가 강한 응답자 층에서 여론조사 정보의 활용에 적극적일 것이라고 가정했다. 또한 정치적 세련됨과 인지역량의 차원에서 보면 세련된 인지능력을 가진 층에서 여론조사 등 선거 시기 발표되는 정보를 올바른 투표(correct voting), 전략적 투표(strategic voting)를 위한 인지적 도구나 합리적 선택의 근거로 사용한다는 입장과 반대로 정치 관여도가 낮고 인지능력이 약한 유권자들이 여론조사 정보등의 수요가 크며, 관련 정보에 의해 수동적으로 동원되거나 변덕스러운 태도변화를 보일 것이라는 입장이 대립해왔다. 본 연구에서 17대, 18대 대선에서 후보선택 시 여론조사 정보에 영향을 받았다는 한국 유권자들의 특성을 살펴본 결과 역시 정치적 동기가 강한 당파적 유권자 층에서 여론조사 정보에 많은 영향을 받았지만, 인지역량의 차원에서 보면 저관여, 정치적으로 세련되지 못한 유권자 층이 여론조사 정보에 영향을 많이 받았음을 순서로짓분석(ordinal logit regression)을 통해 확인하였다.

또한, 본 연구는 여론조사 보도가 구체적으로 행태에 미치는 영향을 크게 (1) 지지후보 변경 빈도의 변화 (2) 후보에 대한 지지강도 변화 (3) 투표선택 변경의 방향이라는 세 차원에서 분석하였다. 첫째, 음이항 회귀분석결과(negative binomial regression) 전체적으로 여론조사 정보의 영향은 지지후보 변경 빈도를 높이는 효과가 있지만, 여론조사 영향을 받은 지지자가 가장 많은 보수정당 후보 지지층에서는 오히려 지지후보 변경횟수를 낮추는 영향이 발견되었다. 여론조사의 영향력이 정당 지지와 교호작용이 발생한다는 것을 의미하며, 보수정당 지지층에서는 지지후보 변경보다 유지 강화 효과가 확인되었다. 둘째, 후보에 대한 지지 강도(호감도) 변화에서는 여론조사가 미약하나마 박근혜 후보에 대한 호감도 강화에 기여한 반면, 문재인 후보에 대해서는 뚜렷한 효과가 발견되지 않았다. 셋째, 대선 시기 기간 중 후보등록 직전 시점의 지지후보와 최종 투표 사이의 지지후보 변경 방향에 대한 분석에서 여론조사 정보의 영향은 문재인 후보의 지지를 이탈하는 방향으로 작동했음이 분석을 통해 밝혀졌다.

본 연구에서 도출된 새로운 발견들의 가치에도 불구하고 몇 가지 중요한 한계를 드러낸다. 여론조사의 영향력을 보다 정교하게 분석하기 위해서는 분석틀과 분석데이터의 개선을 필요하다. 첫째, 여론조사정보의 취득 과정(reception) 및 수용 과정(acception)을 구별한 잴러의 논의에 따르면, 정치적 세련됨과 정치정보의 수준에 따라 양 과정에 상이한 반응이 있을 수 있다. 본 연구는 양 차원을 구분한 측정 자료의 부재로 인해 정교한 개념 분리에 따른 분석보다는 정보의 취득과 수용 양 차원을 포괄한 영향력 차원에서 분석하였다. 이후 연구에서는 정치정보의 수준, 정보인식과정과 수용과정에 대한 독립적인 측정 수단이 필요하다. 둘째, 본 연구는 투표 행태에 미치는 영향을 크게 강화 및 교체 여부를 검증하고, 그 원인에 대해서는 응답자의 사회경제적 배경이나 정치적 성향을 통해 추론하는 데 그쳤다. 그러나 강화 및 교체 효과가 발생하는 직접적인 인과관계하기 위해서는 실제 이들이 획득한 여론조사 정보의 내용과 방향을 측정하는 과정이 필요하다. 셋째, 여론조사 영향을 측정하는 지표를 응답자의 주관적인 평가에만 의존했다는 점이다. 가용한 자료의 한계이기도 하지만, 향후 연구에서는 다른 조건을 통제하고 여론조사 정보의 자극 여부를 실험변수로 하여 투표행태에서 나타나는 차이와의 관계를 분석하는 정교한 인과분석 모델을 발전시켜 나가야 할 것이다.

보다 중요한 것은 여론조사의 외주화 현상은 여론조사 방법의 방법론적인 한계 자체로 인해 우려될 뿐 아니라 정치적 의사결정 과정을 왜곡하고 결과적으로 민주적 정치과정을 약화시킬 수 있다는 점에서 원인 진단과 대안마련이 시급한 문제이다. 그럼에도 여론조사의 영향력에 대한 경험적 연구는 매우 부족했던 것이 사실이다. 본 연구가 외주민주주의 시대에 여론조사에 대한 과도한 의존 현상에 대한 문제의식이 확산되고, 여론조사의 영향력에 대한 보다 체계적인 연구 및 실천적인 대안 마련에 기여하길 기대한다.

[참고문헌]

강미은. 2000. "선거 여론조사 결과 발표가 투표의향에 미치는 영향에 관한 연구." 『한국언론학보』 44-2, 5-39.

강원택. 2009. "당내 공직 후보 선출 과정에서 여론조사 활용의 문제점." 『동북아연구』 15, 35-63.

구자홍. 2016. "500명 = 안정권 1000명 = 공천 확정?" <주간동아>. 제1021호 (2016.01.13).

권혁남. 1991. "선거여론조사 보도의 문제점과 새로운 방향: 13대 대통령선거와 국회의선거 보도를 중심으로." 『신문학보』 26, 5-44.

김동규. 1996. "표집·조사방법 미숙에 속보 경쟁까지: 15대 총선 여론조사보도의 문제점." 『신문과 방송』 305, 26-33.

김경모·김시현·송현진. 2010. "선거 여론조사 보도에서 방법론 문제와 부정적 보도 경향의 관계: 주요 일간지의 16-18대 국회의원 선거기사 내용분석." 『언론과학연구』 10-3, 81-124.

김춘석·정한울. 2010. "6.2 지방선거방법론 논쟁: 선거여론조사 방법의 문제점과 대안 제언." 『EAI오피니언리뷰』 제2010-05호(2010.7.2.)

문우진. 2009. "정치정보, 정치참여와 민주주의." 『한국정치학회보』 43-4, 327-349.

박명호. 2007. "2006 지방선거의 공직후보자 선정과정에 대한 분석: 열린우리당과 한나라당을 중심으로." 『정치정보연구』 10-2, 79-95.

법제처. 2014. 『공직선거법』(법률 제12393호 공표일 2014.02.13.)

양승찬. 2007. "한국의 선거 여론조사와 그 보도에 대한 이슈 고찰." 『커뮤니케이션이론』 3-1, 83-115.

윤종빈. 2008. "2007년 대선과 정당의 후보 선출: 대통합민주신당과 한나라당을 중심으로." 『세계지역연구논총』 26-1, 31-55.

이소영. 2009. "인지구조와 투표행태, 그리고 대중매체: 인지심리학적 관점." 전용주·임성학·이동윤·한정택·엄기홍·최준영·이소영·조진만·조성대 공저. 『투표행태의 이해』. 서울: 한울, 156-187.

이준웅. 2002. "선거여론조사 보도의 문제점과 공정성 확보방안." 『언론중재』 82,

39-52.

이현우. 2006. "지방선거를 통한 지방자치평가: 대표성, 민주성, 자율성."『세계지역연구논총』 24-3, 219-45.

_____. 2016. "여론조사 공천? "어이없네"" <주간동아> 제1021호(2016.01.13)

조성겸·김지연·나윤정·이명진. 2007. "선거여론조사의 문제점과 개선방향: 2006년 지방선거 전화조사를 중심으로."『조사연구』 8-1, 31-54.

조진만. 2012. "여론조사 공천의 이론적 쟁점과 기술적 과제, 그리고 정당의 선택."『의정연구』 18-2, 131-55.

정한울. 2015. "외주민주주의 시대의 선거여론조사: 4.29 재보궐 선거 여론조사의 문제점과 개선방안"『EAI 오피니언리뷰』 제2015-05호, 1-11.

_____. 2012. "D-30 대선여론: 단일화 파행의 결과, 부동층 늘고 안 하락, 문지지 강도 약화."『EAI 여론브리핑』 제125호, 1-14.

중앙선거여론조사공정심의위원회. 2014.『제6회 전국동시지방선거 선여론조사 심의백서』.

지병근. 2010. "서베이 민주주의(Survey Democracy)?"『한국정치연구』 19-3, 57-75.

최현철. 1996. "선거여론조사 보도의 문제점과 개선."『신문과 방송』 33, 142-143.

허명회·김영원. 2008. "RDD 표본 대 전화번호부 표본: 2007년 대통령 선거 예측 사례."『조사연구』 9-3, 55-69.

경향신문. 2014. "기초단체 무공천 파동 '민의'는 기만 당했다"(2014.04.12)

국민일보. 2014."신종 불법 여론조사… 선관위 '전화 착신전환' 4건 고발"(2014/04/15)

뉴시스. "주말 이전 골든크로스 발생…文이 앞서가"(2012.12.17).

연합뉴스. "야권단일화 여론조사 조작 옛 통진당원 유죄 확정"(2015.09.20).

MBC뉴스. "이재오 특임장관, 개헌 필요성 거듭 여설."(2015.05.12)

Basinger, Scott J. and Howard Lavine. 2005. "Ambivalence, Information, and Electoral Choice." *American Political Science Review* 99-2: 169-184.

Baines, Paul R., Phil Harris, and Barbara R. Lewis. 2002. "The Political Marketing Planning Process: Improving Image and Message in Strategic

Target Areas." *Marketing Intelligence and Planning* 20–1: 6–14.

Brickman, Danette and David A. M. Peterson. 2006. "Public Opinion Reaction to Repeated Events: Citizen Response to Multiple Supreme Court Abortion Decision." *Political Behavior* 28–1: 87–112.

Burstein, Paul. 2003. "The Impact of Public Opinion on Public Policy: A Review and an Agenda." *Political Research Quarterly* 56–1: 29–40.

Burton, Michael John and Daniel M. Shea. 2010. *Campaign Craft: The Strategies, Tactics, and Art of Political Campaign Management.* 4th ed. California: ABC–CLio, LLC.

Cordella, Antonio and Leslie P. Willcocks, 2010. "Outsourcing, Bureaucracy and Public Value: Reapprasing the Notion of the Contract State." *Government Information Quarterly* 27: 82–88.

Curtin, Richard, Stanley Presser, and Eleanor Singer. 2005. "Changes in Telephone Survey Non-response over the Past Quarter Century." *Public Opinion Quarterly* 69: 87–98.

Daniels, Gilda R. 2010. "Outsourcing Democracy: Redefining Public–Private Partnership in Election Adminstration." *Denver University Law Review* 88–1: 237–70.

Daves, Robert P. and Frank Newport. 2005. "Pollsters under Attack: 2004 Election Incivility and Its Consequences." *Public Opinion Quarterly* 69–5: 670–680.

Erikson, Robert S., Michael B. MacKuen, and James A. Stimson. 2002. *The Macro Polity.* New York: Cambridge University Press.

Erikson, Robert A. and Kent L. Tedin, 2005. *American Public Opinion: It's Origins, Contents and Impact.* New York: Pearson Longman.

Feldman, Lauren, Teresa A. Myers, Jay D. Hmielowski, and Anthony Leiserowitz. 2014. "The Mutual Reinforcement of Media Selectivity and Effects: Testing the Reinforcing Spirals Framework in the Context of Global Warming." *Journal of Communication* 64: 590–611.

Frankovic, Kathleen A. 2005. "Reporting "The Polls" in 2004." *Public Opinion*

Quarterly 69-5: 682-697.

Green, Donald P. and Alan S. Gerber. 2006. "Can Registration-Based Sampling Improve the Accuracy of Midterm Election Forecasts?." *Public Opinion Quarterly* 70-2: 197-223.

_____. 1999. "Misperceptions about Perceptual Bias." *Annual Review of Political Science* 2: 189-210.

Gunther, Albert, Cindy T Christen, Janice L. Liebhart, Stella Chih-Yun Chia. 2001. "Congenial Public, Contrary Press, Biased Estimates of the Climate of Opinion." *Public Opinion Quarterly* 65-3: 295-320.

Hardy, Bruce W. and Kathleen Hall Jamieson. 2005. "Can A Poll Affect Perception of Candidate Traits?" *Public Opinion Quarterly* 69-5: 725-743.

Heij, Christiaan and Philip Hans Franse. 2011. "Correcting for survey effects in pre-election polls" *Statistica Neerlandica* 65-3: 352-370.

Jacobs, Lawrence R. and Robert Y. Shapiro. 2005. "Polling Politics, Media, and Election Campaign." *Public Opinion Quarterly* 69-5: 635-641.

Kaplan, Noah, David K. Park, and Andrew Gelman. 2012. "Understanding Persuasion and Activation in Presidential Campaigns: The Random Walk and Mean Reversion Models." *Presidential Studies Quarterly* 42-4: 843-866.

Kinder, Donald. 1998. "Communication and Opinion." *Annual Review of Political Science* 1: 167-97.

Lau, Richard R. and David P. Redlawsk. 2001. "Advantages and Disadvantages of Cognitive Heuristics in Political Decision Making." *American Journal of Political Science* 45-4: 951-971.

Meffert, Michel F. Thomas Gschwend. 2011. "Polls, coalition signals and strategic voting: An experimental investigation of perceptions and effects." *European Journal of Political Research* 50: 636-667.

Moynihan, Donald. P. 2004. "Building Secure Elections: E-Voting, Security, and Systems Theory." *Public Administrative Review* 64-5: 515-528.

Mutz, Diana. 1992. "Impersonal Influence: Effects of Representations of Public Opinion on Political Attitudes." *Political Behavior* 14: 89-122.

453

Oostveen, Anne-Marie. 2010. "Outsourcing Democracy in the Netherlands: The Risk of Contracting Out E-Voting to the Private Sector." Paper for the *Internet, Politics, Policy 2010: An Impact Assessment* Conference, Oxford 16 -17 Sep. 2010.

Popkin, Samuel L. 1994. *The Reasoning Voter: Communication and Persuasion in Presidential Campaigns.* 2nd ed. Chicago: The University of Chicago Press.

Rosenstiel, Tom. 2005. "Political Polling and the New Media Culture: A Case of More Being Less." *Public Opinion Quarterly* 69-5: 698-716.

Shapiro and Jacobs. 2002. "Public Opinion, Foreign Policy, and Democracy: How Presidents Use Public Opinion." In *Navigating Public Opinion: Polls, Policy, and the Future of American Democracy.* eds. Jeff Manza, Fay Lomax Cook, and Benjamin Page. New York: Oxford University, 184-200.

Snyderman, Paul M., Richard A. Brody, and Tetlock Philip E. 1991. *Reasoning and Choice: Explorations in Political Psychology.* Cambridge: Cambridge University Press.

Worcester, Robert. 1996. "Political Polling: 95% Expertise and 5% Luck." *Journal of the Royal Statistical Society* 159-1: 5-20.

Zaller, John R. 1992. *The Nature and Origins of Mass Opinion.* New York: Cambridge University Press.

▶ 〈부록 1〉 인구사회학적 변수별 지지후보 선택 시 여론조사의 영향여부: 17대 대선과 18대 대선 비교

분류	항목	17대대선(2007) 전혀 없음	별로 없음	대체로 영향	매우 영향	모름, 무응답	전체	통계량 x2/df/p	18대대선(2012) 전혀 없음	별로 없음	대체로 영향	매우 영향	모름, 무응답	전체	통계량 x2/df/p
전체	빈도	280	957	709	161	4	2111		274	607	397	67	11	1356	
	(%)	13.3%	45.3%	33.6%	7.6%	.2%	100.0%		20.2%	44.8%	29.3%	4.9%	.8%	100.0%	
성별	남	169	471	318	81	3	1042	22.424 / 4 / .000	162	293	184	29	3	671	5.731 / 4 / .003
		16.2%	45.2%	30.5%	7.8%	.3%	100.0%		24.1%	43.7%	27.4%	4.3%	.4%	100.0%	
	여	111	486	391	81	0	1069		111	314	213	38	8	684	
		10.4%	45.5%	36.6%	7.6%	.0%	100.0%		16.2%	45.9%	31.1%	5.6%	1.2%	100.0%	
세대	20대	66	232	141	16	3	458	85.538 / 16 / .000	62	111	68	8	0	249	51.956 / 16 / .000
		14.4%	50.7%	30.8%	3.5%	.7%	100.0%		24.9%	44.6%	27.3%	3.2%	.0%	100.0%	
	30대	64	247	162	21	0	494		64	134	70	8	2	278	
		13.0%	50.0%	32.8%	4.3%	.0%	100.0%		23.0%	48.2%	25.2%	2.9%	.7%	100.0%	
	40대	74	214	162	28	0	478		64	140	82	12	0	298	
		15.5%	44.8%	33.9%	5.9%	.0%	100.0%		21.5%	47.0%	27.5%	4.0%	.0%	100.0%	
	50대	34	131	107	42	0	314		49	111	84	10	2	256	
		10.8%	41.7%	34.1%	13.4%	.0%	100.0%		19.1%	43.4%	32.8%	3.9%	.8%	100.0%	
	60대 이상	42	133	138	54	1	368		35	111	93	28	6	273	
		11.4%	36.1%	37.5%	14.7%	.3%	100.0%		12.8%	40.7%	34.1%	10.3%	2.2%	100.0%	
학력	중졸	78	165	167	79	0	489	109.123 / 8 / .000	18	51	50	22	7	148	97.235 / 8 / .000
		16.0%	33.7%	34.2%	16.2%	.0%	100.0%		12.2%	34.5%	33.8%	14.9%	4.7%	100.0%	
	고졸	84	339	287	53	3	766		79	216	166	20	1	482	
		11.0%	44.3%	37.5%	6.9%	.4%	100.0%		16.4%	44.8%	34.4%	4.1%	.2%	100.0%	
	대재 이상	118	452	256	30	0	856		175	338	180	25	2	720	
		13.8%	52.8%	29.9%	3.5%	.0%	100.0%		24.3%	46.9%	25.0%	3.5%	.3%	100.0%	
월소득 (원)	최하 (200미만)	74	215	169	83	1	542	74.017 / 16 / .000	36	100	89	22	6	253	46.582 / 16 / .000
		13.7%	39.7%	31.2%	15.3%	.2%	100.0%		14.2%	39.5%	35.2%	8.7%	2.4%	100.0%	
	중하 (200-299)	53	226	181	27	0	487		62	114	77	13	0	266	
		10.9%	46.4%	37.2%	5.5%	.0%	100.0%		23.3%	42.9%	28.9%	4.9%	.0%	100.0%	
	중간 (300-499)	100	332	244	28	0	704		93	227	135	16	3	474	
		14.2%	47.2%	34.7%	4.0%	.0%	100.0%		19.6%	47.9%	28.5%	3.4%	.6%	100.0%	
	중상 (500-599)	25	91	54	9	0	179		37	69	54	6	0	166	
		14.0%	50.8%	30.2%	5.0%	.0%	100.0%		22.3%	41.6%	32.5%	3.6%	.0%	100.0%	
	최상 (6000이상)	16	70	44	15	0	145		35	80	28	8	0	151	
		11.0%	48.3%	30.3%	10.3%	.0%	100.0%		23.2%	53.0%	18.5%	5.3%	.0%	100.0%	

자료: KEPS 패널조사 데이터 (2007; 2012)

▶〈부록 2〉 정치적 동기와 역량별 지지후보 선택 시 여론조사의 영향여부: 17대 대선과 18대 대선 비교

셀 값은 빈도(%) 형식이다.

구분	17대 대선(2007)							18대대선(2012)						
	전혀 없음	별로 없음	대체로 영향	매우 영향	모름·무응답	전체	통계량 x2/df/p	전혀 없음	별로 없음	대체로 영향	매우 영향	모름·무응답	전체	통계량 x2/df/p
전체	280 (13.3%)	957 (45.3%)	709 (33.6%)	161 (7.6%)	4 (.2%)	2111 (100.0%)	–	274 (20.2%)	607 (44.8%)	397 (29.3%)	67 (4.9%)	11 (.8%)	1356 (100.0%)	–
선거 관심 고	114 (12.5%)	380 (41.8%)	304 (33.4%)	109 (12.0%)	3 (.3%)	910 (100.0%)	69.226a / 8.000	115 (21.0%)	246 (44.9%)	155 (28.3%)	30 (5.5%)	2 (.4%)	548 (100.0%)	26.181a / 12.010
선거 관심 중	112 (11.6%)	466 (48.3%)	342 (35.5%)	43 (4.5%)	1 (.1%)	964 (100.0%)		88 (19.0%)	219 (47.3%)	138 (29.8%)	16 (3.5%)	2 (.4%)	463 (100.0%)	
선거 관심 저	54 (22.8%)	111 (46.8%)	63 (26.6%)	9 (3.8%)	0 (.0%)	237 (100.0%)		28 (20.3%)	57 (41.3%)	47 (34.1%)	6 (4.3%)	0 (.0%)	138 (100.0%)	
내적효능등 '우리같은 정부가 하는 일에 대해 말할 자격이나 능력이 없다' — 매우 동의	7 (2.3%)	20 (6.6%)	74 (24.3%)	200 (65.8%)	3 (1.0%)	304 (100.0%)	233.928 / 16.000	30 (18.8%)	58 (36.3%)	61 (38.1%)	11 (6.9%)	0 (.0%)	160 (100.0%)	67.879 / 12.000
대체로 동의	3 (0.4%)	49 (7.1%)	367 (53.0%)	264 (38.2%)	9 (1.3%)	692 (100.0%)		38 (11.2%)	154 (45.4%)	127 (37.5%)	20 (5.9%)	0 (.0%)	339 (100.0%)	
별로동의 안함	7 (1.1%)	94 (14.1%)	364 (54.7%)	197 (29.6%)	3 (0.5%)	665 (100.0%)		57 (18.2%)	153 (48.7%)	90 (28.7%)	14 (4.5%)	0 (.0%)	314 (100.0%)	
전혀동의 안함	13 (3.0%)	26 (5.9%)	194 (44.4%)	201 (46.0%)	3 (0.7%)	437 (100.0%)		121 (30.7%)	168 (42.6%)	87 (22.1%)	18 (4.6%)	0 (.0%)	394 (100.0%)	
정당 지지 새(한)	84 (8.9%)	424 (44.8%)	349 (36.8%)	87 (9.2%)	3 (0.3%)	947 (100.0%)	79.074a / 12.000	77 (16.1%)	199 (41.5%)	157 (32.8%)	42 (8.8%)	4 (.8%)	479 (100.0%)	47.423a / 12.000
민주	35 (11.7%)	128 (42.8%)	95 (31.8%)	41 (13.7%)	0 (0.0%)	299 (100.0%)		57 (18.3%)	143 (45.8%)	97 (31.1%)	10 (3.2%)	5 (1.6%)	312 (100.0%)	
기타	61 (19.9%)	136 (44.3%)	93 (30.3%)	17 (5.5%)	0 (0.0%)	307 (100.0%)		17 (32.1%)	23 (43.4%)	13 (24.5%)	0 (.0%)	0 (.0%)	53 (100.0%)	
무당파	101 (18.1%)	268 (48.0%)	172 (30.8%)	17 (3.0%)	0 (0.0%)	558 (100.0%)		122 (23.8%)	243 (47.5%)	131 (25.6%)	15 (2.9%)	1 (.2%)	512 (100.0%)	
이념 진보	88 (16.4%)	254 (47.3%)	160 (29.8%)	35 (6.5%)	0 (.0%)	537 (100.0%)	15.707a / 8.047	64 (23.1%)	116 (41.9%)	82 (29.6%)	13 (4.7%)	2 (.7%)	277 (100.0%)	24.880a / 12.015
중도	88 (13.0%)	285 (42.1%)	246 (36.3%)	57 (8.4%)	1 (.1%)	677 (100.0%)		100 (20.5%)	228 (46.8%)	137 (28.1%)	19 (3.9%)	3 (.6%)	487 (100.0%)	
보수	103 (11.5%)	416 (46.5%)	303 (33.9%)	69 (7.7%)	3 (.3%)	894 (100.0%)		85 (20.2%)	172 (40.9%)	138 (32.8%)	24 (5.7%)	2 (.5%)	421 (100.0%)	

자료: KEPS 패널조사 데이터(2007; 2012)

▼ 〈부록 3〉 투표선택 시 여론조사 영향별 대선 지지후보의 교체(교차분석 결과)

대선투표(4차 조사)			대선투표(7차 조사)			전체
			박근혜	문재인	기타	
박근혜	여론조사 수용여부	안받음	270	12	7	289
			(93.4%)	(4.2%)	(2.4%)	(100.0%)
		영향 받음	170	9	8	187
			(90.9%)	(4.8%)	(4.3%)	(100.0%)
	전체		440	21	15	476
			(92.4%)	(4.4%)	(3.2%)	(100.0%)
문 재 인 *(p⟨0.1)	여론조사 수용여부	안받음	17	187	6	210
			(8.1%)	(89.0%)	(2.9%)	(100.0%)
		영향 받음	14	62	3	79
			(17.7%)	(78.5%)	(3.8%)	(100.0%)
	전체		31	249	9	289
			(10.7%)	(86.2%)	(3.1%)	(100.0%)
안철수	여론조사 수용여부	안받음	38	172	18	228
			(16.7%)	(75.4%)	(7.9%)	(100.0%)
		영향 받음	26	78	8	112
			(23.2%)	(69.6%)	(7.1%)	(100.0%)
	전체		64	250	26	340
			(18.8%)	(73.5%)	(7.6%)	(100.0%)
기타	여론조사 수용여부	안받음	72	70	10	152
			(47.4%)	(46.1%)	(6.6%)	(100.0%)
		영향 받음	37	39	8	84
			(44.0%)	(46.4%)	(9.5%)	(100.0%)
	전체		109	109	18	236
			(46.2%)	(46.2%)	(7.6%)	(100.0%)

자료: KEPS 패널조사 데이터(2012) 4차, 7차 조사

　　교차분석을 통해 제4차 조사에서 대선 지지와 실제 투표 간의 변동을 살펴보자. 10월 4차 조사에서 박근혜 후보를 지지했던 응답자 중 여론조사에 영향을 받지 않았다는 응답층과 받았다고 응답한 층에서 최종 선거에서 박근혜 후보에 대한 투표가 유지된 비율은 각각 93%와 90%로 큰 차이가 없었다. 반면 4차 조사 당시 문재인 후보 지지자 289명 중 여론조사에 영향을 받지 않았다는 응답층과 받았다고 응답한 층에서 최종 투표에서 문재인 후보 지지로 이어진 비율은 각각 89.0%와 78.5%로 10%p 이상 차이를 보여주었다. 여론조사 영향을 받은 층에서 이탈률이 높았다(카이제곱 검정: $p<0.1$). 안철수 지지층 340명 중 여론조사의 영향을 받지 않았다고 답한 층에서는 75.4%가 문재인 후보 지지로 이어졌지만, 영향을 받지 않았다는 응답층에서는 69.6%로 상대적으로 낮았다. 앞서 지지후보 변경 빈도와 후보 지지강도에서는 여론조사 영향력이 박근혜 후보에 대한 지지의 유지 강화로 이어진 반면 상대적으로 문재인 후보의 경우 상대적으로 영향력이 미미했지만, 지지후보의 "변경 방향"과 관련해서는 야권 후보 지지이탈 효과가 주목할 만하다.

찾아보기

(ㅇ)

(ㅊ)

(ㅋ)

편자 소개

지병근
현 조선대학교 교수
   한국선거학회 회장
   한국지방정치학회 회장
   『의정연구』편집위원장
전 한국정당학회 부회장
   고려대학교 아세아문제연구소, 선임연구원
   고려대학교 평화연구소, 연구조교수

University of Missouri-Columbia 정치학 박사
고려대학교 정치외교학과 석사
고려대학교 중어중문학과 학사

주요 논문 및 저서
논문
"How Citizens Reshape the Path of Presidential Impeachment in Korea." *Korea Observer* (공저 2019).
"유권자들의 지역발전에 대한 지방정부의 책임성 인식과 행태"『한국정당학회보』(공저 2018).
"한국 주요정당들의 공천제도와 계파갈등"『동서연구』(2016).
"민주주의와 정교분리"『한국정치학회보』(공저 2014).
"보수언론에 대한 노출과 이슈에 대한 태도의 변화"『현대정치연구』(공저 2013).
"Public Support for Regional Integration in Northeast Asia." *International Political Science Review* (2009).
"Anti-Americanism and Electoral Politics in Korea." *Political Science Quarterly* (2008).
"Economic Origins of Electoral Support for Authoritarian Successors." *Comparative Political Studies* (2008).
외 다수

저서
『2018년 기초단체장선거를 통해 본 광주광역시의 지역정치와 지역발전』도서출판 정독(편저 2019).
『지방분권과 균형발전: 정치학자들의 관찰』푸른길(공저 2018).
『김대중·노무현 정부 시기의 선거』마인드탭.(2016)
『민주당 계승정당 연구』전남대학교출판부(공저 2015).
『한국의 선거 VI: 2014년 지방선거 분석』오름(공저 2015).
Governmental Changes and Party Political Dynamics in Korea and Japan. Tokyo: Bokutakusha Publisher(공저 2012)
Public Diplomacy and Soft Power in East Asia. New York: Palgrave-Macmillan(공저 2011).
외 다수

윤광일

현 숙명여자대학교 교수
　　한국정당학회 부회장
전 숙명여대 다문화통합연구소 소장
　　『한국정당학회보』 편집위원장
　　미국정치연구회 회장
　　공군사관학교 법정학과 전임강사

University of Michigan, Ann Arbor 정치학 박사
서울대학교 정치학과 석사
서울대학교 정치학과 학사

주요 논문 및 저서

논문

"대북 및 통일 정책 선호의 개인 성향과 가치 기반"『국방연구』 (2019).
"지역균열의 유지와 변화: 제19대 대선의 경험적 분석"『한국과 국제정치』 (2019).
"지역주의의 변화: 1988년, 2003년 및 2016년 조사결과 비교"『의정연구』 (2017).
"한국인 국가정체성의 정치심리학"『문화와 정치』 (2017).
"6·4 지방선거와 분할투표: 광역단체장과 광역의회 선거를 중심으로"『한국정당학회보』 (2014).
"The Individual-level Implications of Social Capital for Democracy in East Asia." *Journal of International and Area Studies* (2017).
"Neighborhood Effects on Racial-Ethnic Identity: The Undermining Role of Segregation," *Race and Social Problems* (공저 2009).
외 다수.

저서

『한국정치의 재편성과 2017년 대통령선거 분석』 나남(공저 2019).
『한국 민주주의의 질: 민주화 이후 30년』 박영사(공저 2018).
『도전과 변화의 한미정치』 서울대학교출판문화원(공저 2014).
『2012년 대통령선거 분석』 나남(공저 2013).
『변화하는 한국유권자 5: 패널조사를 통해 본 2012 총선과 대선』 동아시아연구원(공저 2013).
외 다수

여론과 정치

초판발행	2020년 3월 30일
엮은이	지병근·윤광일
펴낸이	안종만·안상준
편 집	이면희
기획/마케팅	이영조
표지디자인	박현정
제 작	우인도·고철민
펴낸곳	(주)박영시
	서울특별시 종로구 새문안로3길 36, 1601
	등록 1959. 3. 11. 제300-1959-1호(倫)
전 화	02)733-6771
f a x	02)736-4818
e-mail	pys@pybook.co.kr
homepage	www.pybook.co.kr
ISBN	979-11-303-0967-5 93340

* 잘못된 책은 바꿔드립니다. 본서의 무단복제행위를 금합니다.
* 편자와 협의하여 인지첩부를 생략합니다.

정 가   28,000원